Ilona Anderegg

Entflammt bin ich durch Gottes Liebe

Ilona Anderegg

Entflammt bin ich durch durch Gottes Liebe

Wie mystische Erlebnisse mein Leben veränderten

Ilona Anderegg, „Entflammt bin ich durch Gottes Liebe. Wie mystische Erlebnisse mein Leben veränderten"
Texte: © Copyright Ilona Anderegg
Satz: Simon Anderegg
Umschlaggestaltung: Ilona Anderegg
Umschlagfotos: © Copyright Ilona Anderegg
Bibelstellen: Einheitsübersetzung, Katholische Bibelanstalt GmbH, Stuttgart 1980.

1. Auflage Februar 2014 Edition Octopus
2. Auflage Dezember 2016
3. erweiterte Neuauflage 2019
© 2019 Verlag Ilona Anderegg
info@ilonaanderegg.de
Homepage: www.ilonaanderegg.de

Druck: epubli ein Service der neopubli GmbH, Berlin
Printed in Germany

Inhaltsverzeichnis

Vorwort

Vorwort zur Neuauflage 2019

Liebe Leserin, lieber Leser, Sie halten gerade die erweiterte Neuauflage meines Buches in Händen. Diese enthält nun sämtliche Texte meiner mystischen Erlebnisse mit Gott, wie ich sie eigentlich schon 2014 veröffentlichen wollte. Damals bekam ich allerdings den Rat, kein dickes Buch auf den Markt zu bringen. Daher kürzte ich meine Texte solange, bis sie nur noch das Nötigste enthielten, was sich im Nachhinein allerdings als viel zu knapp herausstellte.

Es ist mir ein sehr wichtiges Anliegen zu zeigen, dass Gott existiert und auch heute noch erfahrbar ist. Es geht mir bei diesem Buch nicht darum, mich in den Mittelpunkt zu stellen, denn Gott allein gehört alle Ehre. Gott selbst hat mir den Auftrag gegeben, anderen Menschen durch meine mystischen Erlebnisse zu helfen, daher veröffentliche ich nun diese umfangreiche und vollständige Neuauflage.

In diesem Buch berichte ich davon, was passiert, wenn Jesus unverhofft ins Leben einbricht. Denn so ist es mir ergangen. Ich hatte mit dem Christentum nichts „am Hut", sondern interessierte mich für den Buddhismus und hätte die Straßenseite gewechselt, wäre mir ein Pfarrer begegnet. Doch dann erschien mir Jesus. Jesus, den ich nicht suchte und der überhaupt nicht in mein Leben passte. Als das passierte, wusste ich nicht, dass diese Begegnungen mein ganzes Leben verändern würden. Ich wusste auch gar nicht, was es war, was mir passierte. Der Hinweis, dass es sich um mystische Erlebnisse handelt, half mir zunächst nicht weiter, da ich nicht wusste, was Mystik ist. Es waren einzelne Menschen und später meine beiden geistlichen Begleiter, sowie die Texte von Johannes vom Kreuz, Teresa von Avila, Heinrich Seuse und Pater Pio, die mir halfen, mit diesen Erlebnissen klar zu kommen.

Meine Erlebnisse schrieb ich immer an dem Tag auf, an dem sie geschahen oder zumindest sehr zeitnah. Daher ist nachvollziehbar und nachspürbar, wie sich mein Leben veränderte. Vom „Nichts mit dem Christentum ‚am Hut' haben" bis hin zum „Entflammt sein durch Gottes Liebe".

Ilona Anderegg, März 2019

Dank und Hinweise zum Buch

Während ich hier am PC sitze und versuche, meine verschiedenen Aufzeichnungen und Gedanken in die richtige Reihenfolge und Form zu bringen, sind in den letzten Jahren und Monaten viele Dinge geschehen, Dinge, die mit wissenschaftlichen Forschungen nicht greifbar sind, Dinge, die man nicht sehen, hören, riechen oder schmecken kann, die aber real sind, zumindest für mich.

Da ich keine Freundin langer Vorworte oder Einleitungen bin, möchte ich niemanden mit einem solchen ermüden, sondern diesen Ort dazu nutzen, um Dank zu sagen und ein paar kurze Hinweise zum Buch zu geben.

Ich danke Jürgen, dem Philosophen, der mir die Erkenntnis gab, dass das, was ich erlebte, mystische Erlebnisse sind und mir damit zuerst Schatten des Unbekannten, aber danach großes Licht in mein Leben brachte. Vielen Dank dafür, lieber Jürgen.

Großen Dank spreche ich meinem geliebten Ehemann Simon aus. Er hat mich begleitet und mir geholfen, meine Erlebnisse zu verarbeiten, auch in Zeiten, als mich diese Erlebnisse noch verwirrten und fast aus der Bahn warfen. Er gab mir die persönliche und theologische Hilfe, die ich in dieser Zeit brauchte. Er war mir auch eine sehr große Hilfe bei der Erstellung dieses Buches. Größten Dank, geliebter Simon für all das, was Du mir durch Dein Da-Sein gegeben hast.

Ich danke auch Pater Rummel, meinem ersten geistlichen Begleiter und Pater Clemens (den ich hier so nenne, da er nicht mit seinem echten Namen genannt werden möchte), der seit meinem Umzug in die Schweiz diese Aufgabe übernommen hat. Ohne diese beiden mir sehr wichtigen Menschen hätte ich vielleicht nicht gewusst, wie ich mit meinen Erlebnissen klar kommen soll. Sie gaben mir sehr viel Halt auf meinem Weg mit Gott, führten mich zu neuen Erkenntnissen und waren hilfreich für mich da. Wie wichtig sie mir waren und sind, ist nicht mit Worten auszudrücken. Vielen Dank, Pater Rummel, vielen Dank, Pater Clemens.

Ich danke auch allen anderen Menschen für ihr Interesse an meinen nicht immer einfach zu verstehenden Gesprächen und den Menschen, die mich in Chats, Internetforen und meinen Emails ernst genommen haben. Danke an euch.

Danken möchte ich im Voraus auch allen Menschen, die meine Worte lesen und zu verstehen versuchen. Sicher ist es nicht immer leicht nachzuvollziehen, was ich hier niedergeschrieben habe. Leider fehlen mir die richtigen Worte, um wirklich das ausdrücken zu können, was ich fühlte, hörte und sah, um genau das wiederzugeben, was an und in mir geschah und geschieht. Es ist somit immer nur eine Annäherung an das, was ich erlebte. Es ist ein Stammeln, es ist ein Versuch, es möglichst genau auszudrücken. Aber letztlich bleibt es immer ungenau. Auch die Überlegung, eigene neue Wörter zu kreieren, hätte eine Erklärung nicht leichter gemacht, denn wer hätte diese Wörter schon verstehen können? Es ist mir wichtig festzuhalten, dass ich weder irgendwie krank, noch weltfremd oder sonst irgendwie verrückt bin, obwohl mich Gott schon ver-rückt hat, weg vom alten Ich zum neuen Ich.

Dieses Buch schreibe ich, weil ich weiß, wie sehr mir die Aufzeichnungen von Teresa von Avila und Johannes vom Kreuz geholfen haben in der Zeit, als ich noch nicht recht wusste, was mir geschah. Ihre Texte waren mir eine riesengroße Hilfe, denn durch ihre Worte fühlte ich, dass ich nicht allein bin mit dem, was ich erlebe. Mit Teresa fühle ich mich sehr verbunden, da ich viele Ähnlichkeiten zwischen ihr und mir erlebe. Während ich die „Dunkle Nacht" durchlitt, war mir Johannes vom Kreuz ein echter Rettungsanker.

So, wie mir die Texte dieser großen Mystiker halfen zu verstehen, was ich erlebte, so möchte ich auch anderen Menschen mit meinen Worten helfen. Denn vielleicht gibt es noch weitere Menschen, die auch solch intensive Erlebnisse haben und auf der Suche nach Begleitung durch Menschen oder geschriebene Worte sind. Außerdem möchte ich damit aufzeigen, dass Gott auch heute noch erfahrbar ist. Gott existiert, gestern wie auch heute und in alle Ewigkeit. Gott wirkt in der Welt und an und in uns Menschen. Gott wirkt allerdings, wann und wo **er** will.

Mystische Erlebnisse sind reine Gnadengaben und nicht von uns Menschen aus machbar. Wir können uns lediglich Gott gegenüber öffnen und uns leer machen wie eine Schale, die dann von Gott gefüllt werden kann. Mystische Erlebnisse können den Menschen aber auch plötzlich und ohne Vorbereitung treffen. Erzwingen lassen sich diese sehr intensiven Erlebnisse glücklicherweise nicht, denn sie sind nicht immer leicht zu er-tragen. Obwohl sie das Leben unendlich bereichern, machen sie das Leben nicht unbedingt leichter, sondern fordern das Tragen des Kreuzes heraus. Ich bin auf jeden Fall Gott unendlich dankbar, dass er mich erreichte, obwohl ich ihn gar nicht suchte.

Erwähnen möchte ich noch einen mir sehr wichtigen Punkt, nämlich, was ich mit diesem Buch auf **keinen** Fall bezwecke, nämlich, mich selbst in den Mittelpunkt zu stellen, denn dies liegt mir fern. Alle Ehre gehört Gott und nur ihm allein. Ich bin nur ein Werkzeug in seinen Händen. Gott selbst hat mir den Auftrag gegeben, dass ich durch meine mystischen Erlebnisse anderen Menschen helfen soll. Dieses Buch soll dazu beitragen.

Ilona Anderegg

„Durch Gottes Gnade bin ich, was ich bin und sein gnädiges Handeln an mir ist nicht ohne Wirkung geblieben." (1 Kor 15,10)

―――――――――――――

Dir, Gott, danke ich aus tiefstem Herzen immer und immer wieder. Das, was du mir geschenkt hast, ist das Größte, was ich je erleben durfte. Mich, die ich dich nicht suchte, hast du berührt, mich, die ich nur ein ganz normaler Mensch bin, ohne durch irgendetwas besonders aufzufallen. Bin ich überhaupt würdig, so reich beschenkt zu werden? Großes hast du an mir getan. Immer möchte ich auf dem von dir für mich vorgesehenen Weg bleiben, alle Klippen und Hürden überwinden, alles Leid aus der tiefsten Liebe zu dir annehmen und mich von dir führen lassen. Bitte hilf mir in Zeiten, in denen ich schwach bin, nicht zu verzweifeln. Bitte hilf mir im Kampf gegen Anfechtungen und umhülle mich mit dem Mantel deiner Liebe. Bitte hilf mir, dass ich dein Wort und deine unendliche Liebe weitergeben kann. Nutze mich als dein Werkzeug, damit ich durch dich Gutes bewirken kann und die Menschen dadurch den Weg zu dir (zurück-) finden und erkennen, wie groß und gut du bist. Danke für alles, geliebter Gott. Amen.

Wie alles begann

Bei meiner Arbeitsstelle wurde ich zum Mobbingopfer, mein Lebensgefährte trennte sich von mir, mir wurde die Wohnung gekündigt, mein Konto war im Minus: Ich war an einem Tiefpunkt angelangt, an dem ich mir überlegte, ob mein Leben überhaupt noch einen Sinn hat und ob ich überhaupt noch leben möchte.

Nach einiger Zeit des Darübernachdenkens, des Abwägens, einer Zeit mit vielen Fragen und der Suche nach Antworten darauf, wagte ich einen Neuanfang an einem neuen Wohnort. Aber auch hier lief nicht alles nach Plan. Es kam wieder eine schwere Zeit auf mich zu. Irgendwann kam ein Tag, an dem ich mich fragte, wie es weitergehen soll. Sollte ich darauf hoffen, einen Mann zu finden, mit dem ich dann eine Familie gründen könnte oder sollte ich mich darauf konzentrieren, eine Heilpraktikerpraxis zu eröffnen? Doch wie, ohne Ersparnisse? Da ich auf meine Fragen keine Antworten fand, ging ich zu einer Wahrsagerin, die mir zwar interessante Dinge erzählte, mir aber keine eindeutigen Antworten auf meine Fragen gab. Nun wusste ich immer noch nicht, wie es weitergehen sollte. Und so arbeitete ich weiter unglücklich in meinem Bürojob, und alles ging seinen normalen Lauf. Bis zu dem Tag, als ich an der Ladentür eines nepalesischen Freundes ein Plakat sah mit der Ankündigung eines Vortrages. Er sollte der Beginn einer totalen Veränderung meines Lebens werden.

2001

Das Plakat

Es ist ein gewöhnlicher Donnerstag und wie immer an diesem Wochentag fahre ich direkt nach der Arbeit in die Stadt. An diesem Tag haben die Geschäfte länger offen als an den restlichen Tagen und schließen nicht schon um 18.00 Uhr. Daher habe ich mir eine Art Ritual daraus gemacht, donnerstagabends bummeln zu gehen, mir schöne Dinge anzuschauen und mir ab und zu auch mal was zu kaufen. All das bringt mich auf andere Gedanken und gibt mir ein gutes Gefühl. Zum Abschluss des Abends besuche ich dann immer einen nepalesischen Freund in seinem kleinen Laden. Wir haben immer gute Gespräche und daher ist der Donnerstag ein Tag, auf den ich mich freue.

So ist es auch an diesem Donnerstag im Juli 2001. Nach dem Bummeln durch die Geschäfte mache ich mich auf den Weg zu dem kleinen Laden in der Altstadt. Schon von weitem sehe ich, dass an der Eingangstüre ein Plakat hängt. Es weist auf einen Vortrag eines Buddhistischen Gelehrten mit Namen Ringu Tulku Rinpoche hin, der am 03.08.2001 stattfinden soll. Es klingt sehr interessant und so beschließe ich zusammen mit dem nepalesischen Freund daran teilzunehmen. Ich freue mich schon sehr darauf, denn der Buddhismus, mit dem ich mich seit zirka eineinhalb Jahren beschäftige, tut mir gut. Dass dieser Vortrag der Beginn meines neuen Lebens sein würde, wusste ich nicht.

Der Vortrag

03.08.2001

Eine ganze Woche lang habe ich mich auf diesen Vortrag gefreut und dann ist es endlich soweit, der 03. August ist gekommen.

Ich gehe in die Schule, in der der Vortrag stattfinden soll. Der Vortragsraum ist noch recht leer bis auf die vielen Stühle. Es ist ein kahler, kalter Raum ohne Ausstrahlung. Ich setze mich auf einen Platz ziemlich in der Mitte. Nach und nach füllt sich der Raum und die Türen werden geschlossen. Ich sitze da und warte voller Spannung. Dann geht die Türe auf und es kommt ein Mann herein, der eine Ausstrahlung hat, wie ich sie noch nie zuvor gesehen habe. Hinter ihm betreten noch zwei Lamas (tibetische Priester) und eine Dolmetscherin den Raum. Schon in diesem Moment bin ich total ergriffen und *ein unbeschreibliches Gefühl macht sich in mir breit, ein Gefühl zwischen Ergriffenheit und Glückseligkeit.* Gebannt lausche ich dem Vortrag und kann kaum noch den Blick vom Vortragenden, von Ringu Tulku Rinpoche, abwenden, höchstens um einen Blick auf die beiden Lamas zu werfen.

Obwohl ich in der Mitte der Menge sitze, habe ich den Eindruck, dass die Blicke von Ringu Tulku genau auf mich gerichtet sind. Ich sehe das Funkeln in seinen Augen und *das Gefühl, das mich ergriffen hat, breitet sich weiter in mir aus.*

Doch dann ist der Vortrag vorbei, die Türe geht auf und bevor ich es richtig registriert habe, sind der Gelehrte und seine beiden Begleiter verschwunden. Ich fühle mich unendlich traurig und leer und habe nur noch einen Wunsch: mit Ringu Tulku oder einem der Lamas persönlich sprechen zu dürfen.

Ich erzähle dies meinem nepalesischen Freund, der ebenfalls zu diesem Vortrag gekommen ist und er versucht noch, einen der beiden Lamas, Lama Sönam, mit dem er befreundet ist, zu erwischen, doch leider ist es zu spät, sie haben das Gebäude schon verlassen.

Wir gehen auf den Schulhof, dort stehen viele Menschen und unterhalten sich über den Vortrag. Dort treffen wir auf einen gemeinsamen Bekannten aus Nepal. Ich erzähle ihm von meinem Wunsch, mich mit Ringu Tulku oder einem der beiden Lamas persönlich unterhalten zu dürfen und darüber, dass wir nicht wissen, wo sie sich aufhalten. Es dauert nicht lange und wir erfahren durch einen Mann, der in der Nähe steht, wo wir sie finden.

Kurze Zeit später stehen wir zu dritt in einem asiatischen Restaurant. Dort sitzen sie an einer langen Tafel. Am Kopfende Ringu Tulku Rinpoche und rechts und links von ihm je ein Lama und zirka 30 weitere Personen und warten auf ihr Essen. Der Bekannte aus Nepal geht direkt auf Ringu Tulku zu und zieht mich mit sich. Mir wird sehr seltsam ums Herz. Die beiden unterhalten sich sehr angeregt in einer mir fremden Sprache und der Buddhistische Gelehrte schaut mich immer wieder aus seinen braunen, gefühlvollen Augen an. Dann fragt mich der Bekannte, ob ich am nächsten Tag schon etwas vorhabe. Ich verneine und erfahre, dass ich nun einen Termin für ein persönliches Treffen mit Ringu Tulku Rinpoche habe. Ich bin total überrascht und kann es gar nicht glauben. Als Ringu Tulku meinen überraschten Blick sieht, fängt er heftig an zu lachen und drückt mir kräftig meine Hand.

Wir setzen uns an einen Tisch. Als das Essen kommt, kann ich kaum etwas zu mir nehmen. Meine Blicke schweifen immer in Richtung der beiden Lamas und Ringu Tulku.

Ihre Augen strahlen eine Wärme und Glückseligkeit aus und lächeln mir zu.

Das Treffen mit Ringu Tulku Rinpoche

04.08.2001

Eine fast schlaflose Nacht liegt hinter mir, denn in der Nacht habe ich mich ständig gefragt, wie ich mit meinem schlechten Englisch überhaupt mit Ringu Tulku reden kann und habe versucht Sätze zu formulieren, um das auszudrücken, was mich so beschäftigt und was ich mit ihm so gerne bereden möchte. Ich hoffe, dass alles gut geht.

Als ich nach längerer Fahrzeit im Buddhistischen Zentrum ankomme, ist es mir etwas komisch zumute. Was wird mich dort erwarten? Ich war noch nie in einem Buddhistischen Zentrum. Als ich das Haus betrete, kommt mir eine sehr nette Person entgegen und begrüßt mich freundlich. Ich sage etwas nervös und ängstlich, dass ich ein Treffen mit Ringu Tulku Rinpoche habe. Mein Gegenüber schaut etwas verwundert, sagt aber nichts. Dann fragt er mich, ob ich schon einmal hier war. Ich verneine und erhalte eine Führung durchs Haus. Man zeigt mir, wo der Gebetsraum ist, zeigt mir Schlafplätze und einen Raum, wo gerade kleine Gebetstexte gerollt und verschnürt werden. Da ich noch warten muss, setze ich mich mit an den Tisch, komme ins Gespräch mit den anderen Menschen und helfe ihnen bei ihrer Tätigkeit und erfahre, dass diese Gebetspäckchen in die neue große Buddha-Statue gepackt werden.

Nach einiger Zeit werde ich abgeholt und zu einer Türe geleitet. Ich bekomme eine Erklärung, wie ich mich in der Gegenwart von Ringu Tulku Rinpoche verhalten muss, was ich machen darf und was nicht und dann werde ich gefragt, ob ich einen Dolmetscher mit dabei haben will, aber trotz meines schlechten Englischs möchte ich unbedingt alleine sein mit Ringu Tulku. Ich muss meine Schuhe ausziehen, dann wird die Tür geöffnet und ich werde angekündigt. Ich komme mir vor, wie in einem Film, in dem man dem König seine Besucher ankündigt. Ich darf eintreten und hinter mir schließt sich die Tür. Nun bin ich allein mit Ringu Tulku. Er lacht mich freundlich an, zeigt mir, wo ich mich hinsetzen darf und dann kommen wir ins Gespräch, es klappt recht gut mit dem Englisch.

Ich erzähle ihm von meiner Arbeitsstelle und der Art, wie ich dort behandelt werde und dass ich mich dort überhaupt nicht wohl fühle. Ich erzähle, dass ich sehr sensibel bin und dass ich, wenn ich durch die Stadt laufe, den Menschen ansehe, wie es ihnen geht und ich ihre Gefühle in mir spüre. Dass ich traurig werde, wenn ich einen traurig aussehenden Menschen sehe und dass dies nicht immer leicht für mich ist. Wir reden über viele verschiedene Dinge, auch über meinen Wunsch, mein Leben verändern und nicht mehr so weitermachen zu wollen wie bisher und auch darüber, dass ich für Menschen da sein und ihnen helfen möchte. Er sagte mir, dass ich auf dem richtigen Weg bin.

Ich bin innerlich total bewegt von dem Gespräch mit Ringu Tulku Rinpoche und von seiner tollen Ausstrahlung. Als ich wieder vor der Türe bin, fällt mir ein, dass ich doch unbedingt ein Foto von ihm und mir haben wollte und schaffe es, dass mir dieser Wunsch noch erfüllt wird.

Als ich erneut aus der Türe herauskomme stehen auf einmal ganz viele Menschen in einer langen Schlange vor dieser Tür. Ich frage nach dem Grund für diesen „Auflauf" und erfahre, dass all diese Menschen Ringu Tulku einmal die Hand schütteln wollen, denn das wäre eine große Ehre, da er ein großer Buddhistischer Gelehrter sei. Ich kann das kaum glauben, sie alle wollen ihm die Hand schütteln und ich saß ganz allein mit ihm in seinem Zimmer und habe lange mit ihm geredet und ihm nicht nur die Hand geschüttelt. Nun weiß ich, warum die erste Person, die mir im Zentrum begegnet ist, so merkwürdig geschaut hat, als ich von dem persönlichen Termin mit Ringu Tulku erzählte. Glückserfüllt fahre ich wieder nach Hause.

Buddhistisches Zentrum und Puja

Einige Zeit nach diesem wunderbaren Treffen mit Ringu Tulku Rinpoche fahre ich erneut ins Buddhistische Zentrum und werde in die Küche geführt, wo einige Personen an einem langen Tisch sitzen. Ich werde eingeladen Platz zu nehmen und bekomme etwas zu trinken und Kuchen zum Essen und man sagt mir, dass ich mich einfach bedienen darf. Ich komme mit den Menschen ins Gespräch, alle sind sehr nett und ich fühle mich, als ob ich schon immer dazugehöre. Sie sagen mir, dass sie gleich zur Puja gehen, zu einem buddhistischen „Gottesdienst", und ich mitkommen darf, wenn ich möchte. Ich kann aber auch hier in der Küche bleiben oder mich in dem kleinen Shop im Haus umsehen, ganz so, wie ich möchte. Ich finde es schön, dass alles so einladend ist, ohne jeglichen Zwang etwas mitmachen zu müssen. Ich entscheide mich mit in die Puja zu gehen und man erklärt mir, was zu beachten ist.

Bevor man in den Raum eintritt, muss man zuerst die Schuhe ausziehen. Danach wirft man sich dreimal vor der großen Buddha-Statue nieder. Ich schaue nur zu, mache aber nicht mit. Danach setzt man sich auf eines der Meditationsbänkchen, die dort in Reihen aufgestellt sind. Rechts an der Seite sitzt Lama Sönam und noch ein weiterer Lama. Die Puja beginnt, die Lamas lesen Gebete und andere Texte in Sanskrit. Vor uns liegen auf einem Bänkchen die Texte mit einer Übersetzung. Dann ertönt eine Klangschale und alle schließen die Augen und es wird meditiert, also einfach ruhig dagesessen. Ein erneuter Klang von der Klangschale zeigt an, dass die Augen wieder geöffnet werden dürfen.

Mir ist kalt vom vielen ruhigen, unbewegten Sitzen und vom Meditieren. Aber sonst gefällt es mir sehr gut. Ich beschließe mir einen Umhang zu kaufen, damit ich beim nächsten Mal nicht mehr friere.

Lama Sönam

Lama Sönam ist mir schon beim Vortrag von Ringu Tulku Rinpoche aufgefallen. Er hat eine besondere Ausstrahlung und ein tolles Lächeln. Er hat mir heute vor der Puja vom Garten aus zugewunken, als ich aus dem Fenster des kleinen Shops herausschaute. Er ist sehr nett, spricht aber leider nur englisch, daher haben wir bisher nur kurz ein paar Worte gewechselt, zu längeren Gesprächen kam es leider nicht. Es bedarf nicht immer vieler Worte, um sich zu verstehen. Ich finde Sönam sehr nett.

Erstes Meditieren und Visionen

02.10.2001

Es sind nun bereits sieben Wochen vergangen seit dem Treffen mit Ringu Tulku Rinpoche und *ich fühle mich irgendwie so verändert. Ich empfinde ein sehr tolles Gefühl in mir, bin aber zugleich auch total „verwirrt" und muss ständig weinen.*

Es kommt mir vor, als ob am 27.09. ein Knoten in mir geplatzt ist. Der Auslöser war die CD mit Buddhistischen Chants, die ich mir gekauft hatte. Um diese zu hören, *hatte ich mich auf den Boden gesetzt und die Augen geschlossen. Während ich da so saß und die Musik lief, hatte ich auf einmal Visio-*

nen und sah Mönche und Tempel in Asien. Alles, was ich sah, war so realistisch wie das normale Leben.

Auch sonst passiert mir einiges. *Schließe ich die Augen, sehe ich Bilder. So ist mir auch der XVII. Karmapa erschienen und hat mich böse angeschaut.*

Dieses ständige Weinen gefällt mir gar nicht. Es sind keine Tränen aus Angst, sondern aus einem tiefen Gefühl heraus. Warum es so ist, weiß ich leider nicht.

Eigentlich müsste ich total unglücklich sein, da ich arbeitslos geworden bin, aber ich fühle mich momentan so anders, so gut. Die Kündigung meiner Arbeitsstelle erhielt ich sechs Tage nach dem Treffen mit Ringu Tulku, bei dem ich ihm erzählte, wie es mir bei meiner Arbeit geht und dass ich nicht so weitermachen will wie bisher. Eigentlich bräuchte ich sofort eine neue Arbeitsstelle, denn ich bin auf das Geld angewiesen, aber der Gedanke an einen erneuten Bürojob führt sofort wieder zu einem starken Druckgefühl im Magen. Aber was soll ich sonst beruflich machen?

In meinem zuerst erlernten Beruf der Verkäuferin gibt es kaum Arbeitsstellen und von diesem Gehalt könnte ich auch meine kleine Wohnung nicht bezahlen. Beim Arbeiten im Büro, ich habe noch eine Ausbildung zur Industriekauffrau absolviert, fehlt mir der Kontakt zu den Menschen, außerdem macht mir diese Tätigkeit überhaupt keine Freude. Da ich schon immer in der Medizin arbeiten wollte, mein Traumberuf ist Ärztin, ich habe aber leider kein Abitur, habe ich neben meiner Vollzeitbeschäftigung noch eine Ausbildung zur Heilpraktikerin absolviert und auch schon mit großer Freude in einer Praxis assistiert. Bezahlte Mitarbeitsstellen in Praxen gibt es leider nur ganz selten. Daher beschäftigt mich nun der Gedanke, ob ich eine eigene Heilpraktiker-Praxis aufmachen kann. Doch ich habe kein Eigenkapital und ich weiß auch nicht, wie ich zu Patienten kommen kann. Außerdem kommen immer wieder diese Gedanken und Gefühle, Menschen zwar helfen zu wollen, aber nicht unbedingt durch das Setzen von Nadeln oder durchs Spritzen.

Seit gestern habe ich das Gefühl, ich müsste wie ein Mönch durchs Land ziehen und allen Menschen Gutes tun, indem ich mit ihnen rede und ihnen zuhöre. Kann man schon einmal gelebt haben? War ich in meinem letzten Leben eine Nonne und habe durch mein Mitgefühl und durch Medizin anderen Menschen geholfen? Nun laufen mir schon wieder die Tränen.

Ich bin für die Gefühle, die ich wahrnehme sehr dankbar, zugleich weiß ich nicht so recht, wie ich damit umgehen soll. Ich würde mich gerne mit Lama Sönam darüber unterhalten, aber dazu reicht mein Englisch leider nicht aus und einen Dolmetscher möchte ich nicht dabei haben, denn ich habe Angst mich lächerlich zu machen. *Ich fühle mich irgendwie so erleuchtet* und mein einziges Bedürfnis ist, allen Menschen Gutes zu tun. Nur auf welchem Wege kann ich es machen?

Heute habe ich wieder einmal einem Freund durch Zuhören und Ratgeben helfen können. Es hat mich total glücklich gemacht und mich mit einer inneren Zufriedenheit erfüllt. Ob ich vielleicht Bücher schreiben soll, um meine Gedanken weiter zu geben?

21.10.2001

Noch immer fühle ich mich so verändert, so erleuchtet, das ist nun schon seit fast drei Wochen so. Seit dem Treffen mit dem Buddhistischen Gelehrten habe ich den Eindruck, dass mich alle Menschen ansehen, wenn ich durch die Stadt laufe, irgendetwas muss ich an mir haben, das die Blicke anzieht, aber was?

Ich habe gerade ein tolles Buch gelesen und bin total ergriffen davon. Ich habe so mitgefühlt, dass mir die Tränen gelaufen sind. Tränen aus einer Mischung aus Faszination, Verstehen, einer großen Trauer, Leere und aus Freude. Nachdem die Tränen weg waren, hatte ich das Gefühl der großen Erkenntnis. Ich bin so glücklich darüber, alles so tiefgründig erfassen zu können. Ich genieße es total, kann es aber nicht in Worte fassen.

Innerhalb der letzten Wochen habe ich so viele neue Erkenntnisse gehabt und nun ist alles auf einmal so ganz anders als zuvor. Ich bin so unendlich dankbar für diese Erkenntnisse, aber es ist auch nicht immer einfach. Ich reagiere noch emotionaler auf viele Dinge also zuvor und entferne mich immer weiter von den anderen Menschen, da mich niemand verstehen kann. Daher ziehe ich mich auch immer mehr zurück.

Ich finde es einfach unglaublich, was für eine Entwicklung ich gerade durchmache. Es erfüllt mich mit unendlich viel Freude und diese möchte ich so gerne mit anderen Menschen teilen. Doch leider versteht mich kaum jemand.

Nun ist es schon ein paar Wochen her, dass ich darüber nachdachte in ein Buddhistisches Kloster zu gehen, um dort meine Bestimmung zu suchen und als Nonne durchs Land zu ziehen und meinen Wunsch, alle Menschen glücklich zu machen und ihnen zu helfen, so zu erfüllen. Doch nun habe ich beschlossen dies nicht zu tun. Zurzeit prägen mich die Gefühle helfen zu wollen sehr stark.

Ich hatte noch nie so viel Zeit für mich und nun habe ich mich endlich selbst gefunden.

Vision mit buddhistischem Ort

Ich habe mich zum Meditieren auf den Boden gesetzt und die Augen geschlossen. Während mich die leise Musik meiner CD berieselt, sehe ich trotz geschlossener Augen einen kleinen weißen Punkt, auf den ich mich konzentriere. Nach einiger Zeit ist mir, als ob ich in eine Art Dunkelheit immer tiefer hineingleite. Wenn dieser Zustand länger anhält, ohne dass ich anfange einzuschlafen, dann erscheinen vor meinen Augen kleine orange Pünktchen, die immer mehr werden. Sie erinnern mich an eine Art Vorhang. Wenn ich nun loslasse, mich total in diese Versenkung hineinbegebe, gerate ich in einen ganz tiefen Zustand der Ruhe. So ist es geschehen, ich bin nun so versunken, dass ich mich selbst nicht mehr wahrnehme. Ich sitze bereits eine Weile so da, als ich wieder beginne Bilder zu sehen.

Ich sehe eine Landschaft vor mir, dann einen buddhistischen Mönch. Dieser Mönch geht über einen Platz. Auf diesem Platz gibt es einen buddhistischen Tempel und auf der gegenüberliegenden Seite eine christliche Kirche. Ich kann es sehen, denn ich kann mich umdrehen und mich umschauen. Ich folge mit meinen Blicken dem Mönch. Er geht weiter und kommt an einen Fluss, der in unmittelbarer Nähe des Platzes liegt. Der Mönch, er ist noch ein Kind, geht über drei Stufen nach unten und steht nun direkt am Fluss.

*Langsam komme ich wieder zu mir. Immer noch habe ich die Bilder vor mir. Immer noch sehe ich den Jungen, den Fluss, die Ge-*bäude. Es fasziniert mich, so klar und deutlich diese Eindrücke zu erhalten. Ich glaube, dass mir meine Fantasie einen Streich spielen möchte. Doch dann kommt mir eine Idee. Ich setze mich vor meinen PC und suche im Internet, ob es diesen Platz gibt. Ich mache es mehr aus Spaß, denn ich glaube nicht wirklich, dass es diesen Ort tatsächlich gibt. Da das

Gewand des Mönchs orangefarben war, kann ich die Such-region etwas eingrenzen. Stunden sind bereits vergangen und ich bin kurz davor den Computer auszuschalten, da entdecke ich diesen Ort tatsächlich. Es gibt ihn ganz genau so, wie ich ihn sah, er befindet sich in Bangkok. Mir wird so schlecht vor Schreck, dass mir übel wird. Ich kann es nicht fassen.

Ich möchte mit jemandem darüber reden, es ist mir ein großes Bedürfnis, aber es ist niemand da. Daher habe ich per Gedankenübertragung Kontakt zu Ringu Tulku Rinpoche aufgenommen und mit ihm geredet. Es hat geklappt und danach war ich wieder beruhigt. Das mit der Gedankenübertragung klappt schon seit ich Kind bin. Auch mit Vorahnungen habe ich schon lange zu tun, an eine kann ich mich noch gut erinnern.

Vorahnung

Letztes Jahr war ich bei Freunden zum Kaffee eingeladen. Wir saßen bereits am Tisch, als es an der Tür klingelte und eine sichtbar schwangere Frau eintrat. Ich schaute auf ihren Bauch und fragte sie, wann denn der Geburtstermin sei. Sie antwortete, dass es noch zirka vier bis sechs Wochen wären und es ihr gut gehe. Sie setzte sich neben mich und trank eine Tasse Kaffee und aß ein Stück Kuchen. Immer wieder glitt mein Blick zu ihrem Bauch und ein ungutes Gefühl durchflutete mich. Ich fragte sie noch einmal, ob alles ok sei, aber sie lachte nur und konnte nicht verstehen, dass ich mich so um sie sorgte. So saßen wir in fröhlicher Runde beisammen. Ein paar Stunden waren vergangen, als sie sich erhob, weil sie nach Hause gehen wollte. Kaum hatte sie sich halb erhoben, stieß sie ein Stöhnen aus. Ich wusste so-fort, dass ihre Fruchtblase geplatzt war, obwohl sie nichts sagte. Man fragte sie, ob ihr nicht gut sei, ob sie den Kaffee vielleicht nicht vertragen habe. Alle redeten durcheinander, nur ich schaute zu ihren Beinen und sah es, das Fruchtwasser. Es lief ihr die Beine hinunter. Und dann hörte ich aus ihrem Mund die Bestätigung meiner Vorahnung. Ich war geschockt, denn ich wusste, seit sie den Raum betreten hatte, dass etwas passieren würde. Nachdem die Schwangere die Wohnung verlassen hatte, erzählte ich den verbleibenden Freunden, dass ich, seit die Schwangere den Raum betreten hatte, wusste, dass mit ihr etwas passieren würde, aber keiner glaubte mir.

Dieses Erlebnis war für mich so intensiv, dass ich am nächsten Tag nach Frankfurt fuhr und mich mit Literatur zum Thema „Übersinnliche Wahrnehmungen" eindeckte. Denn, obwohl ich wusste, dass es so etwas gibt, hatte ich mich bisher nicht weiter damit beschäftigt. Es tat gut darüber zu lesen und bestätigte mir, dass ich nicht „krank" bin.

Mystik – was ist das?

21.10.2001

Seit einiger Zeit habe ich im Internet Kontakt mit Jürgen, einem Philosophen. Wir haben tolle, intensive „Gespräche" über einen Messenger und über Chat. Ich habe ihm auch von meinen Gefühlen und meinen Visionen erzählt. Heute hat mir Jürgen gesagt, dass das, was ich erlebe, mystische Erlebnisse sind und hat mir empfohlen, mich über Mystik zu informieren und nannte mir Namen von Mystikern. Ich weiß aber gar nicht was Mystik ist? Ist das nicht irgendetwas Unheimliches, Merkwürdiges?

Jürgen empfahl mir Bücher über Hildegard von Bingen zu lesen. Den Namen habe ich schon einmal gehört, allerdings im Zusammenhang mit Heilkräutern. Aber was hat sie mit Mystik zu tun? Und warum schrieb mir Jürgen, dass ich mich in Hildegard eventuell selbst entdecken werde, da wir uns teilweise sehr ähnlich seien? Irgendwie merkwürdig, aber vielleicht sollte ich mir doch mal Literatur darüber besorgen.

Außer mit Jürgen kann ich mit niemandem darüber reden, was mir so passiert, was ich fühle und erlebe. Diejenigen, denen ich versuchte mich mitzuteilen, belächelten mich nur mitleidig. Ich fühle mich so sehr von der Menschheit unverstanden. Warum bin ich so anders, warum versteht mich kaum jemand?

Suche nach Literatur

22.10.2001

Ich war in der Stadtbücherei und habe mir drei Bücher über Hildegard von Bingen ausgeliehen. Das, was ich über sie erfahre, ist, dass sie Nonne und Mystikerin war und von 1098 bis 1179 lebte, Visionen hatte und auf göttlichen Befehl hin ihre Visionen aufschrieb. Sie schrieb christliche Texte und über Naturheilkunde und komponierte geistliche Gesänge. Ich bin enttäuscht, denn in diesen Büchern wird überwiegend über christliche Dinge und viel zu viel über die Kirche berichtet. Mit der christlichen Kirche kann ich nichts anfangen, obwohl ich katholisch bin, denn das Christentum gibt mir keine Antworten auf meine Fragen, die ich habe. Auch wenn ich glaube, dass es „irgendetwas Höheres" gibt, kann und möchte ich diesem „etwas" keinen Namen geben. Und um an etwas zu glauben, muss ich nicht unbedingt in die Kirche gehen, so wie es von guten Christen verlangt wird. Mir hat es der Buddhismus sehr angetan. Mein erstes buddhistisches Buch, das ich vor anderthalb bis zwei Jahren las, hat mir sehr viel gegeben. Im Buddhismus finde ich viele Dinge, die mir im täglichen Leben gut tun.

Nun fände ich es toll, ein Buch zu finden über eine Person, die sozusagen ein „asiatisches Gegenstück" zu Hildegard von Bingen ist. Vielleicht jemand, der Mystik, Medizin und Buddhismus vereint. Es würde mich echt glücklich machen, etwas zu finden, in dem ich mich selbst wiederfinden kann.

Etwas gemeinsam habe ich ja schon mit Hildegard: mein Bedürfnis ins Kloster zu gehen und andere Menschen zu heilen und glücklich zu machen. Manchmal habe ich das Gefühl ich platze, weil das Bedürfnis so groß ist. Der Wunsch ist riiiiiiiiesig groß.

November 2001

Da ich ja bereits seit einigen Wochen arbeitslos bin und darüber nachdenke eine eigene Heilpraktikerpraxis zu eröffnen, nehme ich nun an einem Existenzgründerseminar der Handwerkskammer teil. Hier lerne ich, was ich alles wissen muss, um mich selbständig zu machen. Dazu gehören solche Dinge wie Marktanalyse und Marketingkonzept, Investitions- und Finanzplanung und Kosten- und Ertragsvorschau. Neben der ganzen Theorie gehört es auch dazu, sein geplantes Unternehmen vorzustellen und seinen eigenen Finanzierungsplan zu erstellen. Es ist interessant so viel Neues zu lernen und zu erfahren, was die anderen Teilnehmer für Unternehmen gründen wollen. Ich hoffe, es klappt mit meiner eigenen Praxis.

04.12.2001

Seit dem „Gespräch" mit Jürgen kann ich mich kaum mehr auf etwas anderes als auf Mystik konzentrieren. Es hat mich sehr zum Nachdenken angeregt und ich habe nun viel Zeit mit Recherche und Lesen im Internet zugebracht. Es lässt mich einfach nicht mehr in Ruhe, ich muss mehr über den Begriff „Mystik" erfahren. Ich habe auch einige Informationen gefunden, die mir sehr gefallen haben und dann habe ich zum ersten Mal die Gefühle, die ich empfinde, schriftlich formuliert entdeckt.

Ich hoffe, ich finde morgen in der Bibliothek etwas über Mystik, was mir weiterhilft. In den Büchergeschäften habe ich heute leider nichts gefunden, was mir hätte helfen können.

Ich fühle mich ziemlich einsam mit meinen Gefühlen und den Dingen, die mir geschehen. Daher ist wohl der einzig richtige Weg, alles aufzuschreiben, was mich bewegt. Vielleicht kann ich dann später erkennen, was mit mir los ist. Es ist echt nicht immer einfach für mich, dabei bin ich es doch gewöhnt, alles mit mir alleine auszumachen.

05.12.2001

Tagelanges Grübeln, Unsicherheit, Unwissenheit. Was genau sind eigentlich Mystiker? Man kann mich doch nicht mit Hildegard von Bingen in einem Atemzug nennen. Was soll ich tun? Wo bekomme ich weiterführende Literatur, Informationen und Ansprechpartner her? Darf man darüber überhaupt reden? Ich kann doch nicht sagen: „Ich bin eine Mystikerin." Wer versteht mich? Ich kann kaum noch einen klaren Gedanken fassen.

Ich sitze in der Bibliothek auf der Suche nach geeigneten Büchern und stoße immer wieder auf christliche Mystik. Gab es Mystiker nur in christlichen Klöstern? Was sagt der Buddhismus zu meinen Visionen und Empfindungen?

Ich suche weiter und entdecke allgemeine Bücher über Mystik. Und siehe da, Mystik gibt es in allen Religionen. Super, das sind wohl genau die richtigen Quellen für mich. Ich nehme einen riesigen Berg von Büchern mit nach Hause. Am liebsten würde ich mich nur noch dem Lesen widmen. Ich sauge die Informationen regelrecht aus den Büchern heraus. Je mehr ich lese, umso mehr fühle ich mich verstanden. Ich finde mich in den Worten wieder. Einige Dinge könnte ich fast selbst geschrieben haben.

Toll, nun weiß ich endlich, was mit mir los ist. Jürgen hatte Recht. Ich finde mich in der Literatur über Mystik wieder, ich bin eine Mystikerin, ich gestehe es mir nun ein. Diese Erkenntnis hilft mir zwar einerseits weiter, andererseits wird mein Leben dadurch nicht einfacher. Das Bedürfnis darüber reden zu können beziehungsweise darüber reden zu müssen, wird immer stärker. Jürgen ist bisher der Einzige, dem ich mich offenbare, da er so einfühlsam und verständnisvoll mit den Informationen aus meinem tiefsten Inneren umgeht. Er hilft mir auch bei den öfter aufsteigenden Unsicherheiten wegen meines Geisteszustandes und meiner Überlegung, ob ich vielleicht am Rande des Wahnsinns bin oder sogar schon einen halben Schritt weiter. Jürgen beruhigt mich und erzählt mir immer wieder von Mystikern, die ihre Erlebnisse wohl ähnlich schildern wie ich.

Einsam mit Gedanken und Gefühlen

06.12.2001

Ich habe mich mit Jürgen, dem Philosophen real getroffen und wir haben uns über vieles unterhalten und dann natürlich auch über Mystik. Es war eine gute Begegnung.

Meine Gefühle sind heute extrem stark und nicht mit Worten erklärbar. Sie sind sehr, sehr tief und mächtig und in einer unvorstellbaren Dimension. Manchmal denke ich, daran zu zerbersten.

Leider habe ich niemanden vor Ort, mit dem ich darüber reden kann, daher geht es mir nicht so gut. Es ist wirklich schwer, alleine damit klar zu kommen.

Auf einer Seite habe ich das starke Bedürfnis über meine Erlebnisse und Gefühle zu reden, doch dann kommt der Gedanke, ob es nicht besser wäre mich zurückzuziehen.

Jürgen empfiehlt mir, einen kundigen Menschen zum Austausch zu suchen. Er hält es für total falsch, dass ich mich zurückziehen möchte und hat Angst, dass es mir schadet, wenn ich mir nicht schnellstens einen Ansprechpartner suche. Er rät mir mit „meinem" Lama zu sprechen und ihn zu bitten, mir jemand Geeigneten zum Reden zu empfehlen, der Deutsch spricht. Zu Lama Sönam hätte ich vollstes Vertrauen, mit ihm verbindet mich eine ungeheure Kraft, aber mein Englisch reicht leider nicht aus, um ihm von meinen Erlebnissen und Gefühlen zu berichten. Aber soll ich wirklich über all diese Dinge reden? Ich habe Angst, dass diese Fähigkeiten dann verschwinden könnten, wenn ich mit vielen Menschen darüber rede, was mit mir los ist, und das möchte ich nicht.

Ich werde am Sonntag, falls kein Schnee gefallen ist, ins Buddhistische Zentrum fahren. Aber was ist, wenn ich dann wirklich jemanden zum Reden finde? Dann werde ich beim Erzählen bestimmt weinen, aber das ist mir megapeinlich. Ich habe ein Problem damit, mich so verletzlich zu zeigen. Auch jetzt laufen mir die Tränen, Tränen aus einem ganz tiefen Gefühl heraus. Ich weiß gar nicht, was mit mir los ist. Ich bin extrem sensibel. Ich hoffe, dass ich nächste Woche mein Gleichgewicht wieder finde.

Liebe

Leitmotiv der Mystiker ist die Nächstenliebe. Auch *ich verspüre ein unbeschreiblich starkes Gefühl der Liebe in mir. Viel stärker als alle Gefühle, die man sich überhaupt vorstellen kann, unbeschreiblich stark. Das Gefühl ist ganz anders als andere Gefühle. Es ist intensiver als die „normale" Liebe, es ist ein Gefühl, das mich regelrecht überrollt.* Ich habe das große Bedürfnis allen Menschen Gutes zu tun und ihnen zu helfen, dieses Gefühl selbst verspüren zu können.

Der Tod

Vision in der Zeit zwischen 05.12.-07.12.2001 (Genaues Datum entfallen)

Ich habe mich auf den Boden gesetzt, um zu meditieren, als ich wieder eine Vision habe. (Eigentlich nenne ich es gar nicht meditieren, denn ich setze mich einfach auf den Boden und schließe die Augen, um zu entspannen. Doch dafür gibt es wohl kein kurzes Wort.)

Ich saß auf dem Boden und hatte die Augen geschlossen. Nach kurzer Zeit sah ich einen dunklen Gang. Er hatte die Form einer Röhre. Ich ging durch diese Röhre und kam in einen großen, hellen Raum. Ich weiß nicht, ob ich alleine oder in Begleitung war. In diesem großen, hellen Raum standen auf der linken Seite ganz viele Tode, so wie man sie immer darstellt, mit schwarzer Kutte und Sense in der Hand. Die Kapuzen verbargen ihre Gesichter. Ihre Köpfe hatten sie ehrfürchtig gesenkt. Ich glaube ein Tod stand rechts von mir als Begleiter.

Ich fühlte mich super gut, geborgen und voller Harmonie. Es war einfach toll und ich hatte absolut keine Angst. Alles strömte Liebe, Geborgenheit, Harmonie und Sicherheit aus. Dann ging ich weiter.

Erster Versuch einen Ansprechpartner zu finden

10.12.2001

Ich war im Buddhistischen Zentrum und hatte ein Gespräch mit einem Deutschen, der Kurse in Buddhistischem Geistestraining gibt. Dieser fand das, was ich erlebe, „nur" interessant. Er selbst hat keine persönliche Erfahrung damit und hält es für Begleiterscheinungen auf dem Weg zur Erleuchtung. Er sprach von Vorleben und Wiedergeburt und empfahl mir darüber mit einem Psychologen zu reden, der sich mit Parapsychologie beschäftigt und dann diese Dinge nicht weiter zu verfolgen, sondern abzustellen, obwohl er sagte, dass die Lamas wohl auch Vorahnungen haben. Ich erzählte ihm von Hildegard von Bingen, aber er konnte damit nichts anfangen.

Ich war total enttäuscht und am Überlegen, ob ich auf dem falschen Weg bin und dem Buddhismus den Rücken kehren sollte.

Ich habe Lama Sönam dann noch gesehen und ihn um ein Gespräch gebeten, er hätte Zeit gehabt, aber es war kein Dolmetscher da, schade.

Ich habe mir darüber Gedanken gemacht, ob ich im christlichen Bereich doch etwas finden könnte, was mir weiterhilft, aber der Buddhismus ist mir einfach näher. Allerdings habe ich im Internet ein Bild von Jesus gefunden, was mir sehr nahe geht, denn seine Augen haben so etwas Besonderes. Jürgen erzählte mir, dass Jesus einer der größten Mystiker gewesen ist und auch Franziskus von Assisi. Von ihm hatte ich schon mal was gelesen, aber nur in Bezug auf Tiere. Er hatte ein großes Verständnis für Tiere, das erinnerte mich wieder an mich. Auch ich beschäftige mich mit Tieren und versuche ihnen nahe zu sein.

Jürgen will mir Adressen von katholischen Theologen heraussuchen und auch Literaturtipps besorgen.

Bisher habe ich immer über den „Sechsten Sinn" und über übersinnliche Wahrnehmungen gelesen und das passte schon recht gut. Jürgen konnte sich gar nicht vorstellen, dass ich mich niemals gefragt habe, ob ich eine Mystikerin sei. Aber mit dem Begriff Mystik konnte ich bisher nichts anfangen. Jahrelang habe ich gesucht, wo ich mich wieder-finden kann und jetzt ist alles anders.

Kraftvolle Liebe

12.12.2001

Das Gefühl der Liebe, welches ich in mir spüre, ist so stark, dass ich es nicht beschreiben kann. Es ist nicht mit Worten zu definie-ren. Es ist nicht gleich zu setzen mit der „Großen Liebe" zwischen zwei Partnern.

Die Räumlichkeit dieses Gefühls ist nicht auf die Gren-zen meiner körperlichen Hülle beschränkt. Sie ist viel grö-ßer. Dieses Gefühl kennt keine Grenzen. Es umhüllt meine physische Hülle im Bereich des Körperstammes. *Diese Liebe ist so stark, dass ich Angst habe zu zerbersten.* Aber da sie sich ja glücklicherweise nicht an die räumlichen Grenzen meines Körpers hält, kann mir ja nichts passieren.

Ich wünsche mir, dass dieses Gefühl sich wie eine Welle über die Straßen ergießt und durch alle Häuser fließt, durch Stadt und Land und über die ganze Welt. Es sollen alle Menschen benetzt sein durch dieses Gefühl der Liebe.

Wendepunkt

Vision am 12.12.2001 (Dauer 40 Minuten)
(Während dieser Vision hatte ich ein starkes Druckgefühl auf der Schild-drüse und etwas darunter.)

Wieder sitze ich auf dem Boden und habe die Augen geschlossen, als ich erneut eine Vision habe.

Ich sehe schneebedeckte Gipfel. Mein Gefühl signalisiert mir, dass es das Himalaya-Gebirge ist. Ich schwebe empor über die Gipfel, immer höher und höher. Dann schwebe ich irgendwo im Raum, in der Leere und dann sehe ich eine Buddha-Statue. Sie ist golden und um sie herum ist es hell. Wie ein helles Licht oder wie der Atem, den man sieht, wenn es sehr kalt ist.

Ich werde durchflutet von extremen Gefühlen. Nicht mit Worten erklärbar. Aber sehr intensiv und auch mit Angst verbunden. Die Gefühle spüre ich so stark, dass mir davon fast übel wird.

Ich sehe kurzes Aufflackern von Dämonen mit gefletschten Zähnen (ich meine diese schon einmal im Buddhismus oder Hinduismus gesehen zu haben). Die Gefühle sind fast nicht auszuhalten. Dann ist es vorbei. Nun sehe ich verschiedene helle Lichter und befinde mich in der Leere. Alles um mich herum ist dunkelblau und es ist nichts zu sehen. Eine sehr tiefe Ruhe überkommt mich.

Mein Körper ist nicht mehr als ein solcher zu spüren. Nur noch ein Kältegefühl im Bereich der Füße und Hände bemerke ich.

Dann spüre ich, wie ich nach oben schwebe, als ob ich aus dem Kopf herausschwebe. Ich befinde mich nun über dem Körper, den ich allerdings nicht als den meinen erkennen kann. Ich schwebe weiterhin über diesem Körper, über dem Kopf. Dann gleite ich wieder zurück in den Körper und kurz darauf wieder aus dem Kopf heraus.

Dann reißt mich etwas empor. Ich schwebe mit einem Riesentempo nach oben. Alles um mich herum glitzert wie kleine Schneekristalle, in allen Farben funkelt es.

Dann sehe ich Jesus vor mir, er steht ganz dicht vor mir und sieht mich an. Und sofort danach sehe ich ihn am Kreuz.

Ich schwebe ungebremst davon, weiter nach oben, bis ich an eine Art Kuppeldach stoße. Jetzt geht es nicht mehr weiter. Durch mein linkes Auge spüre ich Dunkelheit, durch das rechte ein warmes, sanftes Licht. Ich kann mich leider nicht umdrehen und auch nicht meine Augen öffnen.

Ich bin einfach zu sensibel für diese Welt. Am liebsten würde ich mich verkriechen und total zurückziehen, ob es aber wirklich das Richtige für mich ist, weiß ich nicht. Das heutige Erlebnis hat mich zum Glück nicht aus der Bahn geworfen, trotz der sehr schmerzhaften Gefühle, die mich dabei überkamen. Nun ist allerdings eine Dimension erreicht, über die ich mit niemandem mehr reden kann außer mit Jürgen.

Vielleicht ist es doch besser mich zurückzuziehen, um niemanden mit meinen Gefühlen und Visionen zu belästigen. Ich fühle mich total verunsichert, traurig und allein gelassen mit meinen Gefühlen. Anders zu sein als die Masse ist nicht leicht.

Viele Gedanken und Verzweiflung

13.12.2001

Gleich muss ich los zur Heilpraktikerpraxis, in der ich seit kurzer Zeit mitarbeite, allerdings ohne davon finanziell zu profitieren, da das wenige Einkommen von meinem Arbeitslosengeld abgezogen wird. Ich mache es aber trotzdem, um noch mehr Praxiserfahrung zu erhalten.

Heute wünschte ich mir, ich müsste nicht dort hin. Ich fühle mich irgendwie nicht in der Lage unter Leute zu gehen. Zuviel geht in mir vor und ich weiß nicht, ob es gut ist, in einem solchen Zustand der „Verwirrtheit" auf andere Menschen zu treffen.

Ich frage mich immer öfter, ob ich überhaupt noch in der Lage bin einen normalen Beruf auszuüben. Meine Gedanken drehen sich nur noch um die Dinge, die mir passieren und ihrer Klärung. Wie kommen diese Bilder zustande? Sind sie real oder bin ich auf dem Weg verrückt zu werden? Wie kann das alles möglich sein? Wie kann es sein, dass man sich aus seinem Körper heraus bewegen kann? Was hat es mit diesen Gefühlen auf sich?

Ich könnte nur noch um Hilfe schreien, aber es würde mir nichts nützen, denn die Hilfe, die ich bräuchte, ist Hilfe in Form von tiefem Verständnis. Aber wo soll ich die finden? Wo finde ich jemanden, der ebenfalls solche Erfahrungen gemacht hat und weiß, wie intensiv sie sind?

Was soll ich tun? In ein buddhistisches Kloster eintreten und als Nonne leben? Die bekanntesten Mystiker lebten im Kloster oder brauchten zumindest keinen normalen Beruf auszuüben, um Geld zu verdienen. Wo lang führt mich mein Weg? Welches ist der richtige Schritt für mich? Oh Gott, bitte zeige mir den Weg, den ich gehen soll!

Ich bin losgefahren zu meiner Assistenzstelle. Ich habe mir gewünscht, dass in der Praxis nicht viel los ist und ich sofort wieder nach Hause fahren kann. Es stellte sich heraus, dass nur zwei Patienten angemeldet waren und wir als Assistenten zu dritt waren.

Zuerst dachte ich, ich könnte mich mit der Assistentin, die sich mit Astrologie beschäftigt, über meine Gefühle unterhalten, doch ich habe es dann doch nicht gemacht, sondern es für mich behalten, dass es mir schlecht geht. Schlecht in dem Sinne, dass ich den Eindruck habe, dass es niemanden gibt, der mich versteht.

Ich habe die Praxis innerhalb kürzester Zeit wieder verlassen und bin zu einer Freundin gefahren. Mit ihr habe ich bisher über alles geredet, was mich bedrückt und bewegt.

Ich hoffe von ihr die Hilfe zu bekommen, die ich so dringend benötige. Aber meine Worte gehen ins Leere. Sie hört, was ich sage, aber der Sinn meiner Worte kommt nicht bei ihr an. Sie bestätigt die Meinung des Lehrers aus dem Buddhistischen Zentrum, dass eine Unterredung mit einem Psychologen für Parapsychologie mir helfen würde. Als ich ihr sage, dass ich mich im Bereich Mystik wiedergefunden habe, sagt sie nur abfällige Dinge. Ich solle mir außerdem nicht so viele Gedanken machen, denn jeder Zweite, der bei ihr zur Tür reinkommt, würde Bilder sehen. Es wäre alles ganz normal und nicht etwas, für das man viele Gedanken verschwenden solle.

Ich bin wieder gefahren, mit Tränen in den Augen. Diese Freundin, die mich bisher immer verstanden hat, fällt nun weg als Hilfestellung. Und nun bin ich ganz alleine mit meinen Gedanken und Gefühlen, die mir heute so arg zusetzen.

Zuhause angekommen will ich mich in meinen vier Wänden verkriechen. Aber ich weiß, wenn ich das nun mache, wird alles noch viel schlimmer. Also fahre ich in die Stadt. Ich habe mir einen Umhang gekauft, damit ich nicht so friere, wenn ich meditiere oder im Buddhistischen Zentrum bei der Puja sitze. Das hat mich ein bisschen abgelenkt und ein wenig glücklich gestimmt.

Der Tag war für mich die Hölle, da ich nicht weiß, was mit mir passiert. Ich entferne mich immer mehr vom „normalen" Alltag und muss immer mehr mein wahres Inneres verbergen, um mir nicht anmerken zu lassen, was wirklich mit mir los ist.

Ich habe wieder ein Buch über Hildegard von Bingen in den Händen gehabt und das Erste, was mir ins Auge fiel, war ein Abschnitt über ihre Visionen und dass sie zuerst mit niemandem darüber gesprochen hat und, als sie es dann doch tat, in Tränen ausgebrochen ist und ihr alles so peinlich war. Ich kann ihr so sehr nachempfinden, denn genau so fühle ich mich auch.

Ich wünsche mir so sehr, es gäbe eine Hilfe für mich. Aber wo finde ich jemanden, der mich nicht für verrückt hält, denn das bin ich absolut nicht. Da ich nicht weiter weiß, ertränke ich nun meinen Kummer in Rotwein, aber das kann keine Lösung meiner Verzweiflung sein. Ich hoffe, bald jemanden zu finden, der mich versteht.

In meiner Mailbox finde ich Post von „meinem Philosophen", wie ich Jürgen liebevoll nenne. Er hat mir Adressen zugesandt, bei denen ich mir Hilfe holen kann. Das ist total lieb gemeint von ihm, aber ich bin heute so frustriert, dass ich nur noch die Wörter „Seelsorge" und „Psychologin" sehe und sofort glaube, dass mich Jürgen nun auch für verrückt hält. Sofort habe ich meinen Messenger gestartet, um zu sehen, ob Jürgen online ist. Er ist es und ich habe nichts Besseres zu tun, als ihm meine Vermutung direkt an den Kopf zu knallen. Armer Jürgen, er hat es wirklich gut gemeint und ich greife ihn dafür auch noch an. Er versucht mir zu erklären, dass es die richtigen Ansprechstellen zur Thematik Mystik sind und mir dort sicherlich weitergeholfen wird und er mich absolut nicht für verrückt hält. Jürgen hat eigentlich keine Zeit und ist selbst nicht so gut drauf. Ich habe ihm gesagt, dass ich mich nun zurückziehen und verkriechen werde und es wohl besser sei mit niemandem mehr darüber zu sprechen. Ich bin total eingeschnappt und kurz davor den PC auszuschalten. Ich heule mir regelrecht die Seele aus dem Leib und kann vor lauter Tränen kaum noch etwas sehen. Jürgen sagt mir, dass er nie wieder mit mir sprechen würde, wenn ich mich nun ausklinke. Also bleibe ich online und erzähle ihm, was wirklich mit mir los ist. Es ist ein absoluter Ausnahmezustand, in dem ich mich befinde und ich bettle ihn schon fast um Hilfe an. Ich fühle mich so einsam und unverstanden, einfach so anders als alle anderen Menschen.

Mein Rotwein fließt, aber ich schaffe es nicht, mich zu betäuben. Dafür schafft es Jürgen mich wieder aufzubauen. Der Ärmste redete mit mir bis um 1.30 Uhr, obwohl er um 6.30 Uhr wieder aufstehen muss. Es ist mir megapeinlich ihn so zugeschüttet zu haben mit meiner „Verwirrtheit" und ich mich noch nicht einmal um seine Probleme gekümmert habe, denn auch er hat Kummer. Nun habe ich Angst, dass er nie mehr mit mir redet und er mich für einen „schwierigen Fall" halten könnte.

Die Suche nach einem Ansprechpartner geht weiter

14.12.2001

Nach einer ruhigen Nacht, das lag wohl am Alkohol, bin ich mit dickgequollenen Augen aufgewacht. Ich sehe mies aus und fühle mich auch innerlich nicht gut, doch das liegt nicht am Alkohol. In meinem Kopf drehen sich die Gedanken und die Frage, woher ich mir nun Hilfe besorge. Ich lese nochmals Jürgens Adressliste durch und sehe mir die angegebene Homepage vom Franziskanerorden an. Ich bin mir nicht so sicher, ob ich meine Erlebnisse durchs Netz schicken soll. Am liebsten hätte ich eine Person vor Ort, mit der ich mich persönlich unterhalten könnte. Also suche ich im Internet, aber ohne Erfolg. Ich hole das Telefonbuch und suche dort. Aber auch das hilft nicht weiter. Was soll ich tun? Ich überlege und überlege und dann macht es auf einmal „klick" und mir ist klar, was zu tun ist. Ich fahre nach Bingen, zum Kloster der Hildegard. Sie ist doch eine der berühmtesten Mystikerinnen überhaupt. Dort sollte man mich doch verstehen.

Hildegard von Bingen

Rein in die Schuhe und in die Jacke. Am besten nehme ich auch gleich die Aufzeichnungen über meine Visionen und über das starke Gefühl der Liebe mit. Ich springe ins Auto und fahre auf die Autobahn Richtung Mainz und Wiesbaden. Eigentlich weiß ich gar nicht so genau, wo ich abfahren muss, nur dass das Kloster irgendwo bei Bingen liegt. Leider habe ich den Zettel mit der genauen Anschrift zuhause liegen gelassen, aber es wird bestimmt ausgeschildert sein, schließlich ist Hildegard sehr bekannt. Nach fast 100 km erreiche ich Bingen und ich sehe auf der anderen Rheinseite ein großes Kloster und fühle mich durchflutet von tiefen Gefühlen. Ich weiß aber nicht, was das für ein Kloster ist, aber ich fühle mich sehr von ihm angezogen. Leider gibt es keine Brücke, sondern nur eine Fähre und diese möchte ich nicht nehmen, da ich es nicht mag, mit dem Auto auf einer Fähre zu fahren.

So, nun mal nach Hildegard suchen. Ich fahre durch den Ort, aber ich finde keinen Hinweis auf sie. Ich fahre auf den Berg und sehe eine schöne Kirche. Ich stelle mein Auto ab und gehe zu dieser Kirche. Ich öffne die Tür und stehe vor einem Gitter. Ich bin sehr enttäuscht, dass ich nicht hinein kann, da ich gerne die Stille dieses Ortes genießen möchte. Gut, dann eben nicht. Da sehe ich ein Schild mit einem Hinweis auf ein Kloster und gehe in die angegebene Richtung, doch leider ist von ihm nichts zu sehen. Es ist sehr einsam hier und ich traue mich nicht mehr weiter. Überall ist nur Wald und Feld. Ich gehe wieder zurück. Da sehe ich ein Haus mit Informationen über Hildegard und möchte eintreten, doch es ist abgeschlossen. Wieder bin ich sehr enttäuscht. War mein Weg umsonst?

Dann sehe ich eine Nonne und gehe auf sie zu und frage sie nach dem Kloster der Hildegard und zu meinem großen Erstaunen erklärt sie mir, dass sich dieses auf der anderen Rheinseite befindet, in Eibingen (Rüdesheim). Das Kloster, welches mich so sehr angezogen hatte, ist der Ort, den ich suche. Die Nonne erklärt mir, wie ich dort hinkomme und sagt mir, dass ich ohne einen festen Termin kaum eine Chance auf ein Gespräch hätte, da es im Kloster einen strengen Arbeitsablauf gäbe. Ich werde sehr traurig. War es falsch dem Gefühl zu folgen und mich einfach ins Auto zu setzen und loszufahren? Hätte ich vielleicht erst einmal alles überdenken sollen?

Ich fahre den Berg hinunter Richtung Rhein. Je näher ich zur Autofähre komme, umso unwohler wird mir. Ja, ich muss mir eingestehen, dass ich Angst habe mit meinem Auto auf einer Fähre den Fluss zu überqueren. Aber wo ist die nächste Brücke? Sicher erst in Mainz oder Wiesbaden. Was soll ich tun? Das Bedürfnis einen Fachkundigen im Bereich Mystik zu sprechen ist so groß, dass ich es dann wage. Mit ungutem Gefühl fahre ich auf die Fähre.

Juchhu, ich habe es geschafft. Ich bin ohne Komplikationen auf der anderen Rheinseite angekommen und darf als eine der Ersten die Fähre verlassen. Nun muss ich nur noch den Weg zum Kloster finden. Nach kurzer Zeit finde ich ein kleines Schild, das mir die Richtung weist. Ich fahre den Berg hinauf und je näher ich komme, desto mehr werde ich wieder von aufsteigenden Gefühlen durchflutet.

Endlich angekommen. Es ist sehr kalt und windig hier oben auf dem Berg. Über den Weinbergen schwebt ein Bussard leicht durch die Lüfte und unten fließt ruhig der Rhein. Schön ist es hier oben, der ideale Platz für ein Kloster, für Ruhe und Einkehr.

Hildegard-Kloster und Jesus

Ich laufe vom Parkplatz zum Kloster und lese, dass die Klosterpforte und auch der kleine Laden erst um 14.30 Uhr öffnen. Jetzt ist es gerade 14.00 Uhr. Wo soll ich in dieser Dezemberkälte warten? Ich schaue mich um und entdecke den Eingang zur Kirche. Auf dem Weg zur Eingangstüre komme ich an einer Statue von Hildegard vorbei und empfinde ein starkes Gefühl des Verständnisses für diese tolle Frau. Ich steige die Treppe empor, öffne die Türe und trete ein. Was ich dann sehe, raubt mir den Atem: Jesus. Die ganze Kuppel ist überzogen mit einem riesigen Gemälde von Jesus. Er schaut mich regelrecht an und durch die Geste der geöffneten Arme habe ich das Gefühl, er ruft mich, zu ihm zu kommen. Ich gehe nach vorne, vorbei an wunderschönen Wandmalereien in ausdrucksstarken Farben. Dann sehe ich das Bildnis von Hildegard. Nun ist es um mich geschehen. Jesus und Hildegard, *ich bin ergriffen von immensen Gefühlen* und mir laufen die Tränen. Ich weiß nicht, wie mir geschieht. Ich kann den Blick von Jesus nicht mehr abwenden und bemerke, wie mich eine Schwäche überkommt. Ich lasse mich in der ersten Bank nieder. Dieser Ort hat eine ganz besondere Atmosphäre und ich schmelze dahin, durchdrungen von Gefühlen der Trauer und Überwältigung. Ich würde so gerne meine Augen schließen, um die Atmosphäre intensiver auf mich wirken zu lassen, aber ich bin leider nicht alleine in der Kirche und daher mache ich es nicht. Ich sitze und sitze und kann mich überhaupt nicht mehr erheben, so ergriffen hat mich diese Situation. Dann überkommt mich eine enorme Kälte, denn die Kirche ist nicht beheizt. Ich sehe auf die Uhr und merke, es ist bereits 14.40 Uhr. Langsam erhebe ich mich und gehe Richtung

Ausgang, nicht ohne einen weiteren Blick auf Jesus geworfen zu haben. Oh, ist das schön.

Ich gehe zur Pforte und drücke die Klingel. Ich höre Schritte eine Treppe herunterkommen und mir wird geöffnet. Ich bitte um ein Gespräch, aber man sagt mir, dass es ohne Termin nicht möglich sei, aufgrund der vielen Arbeit im Kloster. Ich bin sehr enttäuscht und erkläre, dass ich den Weg von Koblenz gemacht habe, um unbedingt mit jemandem über die Thematik Mystik zu sprechen und sage, wie wichtig es mir ist. Ich werde hineingelassen und man fragt nach, ob jemand Zeit für mich hat. Ich habe Glück und werde in ein Zimmer geführt. Dann kommt eine Schwester hinein und bittet mich Platz zu nehmen.

Ein erstes Gespräch

Die Schwester stellt sich vor und fragt mich, warum ich gekommen sei. Ich sage ihr, dass ich Bilder sehe und sie fragt mich, ob ich schon mal beim Arzt war. Ich bin enttäuscht. Glaubt man mir etwa nicht und das an einem solchen Ort? Hildegard war eine große Mystikerin und ich dachte, hier Verständnis für meine Situation zu erhalten. Ich überreiche der Schwester meine Aufzeichnungen und sie liest meine Texte. Immer wieder blickt sie auf und wirft mir prüfende und fragende Blicke zu. Dann überhäuft sie mich mit Fragen. Wieder diese Blicke und noch einmal liest sie meine Aufzeichnungen. Sie sagt, ich solle mich für eine Religion entscheiden, entweder Buddhismus oder Christentum. Dann fängt sie an mich mit Hildegard zu vergleichen. Sie erklärt mir, dass bei Hildegard die Gefühle nicht so stark ausgeprägt gewesen seien wie bei mir. Hildegard sei ein Sprachrohr Gottes gewesen, sie empfing Botschaften von Gott und schrieb sie nieder. Die Worte wurden „nur" durch sie hindurchgereicht. Die Schwester empfiehlt mir, mich mit Teresa von Avila zu beschäftigen, da es auch bei Teresa diese starken Gefühle der Liebe gab. Dann sagt sie mir, dass ich es sicherlich sehr schwer haben muss, mit solchen Gefühlen und den Visionen alleine klar zu kommen. Mir steigen Tränen in die Augen. Sie stellt mir weitere Fragen, auch nach meinem Beruf. Ich erzähle ihr von meinen Plänen mit der eigenen Praxis und dass ich es nicht so toll finde, Geld für die Behandlung der Menschen verlangen zu müssen, da mein Wunsch zu heilen aus dem tiefen Bedürfnis heraus käme allen Menschen helfen und sie glücklich machen zu wollen, und dies am liebsten auf der ganzen Welt. Sie schaut mich lange an und dann sagt sie mir, dass ich ein ganz edler Mensch sei und wiederholte es noch zwei Mal. Ich weiß nicht, wie mir geschieht, so etwas hat mir noch niemand gesagt. Ich bemerke ihr tiefes Verständnis und weiß, sie glaubt mir und sie erkennt mein inneres Empfinden. Dann steht sie auf, legt den Arm auf meine Schulter und will sich von mir verabschieden, da überkommt es mich und ich fange bitterlich an zu weinen. Es ist mir absolut peinlich. Ich schäme mich so sehr meiner Tränen. Die Schwester sagte mir, dass sie sich darum kümmern werde, dass ich Adressen von Ansprechpartnern erhalte. Dann dreht sie sich um und geht davon.

In Tränen aufgelöst verlasse ich den Raum und gehe zur Pforte des Klosters. Da begegnet mir eine junge Schwester, die es mit zwei Sätzen schafft, mir wieder ein kleines Lächeln auf die Lippen zu zaubern. Das tut gut.

Ich begebe mich zurück zu meinem Auto. Tausende Gedanken gehen mir auf der Rückfahrt durch den Kopf. Einerseits bin ich glücklich, dass man mich verstanden hat und mir auch glaubte, andererseits habe ich aber keine echte Hilfe erhalten.

Ging es Hildegard genauso? Musste sie auch zuerst ganz allein mit ihren Visionen und Empfindungen klar kommen? Hielt man sie am Anfang für verrückt? Was ging in ihr vor? Was hat sie getan, um damit umgehen zu können? Oder war Mystik zu ihrer Zeit ein bekanntes Geschehen? Viele Fragen sind offen und suchen nach einer Antwort. Nur woher soll ich diese bekommen?

Zuhause angekommen, versuche ich meine Gedanken zu ordnen. Es fällt mir nicht ganz leicht. Nach einer halben Stunde ruft die Schwester an und gibt mir die Telefonnummer einer Frau, die wohl über ähnliche Dinge berichtet hatte. Diese Informationen hat ihr der Abt gegeben, den sie um Hilfe für mich bat. Dieser meinte, dass Menschen, die sich mit dem Buddhismus beschäftigen, öfter Bilder sehen. Damit war die Hilfe erledigt. Aber ich suche doch einen Menschen, der sich professionell mit dieser Thematik auskennt und mir weiterhelfen kann. Diese Frau ist für mich daher nicht die gewünschte Ansprechperson.

Leider ist Jürgen nicht online, ich würde ihm so gerne von meinem Besuch im Kloster der Hildegard erzählen, denn er hat mich ja immer wieder auf diese tolle Frau aufmerksam gemacht.

Da ich trotz des Besuchs im Kloster immer noch „verwirrt" bin, merke ich, wie dringend ich wohl doch einen kundigen Ansprechpartner benötige. Zögerlich hole ich die Adressen hervor, die mir Jürgen am Tag zuvor gesandt hatte. Sollte ich mich wirklich an eine dieser Adressen wenden? Nach einiger Zeit des Überlegens schreibe ich ein Email an das Franziskaner-Kloster und sende auch meine Texte über meine Visionen und Gefühle mit. So ganz wohl ist mir nicht dabei, denn ich finde es nicht gut mein innerstes Gefühlsleben durchs Internet zu schicken, zumal mein Name und der Wohnort darin angegeben sind.

Da ich nun online bin, suche ich auch im Internet über einen Messenger nach einem Ansprechpartner für mich. So langsam werde ich mutiger. Oder ist es kein Mut, sondern pure Verzweiflung? Mir fällt eine männliche Person auf, die beim Beruf „Religion" eingetragen hat. Er heißt Lothar und ist ebenfalls online. Ich schreibe ihn an und frage ihn, ob er sich mit Mystik auskennt. Er antwortet, dass es nicht so ist, zumindest nicht besonders gut. Ich erkläre ihm, was ich suche und warum. Lothar nennt mir mehrmals den Namen „Anselm Grün". Er soll ein Mönch aus Münsterschwarzach sein. Anselm Grün? Noch nie gehört. Lothar gibt mir die Email-Adresse von dieser Abtei und berichtet, dass dieser Mönch auch Bücher schreibt. Interessant, vielleicht kann ich mich mit diesem Mönch ja mal persönlich unterhalten. Münsterschwarzach, wo liegt denn das? In Bayern... oh je, zu weit entfernt. Der nächste Tipp von Lothar, er ist katholischer Pfarrer, ist, dass ich die Diözese Trier anschreiben soll, da ich ja keinen Pfarrer in meiner Wohngemeinde kenne. Dort soll es wohl kundige Menschen geben. Auch diese Email-Adresse gibt er mir. Schön, nun habe ich wieder zwei weitere Möglichkeiten.

Eingebung von Gott

15.12.2001

Es ist Samstagmorgen, immer noch zermartere ich mir den Kopf, ob ich mich nun mehr dem Buddhismus oder dem Christentum zuwenden soll. Aber ich finde keine Lösung. Das schlägt mir auf den Magen. Also beschließe ich, den Gedanken, sich für eine Religion entscheiden zu müssen, erst einmal nicht weiterzuverfolgen.

Ich fahre in die Stadt um ein bisschen bummeln zu gehen und um dadurch auf andere Gedanken zu kommen. Als

ich vom Parkplatz in die Innenstadt laufe, erhalte ich plötzlich eine Eingebung. *Eine Stimme sagt mir: „Höre auf verwirrt
zu sein. Freue Dich über diese positive Gabe und nutze sie, um
anderen Menschen damit zu helfen."* Ich bin total verwirrt. War
es Einbildung? Gibt es wirklich Eingebungen von „oben"?
Wieder beschäftigen mich Fragen um nicht zu erklärende
Dinge. Bin ich vielleicht doch verrückt oder am Rande des
Wahnsinns?

Ich gehe weiter und *fühle, wie mich diese Eingebung zur inneren Ruhe führt.* Die Verwirrung weicht der Erkenntnis. Ja,
ich möchte anderen Menschen helfen und werde es ab sofort als Chance sehen, Visionen zu haben und Gott nahe
sein zu dürfen. Während ich so denke, komme ich zu einem
Buchladen und gehe hinein. Ich sehe einen Kalender mit
Buddhistischen Bildern und sofort „erwacht" mein Herz
und ich fühle mich dem Buddhismus sehr nahe und bin mir
sicher, ihm nicht den Rücken zu kehren. Ich gehe weiter
durch die Stadt und komme zum nächsten Buchladen. Da
fällt mir ein kleines Buch in die Hände. Ein buddhistischer
Mönch schreibt auf einer der ersten Seiten, dass auf seinem
Altar Buddha und Jesus nebeneinander stehen. Das ist für
mich die Lösung auf die Frage, wie ich mich bezüglich der
Religionen entscheiden soll. Meine Entscheidung: keine
Entscheidung, ich werde meinen Weg so fortsetzen wie
bisher und sehen, wohin mich der Weg führt.

15.12.2001

Auch heute spüre ich eine innere Ruhe, ich glaube, ich bin auf
dem richtigen Weg, auch wenn ich immer noch nach ent-
sprechender Literatur und einem Ansprechpartner für mich
suche. Aber das wird sich bestimmt auch bald finden lassen,
denn daran arbeite ich ja.

Wenn ich irgendwann einmal ein Buch über meine Gefühle und Visionen veröffentliche, werde ich Jürgen darin als meine große Hilfe erwähnen. Denn er ist der Mensch, der sehr behutsam und mit tiefstem innerem Verständnis auf mich eingegangen ist. Ich danke Gott, dass er mir Jürgen geschickt hat.

Antwort vom Franziskaner Bruder

17.12.2001

Ich habe ein Email von der Sekretärin der Franziskaner erhalten. Sie bittet mich den angeschriebenen Bruder anzurufen und teilt mir seine Telefonnummer mit. Nach einigem Zögern wage ich es und rufe an.

Der Bruder empfiehlt mir, einen Zen-Meditationskurs in ihrem Haus zu belegen. Das ist aber nicht die Art von Hilfe, die ich benötige. Er rät mir, viel spazieren zu gehen, um mich dadurch zu erden, denn das wäre sehr wichtig. Dieser Tipp gefällt mir, ich werde ihn berücksichtigen. Auf meine mitgeschickten Dateien ist er leider überhaupt nicht eingegangen. Wieder fühle ich mich elend und alleingelassen. Ich offenbare einem fremden Menschen mein Inneres, schicke diese persönlichen Worte durchs Internet, was mich einiges an Mut kostete, aber man nimmt nicht Bezug. Damit blieb auch dieser Versuch, endlich Hilfe zu bekommen, ohne Erfolg. Und nun?

Erster Erfolg bei der Suche

19.12.2001

Ich bin mal wieder im Internet und suche nach Hilfe. Über den Messenger kann ich gezielt nach Personen suchen, die in ihrem Profil „Religion" als Beruf angegeben haben. Es ist mir dabei sehr komisch zumute, da ich bisher immer einen großen Bogen um diese Personen gemacht habe. Aber ich kann einfach nicht mehr anders, ich brauche Hilfe. Und tatsächlich wird mir eine Person als Treffer meiner Suche angezeigt. Ein Pfarrer ist online. Vorsichtig „spreche" ich ihn an. Seine erste Reaktion ist nicht gerade toll, aber langsam kommen wir ins „Gespräch". Er gibt mir Literaturtipps und hinterfragt meine Suche. Ich erzähle ihm von meinen Erlebnissen und meinen Gefühlen. Er stellt viele Fragen und dann betet er für mich. Oh, wie komisch. Ein Pfarrer, der für mich betet. *Ich mache kurz die Augen zu und mir erscheint Jesus.* Ich bin ganz durcheinander. Wie ist sowas möglich? Bin ich vielleicht doch krank oder bilde ich mir das alles nur ein? Simon, so heißt der Pfarrer, schreibt mir ein Gebet, welches ich alleine beten kann. Ich muss ja zugeben, dass ich gar nicht weiß, wie man betet. Ich war schon jahrelang nicht mehr in der Kirche und hatte mit Beten und Ähnlichem nichts mehr „am Hut". Nun habe ich ein persönliches Gebet, das mich auch sehr anspricht.

Seit ich eben Jesus gesehen habe, *bin ich schon wieder von starken Gefühlen durchzogen.* Von sehr seltsamen Gefühlen, Gefühlen zwischen Trauer und Freude. Wie geht man bloß mit solchen Dingen um? Gibt es das, was ich erlebe, tatsächlich? Sind Visionen echt oder nur Einbildung? Simon erzählt mir von der Bibel und den vielen Visionen, die dort beschrieben sind und von Paulus, der die unsichtbare Welt genauso ernst nahm wie die sichtbare, das hilft mir.

Im Augenblick ist mein Kopf nur noch voll mit Fragen, die sich mit Mystik beschäftigen. Ich kann mich mit nichts anderem mehr beschäftigen, das ist belastend und hindert mich daran, mich auf andere Dinge des Alltags zu konzentrieren. Simon zitiert Bibelstellen, die ich sehr interessant finde. Ich glaube, ich muss doch mal in meine Bibel schauen. Ich habe sie noch nie gelesen, obwohl ich sie mir vor ein paar Jahren genau dazu gekauft habe. Ich erzähle Simon von meinen Gefühlen und der Tatsache, dass ich in der letzten Zeit sehr viel weine, ohne zu wissen warum. Ich weiß nur, dass die starken Gefühle, die ich empfinde, dies auslösen, Gefühle, für die ich keine Worte finde.

Ich werde etwas mutiger und lasse Simon meine Aufzeichnung von meiner ersten Begegnung mit Jesus lesen. Er reagiert gut darauf, das hilft mir Vertrauen zu fassen. Er meint, dass ich in dieser Vision vom 12. Dezember in den Kampf der Mächte und Gewalten geraten bin. Ja, das kann tatsächlich sein.

Jetzt, wo ich diese Worte schreibe, wird mir erst einiges bewusst: Dieses Hoch- und Runterschweben, dann das Hochreißen nach oben und dass ich dann Jesus sehe, so dicht vor mir stehend und mich intensivst anschauend und danach Jesus am Kreuz. Es scheint fast so, als ob ich meinen eigenen Tod erlebte. Das aus meinem Körper Herausschweben und dann das Hinunterschweben ist wie ein Hinabsteigen in das Reich des Todes, das schnelle Emporsteigen bis zu Jesus ein Aufstieg bis in den Himmel hinein.

Ich habe mich von Simon verabschiedet, er muss ins Bett. Aber ich werde ihn sicherlich bald wieder „sprechen" können. Ein erster Erfolg.

Das ist das Gebet, das mir Simon geschrieben hat:

„Jesus, du hast dich mir gezeigt, ich danke dir. Du kennst mich, du weißt bis in mein Innerstes hinein, wie ich zu dir stehe. Ich habe dich nicht gesucht, aber du hast mich gefunden. Bitte zeige mir, welche Dinge in meinem Leben dir nicht gefallen. Ich möchte deine Vergebung dafür in Anspruch nehmen und mein Leben neu nach deinem guten

Willen leben. Leite mich durch deinen Heiligen Geist. Schenke mir deinen Frieden, den du für mich mit Gott geschlossen hast. Amen."

20.12.2001

Ich habe heute meine Bibel aus einer Kiste herausgeholt und zum ersten Mal darin gelesen. Simon hatte gestern einige Bibelstellen zitiert und so habe ich festgestellt, dass die Bibel total interessant ist und sich gut lesen lässt. Was mir nicht gefällt, ist die Tatsache, dass Gott zwei Menschen sterben ließ, die gelogen haben. Ich finde, sie direkt mit dem Tod zu bestrafen, ist doch etwas sehr extrem. Es geht um die Stelle mit Ananias und Saphira. Ich habe Simon gerade darauf angesprochen, denn er war wieder online. Er erklärte mir einiges zur Bibel und den komischen, kleinen Zahlen am Rand. Ich taste mich also ganz langsam vor. Heute habe ich zum ersten Mal wieder gebetet, das Gebet, das mir Simon geschrieben hat.

Juchhu, Jürgen ist endlich wieder aufgetaucht, nachdem er lange Zeit nicht mehr online war. Ich habe mir sehr große Gedanken gemacht, denn ich hatte ihn ja sehr lange aufgehalten und mit meinem Kummer „erschlagen", obwohl ich wusste, dass er selbst große Probleme hat. Ich habe ein ganz schlechtes Gewissen, dass ich nicht für ihn da war, sondern nur an mich dachte, was eigentlich gar nicht meine Art ist. Ich habe zu Gott gebetet, mit der Bitte, dass sich Jürgen wieder meldet und nun ist er tatsächlich online. Halleluja.

Ich erzähle Jürgen von Simon und dass er für mich gebetet hat und mir dann Jesus erschienen ist. Jürgen ist darüber überhaupt nicht überrascht. Er sagt mir, dass Mystiker die Gabe haben Göttliches zu sehen. Auch dass ich *gestern Morgen nach dem Aufstehen Jesus mit einem roten Herz in den Hän-*

den vor mir gesehen habe, ist für ihn durchaus normal. Ich würde Jesus gerne viel öfter sehen, aber das mit dem Meditieren klappt irgendwie nicht mehr, ich bin scheinbar blockiert. Jürgen rät mir, irgendwann einmal nach Assisi zu reisen. Ja, das ist bestimmt sehr interessant. Jürgen sagt mir, dass ich unbedingt wieder zur Ruhe finden muss. Er erklärt mir auch, dass es Pausen in meinen Erlebnissen geben kann, die sogar Jahre dauern können. Eine schreckliche Vorstellung.

Ich zerbreche mir immer noch den Kopf über das, was mir die Schwester im Kloster sagte, nämlich, dass ich mich für eine Religion entscheiden muss, entweder für den Buddhismus oder das Christentum. Ich möchte mich aber nicht entscheiden müssen. Ich frage mich aber, was mit mir bezüglich Jesus passiert, wenn ich weiterhin ins buddhistische Zentrum gehe. Mir geht Jesus sehr nahe, daher habe ich ja nun angefangen in der Bibel zu lesen und zu beten, obwohl ich eigentlich nicht so recht weiß, wie man betet. Wird man irgendwie bestraft, wenn man sich nicht für eine Religion entscheidet? Jürgen sagte mir, dass man sich nicht für einen Weg entscheiden kann, sondern mit der Zeit seinen Weg findet. Das hat mir sehr gut getan.

Auflösung des „Ichs"

Vision am 21.12.2001 (Dauer: Über eine Stunde)

Nachdem ich tagelang ohne Erfolg versuchte zu meditieren, habe ich es heute endlich wieder geschafft in tiefe Versenkung abzutauchen.

Ich bin immer noch nicht richtig „hier" während ich dieses schreibe. *Es ist, als ob ich mich in einem anderen Zustand befinde. Ich fühle mich so leicht wie Watte* und es fällt mir schwer den Stift zu führen, um diese Aufzeichnung zu machen.

Meine Meditation dauerte dieses Mal über eine Stunde. Was für eine lange Zeit für einen solchen Zustand. Eine Zeit, die man aber währenddessen überhaupt nicht wahrnimmt. Denn alles, was man sich unter Raum und Zeit vorstellt, verschiebt sich, verschwimmt.

Nachdem ich innerhalb weniger Minuten in ein tiefes Gefühl der Ruhe versank, empfand ich ein unbeschreiblich schönes Gefühl der Leichtigkeit. Ich war umhüllt von Wärme und Harmonie. Mein Körper fühlte sich an, als ob er aus Watte bestehe, so unendlich leicht und weich. Nach einiger Zeit begannen sich die Grenzen meiner körperlichen Hülle aufzulösen, sie schmolzen regelrecht dahin. Ganz kurz beschlich mich eine Unsicherheit, aber da sogar die Angst vor dem Tod nicht mehr vorhanden war, ließ ich mich fallen. Auf einmal besaß ich keinen Körper mehr. „Ich" bestand nur noch aus meiner Seele, die wie ein längliches Etwas aussieht und hell leuchtet. Obenauf befindet sich eine Art Kugel, die ich als meinen Verstand bezeichnen möchte, also etwas, was diese Dinge wahrnimmt.

Es ist seltsam so ohne Hülle zu sein, aber gleichzeitig auch sehr toll. Ich bemerke, dass ich den gleichen Zustand wie die Luft, die Atmosphäre um mich herum annehme. Alles verschwimmt miteinander. „Ich" bin die Luft und die Luft ist „Ich". Alles ist Eins und alles ist Nichts. Was für ein schöner Zustand.

So langsam spüre ich die Kälte in meiner wieder zu erscheinenden Hülle. Meine Hände und Füße gleichen Eiszapfen. Und so tauche ich langsam wieder in meinen Körper ein.

Es ist unbeschreiblich schön solche Gefühle der Leere zu spüren und zu bemerken, dass es keine physikalischen Grenzen mehr gibt.

Seit der Meditation ist nun über eine Stunde vergangen und *ich fühle in mir eine ganz große Ruhe und das Gefühl der tiefen Erkenntnis und Harmonie. Es ist ein so tolles Gefühl, ich könnte davon schweben, so leicht und gut fühle ich mich.*

21.12.2001

Nachdem ich mich heute Morgen „aufgelöst" hatte, genoss ich noch lange den wohligen Zustand. Aber dann fielen mir die Worte vom Franziskaner Bruder ein, dass ich mich erden soll, indem ich viel spazieren gehe. Also stieg ich ins Auto und fuhr in die Stadt. *Während ich lief, hatte ich das Gefühl zu schweben. Irgendwie spürte ich den Boden unter mir nicht so richtig.*

Es ist schon komisch, was ich heute Morgen erlebte. Ich bestand nur noch aus einer leuchtenden Seele und meinem Verstand. Alles andere war weg, ich zerfloss und wurde eins mit der Luft. Aber ich fühlte alles und sah meine Seele leuchten.

Simon, der Pfarrer im Internet, hält mich glücklicherweise nicht für verrückt, er schreibt, dass meine Erfahrungen, von den biblischen Zeugnissen her gesehen, nicht unmöglich sind. Er schreibt mir von Paulus, der in den Himmel entrückt wurde und nicht wusste, ob es mit seinem Körper war oder ohne.

Für mich ist es immer wieder komisch zu erfahren, dass man früher auch solche Dinge erlebt hat und heute noch darüber weiß, dass man aber nicht darüber reden kann, wenn man heute selbst so etwas erlebt, ohne gleich als verrückt bezeichnet zu werden, so passiert es mir jedenfalls leider öfter.

Mein Wunsch ist es, durch meine Aufzeichnungen dies zu ändern. Ich möchte, dass alle Menschen, die Ähnliches erleben, offen darüber sprechen können und man Mystik wieder ernst nimmt.

Sehnsucht nach Gott

22.12.2001

Ich habe eben im Fernsehen den Film „Das Leben einer Nonne" gesehen. Sie zeigten irgendwann auch Jesus am Kreuz, da habe ich angefangen zu weinen und habe regelrecht gelitten.

Im Augenblick habe ich ein riesiges Bedürfnis nach allem, was mich Gott näher bringt. So stark war dieses Bedürfnis noch nie. Ich leide so sehr, wenn ich an Jesus denke. Was geschieht mit mir? *Diese Gefühle sind so stark.* Ich habe das Gefühl, ich selbst durchlebe die Kreuzigung, ich weiß nicht, wie ich es sonst beschreiben kann. *Es werden in mir ganz starke Gefühle freigesetzt,* ich bin richtig am Leiden. Dazu kommt, *dass ich nicht nur diese extrem starken Gefühle habe, sondern auch das Gefühl, dadurch richtig schwach zu sein.* Woher kommt das, dass ich so fühle? Ich denke an Jesus und dann kommen diese Gefühle. Vieles ist komisch.

Vor ein paar Tagen bin ich in der Fußgängerzone fast von einem Lieferwagen überfahren worden, er bremste erst ganz kurz vor mir und ich hatte überhaupt keine Angst davor, dass mir etwas passieren könnte, ich habe auch keine Angst mehr vor dem Tod. Das alles ist sehr seltsam. Vielleicht lag das an der Vision, in der ich dem Tod beziehungsweise vielen Toden begegnet bin. Ich möchte natürlich nicht sterben, denn es gibt noch so vieles, was ich tun möchte und ich hoffe, noch vielen Menschen dabei helfen zu können, glücklich zu werden.

Ich habe nun schon öfter zu Jesus gebetet, seit ich ein eigenes Gebet vom Pfarrer im Internet erhielt. Ich habe dieses

Gebet gebetet und auch einfach so. Ich habe Jesus darum gebeten mir meinen Weg zu zeigen und mir zu sagen wie ich durch seine Worte anderen Menschen helfen kann. Wenn ich an Jesus denke und zu ihm bete, empfinde ich meistens einen tiefen inneren Frieden. Aber heute Abend fühle ich mich dabei sehr schwach, da ich ja leide.

23.12.2001

Ich wollte heute am Abend einen Gottesdienst besuchen, da ich ein Nachtmensch bin, aber alle Gottesdienste begannen um 10.00 Uhr morgens. Also war ich nicht im Gottesdienst.

Am Morgen habe ich im Fernsehen einen Bibelfilm über Moses gesehen. Der Film war richtig toll. Morgen kommt der zweite Teil davon. Ich kannte den Inhalt schon, da ich in den letzten Tagen genau darüber in der Bibel gelesen habe.

Ich würde an Heiligabend gern einmal in eine Christmette gehen, denn da war ich noch nie, doch in dieser Zeit essen wir zusammen mit der Familie und ich möchte meinen Eltern nicht erzählen, was für Dinge mir gerade so passieren, denn sie würden mich vielleicht für verrückt erklären. An Heiligabend werde ich überspielen müssen, wie ich mich im Augenblick wirklich fühle.

Eigentlich bin ich eine sehr fröhliche Person, aber zurzeit bin ich sehr ernst und nachdenklich. Ich würde mich lieber verkriechen, als lustig zu sein. Ich wünsche mir, dass ich bald wieder zu meiner Fröhlichkeit zurückfinde.

25.12.2001

Zurzeit befinde ich mich in einem totalen inneren Umbruch und bemerke immer mehr, wie mich alles, was mit Spiritualität zu tun hat, sehr berührt. Ich weiß gar nicht, wo ich hingehöre, zu den Buddhisten oder zu den Christen? Oder zu Beiden? Bis vor kurzem war ich sehr sicher, dass für mich der Buddhismus das einzig Richtige ist, bis mir Jesus erschien, seitdem stehe ich dem Christentum wieder sehr nahe. Leider bin ich sehr unwissend und muss fast bei null anfangen, was meine Kenntnisse bezüglich der Kirche betrifft.

Ich vermisse Jürgen und unsere tiefgründigen Gespräche. Keine Gespräche gehen mir so nahe, wie die mit Jürgen, sie berühren mein Inneres, meine Seele.

Kreuzigung

Vision am 26.12.2001

Man hebt mich ans Kreuz, bindet mich fest. Und da es ihrem Wohlgefallen nicht dienlich genug ist, holt man noch Nägel. Sie schlagen sie in mein Fleisch, in meine Hände und Füße. Mich durchdringen die Schmerzen wie glühende Pfeilspitzen. Mein Verstand schwindet langsam dahin. Der Schmerz ist so tief in mir drin. Ein ganz entsetzlicher Schmerz, der über den normalen körperlichen Schmerz hinausgeht. Die Luft zum Atmen schwindet und der Druck meiner Seele nimmt immer mehr zu. Die Hitze, der Durst, die blutenden Wunden erreichen nicht mehr mein Bewusstsein. Ich werde durchdrungen von einem extremen seelischen Schmerz. Ich fühle meinen Körper nicht mehr. Alles wird leicht, ich bin umhüllt von einem goldenen Licht. Die Gefühle der Trauer, Unsicherheit und Liebe vermischen sich. „Habe ich alles richtig gemacht?" „Konnte ich das Wort Gottes den Menschen nahe bringen?" Meine Sinne schwinden dahin.

Da höre ich die Stimme Gottes: „Jesus, den ich als meinen Sohn erkoren habe, fürchte dich nicht. Du wirst auferstehen und durch dein Leid, was du auf dich genommen hast, wird dein Wort über die Welt getragen werden."

Ich sitze auf dem Boden. Obwohl ich nicht „richtig" meditier-
te, mich also nicht in einer tiefen Versenkung befand, fühle ich
mich immer noch wie in Trance. Meine Augen lassen sich kaum
öffnen, sie sind so schwer und ich fühle mich irgendwie der „nor-
malen" Welt entrückt. Ich fühle noch immer den Schmerz in mir,
den ich eben durchlebt habe und das Atmen fällt mir schwer. Ich
war kurz davor zu ersticken.

Die Worte, die ich niedergeschrieben habe, sind mir komisch. Wie kann es sein, dass ich mich echt am Kreuz befand? Wie kann es sein, dass ich mich im Körper Jesu befand und in seinem Körper die Kreuzigung durchlebte, ich
seine Schmerzen, seine Gefühle spürte, durch seine Augen
vom Kreuz auf die Menschenmenge herab sah und Gott zu
mir (Jesus) sprechen hörte?

Die brutalen Schmerzen beim Einschlagen der Nägel in
die Hände und Füße raubten mir fast die Sinne, es war fast
unerträglich. Dazu das langsame Ersticken. Ich fühlte es
tatsächlich und ich bemerkte die schwindenden Sinne. Alles
war so real.

Ich glaube, ich war recht knapp davor, tatsächlich zu
sterben, nicht nur in dieser Vision. Ich bin froh, dass ich
rechtzeitig wieder zu mir gekommen bin, denn ich habe
wirklich kaum noch Luft bekommen und hatte hinterher
noch einige Zeit lang Schwierigkeiten beim Atmen.

Was geschieht mit mir? Soll es vielleicht meine Aufgabe
sein, Jesu Gefühle niederzuschreiben? Wird man mir glauben, wenn man meine Worte hört oder liest?

Anmerkung zur Kreuzigung: *Ich war mit vier Nägeln angenagelt, zwei Nägel*
waren in meinen Handflächen und zwei in den Füßen. An den Armen war ich
zusätzlich mit Seilen angebunden. Am Kreuz trug ich keine Dornenkrone, diese
lag unten am Fuße des Kreuzes. Ich war während der Kreuzigung im Körper Jesu,
war eins mit ihm und schaute durch seine Augen hindurch hinab auf die Men-
schen, die sich dort befanden.

26.12.2001

Es ist immer noch der gleiche Tag, nun ist es Abend und ich habe den Fernseher eingeschaltet. Ich schalte herum und dann sehe ich wie auf den Philippinen der Weg der Kreuzigung Jesu nachgestellt wird. Es gibt sogar einzelne Personen, die sich ans Kreuz binden lassen und man schlägt ihnen Nägel in die Hände. Es hört sich sicherlich seltsam an, aber ich habe ein riesiges Bedürfnis, mich ebenfalls ans Kreuz nageln zu lassen. Ich möchte alle Leiden, die Jesus auf sich nahm, auf mich übernehmen.

Gott, bitte lass mich anstelle von Jesus leiden, ich möchte die Sünden der Welt auf mich nehmen, um der Menschheit zu helfen. Lass mich Busse tun im Namen der Welt. Danke Gott, für Dein Erbarmen.

Ich merke, wie mich die Gefühle der Kreuzigung wieder einholen und mein Körper von Schmerzen und Schwäche durchzogen wird.

Im Körper Jesu

Vision 27.12.2001

Nachdem heute Morgen meine Meditation wieder einmal nicht funktionierte, habe ich nun meine CD mit buddhistischer Musik eingelegt. *Es dauert sehr lange, bis ich in die tiefe Versenkung der Meditation falle.*

Mir ist, als ob man einen Schalter umgelegt hat. Es machte regelrecht „klick" und ich befinde mich in einer Kirche, schwebend unter einer Kuppel, nur wenige Meter von der Decke entfernt.

Da erscheint mir ein sehr helles Licht und ich bin durchflutet von Angst. Eine Stimme ruft mir zu „Fürchte dich nicht", aber die Angst wird stärker. Wieder erreichen mich die Worte „Fürchte dich nicht" aus dem grellen Licht. Mir ist, als ob ich Jesus darin

*schwach erkennen würde. Da die Angst aber sehr groß ist, ist
diese Situation sofort wieder vorbei.*

*Dann bemerke ich, wie ich mich umdrehe. Nun sehe ich nicht
mehr Richtung Wand, die Wand ist nun hinter meinem Rücken.
Ich sehe von oben auf den Kircheninnenraum hinab und sehe die
Bänke und Gemälde an den Wänden. Auf einmal nehme ich wahr,
dass ich die Arme ausgebreitet habe. Jetzt erst registriere ich, dass
ich mich in der Klosterkirche der Hildegard von Bingen befinde.
Ich bin im Körper Jesu. Das Bild in der Kuppel wurde zu Fleisch
und ich bin es, die dort hängt. Ich bin im Körper Jesu und schaue
auf die Menschen hinab, die die Kirche betreten.*

*Einige Zeit ist vergangen und ich merke, wie ich emporschwe-
be, aus der Kirchenkuppel hinaus. Alles ist komisch und irgendwie dunkel. Dann sehe ich auf einmal ein Gesicht. Es hat dunkle,
gewellte Haare und einen dunklen Vollbart. Seine Augen fangen
furchterregend an zu starren und zu leuchten. Ich habe Angst.
Dann ist er verschwunden. Ich bemerke, wie meine Hände jeweils
von einer fremden Hand zum Gebet gefaltet sind. In jeder meiner
eigenen beiden Hände befindet sich eine Hand von einer mir unsichtbaren Person. Der Griff ist fest und gibt mir Halt und Sicherheit. Dann bemerke ich eine Schwäche und ich lege mich auf
den Boden. (Das mache ich tatsächlich, nicht nur in meiner Vision). Ich befinde mich in einem Raum liegend. Man hat mir meine
Hände über der Brust gekreuzt. Ich bin im Körper des gekreuzigten Jesus, den man vom Kreuz nahm und hier im Felsengrab nie-
dergelegt hat.*

Je öfter ich diese Visionen habe, umso merkwürdiger scheinen sie mir zu werden. Irgendwie erscheint mir alles so
unglaubwürdig, aber ich erfinde sie tatsächlich nicht. Die
Visionen, die ich erlebe, sind so echt wie das normale Leben, nicht wie in einem Traum. Ich bin dann in jener Welt
und nicht mehr hier und bemerke nichts mehr vom jetzigen

Umfeld. Ich merke nicht, dass es eine Vision ist, ich bin mittendrin, ich erlebe es als Wirklichkeit. So eine Vision kann, wenn ich in einen tiefen Ruhezustand gelangt bin, bis zu einer Stunde dauern. Ich fürchte mich nicht vor den Visionen, aber vor meinem Umfeld, das diese Dinge nicht versteht. Wie auch?

Darf ich mich angesichts dieser Bilder noch wagen darüber zu sprechen? Darf ich zu verstehen geben, dass ich mich nun schon mehrfach im Körper Jesu befand? Das Komische daran ist, dass ich nicht als meine eigene Person in seinem Körper bin, sondern mich sogar nach außen hin in seinem Körper sehe. Das heißt, ich sehe auch aus wie Jesus. Ich habe nun zum wiederholten Mal den Eindruck, dass ich über ihn schreiben oder erzählen soll aus seiner Sicht, mit seinen Empfindungen.

Gibt es das wirklich, was mir passiert? Darf ich mich überhaupt noch einem Theologen anvertrauen? Könnte man mich total missverstehen, gerade auch, weil ich mich im Körper Jesu befand und das auch noch als Frau? Muss ich darüber schweigen? Was möchte Gott? Was ist mein Weg?

Komischerweise bin ich die Ruhe selbst. Keine Spur von Verwirrung macht sich dieses Mal breit. Ich bin allerdings etwas ratlos, was ich tun soll. Aber Gott wird mir den rechten Weg schon weisen. Da bin ich mir sehr sicher.

27.12.2002

Ich glaube, ich muss nun endlich etwas tun, um jemanden zu finden, mit dem ich mich austauschen kann.

Ich habe es gewagt, Pater Anselm Grün zu schreiben. Schließlich wurde er mir schon dreimal genannt. In meinem Email schildere ich ihm, dass mir Jesus erschienen ist, dass ich Visionen habe und berichte über meine bisher vergebliche Suche nach einem Ansprechpartner zum Thema Mystik. Ich schreibe ihm, dass ich im Kloster der Hildegard von Bingen war, einen Franziskaner angeschrieben habe, sowie die Diözese Trier, die mein Email einfach unbeantwortet ließ. Ich frage Anselm Grün nach Austausch mit erfahrenen Menschen und nach Literatur zur Thematik. Nun bin ich gespannt, wie er reagiert.

30.12.2001

Kein Email von Simon oder Jürgen in meiner Mailbox. Ich bin traurig. Ich habe das große Bedürfnis Jesus nahe zu sein und suche daher im Internet nach einer geeigneten Kirche. Am liebsten würde ich in die Kirche der Hildegard fahren, aber das Wetter lässt es nicht zu. Maria Laach zieht mich auch an, aber dorthin zu fahren ist auch zu riskant. Ich vermisse einen ruhigen Ort, an den ich mich zurückziehen und die Nähe Jesu spüren kann.

Ich finde im Internet einen Eintrag von der Christuskirche in Koblenz, das hört sich ganz interessant an. Also mal sehen. Aber zuerst möchte ich das Kloster Rommersdorf besuchen, es soll irgendwo bei Neuwied sein.

Ich bin losgefahren und habe es gefunden. Alles liegt im dicken Schnee, aber alleine möchte ich dort nicht rumlaufen. Also fahre ich zurück nach Koblenz. Ich suche die Christuskirche, finde sie aber zuerst einmal nicht, dafür aber die St. Josef-Kirche. Ich stelle mein Auto ab und laufe hin. Abgeschlossen, alle Türen sind zu. Ich falle auf dem Glatteis an der Rückseite der Kirche fast hin, denn es wurde nicht gestreut. Ich bin traurig, dass die Kirche zu ist. Also weitersuchen. Ich habe die Christuskirche gefunden und auch einen Parkplatz in der Nähe. Die Kirche ist von innen

beleuchtet. Ich freue mich schon, aber auch sie ist abgeschlossen. Ich bin total frustriert. Mein nächster Versuch ist
die Kirche am Friedrich-Ebert-Ring. Sie ist offen. Aber die
Atmosphäre gefällt mir gar nicht. Es sind mir auch viel zu
viele Leute darin. Ich vermisse eine Ecke, um mich zurückziehen zu können. Ich fahre zu St. Kastor, aber auch hier ist
es total unruhig, obwohl mir die Atmosphäre recht gut gefällt. Nun gehe ich zur Liebfrauenkirche. Ich mache die Türe
auf und erblicke ein Schild „Bis 18.00 Uhr geschlossen". Ich
bin total traurig und fahre nach Hause. Ich wollte in einer
Kirche die Nähe zu Jesus finden und konnte sie nicht erhalten.

Antwort von Pater Anselm Grün

31.12.2001

Juchhu, ich habe ein Email von Pater Anselm Grün erhalten.
Seine Worte sind sehr gefühlvoll und berührend und tun
mir sehr gut. Ich bin sehr glücklich darüber.

„Herzlichen Dank für Ihre e-mail. Es freut mich, daß Ihnen
Jesus erschienen ist. Er hat sicher Ihre tief sitzende Sehnsucht nach wirklicher spiritueller Erfahrung angesprochen.
Bei allen Bildern ist es so, daß wir sie dankbar annehmen
sollen und mit dem Bild ins Gespräch kommen sollen. Und
wir sollen das Bild in uns einbilden, damit es eine innere
Wirklichkeit wird. Zugleich müssen wir immer wieder bedenken, daß Gott jenseits der Bilder ist. Die Bilder öffnen
uns den Blick für den Unsichtbaren und Bildlosen. So sollen
wir die Bilder dankbar annehmen und sie zugleich wieder
loslassen, um uns weiter auf den Weg zu Gott zu machen,
der das unsichtbare und unaussprechliche Geheimnis ist.
Und dennoch ist das Wort Gottes Fleisch geworden, Bild

geworden, sichtbar geworden. In Jesus hat Gott ein menschliches Antlitz bekommen. Und das Bild Jesu will uns hinführen in das Geheimnis des barmherzigen Gottes. [...]

Ich wünsche Ihnen Gottes Segen auf Ihrem Weg, daß Sie immer und überall Gottes heilende und liebende Nähe erfahren und sich von Jesus hinführen lassen in das Geheimnis des eigenen Lebens und in das Geheimnis des unaussprechlichen und unbegreiflichen Gottes.

Herzliche Grüße   Ihr P. Anselm Grün"

Wunsch, ganz bei Jesus zu sein

31.12.2001

Heute ist Silvester. Ich bin so traurig, denn ich bin allein. Alle feiern Silvester mit Freunden, Familie oder in sonst einer Gemeinschaft und ich sitze hier alleine zuhause. Wie ein Stück Vieh, das niemand benötigt. Toller Jahresabschluss. Ich werde mir wohl ein paar Flaschen Sekt oder Wein in den Kopf hauen und hoffe die Nacht gut rum zu bekommen.

Ich denke an Jesus, an sein Leben und an die Kreuzigung. Eine riesige Sehnsucht nach Jesus durchflutet mich und ich habe nur noch einen Wunsch, ich möchte sterben. Sterben, um zu Gott zu kommen. Sterben, um meinen Geliebten wieder zu sehen, sterben, um ganz bei Jesus sein zu können.

Oh Gott, nimm mich auf in dein Reich, lass mich sterben, um ganz bei dir sein zu können. Jesus, ich liebe dich. Bitte erhöre meine Worte und erfülle mir meinen Wunsch. Amen.

2002

Ein neues Jahr beginnt

02.01.2002

Eine schreckliche Silvesternacht liegt hinter mir. Ich fühlte mich schon lange nicht mehr so elend, allein und überflüssig, so, als ob ich auf dieser Welt nicht benötigt würde.

In der Nacht war ich im Internet, da hat mich ein Mann über den Messenger angeschrieben. Zuerst war alles toll, doch dann fing er an mich fertig zu machen und mich zu beleidigen. Er hat mir heftige Dinge an den Kopf geknallt, unter anderem, dass ich ein schlimmer Mensch sei und niemand mit mir zusammen sein wolle und ich deshalb an Silvester alleine sei. Als ich ins Bett ging, konnte ich nicht einschlafen und *wenn ich die Augen zu machte, sah ich Dämonen.* Ich hatte totale Angst. Ich habe dann zu Gott gebetet und danach waren diese komischen Erscheinungen weg. Ich konnte aber trotzdem nicht schlafen und habe mir immer wieder Gedanken darüber gemacht, ob ich wirklich so ein schlimmer Mensch bin. Leiden wirklich andere Menschen wegen mir? Ich glaube, ich muss unbedingt lernen, mich vor solchen Angriffen zu schützen.

Der Gedanke, dass ich mir wünschte zu sterben, um ganz bei Jesus sein zu können, ist mir nun komisch, aber dieser Gedanke war und ist echt. Die Vorstellung, diese Gefühle und die innigste Nähe zu Jesus wieder erhalten zu können, macht mich sehr glücklich. Allerdings habe ich Angst, dass ich vielleicht doch etwas verrückt bin, denn wer will schon gerne sterben?

Ich habe Simon erzählt, dass ich in der Silvesternacht gerne gestorben wäre, aus dem tiefsten Bedürfnis heraus, Jesus noch näher, ja ganz bei ihm sein zu können. Es fiel mir schwer es ihm zu sagen, weil es sich bestimmt schlimm anhört, für jemanden, der so etwas selbst nie erlebt hat. Doch Simon reagierte ganz anders als ich dachte, denn er teilte mir mit, dass Paulus genau dasselbe Bedürfnis hatte. Die Worte von Paulus würde ich in der Bibel finden und sie würden ähnlich klingen wie meine Worte. Das bewegte mich sehr. Ich wollte auf einer Seite sterben, um ganz bei Jesus sein zu können, auf der anderen Seite möchte ich anderen Menschen helfen und daher weiter leben und das schreibt Paulus genauso. Es beruhigt mich zu wissen, dass ich mit meinen Gefühlen und Gedanken nicht allein bin und es Menschen gab, die genauso empfanden wie ich. Das macht mich sehr glücklich.

Das sind die Worte von Paulus (Philipper 1,21-24): „Denn Christus bedeutet für mich alles: er ist mein Leben. Deshalb kann das Sterben für mich nur Gewinn sein. Weil ich aber mehr für Christus erreichen kann, wenn ich am Leben bleibe, weiß ich nicht, was ich mir wünschen soll. Beides erscheint mir verlockend: Manchmal würde ich am liebsten schon jetzt sterben, um bei Christus zu sein. Gibt es etwas Besseres? Andererseits ist mir klar, dass ich bei euch noch eine wichtige Aufgabe zu erfüllen habe."

Kloster Maria Laach

05.01.2002

Vielleicht habe ich endlich den geeigneten Kontakt für mich gefunden. Ich war heute in Maria Laach, in einem Benedik-tiner-Kloster. Erst war ich dort im Buchladen und dann habe ich mich ganz langsam der Kirche genähert. Ich hoffte, dass mir ein Pater über den Weg läuft. Aber das war leider nicht so. Ich bin dann in die Kirche gegangen. Sie gefällt mir richtig gut, sie hat eine sehr positive Atmosphäre, aber nicht ganz so toll wie die Kirche der Hildegard von Bingen. Leider waren viele Menschen in der Kirche, daher fand ich wieder nicht die Ruhe, die ich in Kirchen immer suche. Beim Rausgehen aus der Kirche sah ich an einer Tür ein Schild mit der Aufschrift „Beichtseelsorge". Ich zögerte kurz, ging dann aber weiter. Ich bin dann erneut in den Buchladen gegangen, aber der Wunsch einen Pater zu sprechen war extrem groß. Eigentlich war ich ja aus diesem Grund hierher gefahren, aber meine Angst vor einem Gespräch war noch viel größer. Ich wusste, dass die Beichtseelsorge nur noch zehn Minuten offen ist. Ich war hin- und hergerissen. Sollte ich nun der Angst nachgeben oder den Gefühlen, die mir sagten, dass ich unbedingt mit einem Pater reden sollte? Ich habe mich dann überwunden und bin wieder zurück zur Kirche gegangen. Sie war nun schon viel voller als zuvor, denn es waren nur noch knapp zwanzig Minuten bis zum Beginn der Vesper, dem Abendgebet. So musste ich jetzt auch noch an vielen Menschen vorbeigehen, um zu diesem Raum mit der Beichtseelsorge zu kommen. Es war mir so peinlich, denn ich hatte das Gefühl, die ganzen Menschen in der Kirche starren mich nun an und denken, dass ich ein großer Sünder bin, weil ich in diesen Raum gehe, dabei hatte ich nichts zu beichten. Ich ging also durch diese Türe und stand in einem kleinen Raum mit Bänken. An der Wand hing Jesus am Kreuz. *Es durchströmten mich wieder viele Gefühle* bei diesem Anblick, dem Anblick der Kreuzigung. Ich konnte mich kaum auf den Beinen halten, denn *ich wurde von einer großen Schwäche überrollt* und musste mich setzen, um nicht umzufallen.

Dann war ich ganz mutig und drückte auf die Klingel für die Beichte. Es dauerte gefühlt eine halbe Ewigkeit, ohne dass etwas passierte. Ich war mehrmals in der Versuchung zu flüchten. Aber ich habe dann doch gewartet, ohne dabei den Blick von Jesus abzuwenden. Irgendwann wurde ich hineingelassen. Ich schaute mich um und konnte niemanden in dem Raum erblicken. Dann kam auf einmal ein Pater hinter einer Wand hervor und ich sagte ganz schnell, dass ich nur etwas fragen wolle, was ich dann auch tat. Er war sehr nett und ich glaube, er ist genau der Mensch, der mir helfen kann. Nachdem ich ihm erklärt hatte, dass ich auf der Suche nach einem Ansprechpartner zur Thematik Mystik bin, sagte er mir, dass Mystik in allen Religionen vorkomme und dass nicht alle Menschen Mystiker sein können, da man dafür eine besondere Antenne benötige. Dann fragte er mich, was genau ich denn wissen wolle und ich erzählte ihm davon, dass „mein" Philosoph mich als Mystikerin bezeichnet. Er war sehr interessiert daran, sich mit mir zu unterhalten und erklärte mir, dass es deshalb so schwer sei einen Ansprechpartner zu finden, weil in der heutigen materiellen Zeit niemand mehr so recht etwas damit anfangen könne, da es halt nicht zeitgemäß wäre. Er nannte mir seinen Namen und gab mir seine Telefonnummer, damit ich mit ihm telefonisch einen Termin abstimmen kann. Er nimmt sich dann bei einem Treffen eine ganze Stunde Zeit für mich. Es hat mir echt gut getan mit ihm zu sprechen, obwohl das Gespräch nur ganz kurz war, da er zur Vesper musste.

Ich bin so froh, über meinen Schatten gesprungen zu sein, obwohl ich davon laufen wollte. Ich tue mich halt immer noch sehr schwer mit Dingen, die mit der Kirche zu tun haben. Allerdings nicht mit Dingen rund um Jesus. Denn mit ihm fühle ich mich so sehr verbunden, so, wie es sich keiner vorstellen kann.

06.01.2002

Morgen schon habe ich das Treffen mit dem Pater, mit dem ich gestern gesprochen habe. Gerade habe ich den Termin mit ihm vereinbart. Ich habe etwas Angst davor, denn ich weiß nicht, ob ich alles erzählen kann. Ich möchte es gerne, ich weiß aber nicht, wie er dann reagiert. Vielleicht glaubt er mir nicht oder hält mich gar für verrückt. Was wird er denken, wenn ich ihm erzähle, dass ich die Kreuzigung durchlebt habe und dass ich nicht ich selbst, sondern dass ich Jesus war, dass ich seine Gefühle, Qualen und sein Leiden spürte. Ich hoffe, es wird alles gut.

Als ich mit Simon per Messenger über mein Erlebnis der Kreuzigung gesprochen hatte, sagte er etwas zu mir, was mich sehr bewegte. Er sagte: Jesus selbst hat gesagt: „Himmel und Erde werden vergehen, aber meine Worte werden nicht vergehen" und „Gehet hin in alle Welt, taufet alle Völker und lehret sie alles halten, was ich euch befohlen habe." Es sind tolle Worte, aber ich verstand nicht wie sie im Zusammenhang mit meinem Erlebnis standen. Simon erklärte mir: „Du hast doch auch die Stimme Gottes gehört, die gesagt hat, dass deine (Jesu) Worte in alle Welt gehen werden." Ja, stimmt, das habe ich gehört. Nun verstand ich es auf einmal ganz anders. Nun hörte ich in diesen Worten, dass meine eigenen Worte durch die Welt gehen werden. Ein schöner Gedanke. Kann ich vielleicht mit meinen Erlebnissen, mit meinen eigenen Worten die Liebe und Nähe Gottes weitergeben? Kann ich durch meine Aufzeichnungen die Menschen erreichen, sie öffnen und berühren mit den Worten Gottes? Kann ich die Menschen zum Glauben führen? Das wäre toll.

Gespräch mit einem Pater

07.01.2002

Gleich muss ich los zu dem Gespräch mit dem Benediktiner Pater. Ich habe eine riesige Portion Angst vor dem Gespräch. Hoffentlich komme ich gut dorthin, denn draußen ist es sehr glatt und es hat schon einige Unfälle gegeben und es wird mit Blitz-Eis gerechnet. Nicht gerade die beste Voraussetzung für eine Fahrt in die Eifel.

Hoffentlich verläuft das Gespräch gut, denn es ist meine große Hoffnung endlich einen persönlichen Ansprechpartner zu finden. Ich hoffe auf tiefes Verständnis und ein sensibles auf mich eingehen. Natürlich ist auch weiterhin die Angst da, für verrückt gehalten zu werden. Ich habe ihm ja noch gar nichts davon erzählt, was mir passiert.

Nun ist das Gespräch vorbei. Es verlief gut, auch wenn ich mir am Anfang ein paar allgemeine Fragen gewünscht hätte. Er begrüßte mich mit meinem Namen und der Frage: „Sie meinen also eine mystische Antenne zu haben?" Er wollte wohl direkt etwas hören. Ich sagte ihm, dass ich mich freue mit ihm reden zu dürfen, ich aber zugleich auch Angst habe und erklärte, warum es so ist.

Da ich es immer noch nicht schaffe über meine Erlebnisse zu sprechen, habe ich ihm meine Aufzeichnungen zu lesen gegeben. Erst die Vision vom Tod, dann die Vision, in der mir zum ersten Mal Jesus begegnet ist, danach die mit der Auflösung des „Ich". Dann war ich unsicher, ob ich ihm auch die Erlebnisse mit der Kreuzigung und die mit dem Felsengrab geben soll. Ich habe mich dann überwunden und ihm auch diese Aufzeichnungen gezeigt. Er war überhaupt nicht geschockt. Er hat sich mit mir ganz normal darüber unterhalten. Er hat mir dann aus der Bibel vorgelesen, immer wieder auch über mystische Begebenheiten. Das hat mir sehr gut getan.

Während des Gespräches sind mir ein paar Tränen gelaufen, aber richtig geweint habe ich zum Glück nicht. Aber ich war doch sehr emotional aufgewirbelt. Der Pater hat mir dann bestätigt, dass es sich um mystische Erlebnisse handelt. Er ist die dritte Person, die mich als Mystikerin bezeichnet.

Im Augenblick fühle ich mich sehr erleichtert, ich hoffe es hält länger an. Der Pater ist auch weiterhin für mich da, falls ich nochmals darüber oder über weitere Visionen reden möchte. Das ist gut zu wissen. Er selbst verfügt über keine eigenen mystischen Erfahrungen.

09.01.2002

Simon hat mir die Adresse eines Kapuziner Paters in der Schweiz mitgeteilt, der Mystiker sein soll. Da ich immer noch den Austausch mit einem Menschen suche, der ebenfalls solche Dinge erlebt hat oder erlebt wie ich und zusätzlich fachkundig ist im Bereich Mystik, schreibe ich ihm ein Email.

Ich fühle mich besser

10.01.2002

Seit dem Gespräch in Maria Laach geht es mir besser. Ich finde so langsam meine innere Ruhe wieder. Allerdings bin ich immer noch sehr ernsthaft und nachdenklich, aber das ist ja nicht schlimm. Die Gefühle, die mich fast zum Bersten brachten, normalisieren sich so langsam wieder. Aber dieses Gefühl der Nähe zu Jesus ist weiterhin ganz stark. Ich fühle mich als Teil von ihm und manchmal sogar noch mehr.

Es ist ein starkes Gefühl der Liebe und Zuneigung. Ich würde alles für ihn machen, ich bin bereit für ihn zu sterben. Sobald ich Jesus am Kreuz sehe, ändern sich diese Gefühle, dann leide ich sehr stark und fühle die Schmerzen der Kreuzigung in mir. Mir fällt nun immer häufiger Paulus ein, der ja auch davon spricht im Körper Jesu zu sein und dass auch er für ihn sterben möchte. Es ist schon verrückt, dass die Dinge, die ich empfinde und aufgeschrieben habe, in der Bibel zu entdecken sind. Ich kann es manchmal gar nicht glauben, was mit mir geschieht. Am liebsten würde ich mich nur noch Jesus widmen, aber ich muss mich ja langsam wieder um meine Praxispläne kümmern. Wer weiß, wohin mich mein Weg noch führen wird.

Antwort vom angeblichen Mystiker

11.01.2002

Ich fühle mich wie eine Aussätzige. Nachdem ich durch mein Gespräch mit dem Pater in Maria Laach endlich wieder meine innere Ruhe gefunden habe, bin ich nun schon wieder durcheinander, denn ich habe eben die Antwort des angeblichen Mystikers, des Schweizer Kapuziner Paters erhalten. Er schreibt harte Worte, Worte des Missverstehens und von Therapie. Ich bin total geschockt. Warum ist es so schwer einen Mystiker zum Austausch zu finden? Warum gibt es in der heutigen Zeit keinen kundigen Ansprechpartner bezüglich Mystik? Es tut sehr weh, wenn man so ein Email bekommt. Wer ist dieser Pater? Warum schreibt ein Mensch, der im Dienste Gottes steht, so hart und hinterfragt nicht erst einmal meine Aussagen und versucht mir zu helfen?

Wie soll ich es jemals schaffen die Thematik Mystik wieder in die Öffentlichkeit zu bringen, wenn ich durch Aussagen Unkundiger so durcheinander gerate? So langsam traue ich mich nun überhaupt nicht mehr darüber zu reden.

Gott, bitte steh mir bei, damit ich deinen Willen geschehen lassen kann.

Mystische Erlebnisse – es ist nicht leicht damit

11.01.2002

Warum ist es so schwer mit mystischen Erlebnissen umzugehen? Ich bin schon wieder total verzweifelt und kann immer mehr den anderen Mystikern nachempfinden. Wie sehr mussten Menschen meinesgleichen unter unwissenden Menschen leiden. Ich würde am liebsten meine Sachen packen und mich irgendwo verkriechen. Es ist alles sehr schwierig.

Seit der Meditation, in der mir Jesus zum ersten Mal erschienen ist, hat sich mein Leben verändert. Änderte es sich zunächst langsam und unmerklich, so passierte es dann sehr heftig. Die Verwirrung hielt mich wochenlang gefangen. Ich irrte umher wie ein Samenkorn im Wind, auf der Suche nach fruchtbarem Grund. Der Wind trieb mich von „A nach B" und von dort weiter. Immer auf der Suche, wo ich endlich meine Ruhe wiederfinde. Im Kloster der Hildegard von Bingen erhoffte ich mir Hilfe, aber ich bekam sie nicht. Warum nicht? Sollten nicht Menschen, die in den Fußstapfen dieser berühmten Mystikerin leben, wissen, was es bedeutet, wenn ein Mensch Visionen hat und ihm Jesus erscheint? Sollte da nicht sofort erkannt werden, wie schwer es ist mit solchen Dingen umzugehen? Haben nicht alle Mystiker von unsagbar schweren Problemen geredet, die sie am Anfang durchzustehen hatten? Warum erhält man an der Quelle nicht den helfenden Tropfen? Ist die Quelle bereits versiegt? Lebt man zwar im Kloster der Hildegard von Bingen, aber ohne zu wissen, was sie wahrhaft durchlebte? Ist Mystik etwas, was man nicht wahrhaben möchte? Darf man nicht mehr darüber reden?

In der Esoterik redet man offen über Engel, Universum, höhere Mächte und so weiter. Im Bereich Parapsychologie wird geforscht im Bereich außersinnliche Wahrnehmungen, PSI, Paranormale Phänomene. Und in der christlichen Kirche? Keiner redet darüber, obwohl schon die Bibel voll ist mit Aussagen mystischer Art. Die Bibel zeigt uns schwarz auf weiß, was Mystik bedeutet. Aber wehe, man redet über eigene mystische Erlebnisse, dann herrsch großes Unverständnis. Gleich kommt dann die Frage nach dem Geisteszustand oder einem eventuellen Drogenkonsum. Ist beides negativ, dann ist man halt ein Spinner oder ein Besserwisser oder was weiß ich.

Es gibt Aufzeichnungen von Mystikerinnen und Mystikern. Warum versteht man trotzdem nicht, was ich durchlebe? Sollten die Menschen heutzutage nicht aufgeklärter sein? Früher hatten die meisten Mystiker den Schutz eines Klosters um sich. Auch sie wurden wohl am Anfang missverstanden, aber nicht so wie heute. Ich lebe nicht im Kloster, aber wohl in einer eiskalten Zeit. Eiskalt, was die Herzen und Gefühle der Menschen angeht. Jeder denkt nur an sich. Keiner versucht Verständnis aufzubringen für seine Mitmenschen. Wo wird das noch hinführen?

Gott, bitte sei bei mir. Es ist so schwer, so allein mit den Visionen und den zugehörigen Gefühlen umzugehen. Ich wünsche mir so sehr Austausch. Aber ich finde niemanden. Zu dem Pater im Kloster Maria Laach möchte ich nicht mehr fahren, weil die Person an der Klosterpforte mir zu nahe kam (Umarmungen und Küsse) und ich nicht die Kraft hatte, mich dagegen zu wehren. Auch mein Email an die Diözese Trier mit der Frage nach einem Ansprechpartner zum Thema Mystik blieb unbeantwortet. Das Thema wird absolut totgeschwiegen. Es ist ja schlimmer als der Umgang mit der Thematik Sex. Wurde über solche Dinge immer geschwiegen, so ist es doch heutzutage ein offenes Thema. Ist Mystik unanständig? Ist es intimer als Sex? Wie gehen andere Menschen damit um, die Ähnliches erleben wie ich? Zerbrechen sie daran? Sind sie die Menschen, die sich in den psychiatrischen Kliniken befinden? Was soll ich tun? Die Verwirrung wird immer unerträglicher.

Was mache ich mit meiner Eingebung, wie soll ich sie bloß umsetzen? Ich soll doch durch meine mystischen Erlebnisse anderen Menschen helfen.

Lastübertragung

11.01.2002

In der Nacht rief ich zu Jesus und bat ihn, die Last, die ein lieber Mensch zu tragen hatte, von ihm zu nehmen und sie auf meine Schultern zu legen. *Da kam ein heller Nebel auf mich herab. Ich sah ihn durch meine geschlossenen Augen. Da wusste ich, Gott ist um mich, bei mir, in mir.*

Ich dankte Gott von ganzem Herzen. Und siehe da, die Last wurde wirklich von meinem Lieben genommen und auf mich übertragen. Ihm geht es nun wieder gut und ich werde sein Leid nun dankbar tragen und mein Bestes geben.

Zwischen Normalität und Wahnsinn

12.01.2002

Ich bin in die Stadt gefahren und spazieren gegangen. Heute hatte ich zum ersten Mal Angst vielleicht doch irgendwann einmal verrückt zu werden, denn *ich bekam vor meinen inneren Augen eine Art Film vorgespielt. Ich sah mich hoch oben auf einem schwarzen Drahtseil laufen. Dieses Seil trennte die Normalität vom Wahnsinn. Ein falscher Schritt und ich würde hinabstürzen, durchdrehen und in der „Klapsmühle" landen.* Ich bin sehr erschrocken darüber und weiß nun, dass ich mit meinen Erlebnissen nicht so leichtfertig umgehen sollte.

Ich bin dann extra lange spazieren gegangen. Der Franziskaner Bruder hatte mir dies ja empfohlen zum Erden. *Eine Zeitlang habe ich mich kaum gespürt beim Laufen, ich hatte das Gefühl zu schweben.* Das macht mir dann doch etwas Angst. Ich hatte das nun schon öfter.

Ich bin dann auch noch in zwei Kirchen hineingegangen. In der einen Kirche musste ich mich setzen, denn es geht mir nicht so gut. Ich bin heute irgendwie nicht so richtig fit. Ich kann seit Tagen nicht mehr schlafen und liege stundenlang wach. Ich denke, es liegt an den vielen Gedanken, die mir durch den Kopf gehen. Ich habe die Atmosphäre der ersten Kirche genossen, auch wenn ich dort wieder nicht die gewünschte Ruhe gefunden habe, weil ich dort nicht alleine war. In der anderen Kirche habe ich eine Stelle gefunden, wo ich mich „verstecken" konnte. Neben einer Säule stand ein Tannenbaum, da war ich etwas getarnt und konnte dort unbeobachtet sitzen. Ich wünsche mir einfach mal eine Stelle in der Kirche, wo ich alleine sitzen und mal alles auf mich wirken lassen kann. Aber das finde ich bisher nirgends.

Ich habe eben mit dem Gedanken gespielt in einen Abendgottesdienst zu gehen, aber nun sitze ich hier und schreibe. Auf einer Seite würde ich gerne mal gehen, um zu sehen, ob es mir gefällt und mir gut tut, auf anderer Seite ist da immer noch die Hemmschwelle. Ich schaffe es zumindest immer öfter in Kirchen hineinzugehen und mich dort aufzuhalten. Wenn ich daran denke, dass ich mich am Anfang immer erst einmal umgesehen habe, ob mich auch niemand sieht, wenn ich in eine Kirche rein gehe, so kann ich dies nun ganz ohne Angst tun. Ja, es war mir echt peinlich in eine Kirche zu gehen. Aber das ist nun vorüber. Irgendwann werde ich sicherlich auch mal einen Gottesdienst besuchen. Aber auch so ist mir Gott ja sehr nahe.

Gerade rief ein Bekannter an und ich sagte ihm, dass ich mystische Erlebnisse habe und er meinte, ich solle mal zum Arzt gehen. Das hat mich echt geschockt. Er ist Krankenpfleger und hat auch mal in einer psychiatrischen Klinik gearbeitet. Er sagte, es würden viele Menschen mit religiösen Wahnvorstellungen in der geschlossenen Anstalt sitzen. Ich solle nicht so leichtfertig damit umgehen, da habe ich lieber geschwiegen und ihm nichts von meinem heutigen inneren Film erzählt. Es ist echt nicht einfach.

Vielleicht sollte ich heute Abend mal wieder ausgehen, das habe ich schon lange nicht mehr gemacht. Ich denke, es wird Zeit, mal wieder andere Dinge zu tun, als mich nur mit Mystik auseinander zu setzen. Allerdings bin ich ja gesundheitlich nicht so richtig fit, denn das Email vom angeblichen Mystiker hat mein Immunsystem lädiert. Ich habe es richtig gemerkt, wie ich nach dem Lesen des Emails Probleme bekam. Mir war danach kalt und ich zitterte. Das ist dann immer ein Zeichen, dass ich nun aufpassen muss, dass ich nicht krank werde. Ich hoffe, dass ich nun keine Erkältung oder sonstiges bekomme.

Nimm das Leid von ihren Schultern

13.01.2002

Lieber Gott, nimm das Leid der Menschen, die ich liebe, von ihren Schultern. Lass mich an ihrer Stelle leiden. Ich werde mich tapfer in mein Schicksal fügen und Busse tun für die Fehler und Sünden meiner Lieben. Und sollte die Last zu groß werden und ich unter ihr zusammenbrechen, dann vergib mir und nimm mich auf in dein Reich, an deine Seite. Amen.

Kräfte tanken

13.01.2002

Heute Mittag fühlte ich mich richtig mies, spürte eine extreme Last auf mir und war voller Leid. Ich weiß, dass ich bedenken sollte, dass auch meine Kraft begrenzt ist. Aber zu diesem Zeitpunkt war ich schon total am Ende meiner Kräfte.

Ich überlegte, ob ich ins Buddhistische Zentrum fahren sollte, da ich dort immer meine Kräfte auftanken konnte. Doch ich entschied mich anders und fuhr stattdessen zu einem ehemaligen Kloster, dem Kloster Rommersdorf und bin erst einmal durch die Felder spaziert. Alleine ist das aber nicht so toll, zumal mir nur Pärchen und Familien mit Kindern begegneten. Auf dem Rückweg haben mich alle Leute gegrüßt, sehr komisch, aber schön. Was habe ich ausgestrahlt, dass sie mich grüßten? Danach bin ich zum Kloster gegangen. Es bestand aus ein paar alten Gebäuden, einer alten, leeren Kirche, in die man nicht rein konnte und aus Stallungen mit verschiedenen Tieren. Es war schön dort und außer einer Familie ist mir dort niemand begegnet. Ich bin in die kleine Gartenanlage gegangen. Als ich in der Mitte an einem Brunnen ankam, *fühlte ich ein Kribbeln in meinen Armen.* Ich habe dann einfach zehn Minuten dort gestanden und zur Sonne gesehen. Es war einfach toll und hat so richtig gut getan. Seitdem fühle ich mich wieder gut und habe wieder einige Kräfte getankt. Die Gefühle der Liebe, Trauer und des Leidens sind weiterhin in mir, aber nicht mehr so, dass ich total „verwirrt" bin.

Normalerweise müsste ich mich dringend um meine Praxisplanung kümmern, aber ich bin wie gelähmt. Ich habe das Bedürfnis mich nur noch mit Mystik und mit Dingen rund um Jesus zu beschäftigen. Aber das ist ja leider auf Dauer nicht möglich, denn ich muss ja bald wieder arbeiten, um Geld zu verdienen. Im Augenblick bin ich so interessiert an allem, was mit Jesus zu tun hat, dass, wenn ich genügend Geld und Abitur hätte, ich mir sogar vorstellen könnte Theologie zu studieren. Was geht bloß in mir vor? Ich bin durchglüht von Jesus, seinen Emotionen und Gefühlen. Wie ist so was nur möglich?

14.01.2002

Ich habe heute Nacht zum ersten Mal seit zirka einer Woche wieder gut geschlafen. Ich habe mir gestern Abend ein bisschen Rotwein gegönnt, scheinbar hat es mir gut getan.

Heute fühle ich mich leicht wie eine Feder und ohne feste körperliche Grenzen. Das Gefühl ist sehr schön, birgt aber die Gefahr in sich, „abzuheben". Aber nachdem ich die Grenzen zum Wahnsinn deutlich vor Augen hatte und auch spürte, wie nah ich mich an diesen Grenzen bewegte, passe ich nun besonders gut auf mich auf. Ich hoffe, man hält mich nicht eines Tages für verrückt, wenn man diese Worte liest.

Mir geht es nicht gut

16.01.2002

Es geht mir heute nicht gut. Ich bin etwas spazieren gegangen, obwohl das Wetter gar nicht toll ist. Es hat leicht geschneit, es ist nasskalt, grau und neblig. Aber ich musste einfach raus. Raus an die Luft, unter Menschen und in die Apotheke. Ich fühle mich ziemlich schlapp und generell nicht besonders gut. Ich denke, die ganzen Erlebnisse der letzten Zeit machen sich nun bemerkbar und die Last, die ich auf mich genommen habe, hat mir nun auch noch die letzten Kräfte genommen. Ich weiß nicht, was ich genau habe, es muss nichts Schlimmes sein, es kann aber auch vom Herz her kommen. In den letzten Wochen habe ich einige Male Probleme damit gehabt.

Ich habe mir nun Ginseng gekauft und hoffe, so wieder zu Kräften zu kommen. Geistig bin ich wieder absolut fit, meine Unruhe und Verwirrung ist verschwunden. Mein Hirn ist also rein und frisch, wenn man es so sagen kann. Ich bin sehr froh darüber. Nun geht es mir halt körperlich ziemlich mies.

Und dann war ich natürlich auch noch in einem Buchladen, denn wenn ich in der Stadt bin, gehe ich immer in mindestens einen Buchladen hinein. Ich liebe Bücher und gebe mein „gesamtes" Geld für Bücher aus. Bücher sind für mich etwas ganz Besonderes, etwas Heiliges. Sie geben die Gefühle und Gedanken der Autoren wieder. Sie lassen einen an einer Person teilhaben, ein Stück von ihr sein. Und man lernt immer viel dazu. Ich lese keine Liebesromane oder Krimis, sondern Sachbücher zu bestimmten Themen. So wie zurzeit halt über Mystik. Und natürlich habe ich auch heute wieder Geld ausgegeben.

Nachdem ich dann aus der Stadt kam, konnte ich mich kaum noch auf den Beinen halten, so schlapp war ich. Ich habe mich gleich auf die Couch gelegt und bin sofort eingeschlafen. Nun fühle ich mich etwas besser. Ich werde mir jetzt mal etwas zu essen machen und hoffe, ich vertrage es, mein Magen ist leider auch nicht so ganz in Ordnung.

Morgen muss ich wieder fit sein, denn am Nachmittag muss ich in die Praxis zum „Assistieren" und am Freitag möchte ich nach Wiesbaden zur Paracelsus-Messe fahren.

Nun ist es schon wieder Abend und ich habe eine riesige Sehnsucht nach Gott, nach seiner Nähe. Eine ganz extreme Sehnsucht.

Von Jesus berührt

17.01.2002

Ich habe immer noch Begegnungen mit Jesus, nun auch ohne Meditation. Allerdings sind die Erlebnisse während der Meditationen um einiges intensiver. *Vor ein paar Tagen hat mir Jesus die Hände auf den Kopf gelegt und ich spürte wie diese Stellen sehr warm wurden.* Es war einfach toll. Leider kann ich nicht darüber sprechen, denn ich habe da irgendwie eine Hemmschwelle. Es fällt mir auch sehr schwer das Wort „Jesus" auszusprechen. Ich weiß nicht, warum es so ist. Über alle Themen kann ich offen reden, nur nicht über Dinge, die mit Jesus zu tun haben. Vielleicht ist es die Angst vor Missverständnissen. Ich kenne auch niemanden, der über Gott und Jesus redet, irgendwie ist es scheinbar ein Tabuthema. Vielleicht lerne ich durch Simon diese Hemmschwelle zu überspringen und auch einmal einen Gottesdienst zu besuchen. Vielleicht werde ich irgendwann eine Ausbildung zur Seelsorgerin machen, denn ich kann mir gut vorstellen anderen Menschen durch Zuhören und einfühlsamen Umgang zu helfen. Simon hat den schönen Beruf des Pfarrers gewählt, den ich mir mittlerweile auch richtig gut für mich vorstellen kann. Hätte ich genügend Geld und Abitur, könnte ich mir vorstellen Theologie zu studieren. Wie ist so etwas nur möglich?

Bis vor einigen Wochen hatte ich mit der Kirche nichts „am Hut" und hätte sogar die Straßenseite gewechselt, wäre mir ein Pfarrer begegnet und nun? Wie kommt es, dass sich alles so ändert? Im Augenblick bin ich an allem interessiert, was mit Jesus zu tun hat. Ich habe eine so starke Bindung zu Jesus, ich bin ein Teil von ihm geworden. *Ich bin durchglüht von seinen Emotionen und Gefühlen.* Gottes Stimme habe ich auch schon öfter gehört und Gott gespürt und gesehen. Gott-Vater hat kein Gesicht und keinen Körper, Gott-Vater ist wie ein Nebel, eine Energie, die sich auf mich herabsenkt, mich umhüllt, durch mich hindurch geht. Wenn ich Pfarrerin wäre, könnte ich offen darüber reden, ohne merkwürdig zu erscheinen, aber so schweige ich wohl besser beziehungsweise schreibe es nieder.

So, nun muss ich mich umziehen, ganz in weiß. Ich fange um 14.00 Uhr in der Praxis an und muss noch ein paar Kilometer fahren.

18.01.2002

Heute war ich auf der Paracelsus Messe in Wiesbaden. Sie war nicht so besonders toll. Allerdings ist mir etwas passiert, womit ich überhaupt nicht gerechnet habe. Ich habe eine Aura gesehen.

Ich saß in einem Vortrag und beobachtete den Dozenten auf dem Podium. *Auf einmal sah ich Farben rund um seinen Kopf und wenn er sich bewegte, bewegten sich diese Farben mit. Auch um seine Schulter herum sah ich diese Farben. Die Farben wurden mal schwächer, mal intensiver. Manche Farbstreifen waren breiter, manche schmäler. Es sah toll aus* und ich war total überwältigt. Wieder ist mir etwas geschehen, womit ich nicht gerechnet habe, denn ich wusste zwar, dass es so was gibt, mehr aber auch nicht.

Erster Gottesdienstbesuch

20.01.2002

Ich habe gestern Abend lange darüber nachgedacht, ob ich in einen Gottesdienst gehen soll. Ich war ja schon jahrelang nicht mehr. Mir geht es allerdings nicht so gut, ich bin krank und weiß daher auch nicht, ob ich fit genug bin, um in einen Gottesdienst zu gehen. Ich habe Gott gebeten mich früher wach werden zu lassen. Ich bin heute Morgen tatsächlich früher als üblich aufgewacht. Das war für mich ein Zeichen. Ich bin aufgestanden und habe überlegt, ob ich es wirklich wagen soll, ich kenne mich doch gar nicht mehr aus und werde dadurch vielleicht unangenehm auffallen. Hoffentlich kennt mich niemand. Es ist mir peinlich, so unwissend in diesem Bereich zu sein.

Ich habe es gewagt, ich war in der Basilika St. Kastor in Koblenz. Ich bin aufgefallen, aber nur durch mein Alter. Es waren fast nur ältere Menschen dort. Erst war alles ganz langweilig und öde. Die Predigt und Lesungen wurden monoton verlesen und es gab keinen Weihrauchduft, schade. Gerade als ich dachte, ich hätte mir den Weg sparen können, *veränderte sich das Licht und es wurde für kurze Zeit hell um mich herum.* Ich empfand es als Zeichen, dass ich nicht so denken sollte. Ich war aber immer noch nicht überzeugt vom Gottesdienst. Dann wurde die Kommunion bereitet und *es fing in meinem Körper zu kribbeln an, es war ganz stark.* Als der Pfarrer dann vom Leib Christi sprach, *wurde ich von heftigsten Gefühlen durchflutet. Alles in mir bebte und ich merkte, dass ich kurz davor war zu weinen.* Dieser Zustand hielt lange an. *Dann bemerkte ich, wie sich die Dimensionen der Kirche veränderten. Alles sah auf einmal anders aus. Dort, wo ich saß, war alles höher als die Umgebung. Der Gang der Kirche war auf einmal wie ein tiefer Abgrund. Ich war höher als alles andere und sah auf den Pfarrer hinab. Alles war wie in einer Art Trance. Als wir alle aufstehen mussten, konnte ich kaum stehen, denn meine Beine waren so schwach. Als ich dann aus der Kirche herauskam, war ich wieder am Schweben. Ich war leicht wie eine Feder. Diesen Zustand habe ich auch jetzt noch.*

Ich muss diese Eindrücke erst einmal verdauen.

Es ist schon sehr merkwürdig, was mir passiert. Jesus war mir wieder so nahe und bei manchen Worten des Pfarrers durchzuckte es mich regelrecht. Ich hatte mit solchen Reaktionen innerhalb eines Kirchengebäudes nicht gerechnet. Und wieder habe ich gespürt, was es bedeutet eine Mystikerin zu sein. Ich bin ein Teil von Jesus und spüre es jedes Mal.

Die extremen Gefühle, die ich empfand, sind jetzt „nur" noch im normalen Maße vorhanden, doch spüre ich, wie sie wieder stärker werden. Es ist nicht leicht mit solchen Eindrücken und Gefühlen umzugehen, denn die Gefühle sind sehr, sehr kraftvoll und intensiv.

Ich habe heute in einem Buch gelesen, man sollte Jesus sagen, dass man ihn liebt. Ich habe es getan und dann überkamen mich Schauer, für mich war das ein Zeichen, dass Jesus bei mir war beziehungsweise ist.

Extreme Emotionen

20.01.2002

Während ich hier schreibe, *bin ich durchglüht von innigsten Gefühlen, von den extremsten Gefühlen der Liebe und Zuneigung zu beziehungsweise durch Jesus. Ich habe das Gefühl innerlich zu verbrennen, so stark sind diese Emotionen.* Die Tränen sind auch nicht mehr weit entfernt, Tränen aus tiefsten Gefühlen heraus. In diesem Zustand bin ich zu allem bereit. Ich würde mich sofort kreuzigen lassen, um für Jesus zu sterben. Egal was kommt, ich bin bereit.

In bin bereit

21.01.2002

Ich bin in der Liebe Gottes. Nichts ist mehr wichtig. Geld, Besitz, Urlaub, alles verliert seinen Reiz, wenn man durchströmt ist von der „Göttlichen Liebe". *Kein Gefühl ist intensiver, mächtiger, überwältigender.*

Ich bin zu allem bereit. Alle Last und Leiden nehme ich gerne auf mich. Kreuzigt mich und lasst mich wie Jesus sterben, um ihm nahe zu sein. Oder zeige mir, Gott, einen Weg, wie ich diese Liebe anderen Menschen nahe bringen kann, damit auch sie ihr Herz rein machen, um dich zu schauen und zu fühlen.

Kummer und Regenbogen

22.01.2002

Die Trauer ist groß. Ich habe den Kontakt zu Simon verloren. Mit dem Verlust von ihm ist nun auch meine Hoffnung auf weitere Hilfe zum Thema Mystik verloren.

Gott, bitte hilf mir, damit klar zu kommen. Die Tränen, die ich weine, sind nicht nur salzig, sondern bitter. Kraft- und Hoffnungslosigkeit macht sich breit. Was soll ich tun? Mit wem kann ich nun noch reden? Ich bete zu Jesus und frage ihn, was er mit mir vor hat und bitte ihn um Kraft und danke ihm für seine Liebe. Ich bitte ihn um ein Zeichen, damit ich weiß, dass er bei mir ist und *vor meinen geschlossenen Augen erscheint ein rotes Herz.* Oh Jesus, ich danke dir.

Da ich nicht so recht weiß, wie ich mit meinem Kummer klar kommen soll, fahre ich in die Klosterkirche der Hildegard von Bingen. Es ist schön, das Bild von Jesus zu sehen. Irgendwann ist niemand mehr außer mir in der Kirche und ich bin ganz allein mit Jesus. Ich spreche mit ihm über Simon und *ich sehe ihn ganz lange an und da verwandelt sich das Bild in Fleisch und seine Augen sehen mich an.* Es ist ein wunderschönes Gefühl. Bevor ich nach fast einer Stunde Aufenthalt die Kirche verlasse, zünde ich noch eine Kerze für Simon an und bitte erneut darum, dass wir wieder Kontakt haben werden.

Als ich dann zum Auto gehe, passiert es: Ich laufe und halte meine Arme mit geöffneten Handflächen nach oben, leicht vom Körper entfernt, so wie Jesus als Pantokrator und schaue zum Himmel hinauf und es erscheint schlagartig ein Regenbogen. Er zieht einen Halbkreis um mein Auto herum. Die Farben sind kräftig und wunderschön. Ein Fußgänger, der mir entgegenkommt schaut auch zum Himmel empor. Der Regenbogen ist also sichtbar und keine Einbildung. Ich bin total fasziniert und schaue und schaue und schaue. Als ich mich ins Auto setze und die Türe schließe und wieder zum Himmel blicke, ist der Regenbogen verschwunden. So schnell wie er kam, so schnell ist er auch wieder gegangen. Ein Zeichen des Herrn. Ich fahre den Berg hinab und da öffnet sich auf einmal der Himmel. Es ist, als ob ich durch ein großes Auge tief in den Himmel hineinsehen kann. Ich sehe verschiedene Schichten, es ist wunderschön, was ich sehe und dann werde ich umhüllt von Sonnenstrahlen und ich weiß, Gott ist bei mir.

24.01.2002

Simon hat sich wieder gemeldet. Es ist wie ein Wunder. Ich danke Gott für seine unendliche Liebe und Güte und dafür, dass er uns den weiteren Kontakt ermöglicht. Ohne seine Hilfe wäre es sicherlich nicht möglich gewesen.

Simon hat mich heute um Vergebung gebeten, dafür, dass er den Kontakt abgebrochen hatte und mir dies nur ganz knapp per Email mitteilte. Ich fand Simons Verhalten mir gegenüber sehr schlimm und ich werde wohl noch einige Zeit brauchen, um dies zu verarbeiten. Der Schmerz sitzt sehr, sehr tief. Ich werde ihm verzeihen, aber ich brauche noch etwas Zeit dafür. Würde ich sagen, dass ich ihm jetzt bereits verziehen habe, wäre es nicht die Wahrheit, aber ich werde Simon vergeben, sobald ich es kann.

Am Ende unseres Telefonats hat Simon gesagt, dass Gott mit mir sein soll, da habe ich angefangen zu weinen, so sehr hat es mich berührt. Die Liebe zu Gott und Jesus ist voll entflammt.

Ich freue mich sehr darüber, dass Simon zwei Kinder taufen wird. Seit ich meine mystischen Erlebnisse habe und mich so sehr mit Jesus verbunden fühle und in der Bibel lese, kann ich immer mehr verstehen, wie schön der Beruf des Pfarrers sein muss.

Auf meinem PC habe ich nun die Herrnhuter Losungen installiert. So erfahre ich auch auf diesem Weg mehr aus der Bibel. Es ist schön mit ein paar guten Worten von Gott den Tag am PC zu beginnen. Das gefällt mir super gut.

Eine Freundin, die seit Jahren nicht mehr in der Kirche war, ist heute in der Kirche gewesen und hat gebetet. Ich habe den Eindruck, ich habe sie dazu gebracht. Und eine Bekannte, der ich davon erzählte, dass ich in der Bibel lese, will sich nun auch eine kaufen. Ich bringe das Wort Gottes wohl auf irgendeine Art und Weise zu den Menschen, ohne selbst bisher Detail-Wissen zu haben. Ich wünsche mir, dass ich noch viel lernen kann und darf.

25.01.2002

Ich war heute in der Kirche, um Gott noch einmal dafür zu danken, dass er den Kontakt zu Simon wieder hergestellt hat. Nachdem Gott all meine Hilferufe und Gebete erhörte, habe ich seit heute Morgen ein ganz tolles Gefühl in mir. Ich habe nun beschlossen, mich ganz in die Arme Gottes „fallen" zu lassen. Ich möchte mich nun völlig von ihm leiten lassen und Gott für immer vertrauen, egal was kommt.

Leidenschaft für Jesus

26.01.2002

Es ist schon etwas ganz Tolles, dass Gott mir Jesus gesandt hat und ich es nun auch geschafft habe, mich ihm total anzuvertrauen, mich total in seine Hände zu begeben. Dabei hätte ich doch an ihm zweifeln müssen, nachdem mein Leben immer große Hürden und Klippen für mich bereit hielt und ich oft am Ende meiner Kräfte war und einmal wirklich nicht mehr wusste, ob ich es überhaupt noch weiter schaffen möchte beziehungsweise konnte. *Nun aber spüre ich diese innige Liebe zu Jesus.* Ich bin sehr glücklich darüber, so etwas fühlen zu dürfen.

Gestern in der Kirche ist mir etwas Interessantes passiert, das ist mir heute Morgen erst wieder eingefallen. Ich saß ganz allein in St. Kastor, so wie ich es mir immer schon wünschte, da fiel die Sonne durch die Kirchenfenster und *an der Wand erschienen zwei bunte Stellen. Eine war „normal" und die andere war rot umrandet, wie die Umrandung der Fenster und in den bunten Farben sah ich Jesus. Erst Jesus am Kreuz, dann Jesus mit geöffneten Armen. Dann zeigte er in eine Richtung und dann sah ich ihn mit einer Schriftrolle.* Das passierte nach und nach.

Nachdem die Sonnenstrahlen wieder verschwunden waren, sah ich mir die Fenster an, da ich mir dachte, dass auf den Kirchenfenstern Jesus abgebildet sei. Doch das Fenster oben in der Kirche war zwar bunt, aber ohne Bilder, das Fenster unten hatte ein Bild, aber nicht von Jesus und durch dieses Fenster konnte die Sonne auch gar nicht geschienen haben, da das Fenster ziemlich weit unten war und die Sonne sehr hoch stand und das Bild, das ich auf der Wand sah, ebenfalls weit oben war. Ich habe mich über dieses Erlebnis sehr gefreut.

Heute habe ich mir eine kleine Kapelle auf einem Berg angesehen. Sie und das riesige Kreuz mit Jesus gefielen mir sehr gut. Da es am Altar keine Absperrung gab, habe ich mich gewagt hinter den Altar zu gehen. Ich habe mir vorgestellt wie man sich fühlt, wenn man als Pfarrer den Gottesdienst halten darf. Die Vorstellung, die Worte Gottes weitergeben zu können, Menschen zu taufen und Werke in Gottes Namen tun zu dürfen, ist ein schöner Gedanke. Es ist eine riesige Leidenschaft in mir entbrannt und noch vor wenigen Wochen hatte ich mit der Kirche nichts „am Hut". Diese Wandlung innerhalb von so kurzer Zeit ist für mich wie ein Wunder. Ich möchte an meiner Liebe zu Jesus gerne auch andere Menschen teilhaben lassen.

Mittlerweilen traue ich mich immer öfter allgemein über Mystik zu reden. Über meine eigenen Erlebnisse habe ich nun auch schon zwei Mal gesprochen, vorher habe ich immer nur schriftlich darüber berichtet. Ich merke leider immer wieder Widerstand, aber es wirft mich nicht mehr so aus der Bahn. Auch heute geht es mir gut. Ich habe heute auch wieder den Menschen im Vorübergehen in die Augen geschaut. In der letzten Zeit wollte ich lieber nicht gesehen werden und schaute zu Boden. Mal sehen, ob ich nun auch wieder an „normalen" Gesprächen Interesse finden werde. Ich merke, wie es nun wieder bergauf geht.

Momentan bin ich auf der Suche nach einem Holzkreuz mit Jesus für die Wand. Leider habe ich nicht das Geld für ein teures Kreuz. Außerdem muss mir Jesus auch noch gefallen, da ich genau weiß, wie er aussieht. Ich habe mir heute mehrere gebrauchte Bücher gekauft, dabei weiß ich gar nicht, wann ich all die Bücher lesen soll, aber im Augenblick bin ich regelrecht süchtig nach geistlicher Literatur. Ich muss einfach mehr über Gott und Jesus wissen.

Ich denke zurzeit über das Thema Geistheilung nach, also darüber mit Gottes Hilfe durch Handauflegen heilen zu können. Ich weiß nicht, ob ich diese Gabe habe, aber der kranke Hund von einer Freundin hatte sich scheinbar sehr wohl gefühlt, als ich meine Hände über seinen Kopf hielt. Er „grunzte" regelrecht vor Freude. Meine Hände wurden währenddessen richtig warm. Sonst habe ich es noch nicht ausprobiert.

Nun werde ich schnell noch was essen und dann eventuell ausgehen. So langsam gehe ich wieder unter Menschen und versuche mich nicht mehr so zurückzuziehen. Am Montag werde ich mich auch wieder um meine Praxispläne kümmern und mich umhören, ob man hier in der Umgebung Seelsorge lernen kann.

Große Schuldgefühle

27.01.2002

Ich muss Simon erreichen, ganz dringend. Ich schicke ihm ein Email. Er muss dies so schnell wie möglich erhalten, denn ich fühle eine ganz große Schuld auf mir lasten. Mir wurde gestern Abend durch einige Worte, die ich las, bewusst, dass ich Simon wegen des schlagartigen Abbruchs des Kontaktes immer noch nicht vergeben habe. Und mir wurde bewusst, dass man nur zur Kommunion gehen darf, wenn man seine Sünden bekennt und bereit ist, Vergebung zu empfangen und anderen zu vergeben. Dieses „anderen zu vergeben" war für mich ganz heftig. Ich fühlte mich so schuldig.

Ich war im Gottesdienst. Mein ganzer Körper kribbelte, aber sonst passierte nichts. Ich bin nicht zur Kommunion gegangen. Ich traute mich nicht und dann überkam mich ein ganz großer innerer Druck. Meine Augen wurden feucht. Als ich nach dem Gottesdienst an meinem Auto ankam, musste ich furchtbar weinen. Ich fühle mich wie die größte Sünderin auf der ganzen Welt. Aber ich konnte Simon wirklich noch nicht vergeben, ich konnte es einfach noch nicht. Ich möchte ihm aber nun verzeihen, denn ich fühle, wie ich auch Simon damit Leid zufüge, dadurch, dass ich ihm noch nicht vergeben habe.

Ich vergebe Simon, dass er mir so wehgetan hat. Ich werde versuchen, ab sofort wieder volles Vertrauen zu ihm zu haben. Ich habe eine große Schuld auf mich genommen, damit, dass ich ihm nicht sofort verziehen habe. Ich glaube, Gott liebt mich nicht mehr, denn ich habe weder heute, noch gestern ein Zeichen oder sonst etwas von ihm empfangen. Ich fühle mich so richtig schlecht und weiß nicht, wie ich mit diesem Gefühl der Sünde und Schuld umgehen soll.

Ich war eben noch in einer anderen Kirche, einer, die ich nicht kannte. Nachdem ich die Treppen emporgestiegen war, bekam ich kaum noch Luft. Ich bin wohl doch noch nicht so richtig gesund. Ich hatte richtige Atemprobleme und meine größte Angst war, dass mir etwas passieren könnte, bevor ich Simon vergeben hätte und ich mit diesem schrecklichen Gefühl in mir sterben würde. Ich weiß nicht, was ich tun soll, um diese Schuld wieder von mir zu bekommen. Ich habe mich in der Kirche nicht getraut Gott um Vergebung zu bitten, so elend fühle ich mich. Ich überlege gerade, ob ich nach einer Kirche suchen soll, wo ich heute noch beichten gehen könnte, denn ich weiß einfach nicht mehr weiter.

Vergebung

27.01.2002

Simon hat mir geantwortet, er hat mir verziehen, dass ich ihm noch nicht vergeben hatte. Er schreibt aber auch, dass es ist richtig ist, dass ich einen heiligen Schrecken bekommen habe, als mir bewusst wurde, dass ich ihm sein Verhalten noch nicht vergeben hatte. „Da ist Gott am Werk: Der Heilige Geist deckt uns immer mehr auf, in welchen Lebensbereichen unser Leben mit Gott nicht in Ordnung ist, wo noch nicht bekannte Schuld versteckt liegt."

Gott, bitte verzeih auch du mir, dass ich nicht sofort vergeben habe. Danke.

28.01.2001

Ich kann es irgendwie immer noch nicht glauben, was sich innerhalb der letzten Wochen alles so verändert hat in meinem Leben. In meiner Familie weiß immer noch niemand etwas davon. Ich würde sicherlich nicht verstanden und wenn ich etwas über meine Erlebnisse sagen würde, würde ich vielleicht für verrückt erklärt. Ich finde es nicht einfach, nicht mit meiner Familie darüber zu reden. Manchmal denke ich darüber nach, ob es nicht besser wäre wegzuziehen und irgendwo weit entfernt nochmal neu anzufangen.

Ich überlege gerade, ob ich einen Glaubenskurs belegen soll, damit ich endlich mehr erfahren kann über Gott und die Bibel. Der Kurs, den ich entdeckt habe, hört sich interessant an, allerdings habe ich auch Angst. Denn dort geht es auch um den Austausch von persönlichen Erfahrungen. Wenn ich aber über meine Erlebnisse mit Jesus berichte wird man mir vielleicht nicht glauben und mich als Verrückte behandeln. Das ist für mich eine schlimme Vorstellung. Ich habe schon darüber nachgedacht, einen Gesprächstermin mit dem Kursleiter zu vereinbaren. Denn ich kann im Kurs nicht über meine eigenen Erfahrungen sprechen, wenn ich nicht weiß, wie man darauf reagieren wird. Allerdings könnte ich mit meinen Erlebnissen anderen Menschen Mut machen, an Gott zu glauben, denn wer könnte besser begeistern als ein Mensch mit persönlichen Erfahrungen?

Gerade habe ich am Telefon einer ehemaligen Arbeitskollegin erzählt, dass ich die Bibel lese und sie hat die Nase gerümpft. Ich freue mich, dass ich endlich den Mut habe so etwas zu erzählen, auch wenn es häufig auf Unverständnis stößt.

02.02.2002

Morgen gehe ich wieder in den Gottesdienst. Ich hoffe, dass mir Gott endlich vergibt. Ich bin sehr unglücklich darüber, dass Jesus mir nicht mehr nahe ist. Ich wünsche mir den intensiven Kontakt zu ihm zurück. Ich weiß nicht, was ich tun soll oder kann, damit es wieder so wird, wie vor dem letzten Sonntag.

Ist es eine Prüfung von Gott? Will er sehen, ob ich weiter an ihn glaube? Ich vermute es langsam. Ich weiß, dass es Gott und Jesus gibt, ich weiß es wirklich und daher bleibe ich ihnen treu.

Heute war tolles Wetter und der Sonnenuntergang war super schön. Der Himmel färbte sich in den schönsten Farben. Es war alles dabei, von Rot bis Rosa, Gelb und Türkis und die verschiedensten Blautöne. Nun haben wir einen ganz klaren Himmel und man kann die Sterne sehen. Und dann im Internet die Bilder von den Bergen und die Vorstellung dort oben auf einem Gipfel sitzen zu können, die wunderschöne Natur zu sehen und zu spüren und Gott näher sein zu können, oh, ist das schön.

Tatsache ist, ich bin nicht in den Bergen und außerdem mag mich Gott nicht mehr und Jesus hat sich distanziert. Wie könnte es alles so schön sein. Was hat Gott bloß mit mir vor?

03.02.2002

Ich sitze hier vor dem PC und weine schon wieder, unter anderem, weil ich seit heute Nachmittag mein ganzes vergangenes Leben in Frage stelle. Am liebsten würde ich hier alles aufgeben und irgendwo anders ein neues Leben beginnen.

Ich war heute Morgen in der Kirche. Es war schön. Als die Predigt begann, habe ich bereits an den ersten Worten erkannt, dass es sich um die Bergpredigt handelt, ich habe mich darüber gefreut, dass ich nun schon ein paar Dinge aus der Bibel kenne.

Da heute Blasius-Tag war, habe ich mir den Blasius-Segen geben lassen. Und zur Kommunion bin ich auch gegangen. Nachdem ich aus der Kirche kam, fühlte ich mich richtig leicht, so, als hätte man eine schwere Last von mir genommen.

Ich habe heute auch wieder ganz starke Gefühle in mir und weiß, dass Gott nun wieder bei mir ist. Heute Abend war ich in der Vesper in der Klosterkirche in Maria Laach. Es war das Ergreifendste, was ich bisher erlebt habe.

In der Kuppel der Kirche ist Jesus als Pantokrator, also mit ausgebreiteten Armen zu sehen. Das löst in mir immer sehr intensive Gefühle der Nähe aus. *Es ist, als ob Jesus mit mir persönlich Kontakt aufnimmt. Er sieht mich ganz intensiv an und dieser Blick geht ganz tief in mich hinein. Er bewegt seine Augen und ich sehe, wie sich sein Gesicht verändert. Es ist, als ob er mit mir redet. Ich rede dann auch mit Jesus und danke ihm, dass ich ihm so nah sein darf.* Allein dieser Anblick war für mich schon umwerfend und dann ertönte die Orgel und es durchzuckte mich und alles in mir bebte. Dann kamen die Mönche hinein und haben über eine halbe Stunde gesungen. Es wurde nur ganz wenig gesprochen. Es war unglaublich toll. Ich saß dort und habe mir auf die Zähne gebissen, denn sonst hätte ich geweint, so ergriffen war ich. Und dann der Blick von Jesus. *Ich hatte den Eindruck, er war lebendig. Seine Blicke waren dieses Mal prüfend und mitfühlend und dann sah es aus, als ob er zufrieden gelächelt hätte.* Zu dieser Zeremonie wurde übrigens Weihrauch geschwenkt, so viel, dass man fast nichts mehr vom Altar sehen konnte, einfach klasse. Ich wäre am liebsten dort geblieben und nicht mehr nach Hause gefahren. Wieder kam der Gedanke, was ich machen kann, um Gott zu dienen. Gibt es noch eine andere Möglichkeit für mich als ein Leben im Kloster, denn über ein solches mache ich mir heute ganz ernsthaft Gedanken? Ich weiß aber gar nicht, ob es wirklich etwas für mich ist und ob man mich dort überhaupt wegen meiner Gefühle zu Gott und Jesus verstehen würde, denn ich bin wohl doch schon irgendwie anders. Eventuell habe ich mein ganzes Leben lang alles falsch gemacht. Was kann ich bloß tun, um Heilen und Dienen im Namen Gottes zu verbinden? Wo bekomme ich den entscheidenden Tipp?

04.02.2002

Ich habe heute Nacht kaum geschlafen, denn es gab einen heftigen Sturm und ich dachte, die Fenster würden kaputt gehen. Ich musste an die Offenbarung des Johannes denken und habe gebetet, dass alles gut geht. Daher beginne ich meinen heutigen Tag etwas müde.

Ich habe den Psalm 5 gelesen. Ich muss zugeben, dass ich immer noch nicht recht weiß, wann und wie man betet. Ich bete einfach, wenn ich daran denke und dann ist es wie ein Gespräch mit Gott. Ich denke, er weiß, wie ich es meine, aber wie man es „richtig" macht und in welcher Regelmäßigkeit, weiß ich leider nicht.

Die Idee in ein Kloster zu gehen, gefällt mir auf einer Seite sehr gut, auf anderer Seite denke ich aber, dass ich nicht unbedingt in ein Klosterleben passe. Ich habe in meinem Leben immer alles alleine geschafft und bin daher Selbständigkeit gewohnt. Durch meine Erfahrungen mit Mobbing habe ich außerdem Angst, wieder in eine solche Lage zu geraten. In einem Kloster wäre ich sicherlich dem Druck einer Oberin unterworfen und ich müsste mein selbständiges Denken aufgeben. Ob ich das kann, weiß ich nicht. Allerdings ist der Gedanke, im Kloster ganz für Gott da sein zu können, faszinierend.

Oder soll ich ins Ausland gehen? Diesen Gedanken hatte ich letztes Jahr schon einmal. Aber da ist auch immer noch der große Wunsch nach einem lieben Partner und wenn ich ins Ausland gehe, werde ich wohl nie heiraten, denn wo sollte ich dann noch jemanden kennen lernen. Aber im Augenblick weiß ich eh nicht, ob ich mich nochmals verlieben werde, denn momentan ginge es irgendwie nicht. Was kann ich also tun, um anderen Menschen gesundheitlich zu helfen und gleichzeitig Gott zu dienen? Der Gedanke an Seelsorge ist auch immer noch da.

Ich würde mich freuen, Menschen kennen zu lernen, die mich auf meinem Weg mit Gott begleiten, aber dann müsste ich wieder alles erzählen und mich wieder der Angst stellen, auf Missverständnisse zu stoßen. Obgleich mich negative Äußerungen nicht mehr so aus der Bahn werfen und ich mittlerweile auch offener damit umgehe.

Am Mittwoch habe ich einen Termin mit dem Kursleiter des Glaubenskurses. Mal sehen, wie er reagiert, ich bin schon nervös, denn es ist für mich ja immer noch nicht so ganz einfach über meine Erlebnisse zu reden. Sollte ich dort auf kein Verständnis stoßen, werde ich mich mit dem Pater in Maria Laach nochmals treffen, allerdings ist er die nächste Zeit nicht im Kloster.

Ich habe am Samstag im Schlafzimmer meiner Oma ein wunderschönes, großes Kreuz mit Jesus entdeckt. Ich hatte es noch nie wahrgenommen. Meine Oma sagte zu mir, Jesus würde sie somit immer beschützen. Das hat mir richtig gut gefallen. Vielleicht werde ich meiner Oma irgendwann einmal von meinen Erlebnissen erzählen.

„Göttliche Liebe"

04.02.2002

Ich sitze immer noch zuhause und war noch nicht wie geplant in der Stadt, denn *ich bin regelrecht gelähmt durch die starke „Göttliche Liebe", die mich gerade wieder durchflutet. Die Glut der Liebe zu Gott, die eine Woche nur noch in mir glimmte, ist wieder entfacht zu einem riesigen, lodernden Feuer. Es ist unbeschreiblich schön und überwältigend.* Aber sie lässt mich den normalen Alltag kaum bewältigen. Ich weiß, dass ich mich um meine Praxispläne kümmern muss, aber viel lieber würde ich mich diesen tollen Gefühlen hingeben und nur noch für Gott da sein, aber wie soll das gehen?

Unter „Göttlicher Liebe" verstehe ich eine ganz intensive Liebe, die nicht mit Worten erklärbar, nicht beschreibbar und nicht nachvollziehbar ist, wenn man sie nicht selbst erlebt hat. Sie ist so anders. Würde man alle positiven Gefühle, die es gibt beziehungsweise die man kennt, zusammennehmen, würde dies immer noch nicht ausreichen, um dieses Gefühl zu beschreiben. Die „Göttliche Liebe" durchdringt alles, verbrennt alles, aber ohne zu zerstören. Sie vermag alles, sie lässt mich zu allem bereit sein, bereit sein, alles zu geben, mich hinzugeben, mein Leben zu geben, sofort zu sterben für Gott, um zu ihm und speziell zu Jesus zu kommen, aufgrund dieser unbeschreiblichen, starken, alles durchflutenden, brennenden Liebe. So heftig und toll, so stark ist diese Liebe.

Dies ist ein Versuch der Erklärung, aber auch hier merke ich, dass ich auch nicht einmal annähernd dieses Gefühl beschreiben kann. Es ist ein Stammeln, ein hilfloser Versuch, etwas in Worte zu fassen, für das es keine Worte gibt.

Diese extremen Gefühle der „Göttlichen Liebe" kann man nicht auf Dauer aushalten. Sie durchfluten mich und dann werden sie wieder weniger, aber so, dass die Liebe weiterhin da bleibt. Diese Liebe, die dann bleibt, ist in etwa so wie die Liebe zwischen zwei Partnern.

Vielleicht hilft es zu sagen, dass ich die „Göttliche Liebe" von der „Liebe Gottes" unterscheide.

Die „Liebe Gottes" ist die Liebe, die Gott uns Menschen öfter wahrnehmbar schenkt. Dieses Gefühl lässt sich im normalen Alltag integrieren, dieses Gefühl ist faszinierend, und man fühlt sich von Gott geliebt und in ihm geborgen, aber es führt nicht dazu, dass man nicht mehr den normalen Alltag leben kann.

Die „Göttliche Liebe", würde sie länger anhalten, was sie aber nicht tut, würde mich nicht mehr normal leben lassen, denn wer in dieser „Göttlichen Liebe" steht, kann nicht mehr anders als nur noch für Gott da sein. Sie würde ein normales Leben nicht mehr zulassen. Sie würde den Menschen verbrennen, würde sie länger anhalten, denn sie zieht durch den gesamten Menschen mit einer Kraft und Intensität, die nicht vorstellbar ist. Ich hoffe, nun kann ein ganz klein wenig erahnt werden, was ich zu erklären versuchte.

Ich sollte öfter meine Empfindungen niederschreiben, aber es ist sehr anstrengend, diese in Worte zu fassen, zumal für viele Empfindungen die Worte fehlen. Leider ist unser Sprachschatz sehr begrenzt und mit den vorhandenen Worten kann ich nur versuchen, diese Erlebnisse mit Gott so gut wie möglich zu beschreiben beziehungsweise zu umschreiben. Auf den Punkt bringen kann ich sie leider nicht. Es ist, als ob man einem Menschen, der nicht riechen kann, versucht zu erklären, wie eine Rose duftet. Auch das ist nicht möglich. Ich habe überlegt, ob ich neue Wörter erfinden sollte, damit ich mich besser ausdrücken kann, aber wer würde diese schon verstehen?

Im Zwiespalt

06.02.2002

Ich war heute bei dem Pallottiner Pater, der den Glaubens-kurs leitet, den ich gerne belegen möchte, damit ich endlich mehr Wissen über Gott bekomme. Im Prospekt stand, dass man in der Gruppe über seine persönliche Beziehung zu Gott sprechen muss. Aber da ich genau das nicht kann, war ich heute zu einem Gespräch dort. Leider fällt der Kurs aus, weil der Pater in Kur geht. Wir haben aber trotzdem kurz über mein „Problem" gesprochen und er sagte mir, dass mystische Erlebnisse nicht in einem solchen Kreis erwähnt werden sollten. Er bestätigte also meine Vermutung. Ir-gendwie hatte ich gehofft, diesen Pater als geistlichen Be-gleiter bekommen zu können, aber er sagte mir, dass er über ein halbes Jahr außer Haus sein wird. Er versprach mir aber, mir einen Ansprechpartner zu suchen und sich wieder bei mir zu melden.

Ich bin dann nach Arenberg gefahren und habe mir die dortige Kirche angesehen. Sie ist sehr interessant, die Wän-de bestehen aus kleinen Tuffsteinen und Muscheln. Ober-halb vom Altar stehen drei Kreuze, eines mit Jesus und die anderen beiden mit den gleichzeitig mit Jesus gekreuzigten Männern. Alles fast in Originalgröße. Dieser Anblick be-rührte mich sehr und ging mir sehr nahe. Das, was mich dann aber „schockte", war, dass in einer Nische hinter Glas Jesus lag. Es war der Anblick des Felsengrabes. Jesus lag genau so dort, wie ich mich in seinem Köper vorfand, in der letzten Vision. Auch die Hände waren genau so auf dem Körper gekreuzt, wie ich sie hatte. Es hat mir echt die Luft genommen. Auch diese Skulptur war fast lebensgroß. Ich war vollkommen durcheinander.

Ich bin danach den Kreuzweg gegangen. Den habe ich mir vor zirka zwei Jahren schon einmal angesehen, aber nun war er etwas ganz anderes für mich. Es hat mich dieses Mal sehr berührt und viele Gefühle in mir ausgelöst. Es standen dort vier Arbeiter herum und beobachteten mich und lachten, aber das war mir egal. Es ist sehr einsam dort und praktisch mitten im Wald. Aber ich vertraute Gott, dass mir nichts passiert. Als ich dann zum Abschluss dieses Kreuzweges noch einmal in die Kirche rein wollte, war sie abgeschlossen. Ich bin dann nach Hause gefahren.

Zuhause angekommen erhielt ich einen Anruf wegen möglicher Praxisräume. Es klingt alles recht gut, der Preis steht aber noch nicht fest. Da wurde mir klar, dass ich mich weiter um meine Praxisgründung kümmern muss und war richtig motiviert. Doch dann sah ich ein Bild mit Nonnen und Mönchen und es stieg ein starkes Gefühl der Liebe in mir empor und ich war wieder durcheinander.

Irgendwie stecke ich in einem Zwiespalt. Ich denke, ein Leben im Kloster wird nicht das Richtige für mich sein, aber warum fühle ich mich trotzdem so dahin gezogen? Dieses extrem starke Gefühl der Liebe zu Gott und Jesus bremst mich schon wieder bei meiner Praxisplanung. Ich muss unbedingt eine Möglichkeit finden, wie ich meine geplante Praxis mit meiner starken Bindung zu Gott verbinden kann. Ich bat Gott bereits um ein Zeichen und daraufhin kam der Anruf wegen den Räumen. Für mich war damit klar, dass das mein Weg sein soll. Aber dann kamen wieder diese starken Gefühle. Es ist nicht leicht. Ich werde sehen, ob ich neben der Praxisplanung irgendeine Möglichkeit bekommen kann, bei der Kirche mitzuarbeiten. Ich weiß nicht, wie ich es sonst miteinander verbinden könnte. Ich hoffe immer noch auf die richtige Eingebung.

Ich habe in der letzten Zeit etwas über Leidensmystiker gelesen. Mechthild von Hackeborn wälzte sich in Scherben und Heinrich Seuse vollzog 16 Jahre lang verschiedene Arten von Selbstgeißelung. Auch wenn es sich schlimm anhört, ich kann sie so gut verstehen. Ich weiß, was sie fühlen, wenn sie sich selbst solche Qualen auferlegen. Ich selbst würde so etwas allerdings nicht machen, weil ich weiß, dass Gott so etwas nicht von uns möchte. Aber ich verstehe ihre Beweggründe und die dadurch entstehenden Gefühle nur allzu gut. Es ist eine besondere Nähe zu Jesus, ein Mitleiden mit ihm, ein Gefühl auch im schlimmsten Leid ihm ganz nahe zu sein, mit ihm den Schmerz auszuhalten, ein Gefühl der allertiefsten Liebe, die alles erträgt, auch alle Schmerzen.

Für mich waren die Qualen der Kreuzigung sehr schlimm und schmerzhaft. Allerdings bin ich seit diesem Erlebnis Jesus so nahe, bin ein Teil von ihm. Der Gedanke mich für Jesus tatsächlich kreuzigen zu lassen oder gar für ihn zu sterben ist ja auch Leidensmystik oder kommt dies durch die starke Liebe zu Jesus? Egal wie, ich bin immer noch zu allem bereit. Die Wundmale Jesu trage ich seit der Kreuzigung bereits als innere Stigmata und sollten sie jemals zu sichtbaren Malen werden, so nähme ich sie dankbar an. Denn sie wären sichtbare Zeichen der intensiven Nähe und Identifikation mit Jesus.

Gedanken an ein Leben im Kloster

09.02.2002

Ich bin immer noch durcheinander, da mich die Frage, ob ich in ein Kloster gehen soll, immer noch sehr beschäftigt. Ich finde den Gedanken, ganz für Gott da sein zu können, ungemein toll und es löst sehr starke positive Gedanken bei mir aus. Allerdings bin ich mir nicht sicher, ob ich für ein solches Leben geeignet bin. Ich habe mit ein paar Freunden darüber gesprochen und keiner kann es sich wirklich bei mir vorstellen. Ich weiß einfach nicht, was ich machen soll. Ich überlege, ob ich mal ein Wochenende in einem Kloster mitlebe, so etwas bietet auch das Kloster der Hildegard von Bingen an.

Meine Praxispläne sind ja auch noch da und da es nun auch Räume gibt, die eventuell in Frage kommen, muss ich wohl langsam mal eine Entscheidung treffen. Ich habe nun einen Termin beim Existenzgründerbüro gemacht. Jetzt muss ich mein Konzept überarbeiten und neu berechnen. So setze ich mich selbst unter Druck, etwas zu machen.

Heute ging mir durch den Kopf, dass ich ja die Botschaft erhielt, dass ich die mystischen Erlebnisse als eine positive Gabe annehmen und anderen Menschen damit helfen soll. Kann ich anderen Menschen damit helfen, wenn ich im Kloster lebe? Ist das vielleicht die Erklärung auf meine Frage, welchen Weg ich gehen soll?

Was für Möglichkeiten außerhalb des Klosters gibt es sonst für mich? Was kann ich tun? Seelsorge ist ja immer noch etwas, was in Frage kommen könnte, aber was gibt es sonst noch? Pfarrerin kann ich wohl nicht werden oder geht das bei den Altkatholiken? Aber ohne Abitur geht das ja auch nicht und von welchem Geld sollte ich studieren? Es muss doch einen Weg für mich geben, etwas in dieser Richtung tun zu können.

Hinaus in die Welt, statt ins Kloster

11.02.2002

Die Planung meines weiteren Lebensweges scheint wohl in die Richtung zu verlaufen, dass ich mich nun erst einmal um meine eigene Praxis kümmere. Ich habe Gott gebeten mir konkrete Zeichen zu geben, was ich tun soll. Ich bin danach in den Gottesdienst gegangen und der Pfarrer sagte: „Geht hinaus in die Welt und verkündet das Evangelium." Das war für mich ein Zeichen. Ich denke nun, es soll zurzeit nicht das Klosterleben sein. Außerdem hat Gott die starken Gefühle bezüglich Klosterleben wieder auf Sparflamme runter geschraubt. Ich wünschte mir, ich hätte die Möglichkeit Pfarrerin zu werden. Aber ich habe sie leider nicht.

Ich habe mich für den Infoabend eines Exerzitien-Kurses angemeldet. Er beginnt am Mittwochabend. So langsam werde ich mutiger und stehe zu meinem Glauben. Ich habe sogar in zwei Internetforen über Mystik geschrieben. Aber ich denke, ich hätte es besser gelassen, denn die Reaktionen darauf waren zum Teil ziemlich heftig und niederschmetternd und ließen mich erkennen, dass man mich mehrheitlich nicht versteht. Egal, dadurch sammle ich Erfahrung.

12.02.2002

Ich habe heute an meinem geplanten Buch gearbeitet und meine persönlichen Aufzeichnungen, die gespeicherten Chatverläufe und meine Emails vom letzten Jahr gelesen. Nun bin ich im Oktober angekommen, da hatte mir der Philosoph bereits gesagt, dass ich mystische Erlebnisse habe und mir entsprechende Literatur empfohlen. Ich habe ihm damals gesagt, dass mir in den Büchern über Hildegard von Bingen zu viel über die Kirche geschrieben steht und ich mit dem Christentum nichts anfangen kann. Heute musste ich echt darüber lachen. Wenn ich damals gewusst hätte, was noch passieren würde.

Der Tag ging viel zu schnell rum. Ich habe nur geschrieben und auf Beiträge im Forum geantwortet und dann war

115

schon Abend. Im Forum ist mir wieder aufgefallen, dass mich niemand wirklich versteht, ich habe das Gefühl mich rechtfertigen zu müssen, was mir vorkommt, als müsse ich mich dafür entschuldigen mystische Erlebnisse zu haben.

Zwischenzeitlich habe ich einen neuen Versuch gestartet zu meditieren, dabei bin ich fast eingeschlafen. Es hat also wieder nicht funktioniert in eine tiefe Versenkung zu gelangen. Meine Gefühle der „Göttlichen Liebe" sind auch auf ein normales Maß zurückgegangen.

Warum finde ich eigentlich keine Mystiker zum Austausch? Gibt es keine Mystiker mehr oder ist keiner bekannt als ein solcher. Und warum glaubt mir keiner, wenn ich versuche über mystische Erlebnisse zu sprechen? Wenn die Menschen erzählen, ihnen ist die Mutter Gottes erschienen, dann glaubt man ihnen und es entstehen sogar Wallfahrtsorte. Wenn ich aber sage, dass mir Jesus erschienen ist, dann werde ich für verrückt gehalten.

13.02.2002

Nun sitze ich hier mit meinem Aschenkreuz auf der Stirn. Ich habe es bisher nicht gewagt es abzuwaschen. Komischerweise ist es bei den anderen mehr als ein dicker Punkt auf der Stirn zu sehen gewesen, meines ist als Kreuz sehr deutlich erkennbar. Ich habe es mit meinen Haaren verdeckt und bin so zum Exerzitien-Kurs gegangen.

Der Gottesdienst heute Morgen war gut gewesen, ich war wieder sehr berührt und mir sind fast schon wieder die Tränen gelaufen. Die Kirche war recht leer und ich saß genau im Blickfeld vom Pfarrer und ein paar Bänke weiter vorne als sonst, ich werde langsam mutiger. Der Messdiener hatte mich genau beobachtet, ich musste also aufpassen, dass ich alles richtig mache und nicht anfange zu weinen.

15.02.2002

Heute habe ich in der Bibel den Rest von Johannes Kapitel 11 gelesen. Ich war ganz erstaunt, dass Lazarus wieder lebendig wurde, damit hatte ich überhaupt nicht gerechnet, eine schöne Geschichte. Aber kann man nach drei Tagen, wo er doch angeblich schon nach Verwesung roch, wieder zum Leben zurückkehren? Ich denke sehr viel nach über die Worte, die ich lese.

Gleich werde ich die zweite Übung vom Exerzitien-Kurs machen. Ich habe mir einen kleinen Altar errichtet an der Stelle, wo ich meistens auf dem Boden sitze. Auf diesem befinden sich ein Bild von Jesus als Pantokrator, eine Kerze und Räucherstäbchen anstelle von Weihrauch.

Im Kurs selbst fühle ich mich noch nicht so recht wohl, da ein paar Menschen dabei sind, die auf mich keine so gute Ausstrahlung haben. Ich fühle halt so viel. Die Schwestern hingegen haben eine gute Ausstrahlung. Der Pfarrer macht einen total genervten Eindruck und während der Stille-Übung, als alles ganz ruhig war, hat er ein Taschentuch genommen und sich laut, wirklich sehr laut die Nase geputzt. Das war sehr unpassend und hat die Stimmung total kaputt gemacht.

Ich werde mich gleich mit der Klosterschwester treffen, die den Kurs leitet. Ich merke langsam, dass ich innerlich nervös werde, aber Angst habe ich keine, denn sie ist eine ganz tolle Frau. Total lustig und locker. Sie macht auf mich einen Eindruck wie eine gute Freundin. Kann man eigentlich richtige Freundschaften mit Menschen im Kloster knüpfen oder geht so etwas nicht, weil sie so sehr in ihrer Lebensgemeinschaft eingebunden sind?

Gespräch mit einer Klosterschwester

16.02.2002

Ich fühle mich gut, das Gespräch gestern mit der Kloster-schwester war sehr schön. Wir haben uns über alles Mögli-che unterhalten. Auch etwas über Mystik. Sie hat mir ge-sagt, es sei ein Geschenk Gottes, dass ich so etwas erleben darf. Ich habe dies schon einmal gehört, mich aber nie ge-wagt, es tatsächlich als ein solches anzunehmen. Ich dachte immer, es hätte etwas Arrogantes an sich, wenn ich meine Erlebnisse als ein Geschenk Gottes ansehen würde. Die Klosterschwester hat mir gesagt, dass dies nichts mit Arro-ganz zu tun hat. Und nun freue ich mich darüber und neh-me es als etwas sehr Kostbares an. Das tut mir echt gut.

Die Schwester hat mir erzählt, dass mal eine Frau bei ihr gewesen ist, die auch von mystischen Erlebnissen berichte-te. Allerdings wäre die Frau so wirr gewesen, dass sie ihr einen Therapeuten empfohlen hatte. Mir glaubt sie, denn bei mir gäbe es keinen Grund, an meinen Aussagen zu zweifeln. Sie sagte mir aber auch, man solle, wenn man mystische Erlebnisse hat, niemals damit alleine sein, es wäre sehr wichtig, einen Begleiter zu haben. Sie hofft nun darauf, dass mir der Pallottiner Pater einen Ansprechpartner be-nennt. Ich habe ihr erzählt, dass Simon mir hilft und mir dies gut tut. Das fand sie toll.

Das Gespräch war einfach schön und ich hatte total ver-gessen, dass ich mich in einem Kloster befinde und mich mit einer Schwester unterhalte. Wir haben uns dann noch über Klosterleben, Bibel und Beten, über Fastenzeit und über Meditation im christlichen und buddhistischen Sinne unterhalten und darüber, dass ich keine beziehungsweise mittlerweile ein klein bisschen Ahnung vom Christentum habe. Es war wie eine Unterhaltung mit einer Bekannten über ganz normale Themen. Alles so unkompliziert und problemlos und ich fühlte mich gut. Ich hätte noch stundenlang mit ihr weiterreden können, aber sie musste zum Gebet. Sie sagte mir, dass sie mich ins Gebet einschließen würde. Das ist für mich etwas ganz Besonderes.

Als ich aus dem Kloster kam, bin ich noch etwas einkaufen gegangen und die Menschen, denen ich begegnete, haben mich alle gegrüßt und angelacht. Irgendwie hat man mir wohl wieder angesehen, was mit mir los ist. Ich hatte es damals ja auch so, nachdem ich das Treffen mit dem Buddhistischen Gelehrten Ringu Tulku Rinpoche hatte.

Als ich mich heute mit Simon ausgetauscht habe, kamen wir auch darauf zu sprechen, dass Jesus irgendwann wieder auf der Erde erscheinen wird. Mir ist dabei etwas eingefallen, was ich vor einiger Zeit nachts erlebte. *Es war eine Art Eingebung. Ich lag im Bett, als auf einmal mehrere Personen an mein Bett herantraten und mir sagten, dass ich mich an das, was sie mir nun erzählen würden, nicht mehr erinnern werde. Was ich allerdings noch wissen werde, sei die Tatsache, dass sie da waren und mir erzählten, dass am 29.12.2004 eine männliche Person erscheinen wird.* Was hat das zu bedeuten? Ist dieser Mann eventuell Jesus? Ist es seine Wiederkunft? Schade, dass ich mich tatsächlich an keine anderen Details mehr erinnern kann.

So, nun fahre ich in die Stadt und anschließend vielleicht noch ein bisschen weiter weg, denn das Wetter ist sehr schön.

18.02.2002

Wie wichtig es ist Gott zu vertrauen, habe ich wieder einmal bemerkt. Als ich gestern Abend ins Bett gegangen bin, *habe ich, sobald ich die Augen zumachte, schreckliche Gestalten gese-*

hen. Ich hatte schlimme Angst und traute mich nicht mehr die Augen zu schließen und einzuschlafen. Ich erkannte, dass es wohl tatsächlich den Teufel und Dämonen zu geben scheint, obwohl ich nie daran geglaubt habe. Ich war total verzweifelt. Also habe ich Gott gebeten, mir zu helfen und diese Gestalten von mir fern zu halten und auf mich aufzupassen. Ich hatte auch Angst, dass man mich Gott wieder entreißen wollte. Nach dem Gebet habe ich die Augen geschlossen und konnte ruhig schlafen, von schrecklichen Gestalten war nichts mehr zu sehen oder zu spüren. Ich bin so froh den Kampf gegen die dunklen Mächte überstanden zu haben. Gott sei Dank. Denn es war echt schrecklich, was ich gesehen und gefühlt habe.

Gedanken an Karfreitag und meinen eigenen Tod

18.02.2002

Im Augenblick denke ich viel über meinen eigenen Tod nach, obwohl ich mir sonst nie Gedanken darüber gemacht habe. Es liegt wohl an der Tatsache, dass es auf Karfreitag zu geht und ich Gott nicht mehr in mir spüre und ich darin gewisse Parallelen zu Jesus sehe, denn auch ihm ging es wohl so, denn er sagte am Kreuz zu Gott: „Warum hast du mich verlassen?" Sind diese Parallelen ein Anzeichen meines baldigen Todes?

Seit ich die Kreuzigung im Körper Jesu selbst durchlebte, fühle ich mich als ein Teil von Jesus. Und genau diese unendliche Nähe zu Jesus lässt bei mir die Frage aufkommen, ob auch ich am Karfreitag sterben werde. Ich spüre keine Angst davor, denn dann wäre ich bald schon bei meinem Geliebten, bei Jesus. Was gibt es Schöneres? Das Einzige, was mir an diesem Gedanken Kummer bereitet, ist die Tatsache, dass ich durch meinen Tod traurige Menschen zurücklassen würde, das schmerzt mich sehr. Aber nicht mein, sondern sein Wille geschehe.

Hoffnung auf einen Ansprechpartner

19.02.2002

Ich habe gerade einen Anruf vom Pallottiner Pater erhalten. Er hat mir mitgeteilt, dass er nun einen Ansprechpartner für Mystik für mich gefunden hat. Dieser ist ebenfalls ein Pallottiner Pater. Er weiß Bescheid, dass ich mich bei ihm melden werde, über meine Erlebnisse ist er allerdings nicht informiert.

Es freut mich, nun einen persönlichen Begleiter zu finden. In der Literatur habe ich auch immer wieder von Seelenführern gelesen, die die Mystikerinnen im Kloster begleitet haben. Mir ist es im Augenblick nicht so wichtig, da bei mir zurzeit nichts passiert. Die Klosterschwester sagte mir, es gäbe immer Zeiten, wo man mal mehr oder überhaupt keine solchen Erlebnisse hat. Allerdings soll es wohl nur eine Frage der Zeit sein, bis wieder etwas eintritt, da man mystische Erlebnisse nicht mehr abstellen, sondern nur unterdrücken kann.

Jesus war da

20.02.2002

Jesus war da. Ich habe ihn während des Exerzitien-Kurses *vor mir gesehen, als ich die Augen geschlossen hatte.* Und als ich den Laib Brot gesehen habe, der herumgereicht wurde, *sah ich Jesus, wie er das Brot brach.*

Ich merke, dass ich langsam innerlich ruhiger werde, was mystische Dinge betrifft. Ich bekomme auch Kraft, um mich Konfrontationen zu stellen, die durch das Sprechen oder Schreiben über Mystik entstehen. Brauche ich nun überhaupt noch einen Ansprechpartner vor Ort?

Im Augenblick ist es mir nicht mehr so wichtig, neue Kontakte bezüglich Mystik zu knüpfen. Ich rede zwar über meine Erlebnisse, aber es ist nicht mehr so, dass es ein dringendes Bedürfnis ist. Den Pallottiner Pater werde ich allerdings anrufen, da er ja auf einen Anruf von mir wartet.

Kontakt zu einem Heiler

21.02.2002

Ich habe gerade mit einem Heiler aus Wiesbaden telefoniert und bin nun total aufgeregt, denn ich fahre nächste Woche zu ihm. Dieser Heiler kann angeblich erkennen, ob man die Fähigkeit zum Heilen besitzt.

Während des Telefonats habe ich auf einmal eine riesige Hitze im Herzen verspürt, er hatte zuvor nach meinem Vor- und Zunamen gefragt und gesagt, ich solle einen kurzen Augenblick warten. Es war sehr merkwürdig, aber es war ein sehr gutes Gefühl. Ich habe ihm nichts davon erzählt, ich weiß auch nicht, was er gemacht hat, aber ich hatte das Gefühl, er hatte Gott nach mir befragt.

Da ich möchte, dass Simon weiß, wo genau ich am 28.02. bin, gebe ich ihm die Adresse von dem Heiler, denn irgendwie habe ich auch Angst vor diesem Menschen, da ich nicht weiß, was er macht und mir diese Materie fremd ist. Da der Mann, der mir diesen Heiler empfohlen hat, ein lieber und sensibler Mensch ist, habe ich aber Vertrauen. Außerdem weiß ich, dass Gott auf mich aufpasst.

22.02. bzw. 23.02.2002

Es ist nun bereits 1.15 Uhr nachts und ich fühle mich irgendwie seltsam. Ich habe mich eben über den Messenger mit einem Arzt unterhalten, der auch Meditationen und Astralreisen anleitet. Ich habe ihn bezüglich Schutz für mich befragt wegen des Treffens mit dem Heiler. Er hat mir gesagt, dass dies nicht gut wäre, da der Heiler ja meine Fähigkeiten testen möchte. Daher darf ich mich nicht gegen ihn schützen. Er sagte mir dann, dass ich mich mal gerade hinsetzen und tief einatmen soll und *auf einmal habe ich ein Kribbeln in mir gespürt und Wärme. Total intensiv und auch Wärme im Kopf, es wurde mir sogar schwindlig* und ich konnte kaum noch auf den Monitor sehen. *Ich fühlte mich leicht, als könnte ich abheben und davon fliegen und auf einmal hatte ich kein Zeitgefühl mehr.* Er meinte dann, dass ich die Fähigkeit zum Heilen hätte, denn er hätte mir bestimmte Energien zugeschickt, die ich auch empfangen hätte. Er sagte, dass ich noch ein paar Tage in meinem Kopf etwas spüren würde, denn er hätte eine Energieblockade nach oben hin gelöst. Ich fühle es auch immer noch. Schon merkwürdig.

Mich erinnert das an einen meiner nepalesischen Bekannten, er ist Hindu und hat unter anderem Theologie studiert, da es durch seine Kaste so für ihn bestimmt war. Er hat mir vor einiger Zeit einmal gesagt, dass ich in meiner Entwicklung sehr, sehr weit wäre und ich von allen zu öffnenden Türen nur noch die erste und die letzte geschlossen hätte. Sobald ich eine dieser beiden Türen öffnen würde, würde auch automatisch die andere geöffnet. Ich weiß nicht, was genau er damit meinte, aber heute denke ich, dass er vielleicht die Tür zum Göttlichen gemeint haben könnte. Die Tür der Erkenntnis des Schöpfers und des Ewigen Lebens.

Nun muss ich aber dringend ins Bett. Ich bin gespannt, wie es mit meinem Kopf weitergeht, es ist ein ganz komisches Gefühl, wie Energie, aber auch gleichzeitig ein leichtes Kribbeln und eine leichte Benommenheit, aber das kann auch an der Uhrzeit liegen. Insgesamt ein sehr ungewöhnliches Gefühl.

23.02.2002

Ich habe gerade einen Termin mit Pater Rummel ausgemacht. Er soll mein Ansprechpartner für Mystik vor Ort werden. Er machte am Telefon einen sehr netten und ruhigen Eindruck. Die Schwester aus dem Kloster kennt ihn, er ist der Beichtvater in ihrem Kloster.

Pater Rummel hat mir gesagt, man solle versuchen, die Botschaft in den Erlebnissen zu sehen und den Weg, den Gott dadurch zeigt, zu erkennen. Da ich dies bisher nicht erkannt habe, bat ich ihn, mir dabei zu helfen. Deshalb habe ich den Termin schon nächste Woche und nicht erst, wenn ich wieder mystische Erlebnisse habe.

Ich fühle mich seit gestern Abend irgendwie anders. Seit mir diese Energieblockade gelöste wurde, fühle ich mich so, als ob ich innerlich freier wäre und mir nun bald auch wieder Jesus erscheinen könnte. Ich merke immer noch etwas an oder in meinem Kopf, es ist wie Energie. Ich weiß, dass es verschiedene Chakren gibt, die man zum Beispiel durch entsprechende Meditationen öffnen kann, aber ob es damit zu tun hat, weiß ich nicht, denn ich kenne mich damit nicht aus.

Mit meinen Praxisplänen komme ich irgendwie nicht weiter. Es ist, als ob mich irgendetwas bremst. Ob Gott einen anderen Weg mit mir vor hat? Ich würde mich so gerne mehr mit Dingen rund um Geistheilung, Spiritualität und um Gott kümmern. Aber ich muss bald wieder Geld verdienen und kann nicht ewig nur lesen und mich fortbilden. Dabei ist mir Geld irgendwie gar nicht wichtig, mir ist es nur noch wichtig mich weiterzubilden und geistige Nahrung zu mir zu nehmen. Vielleicht werde ich gebremst, damit ich am Donnerstag erkenne, dass Geistheilen mein Weg sein soll? Ich kenne meinen Weg nicht. Vielleicht kann mir der Pater ja etwas darüber sagen. Als ich noch keine Begegnung mit Jesus hatte, war ich voll motiviert und voller Tatendrang, was meine berufliche Zukunft anbetraf. Nichts konnte mich stoppen. Doch dann kam Jesus und es war vorbei mit meiner Energie bezüglich meiner Praxis.

Gottesdienst – wie bei meiner eigenen Beerdigung

24.02.2002

Der heutige Gottesdienst war für mich, als ob ich auf meiner eigenen Beerdigung war. *Bei der Zubereitung des Abendmahls war mir, als ob die Priester sich vor mir verbeugten, anstatt vor Jesus. Das Lied, welches als letztes gesungen wurde, war wie ein Lied zu meiner Beerdigung und die Hostie in meinem Mund war, als ob ich ein Stück meines eigenen Fleisches im Munde hatte.*

Alles in allem war es wie meine eigene Beerdigung, einfach schrecklich. Und nun rückt Karfreitag immer näher und ich weiß nicht, was auf mich zukommen wird.

Erstes Treffen mit meinem neuen Ansprechpartner

26.02.2002

Das Treffen mit Pater Rummel war sehr gut. Er hat mich zuerst nach meinem Geisteszustand und nach eventuellen psychischen Krankheiten befragt und mir dann gesagt, dass man meine Erlebnisse anhand der Bibel auf Echtheit untersuchen und prüfen muss, ob diese wirklich von Gott und nicht vom Teufel kommen.

Er hat sich alles durchgelesen, was ich ihm gegeben habe und sich dann mit mir unterhalten. Er war sehr ernsthaft dabei. Er hat mir gesagt, dass ich ein Medium sei und er vermute, dass ich bald eine Offenbarung erhalten werde. Er meinte, dass ich eine ganz besondere Gabe hätte, eine, die 99,9% der Menschen nicht hätten. Er sagte, es wäre ein Gottesgeschenk.

Pater Rummel sagte mir, dass ich möglichst täglich aufschreiben soll, was ich fühle und erlebe und ich dann diese Dinge jemandem mitteilen soll, dem ich vertraue. Derjenige soll versuchen den roten Faden in meinen Erlebnissen zu finden, soll versuchen das Wort Gottes zu deuten, auch in Hinsicht auf meinen weiteren Weg. Mir hat dieses Gespräch sehr gut getan. Mir ist vieles klarer geworden und ich habe eine neue Art von innerem Frieden gefunden.

Heute Abend ist mir zum ersten Mal bewusst geworden, was eigentlich mit mir geschieht. Was für eine besondere Gabe mir Gott zuteilwerden lässt. Ich kann es irgendwie immer noch nicht glauben, dass das, was ich erlebe, wahr ist. Ich bin darüber so unendlich glücklich. *Meine Liebe zu Gott beziehungsweise zu Jesus ist so unendlich stark.* Ich bin so froh und dankbar, dass mich Jesus gefunden hat. Und nun werde ich sehen, was ich für Gott tun kann. Ich erwarte geduldig seine Anweisungen.

27.02.2002

Ich war heute beim nepalesischen Freund im Laden und habe ihm über das Gespräch beim Pater berichtet. Er meinte, wenn er aus seinem Urlaub in Nepal zurückkommt, wäre ich vielleicht schon eine Heilige. Ich musste sehr darüber lachen. Mit ihm kann ich mich gut über mystische Dinge unterhalten, denn im Hinduismus kennt man auch solche Dinge wie Visionen und es gehört als etwas Normales dazu.

Heute Abend ist wieder Exerzitien-Kurs. So richtig toll finde ich den Gedanken dorthin zu gehen immer noch nicht. Außerdem habe ich heute den ganzen Tag schon leichte Kopfschmerzen. Damit habe ich sehr selten etwas zu tun. Auch der Gedanke, dass man im Kurs etwas über seine Beziehung zu Gott sagen soll, ist mir sehr unangenehm. Was soll ich denn erzählen? Ich weiß es einfach nicht, denn über die mystischen Dinge kann ich nicht einfach mal so in der Gruppe reden und wie kann ich über meine Beziehung zu Gott reden, ohne diese Erlebnisse zu erwähnen? Dieses Gefühl, dass man etwas erwartet, auch von mir, mag ich einfach nicht. Vor allem denke und fühle ich scheinbar anders als die anderen Kursteilnehmer. Ich kann also gar nicht sagen, was ich wirklich empfinde. Das macht es mir nicht leicht. Aber vielleicht wird sich ein anderer Weg finden. Ich habe auch gar nicht mehr das Bedürfnis, über meine mystischen Erlebnisse mit vielen Menschen reden zu müssen.

Pater Rummel hatte gestern, nachdem er meine Aufzeichnungen gelesen hatte, zuerst daran geglaubt, dass Gott mich zu einer Leidensmystikerin macht. Ich habe ihm dann von der „Göttlichen Liebe" erzählt und dann sagte er nichts mehr darüber. Im Augenblick befinde ich mich aber wohl eher im Bereich Leidensmystik, sonst würden mir nicht so seltsame Dinge wie am letzten Sonntag im Gottesdienst passieren. Ich glaube, ich muss einfach diese Zeit bis Ostern so durchleben, wie Jesus sie erlebt hat. Egal was passiert, ich muss da nun durch. Ich weiß noch nicht, was auf mich zukommt, es könnte etwas Heftiges sein, aber vielleicht erhalte ich ja auch „nur" die Offenbarung, von der der Pater sprach. Gibt es in meinen Erlebnissen eigentlich Parallelen zu Jesus, an denen man erkennen kann, was auf mich zukommen wird? Kann man in meinen Aufzeichnungen etwas entdecken? Im schlimmsten Fall wird Karfreitag mein Tod sein, aber dann hätte Gott nicht unbedingt mich als Medium auserwählt, denn ich habe ja noch eine Aufgabe zu erfüllen.

Diese Daten sollten wohl mal näher betrachtet werden, ist darin eine Botschaft zu erkennen?

Begegnung mit dem Tod	zwischen 05. - 07.12.2001
Erste Erscheinung Jesu	12.12.2001
Auflösung des „Ich"	21.12.2001
Kreuzigung	26.12.2001
Im Körper Jesu	27.12.2001 (im Felsengrab) Auferstehung?
Erscheinung eines Mannes	29.12.2004 (Zukunft)

Treffen mit dem Heiler

28.02.2002

Ich bin total am Ende. Ich bin am Weinen. Ich habe keinerlei Kraft mehr und fühle mich total von Gott verlassen. Es geht mir total mies. Ich muss es irgendwie schaffen Gott wieder zu spüren. Ich finde es total schlimm, dass er nicht mehr da zu sein scheint. Das alles habe ich dem angeblichen Heiler zu verdanken. Es war schrecklich bei ihm und ich frage mich, wie er denn heilt?

Dieser Heiler hatte mir ständig auf die Hände geschaut. Ich hatte diese wohl unbewusst gefaltet oder Gott wollte es so. Auch auf mein Kreuz, das ich am Hals trage, schaute er immer wieder. Mir ging es gut, solange ich meine Hände gefaltet hatte. Doch dann verlangte er von mir, dass ich die Hände auseinandernehme, da er mich „untersuchen" müsse. Ich musste die Augen schließen und ich spürte wie er um mich herum ging und irgendetwas murmelte. Dann sagte er mir, Satan wäre gerade mit mir am Kämpfen und ich müsse ihn schnellstmöglich wieder loswerden. Ich solle so oft wie möglich sagen, dass ich mich von Satan scheiden werde. Er sagte, alles Leid käme von Satan, auch meine Unsicherheit wegen Karfreitag und dass die Kreuzigung Jesu von den Kirchen völlig falsch dargestellt würde.

Es war schrecklich. Ich habe bisher nie an Satan „geglaubt" und nun fühlte ich mich vom Bösen bedroht. Ich habe gezittert vor Angst, war völlig kraftlos, konnte mich kaum noch auf den Beinen halten und kaum noch Auto fahren. Fast hätte ich noch einen Unfall gebaut, soviel Kraft hat er mir abgezogen. Ich bin so froh heil zu Hause angekommen zu sein.

Diese Begegnung habe ich nun überstanden, aber es scheint, als ob die Verbindung zu Gott gekappt ist, mir fehlt die spürbare Nähe zu Gott so sehr. Ich hoffe, es wird alles wieder gut. Ich habe den Eindruck, Satan persönlich begegnet zu sein. Vielleicht meinte er ja das damit, als er mir sagte, dass Satan gerade mit mir kämpft. Ist er selbst der Satan und kämpfte mit mir? Versuchte er meinen Kontakt zu Gott zu kappen?

Ich fühlte mich schlecht und es wurde immer schlimmer. Zum Glück hat mich Simon, der Pfarrer, angerufen. Ich habe am Telefon geweint, ich war total am Ende. Simon hat bemerkt, wie sehr ich am Leiden war und hat für mich gebetet. Das hat er bisher noch nie am Telefon getan, es war das Ergreifendste, was ich je erlebt habe. Es hat so gut getan, aber trotzdem bin ich immer noch total verzweifelt. Oh Gott, bitte hilf mir, ich weiß nicht mehr weiter.

Ich habe dem Arzt aus dem Internet von der Begegnung mit dem „Heiler" berichtet und auch, wie es mir geht. Er erklärte mir, wie ich Energie tanken kann. Es hat tatsächlich gut geklappt. Ich habe regelrecht geglüht vor Hitze und bin wieder zu Kräften gekommen. Nun muss ich es nur noch schaffen, Gott wieder zu spüren. Ich finde es total schlimm, ihn nicht zu spüren.

Ich hoffe, niemand anderes muss jemals das Böse selbst erleben, denn es ist extrem schlimm, nicht mit Worten erklärbar. Es macht mir immer noch Angst, was ich erlebte. Es war ein echt prägendes Erlebnis. Hoffentlich kann ich heute Nacht überhaupt schlafen?

Gott, bitte lass mich deine Nähe wieder spüren. Ich werde mir meine Bindung zu dir von niemandem kaputt machen lassen, auch nicht vom Satan persönlich.

01.03.2002

Gestern Abend hatte ich Angst ins Bett zu gehen, da ich dachte, es könnte mir etwas passieren. Ich habe dann mein Kreuz von der Wand genommen und als Schutz unter mein Kissen gelegt und gebetet. Die Nacht war zwar nicht gut, aber es ist mir nichts passiert.

Ich habe mir heute viele Gedanken über die gestrige Begegnung mit dem „Heiler" gemacht. Kann es sein, dass Gott diese Begegnung wollte? War es ein Test, ob ich an ihm festhalte oder ob ich stark genug bin, um mit bösen Mächten umgehen zu können?

Ich lasse mich auch weiterhin von nichts und niemandem von Gott abbringen, auch nicht vom Satan persönlich. So langsam werde ich auch wieder zuversichtlich, dass die innere Unruhe wegen gestern wieder vergehen wird.

Gefühle und Gedanken

02.03.2002

Zwei Tage ist die Begegnung mit dem „Heiler" jetzt her und seit heute Nachmittag habe ich das Gefühl, dass irgendetwas mit mir passiert, ich spüre, dass sich etwas in mir verändert.

Nachdem ich die Gefühle des Mitleidens mit Jesus und die starken Gefühle der „Göttlichen Liebe" erlebt und die Auseinandersetzung mit Satan hinter mich gebracht habe, *fühle ich nun eine tiefe Ruhe und Harmonie und einen totalen inneren Frieden in mir. Alles in mir ist irgendwie leer, allerdings in einem positiven Sinne. Ich fühle mich gut, spüre keinerlei Emotionen und die Angst vor Karfreitag ist gewichen. Alles ist leicht* und ich habe den Eindruck, mir kann nichts passieren. *Ich fühle meinen Körper nicht mehr richtig und ich schwebe wieder, bin leicht wie eine Feder im Wind. Aber gleichzeitig spüre ich auch eine Energie, die wie elektrische Impulse durch mich hindurch zieht.* Ich habe den Wunsch mich hinzusetzen und mich in einen tiefen Entspannungszustand fallen zu lassen, aber leider klappt es nicht richtig. Seit ich mich heute Nachmittag in diesem Zustand befinde, gehen mir sehr viele Gedanken durch den Kopf. Ich habe sie mal aufgeschrieben:

- Wo bin ich? Bin ich wirklich hier oder gar an einem anderen Ort?
- Wer bin ich? Bin ich wirklich die Person, die ich im Spiegel sehe?
- Ist das, was ich als mein Leben bezeichne, wirklich der Zustand in dem ich mich tatsächlich befinde?
- Bin ich tatsächlich in diesem Moment hier? Oder bin ich vielleicht ganz woanders?

- Was ist Zeit und Raum?
- Bin ich vielleicht in Wirklichkeit gar nicht hier auf der Erde?
- Ist der Moment, in dem ich jetzt darüber nachdenke, vielleicht längst vergangen?
- Was bin ich? Eine Seele, die den Körper braucht, um hier zu sein?
- Was ist hier?
- Was ist die Seele? Gehört der Verstand, die Wahrnehmung zur Seele? Oder ist sie ein drittes Element? (Körper, Seele, Geist/Verstand)
- Was ist real? Der Zustand, in dem ich mich jetzt wahrnehme? Oder der Zustand, in dem ich mich in tiefster Entspannung befinde? Was ist wirklich der tatsächliche Zustand?

Was passiert gerade mit mir? Was wird mit mir geschehen? Was muss ich tun, damit Gott mich so erreichen kann, wie er es möchte?

Ich lebe nun in einer Art Ungewissheit, da ich nicht weiß, was passieren wird. Aber ich bin zu allem bereit, was Gott mit mir vor hat. Ich werde nun ins Bett gehen und alles auf mich zukommen lassen.

Gott, bitte nimm mich an als dein Instrument, verfüge über mich. Ich bin zu allem bereit. Dein Wille geschehe.

03.03.2002

Ich glaube, ich habe nun die Prüfungen überstanden. Ich fühle mich auf einmal so ganz anders, *es ist eine innere Ruhe, ein tiefer Frieden, eine positive innere Leere in mir.* Auch die Angst vor Karfreitag ist verschwunden. Ich habe den Eindruck, irgendetwas will alle anderen Gefühle von mir fern halten, so dass ich durch nichts mehr erschüttert werden kann. Ich spüre, dies alles kommt von Gott. Es ist ein Gefühl, das ich vorher nicht kannte. *Ich bin leicht wie eine Feder im Wind.* Ich bin zu allem, ja, zu allem bereit. Nun muss ich nur noch lernen, dieses Gefühl aufrecht zu erhalten und Geduld zu haben und darauf zu warten, was Gott mit mir vor hat.

Ich habe mein Leben ganz in Gottes Hand gelegt und lass mich total von ihm leiten. Er hat seinen Plan mit mir und ich werde ihm folgen.

Unruhig ist mein Herz, bis es ruht in dir, meinem Gott.

04.03.2002

Trotz einer belastenden Situation *spüre ich immer noch diesen tiefen inneren Frieden in mir. Es ist ein unwahrscheinlich tolles Gefühl. Alle Emotionen werden irgendwie abgepuffert, abgemildert. Als ob alles in Watte gepackt ist. Es kann nichts richtig an mich ran. In mir ist alles frei von störenden Einflüssen, bereinigt und aufnahmebereit für das, was kommen wird.* Alle Prüfungen sind durchlaufen, der Weg ist geebnet und frei für Gottes Botschaft. Ich füge mich dem, was kommt. Sein Wille geschehe.

04.03.2002

Zu dem beschriebenen Zustand, der nun schon seit zwei Tagen anhält, kommt nun etwas Neues hinzu. *Irgendetwas in meinem Kopf verändert sich.* Ich kann es nicht richtig beschreiben. *Es ist eine Art von Leere,* obwohl alles in meinem Hirn weiterhin funktioniert wie bisher. Wird mein Kopf nun genauso „geleert" wie mein Inneres, wo nun *dieser tiefe Frieden eingezogen ist*? Es ist sehr merkwürdig, *ich fühle mich nicht schlecht, aber irgendwie anders.* Es passiert etwas mit mir, nur was es ist, weiß ich nicht. Obwohl ich keine Angst mehr vor dem Tod habe, mache ich mir heute Abend doch so meine Gedanken darüber und gehe nun mit gemischten Gefühlen ins Bett.

05.03.2002

Irgendwie fühle ich mich nicht in der Lage viel zu schreiben. Ich weiß nicht, ob es von der Müdigkeit oder von dem Gefühl in meinem Kopf kommt. Ich habe dieses Gefühl noch nie zuvor verspürt. Es macht mir Angst, Angst vielleicht doch kurz vor meinem Tod zu stehen. Ich werde es gleich mit Gott besprechen.

Ich habe gerade eine dreiviertel Stunde auf dem Sofa geschlafen, denn ich konnte die ganze letzte Nacht nicht schlafen. Nun bin ich wieder beruhigt, da ich, nachdem ich die Augen zugemacht habe, wieder erwacht bin, mir nichts passiert ist und ich noch lebe. Ich habe vorher mit Gott über meine Angst gesprochen, das hat mir sehr geholfen. Nun ist meine Angst, dass mein Leben bald zu Ende sein könnte, wieder etwas gewichen.

Strahlendes Licht

05.03.2002 - Nachmittag

Gott hat mir gezeigt, dass ich keine Angst zu haben brauche. Mein Kopf ist zwar immer noch etwas komisch, aber es ist mir nun egal. Sicherlich ist es ein Zustand, an den ich mich erst gewöhnen muss und der bald zu meinem Leben dazugehören wird, so wie die innere Harmonie, die für mich nun ganz normal geworden ist. Ich habe etwas Wunderschönes erlebt. Ich habe es aufgeschrieben.

Ich habe gerade hinter der Balkontüre auf dem Boden gesessen, um die zarten Sonnenstrahlen auf mich wirken zu lassen.

Ich schloss die Augen. Es war mir, als ob eine Ewigkeit vergangen wäre, als ich auf einmal von einem ganz hellen Licht umhüllt wurde. Es war so rein, so klar und so hell wie kein Licht, das ich zuvor gesehen hatte. Um mich herum glitzerte es und ich wusste, ich befinde mich im Licht Gottes. Ich fühlte, Gott ist ebenfalls in diesem Licht und mir greifbar nahe. Das Licht wechselte seine Intensität. Mal wurde es ein ganz kleines bisschen gelblicher und dann wurde es wieder so hell und weiß, wie man es nicht beschreiben kann. Ich fühle eine ganz tiefe Harmonie in mir. Es ist so schön in diesem Licht zu sein. Nichts kann mir mehr passieren, alles ist gut, alles ist schön und ich möchte für immer in diesem Licht bleiben. Ich möchte nicht mehr zurück. Ich bin bei Gott und möchte bei ihm bleiben.

Das Licht ist wieder vergangen, aber dieses tolle, wohlige Gefühl ist weiterhin da. Jetzt weiß ich, ich muss mich vor nichts mehr fürchten, vor nichts mehr Angst haben. Gott, ich liebe dich.

07.03.2002

Mir geht es schlecht. Ich bin total fertig, ich fühle mich, als ob etwas in mir gestorben ist, einfach schrecklich. Mir fehlt auch die Kraft, um zu beten und Gott zu sagen, wie es mir geht und dass er mir helfen soll. Wahrscheinlich hat mich Gott verlassen. Das tut mir gar nicht gut.

Ich frage mich gerade, wie mich Gott überhaupt erreichen kann, wenn ich laufend so am Leiden bin. Ich sollte meine Kräfte nicht so stark für andere Menschen einsetzen, denn nun fehlt mir selbst die Kraft, die ich benötige.

Ich frage mich ständig, ob es im Sinne Gottes ist, dass ich über meine Erlebnisse rede. Ich mache es ja, um anderen Menschen zu erklären, dass es Gott gibt. Für mich ist Gottes Wort keine Theorie mehr, sondern Praxis. Und ich hoffe, durch meine Erlebnisse anderen Menschen helfen zu können. Ich bekam ja die Botschaft, mit diesen Erlebnissen anderen Menschen helfen zu sollen. Hoffentlich mache ich es richtig, indem ich darüber rede. Nicht, dass es ein Fehler ist und ich daher im Augenblick nicht Gottes Nähe spüren darf. Ich habe Angst davor, dass ich vielleicht nicht mehr würdig bin, seine Botschaften zu empfangen. Aber Gott weiß ja, was in mir vorgeht und sicherlich mache ich mir einfach nur zu viele Gedanken. Ich bin einfach etwas unsicher und Simon konnte ich nicht danach befragen, da er verreist ist.

Die Zeit Richtung Ostern ist für mich immer noch mit komischen Gefühlen verbunden. Allerdings habe ich keine Angst mehr davor, dass mir etwas passieren könnte. Diese Angst hat mir Gott genommen. Es ist aber tatsächlich immer noch eine Art Ungewissheit in mir. Aber ich werde mich ganz bewusst dem stellen, was kommen wird. Ich werde auch weiterhin regelmäßig in den Gottesdienst gehen und habe auch vor, an Karfreitag die Liturgie vom Leiden und Sterben Jesu mitzuerleben. Ich fühle mich immer noch so extrem stark mit Jesus verbunden, bin immer noch ein Teil von ihm, so dass ich auch an diesem Tag mit ihm verbunden sein möchte. Auch falls es Leid für mich bedeuten sollte, wovon ich ausgehe.

Irgendwie geht es mir doch ähnlich wie Jesus. Erst die große Liebe zu Gott, dann die Gottverlassenheit und dann das Leid. Aber auch er hatte das große Vertrauen zu Gott und obwohl er von seinem Schicksal wusste, hat seine Liebe zu Gott ihn nicht verlassen.

11.03.2002

Ich habe das Buch „Der Menschensohn" zu Ende gelesen. Es war schlimm für mich, denn ich fühlte mich Jesus wieder so nahe und durchlitt mit ihm die Kreuzigung. Dieses Mal spürte ich nicht die körperlichen Schmerzen, sondern die seelischen Qualen. Ich weinte und die Tränen tropften nicht, sondern liefen wie kleine Rinnsale aus meinen Augen. Eine tiefe Trauer überkam mich. Ich hätte so sehr Trost gebraucht, aber wer versteht mich denn? Die Trauer blieb und ich nahm sie mit ins Bett.

12.03.2002

Nachdem ich vor ein paar Tagen meine gesamte Kraft für einen lieben Freund aufgeopfert habe, fühlte ich mich bis zu diesem Morgen von Gott verlassen. Ich hatte Gott gebeten diesen lieben Freund seine Nähe und Liebe spüren zu lassen und hatte den Eindruck, dass sich Gott dadurch von mir entfernt hat. Seit heute Morgen fühle ich, wie die Verbundenheit und Nähe zu Jesus langsam wieder stärker wird. Ich freue mich darüber und weiß, Gott ist immer bei mir.

13.03.2002

Ich habe mir eben Praxisräume angesehen. Ich muss mich ja schließlich weiter um meine Praxispläne kümmern. Die Räume sind noch im Rohbau, es sind noch keine Wände drin und es gibt auch noch keine sanitären Einrichtungen. Wenn man die Fläche teilen kann und es dann nicht zu teuer ist, werde ich es vielleicht wagen. Nun muss ich aber erst einmal auf den Termin des Vermieters der Räume warten.

Jesus im weißen Gewand

Vision am 13.03.2002 und zuvor

Wenn ich die Augen schließe und an Jesus denke, sehe ich ihn immer vor mir. Entweder steht er ein paar Meter von mir entfernt und schaut in das Tal hinunter, wir stehen währenddessen auf einem Berg oder ich sehe ihn auf dem Berg sitzend in einer Meditation oder im Gebet versunken. Bekleidet ist er mit einem langen, weißen Gewand.

Heute passierte folgendes: Ich sah ihn wieder sitzend, in sich versunken und auf einmal bemerkte ich, dass ich er war. Ich befand mich in seinem Körper und sah hinunter ins Tal. Ich war er.

Ich machte meine Augen auf und war wieder ich und, als ich die Augen wieder schloss, wanderte ich wieder in seinen Körper.

Ich weiß nicht, ob ich gestört wurde oder ob ich keine Zeit mehr hatte, es war vor dem Exerzitien-Kurs, auf jeden Fall erlebte ich es nur sehr kurz.

Vor einiger Zeit sah ich Jesus eine Zeitlang auf einem Berg stehend mit ausgebreiteten Armen. Es ging sehr tief hinab. Es sah aus wie auf dem Berg in Rio. Er hatte auch dieses Mal das weiße Gewand an. Jesus trägt immer dieses weiße Gewand. Einmal hatte es allerdings eine hellblaue Stickerei an der unteren Borte.

13.03.2002

Im Exerzitien-Kurs erzählten die Teilnehmer über ihre persönlichen Begegnungen mit Jesus oder ihre Gedanken über ihn. Ich hätte so gerne etwas gesagt, aber wer würde mich verstehen? Ich musste mit den Tränen kämpfen. Warum kann ich nicht einfach erzählen, was ich erlebe, wie nah ich mich Jesus fühle? Dass ich ein Teil von ihm bin und ich immer mehr eins werde mit ihm, dass ich ihm nachfolge und es immer mehr Parallelen zwischen ihm und mir gibt. Auch er hat anderen Menschen geholfen, konnte sich aber selbst nicht helfen.

Die Trauer ist immer noch da, ob es mit der Passionszeit zusammenhängt? Es sind nur noch 16 Tage bis Karfreitag.

Ich hatte gerade gebetet, weil ich Angst hatte, Simon würde sich nicht mehr melden und der Kontakt würde wieder abreißen, da rief er an. Gott sei Dank. Simon versuchte meine Trauer zu vertreiben, aber dieses Mal verging sie nicht.

14.03.2002

Ich habe mich heute informiert wegen eines Taizé-Abends. Es nennt sich Taizé-Gebet und ist morgen Abend um 19.30 Uhr. Ich werde dort hingehen und bin schon sehr gespannt darauf. Ich habe in dieser Kirche auch noch einen Zettel gefunden auf dem stand, dass ehrenamtliche Mitarbeiter für die Telefonseelsorge gesucht werden. Ich habe dort mal angerufen. Aber es ist schon arg heftig, was sie an Dienststunden verlangen. Es sind 70-90 Stunden pro Jahr abzuleisten. Das heißt vier bis fünf Tage pro Monat. Eine Schicht beträgt am Tag vier Stunden, abends fünf Stunden und nachts acht Stunden. Das ist sehr viel und ich weiß ja auch nicht, inwiefern ich Zeit dazu haben werde, wenn ich mich selbständig mache. Ich habe mich auch über die Ausbildung informiert. Sie kostet nichts, geht ein Jahr, immer zwei bis zweieinhalb Stunden am Montagabend, samstags ist wohl auch noch etwas und alle 14 Tage ist Supervision. Das ist schon ziemlich viel. Die Ausbildung ist auf den Telefonbereich ausgerichtet. Ich würde aber lieber eine „richtige" Seelsorgeausbildung machen.

Am Samstag gibt es einen Info-Tag über Berufe der Kirche, ich werde einmal hingehen und sehen, wo es sonst noch Ausbildungsstellen gibt.

Ich habe mir heute die Begleitunterlagen zum nicht stattfindenden Glaubenskurs gekauft. Der eigentliche Kursleiter hatte mir empfohlen diese Unterlagen durchzuarbeiten, auch im Hinblick auf eine eventuelle Seelsorgeausbildung.

Ich fühle mich heute echt wieder gut, das gefällt mir. Ich fand es echt schrecklich, dass ich nun einen Abend und einen ganzen Tag lang traurig war, so was kenne ich gar nicht von mir.

Ich fühle mich als Leidensmystikerin

15.03.2002

Es geht mir gut, auch wenn mich der Gedanke an Karfreitag immer mehr beunruhigt. Im Augenblick beschäftigt mich der Gedanke, was mir an Karfreitag, also dem Tag, an dem ich mich durch die gemeinsam durchlebte Kreuzigung am stärksten mit Jesus verbunden fühle, in der Kirche passieren wird. Der harmloseste Fall wäre wohl, dass ich in Tränen ausbreche, aber allein schon dieser Gedanke ist schlimm für mich, denn ich werde ja nicht alleine in der Kirche sein. Ich überlege, wo ich mich am besten hinsetzen kann, damit ich nicht gesehen werde. Vielleicht vorne an der Seite? Ich weiß es nicht. Vielleicht sollte ich doch mal zum Pfarrer von St. Kastor gehen und mit ihm darüber reden. Er hatte mir ja in einem leicht angetrunkenen Zustand gesagt, ich solle doch mal zu ihm ins Pfarrbüro kommen.

Schon heute Morgen fühlte ich, dass ich mich immer mehr Jesus nähere. Nun merke ich, wie ich mehr und mehr mit ihm verschmelze, immer mehr eins werde mit Jesus. Ich spüre sein Leid immer deutlicher in mir. Ich finde es in

Ordnung, denn ich möchte komplett eins sein mit ihm. Ich bin bereit alles auf mich zu nehmen. Alles Leid, alle Qualen und sogar den Tod. Hauptsache, ich kann Jesus richtig nah sein, ganz mit ihm verschmelzen. So langsam glaube ich doch, dass ich eine Leidensmystikerin bin. Warum sollte ich mich sonst speziell im Leid mit ihm am tiefsten verbunden fühlen? Ach, was kann ich die Leidensmystiker von früher so gut verstehen. Sie wälzten sich in Scherben oder geißelten sich. Dadurch fühlten sie sich Jesus so nahe, mit ihm zutiefst verbunden. Ich kann es ihnen so gut nachempfinden. Auch ich bin ja zu allem bereit. Ich würde mich sofort ans Kreuz nageln lassen, um mit Jesus verbunden zu sein. Auf den Philippinen gibt es Menschen, die es wirklich machen, die sich wirklich ans Kreuz nageln lassen. Für mich ist es echt nachvollziehbar. Wenn man das nun liest, wird man mich sicherlich für krank halten. Aber Leidensmystik hat nichts mit krankhaften Störungen zu tun. Es ist eine Art der tiefsten Liebe und Verbundenheit mit Gott beziehungsweise mit Jesus.

Heute Nachmittag fing es in meinem Handflächen an sehr heftig weh zu tun. Ich konnte die Hände kaum öffnen vor Schmerz. Die Stellen waren heißer als die Umgebung. Sogar der Kontakt mit Wasser war mehr als nur unangenehm. Ich dachte schon, diese schmerzhaften Stellen könnten aufbrechen und zu Wundmalen führen. Aber es passierte nichts dergleichen. *Jetzt tun diese Stellen immer noch weh, aber nicht mehr so schlimm wie heute Nachmittag. Die Stellen sind allerdings hochgradig berührungsempfindlich.* Wer weiß, was noch passiert.

Begegnung mit einer Klosterschwester

16.03.2002

Ich bin heute auf dem Weg zu einem Bücherbasar gewesen. Da hielt mich eine ältere Schönstätter Schwester an und fragte mich nach dem Weg zu diesem Bücherbasar. Da ich ihn auch nicht genau wusste, bot ich ihr an, sie in meinem Auto mitzunehmen, um dann gemeinsam zu suchen. Sie fragte mich, ob ich viel lese und was für Bücher ich denn suchen würde und ich sagte ihr: „Bücher über Jesus". So unterhielten wir uns über Jesus und das Christentum und kamen dann auch auf meine Erlebnisse zu sprechen.

Dann sagte sie mir, dass es auch Leute gäbe, die vom Teufel besessen wären und ebenfalls Erlebnisse hätten und davon erzählten. Sie meinte, dass man prüfen müsse, ob meine Erlebnisse nicht vom Satan kämen. Ich habe ihr dann von Pater Rummel erzählt und davon, dass er meine Erlebnisse schon überprüft hat, ob sie vom Teufel oder von Gott sind und berichtete ihr auch noch kurz von der Begegnung mit dem „Heiler".

Sie erzählte dann etwas über Teufelsaustreibungen, und dass es nicht reiche nur ab und zu mal ein Gespräch zu führen, sondern dass man einen ständigen Begleiter brauche und sie mir einen solchen besorgen wolle und bat mich um meine Adresse. Ich gab sie ihr dann auch.

Ich erzählte ihr, dass ich schon einen evangelischen Pfarrer aus der Schweiz als Berater habe. Dazu sagte sie, dass die evangelische Kirche alles ganz anders verstehen würde und die evangelischen Leute nicht gut dafür wären und außerdem müsse ich unbedingt ständig beichten gehen. Falls ich nicht wisse, was ich beichten könne, solle ich mir eine Anleitung besorgen und damit überprüfen, was ich vielleicht doch zu beichten hätte. Und ich soll mir Weihwasser besorgen und in meiner Wohnung in einem entsprechenden Gefäß bereithalten und mich und meine Wohnung damit segnen als Schutz vor dem Teufel.

Dann sind wir am Bücherbasar angekommen und sie bat mich um meine Telefonnummer, da sie mich anrufen will. Ich gab sie ihr. Dann verabschiedete sie sich. Nun fühle ich mich total unwohl, weil ich ihr meine Adresse gegeben habe.

Ob sie mich vielleicht für besessen hält? Für verrückt hält sich mich angeblich nicht. Oder meint sie es wirklich gut und ich bin einfach zu misstrauisch? Ist es vielleicht einfach nur die Angst vor Missverständnissen? Ich finde es komisch, dass sie etwas gegen die evangelische Kirche hat und sie meinte, dass ich mir Weihwasser besorgen soll.

Ich frage mich, warum ich mit ihr überhaupt über meine mystischen Erlebnisse geredet habe. Ist es vielleicht die Hoffnung, tatsächlich jemanden vor Ort zu haben, zu dem ich öfters Kontakt haben kann? Die Schwester meinte, dass Pater Rummel vielleicht nichts darüber gesagt habe, wie oft ich kommen kann, weil er mich nicht bedrängen wollte. Klingt nicht ganz unlogisch. Sie meinte auch, dass ich aufpassen soll, dass ich mich nicht in meine Erlebnisse reinsteigere. Damit hat sie auch nicht unrecht.

Ich weiß nicht, warum mich das nun so beunruhigt, dass sie meine Adresse hat.

Meine Hände tun immer noch weh, besonders die rechte Hand. Man sieht aber nichts. Ich vermeide es, die Hände zu öffnen, da es dann besonders unangenehm ist. Ich wünsche mir, dass der Karfreitag bald kommt und diese ungewisse Situation dann endlich vorüber ist und es mir dann wieder gut geht. Ich denke, nach Ostern werden sich meine mystischen Erlebnisse wieder in normale Bahnen lenken und wieder positiver und nicht mehr so leidvoll sein. Auch wenn ich mich momentan als Leidensmystikerin fühle, empfinde ich mich eigentlich als eine gute Mischung aus Liebes- und Leidensmystikerin.

Heute Abend treffe ich mich mit Freunden in der Stadt. Dann bin ich abgelenkt und Gott kann in Ruhe an mir wirken. Ich finde es schade, dass ich in meiner Kindheit kaum etwas mit Religion zu tun hatte. Ich habe Nachholbedarf und merke, wie gut mir dies tut und das trotz der Probleme, die es für mich mit sich bringt.

Unwissenheit und Wunsch nach Rückzug

18.03.2002

Ich habe schon wieder einiges zu tun gehabt, bezüglich Beratung und Beistand leisten. Ich mache es sehr gerne und möchte immer noch eine Seelsorgeausbildung machen, aber irgendwie gibt es hier keine Ausbildungsstellen. Ich werde mich weiter umhören.

Auch in Richtung Kirche und Glauben brauche ich wohl noch weiteres Wissen. Ich wusste nicht, dass man, wenn man die Kommunion empfängt, „Amen" sagen muss, das hat mir gestern der (ich vermute) Diakon zugeflüstert, also der, der die Kommunion mit ausgeteilt hat. Das war mir so extrem peinlich. Ich wusste es aber tatsächlich nicht und es geht mir auch nicht aus dem Kopf. Ich frage mich, was ich sonst wohl noch alles aus Unwissenheit falsch mache. Ich war so durcheinander, dass ich auch noch in die falsche Bank zurückgegangen bin, das war dann nochmals peinlich. Ich darf gar nicht daran denken, dem Diakon bald wieder einmal gegenüberstehen zu müssen.

Während des Gottesdienstes zwang mich irgendetwas, meine Augen zu schließen und ich merkte, wenn ich mich nicht dagegen wehre, passiert etwas. Als ich die Augen kurz zu hatte, hatte ich sofort das Gefühl, dass ich in einen anderen Zustand „abdrifte", so ähnlich wie bei meinen Visionen. Ich wollte aber nicht, dass mir so etwas in der Kirche, vor all den Leuten passiert und habe dagegen angekämpft, was gar nicht so leicht war.

Nach dem Gottesdienst bin ich noch einmal zum Bücherbasar gefahren und danach musste ich mich unbedingt zurückziehen. Ich hatte das Bedürfnis, auf einem Berg ganz allein sein zu wollen, allein ohne Menschenansammlungen.

Ich bin nach Vallendar gefahren, um mir den Berg Moriah anzusehen. Dort sind die Schönstätter Männer. Ich ging ein Stück den Berg hinauf und entdeckte dann einen kleinen Weg, der auf einen großen Platz mit vielen Bänken, fast wie in einer Arena, führte. Dort habe ich mich dann hingesetzt. Ich hätte gerne meditiert oder zumindest meine Augen geschlossen, um zu sehen, was passieren würde, aber ich hatte Angst, ich könnte von jemandem überfallen werden. Denn wenn ich tatsächlich in diesen tiefen Bewusstseinszustand gerate, weiß ich nicht, ob ich dann noch etwas um mich herum wahrnehmen würde. Es war mir einfach zu gefährlich.

Ich bin dann auf den Berg der Schönstätterinnen gefahren und dort kurz spazieren gegangen und habe mich anschließend in die Sonne gesetzt und in meiner kleinen Bibel gelesen. Die Übersetzung ist fürchterlich, denn es werden darin so komische, nicht mehr übliche Wörter benutzt. Welche Übersetzung es ist, steht leider nicht drin. Bisher gefällt mir die Einheitsübersetzung am besten. Nachdem es kühler und windiger wurde, bin ich nach Hause gefahren und später indisch essen gewesen. Das Essen war echt lecker.

Mit meinen Händen ist es soweit auch wieder in Ordnung. Und ich fühle mich auch sonst gut und innerlich wieder ruhig. *Mein innerer Frieden ist wieder da und das ist richtig toll.* Gott ist bei mir.

Leiden

20.03.2002

Der Abend im Exerzitien-Kurs war nicht gut für mich. Es lag ein Dornenkranz dort und ein dickes Holzstück, auf dem Jesus am Kreuz befestigt war.

Als ich den Dornenkranz sah, *war es für mich, als ob jeder Dorn in mein Herz sticht und ich fühlte, wie mein Herz zu bluten begann. Nach einiger Zeit lief das Blut regelrecht aus meinem Herzen heraus.* Als dann auch noch Jesus am Kreuz herumgereicht wurde, kam alles wieder hoch und ich hätte laut losweinen können. Es war schrecklich für mich.

Die Klosterschwester sagte mir nach dem Kurs, dass sie gemerkt hätte, wie ich mit den Tränen kämpfte.

Ich merke, dass es auch für die Klosterschwester nicht so einfach nachvollziehbar ist, was in mir vorgeht. Es ist ja auch wirklich schwer, es zu verstehen. Auch ich denke oft darüber nach, ob das, was ich erlebe, Wirklichkeit ist. Auch für mich ist es nicht immer greifbar, was mit mir passiert. Es passt einfach nicht in das heutige Weltbild, wo nur die Dinge existieren beziehungsweise existieren dürfen, die mit technischen Mitteln nachweisbar sind.

Es geht mir nun sehr mies und ich habe schon einige Tränen vergossen. Wie soll es erst an Karfreitag werden, wenn ich jetzt schon leide?

Suche nach Ruhe

21.03.2002

Ich habe beschlossen, mein Leiden nicht weiter zu unterdrücken, sondern es zuzulassen, aber es hat nicht geklappt. Ich war in verschiedenen Kirchen und habe einen ruhigen Ort gesucht, aber überall waren Leute, die Krach machten oder es wurde gerade in der Kirche gearbeitet.

Dann stand ich vor der Tür des Pfarramts von St. Kastor, aber ich habe mich nicht getraut zu klingeln, obwohl ich das Gefühl hatte, dass es gut wäre, über das, was mich so bewegt, mit jemandem zu reden. Ich bin dann wieder nach Hause gefahren. Da ich sehr traurig war, habe ich mich an eine Online-Seelsorge gewandt, aber nun bin ich noch frustrierter, denn man hat mir nicht geholfen und ich fühle mich total unverstanden. Ich merke mal wieder, wie schwer es ist, mit mystischen Erlebnissen alleine klar zu kommen.

23.03.2002

Ich fühle seit heute Morgen wieder diese schreckliche Ungewissheit wegen Karfreitag in mir und habe das Gefühl abhauen zu müssen. Ich habe schon überlegt, ob ich für ein paar Tage in ein Kloster gehen soll. Vielleicht würde es sogar schon reichen von Karfreitag bis Samstag. Aber würde man mich verstehen, falls ich aus Kummer und Leid zusammenbrechen würde? Ich weiß einfach nicht, was ich tun soll. Soll ich doch mal mit dem Pfarrer von St. Kastor reden oder die Klosterschwester um Rat bitten oder soll ich versuchen Pater Rummel zu erreichen? Oder soll ich mich einfach irgendwo verkriechen? Wenn ich bloß wüsste, was ich tun soll.

23.03.2002

Ich war heute in Waldbreitbach bei den Franziskanerinnen, die ich vor einigen Wochen durch Zufall entdeckt habe, als ich mir das Alt-Wiedtal angesehen habe. Ich hatte gelesen, dass sie von Gründonnerstag bis Ostern „Tage zum Verweilen im Kloster" anbieten. Daher bin ich dorthin gefahren, um mir den Ort einmal genauer anzusehen. Ich bin in die Kirche des Mutterhauses hineingegangen, wurde aber sehr merkwürdig angesehen, daher bin ich sofort wieder rausgegangen. Ich glaube, es ist nicht der richtige Ort für mich.

Ich bin dann im Nachbarort Hausen zu den Franziskanern gefahren. In ihrer Klosterkirche war ich schon einmal. Sie ist klein und sehr schön und ich war dort ganz alleine und hatte endlich die Ruhe, die ich suchte. Jesus hängt dort an einem großen Kreuz vor dem Altar und, als ich ihn so sah, sind mir die Tränen gelaufen. Ich habe sie zugelassen, das hat etwas geholfen. Ich wünsche mir aber, ich könnte mal richtig raus lassen, was ich fühle. Aber ich denke, das wird an Karfreitag kommen und zwar mehr als mir lieb sein wird. Als ich wieder nach Hause gefahren bin, ging es mir wieder besser.

24.03.2002

Jetzt ist sie da, die schwere Woche mit dem leidvollen Karfreitag. Ich hoffe, dass ich diesen Tag irgendwie überstehe, danach geht es sicherlich wieder bergauf. Die Angst, die ich lange Zeit in mir trug, dass ich an Karfreitag sterben werde, hat mir Gott genommen, nachdem ich ihm davon erzählte. Daher gehe ich davon aus, dass es mir nach Ostern wieder besser gehen wird. Aber im Augenblick geht es mir halt nicht so gut.

Im Augenblick besteht meine tiefste Liebe zu Jesus nur aus Leid. Das kostet viel Kraft, aber es bindet. Aber ich bin sehr dankbar dafür, dass ich seine Gefühle mit ihm teilen darf und ich ihm dadurch so nah sein kann. Ich bin zu allem bereit, egal was kommt, so tief ist meine Verbundenheit mit Jesus.

Ich werde an Karfreitag wohl in St. Kastor zum Gottesdienst gehen und mich in die Nähe der Türe setzen, damit ich raus gehen kann, falls ich es nicht aushalte. Ich habe überhaupt keine Vorstellung davon, wie eine Karfreitagsliturgie vonstatten geht. Ich war auch noch nie an Ostern oder Weihnachten in der Kirche. Für mich ist alles absolut neu, ich fange bei null an. Daher auch immer die Ungewissheit, ob ich etwas falsch mache. Ich gehe ja erst seit zwei Monaten in den Gottesdienst, aber seitdem an jedem Sonntag.

26.03.2002

Ich weiß, dass Gott mir nur so viel zumutet, wie ich es ertragen kann. Zumindest hat er immer reagiert, wenn ich signalisiert habe, dass ich es nicht aushalten kann. Allerdings ist es generell nicht einfach, mit mystischen Erlebnissen klar zu kommen, es kostet immense Kraft, sie zu verarbeiten. Ich muss erst in diese Dinge „hineinwachsen". Im Mittelalter hatten die Mystikerinnen im Kloster einen Seelenführer an ihrer Seite, ich verstehe sehr gut, warum es so war.

Im Internet habe ich gelesen, dass es Menschen gibt, die mit allen Mitteln versuchen solche Erlebnisse zu erhalten, sogar durch Drogen oder Helium. Wenn sie wüssten, was für Mühen damit verbunden sind, würden sie es nicht herausfordern. Zum Glück kann man mystische Erlebnisse nicht durch Kurse, Bücher oder sonstiges erhalten.

Ich bin Gott sehr dankbar dafür, seine Nähe spüren zu dürfen, trotz der noch großen Belastung. Ich freue mich darüber, dass Jesus mich gefunden hat, obwohl ich ihn nicht suchte. Ich nehme es mittlerweile als Geschenk Gottes an und habe auch gelernt, dass Liebe immer etwas mit Leid zu tun hat, Leiden-schaft.

Karfreitag

Ich habe es überstanden, der Karfreitag liegt hinter mir. Der Tag davor war schlimm. Ich bin morgens aufgestanden und hatte furchtbare Angst vor Karfreitag. Simon hatte angerufen und ich habe am Telefon vor lauter Verzweiflung geweint. Er hat mir gesagt, dass es nichts bringt Angst zu haben, denn wenn etwas passieren wird, passiert es auch trotz Angst. Eigentlich kein toller Satz, aber er half mir. Am Donnerstagabend änderte sich mein Gefühl. Ich hörte auf zu kämpfen und ergab mich in mein Schicksal. Am Freitag war ich die Ruhe selbst und bereit für alles, was kommen würde. Ich sah mir im Fernsehen einen Gottesdienst an und danach ein Bibelepos, welches über drei Stunden ging.

Ich habe mir überlegt, wie Jesus sich vor seiner Kreuzigung fühlte und stellte fest, dass er auch zuerst Angst hatte. Er hatte Gott ja gebeten den Kelch an ihm vorübergehen zu lassen. Dann kam die Phase, wo er sich dem Schicksal ergab und am Tag der Kreuzigung ließ er alles über sich ergehen. Komischerweise deckt sich das mit den Gefühlen, die ich hatte.

Gegen 12.30 Uhr *fingen meine Handinnenflächen an weh zu tun.* Um 15.00 Uhr bin ich dann in die Kirche gegangen und habe mich in die letzte Reihe gesetzt. Ich habe alles gut überstanden. Das einzige Problem war das mit meinen Händen.

Die Schönstätter Schwester hat mich an diesem Tag angerufen, um zu hören, ob ich alles gut überstanden hätte. Sie war recht nett. Sie konnte allerdings nicht lange telefonieren, denn es klingelte ein Telefon im Hintergrund. Aber das war nicht schlimm.

Im Augenblick fühle ich mich gut, es gibt keine besonderen Erlebnisse. So kann ich nun wieder zur Ruhe kommen. Ich bin so froh, dass alles gut gegangen ist. Ich hatte Gott meine Ängste mitgeteilt und gebetet, dass er mir hilft, alles gut zu überstehen und meine Gebete wurden erhört. Es ist so toll zu spüren, dass er da ist und hilft, wenn man ihn darum bittet. Es macht mich unendlich glücklich seine Nähe zu spüren. Immer mehr erkenne ich nun, was für ein wunderbares Geschenk es ist, was mir durch meine mystischen Erlebnisse zuteil wird. Gerade jetzt, wo der Druck wegen Karfreitag von mir gewichen ist, spüre ich dieses tolle Gefühl wieder in mir.

Wenn ich in der Bibel lese, merke ich, dass mir Jesus sehr, sehr nahe ist und es versetzt mir weiterhin einen Stich ins Herz, wenn ich etwas bezüglich Kreuzigung oder Ähnlichem höre.

Am letzten Mittwoch hatte ich beim Gottesdienst, den wir im Rahmen des Exerzitien-Kurses feierten, große Schwierigkeiten aus dem Kelch zu trinken, denn es hat sich etwas in mir gesträubt, das „Blut Christi" zu trinken. Zum Glück sah es nicht aus wie Blut, denn es war Weißwein.

30.03.2002

Die Vögel zwitschern so schön und hier in Koblenz ist schon einiges am Blühen. Wenn ich von meinem Balkon hinunter sehe, sehe ich auf weiße und rosa blühende Kirschbäume und auch sonst blüht schon vieles und es ist alles schon leicht grün. Wenn nun noch die Sonne da wäre, wäre es perfekt.

Osternachtsfeier

30.03.2002

Ich war eben in der Osternachtsfeier. Leider gab es kein Feuer vor der Kirche, da war ich etwas enttäuscht. Der Gottesdienst begann in der dunklen Kirche. Es wurde Musik gemacht, ich glaube es war eine Querflöte, es hörte sich auf jeden Fall wunderschön an, eigentlich noch viel schöner als wunderschön. Dann sprach der Pfarrer und irgendwann brannte in der Kirche ein Feuer. Ich fand es schon etwas komisch, so kurz hinter mir ein Feuer zu wissen. An diesem Feuer wurde die große Osterkerze entzündet. Dieses Feuer wurde weitergegeben und jeder zündete daran seine Kerze an und so wurde es immer heller in der Kirche, das fand ich schön. Der Pfarrer hat viel gesungen, was mir sehr gut gefallen hat. Dann wurde das Licht angemacht und ich sah den Kirchenraum zum ersten Mal, denn ich war noch nie zuvor in dieser Kirche in Niederberg gewesen. Dann bin ich fast eingeschlafen, da der Pfarrer sehr langweilig predigte. Aber dann hat er wieder gesungen, auch während der Wandlung, das war sehr ergreifend und zugleich traurig und hat mich sehr gerührt und es sind mir ein paar Tränen gelaufen. Das alles ging mir viel näher als der Karfreitagsgottesdienst. Dann wurde ein Kind getauft, ein jetziges Kommunionkind. Ich konnte leider nichts sehen, da der Pfarrer alle Kinder zu sich rief und die Kinder um den Altar herum standen. Nachdem um 23.00 Uhr der Gottesdienst beendet war, gab es noch Wein und Brot. Ich kam mit einigen Leuten ins Gespräch. Dann kam der Pfarrer zu mir, drückte mir die Hand und bedankte sich dafür, dass ich zu ihm in den Gottesdienst gekommen bin. Ich hatte am Mittwoch beim Exerzitien-Kurs mit ihm geredet und ihm erzählt, dass ich immer in St. Kastor zum Gottesdienst gehe. Ich fragte ihn, ob er immer so viel singen würde und er sagte, dass er das nur bei besonderen Anlässen tut. Als ich ihm sagte, dass mir sein Gesang gefallen hat, hat er sich darüber gefreut. Dann habe ich mein Osterlicht nach Hause getragen. Ich habe es geschafft, die Kerze so zu schützen, dass sie nicht ausging. Und während ich dies schreibe, brennt sie immer noch. Ach, ist das schön.

Ostern

31.03.2002

Eigentlich wollte ich heute Morgen nicht in den Gottesdienst gehen, denn ich war ja schon am Mittwoch beim Exerzitien-Kurs, an Karfreitag und gestern. Aber dann spürte ich eine so große Nähe zu Gott, verbunden mit schönen Gefühlen und es zog mich dann doch in die Kirche. Also war ich wieder in St. Kastor. Danach habe ich mir einen schönen Tag gemacht. Ich war im Siebengebirge. Ich bin durch Zufall an einen Ort gelangt, wo es einen kleinen und einen großen Ölberg gibt. Ich bin auf den großen hochgelaufen. Man, was bin ich vielleicht so untrainiert. Es hat mich einiges an Puste gekostet, dort oben anzukommen. Der Berg ist 461 Meter hoch, ich weiß aber nicht, auf welcher Höhe der Ort selbst liegt. Der Ausblick war super schön. Ich bin dann wieder Richtung Koblenz gefahren und sah auf einem Berg ein Kreuz stehen. Dorthin bin ich auch noch gefahren, er nennt sich Erpeler Lay. Der Ausblick war auch richtig toll, man sah auf Remagen und den Rhein hinunter und auf die Reste der Brücke, die im Krieg zerstört wurde und auf das Siebengebirge.

Kraftorte

03.04.2002

In der Kirche St. Kastor gibt es Kraftfelder. Wenn ich mich auf einen dieser Punkte stelle, *fängt es in mir zu kribbeln an und ich spüre die Energie, die von diesem Punkt ausgeht.* Es tut gut. Leider kann ich mich nicht so oft auf einen solchen Punkt stellen, da ständig Menschen ein- und ausgehen und es schon irgendwie seltsam aussieht, wenn man zehn Minuten mitten im Gang steht.

Zum ersten Mal habe ich so etwas im Kloster Rommersdorf erlebt. Dort im Garten, ein Stück neben dem Brunnen fing es in meinen Händen und Füssen zu kribbeln an. Das sind ganz neue Erfahrungen für mich. Wenn ich nun mal etwas kraftlos bin, versuche ich mich in St. Kastor aufzuladen. Es hilft spürbar.

09.04.2002

Nun sind die „Exerzitien im Alltag" vorüber. Es wäre toll, wenn es mit der Gruppe irgendwie weitergehen würde. Aber ich weiß nicht, ob ich dann in der Gruppe endlich etwas sagen könnte. Ich möchte ja gerne, aber die Klosterschwester, die den Kurs leitete, riet mir ab, über meine Erlebnisse zu reden. Aber ich erhielt ja von Gott die Botschaft, anderen Menschen mit diesen Erlebnissen zu helfen. Doch wie kann ich das, wenn ich nicht darüber rede?

Am Sonntag war ich in der Liebfrauenkirche im Gottesdienst, denn dort war der einzige Ort ohne Kommunionkinder. Einen Sonntag ohne Gottesdienst kann ich mir gar nicht mehr vorstellen. Während des Gottesdienstes hatte ich zum ersten Mal das Gefühl aus der Dunkelheit, der Zeit vor und bis Karfreitag heraus zu sein und nun im Licht zu sein. Ich fühle mich Jesus so nah und mein Herz ist ganz stark für ihn entflammt.

Ich habe empfohlen bekommen, mich wieder einmal mit Pater Rummel zu unterhalten. Das finde ich gut, ich würde mich sehr gerne wieder mit ihm unterhalten, nur weiß ich nicht, was ich ihm erzählen soll. Kann ich ihm seine Zeit „rauben", um über die „Probleme" mit meinen Händen zu reden? Im Augenblick ist es ja auch wieder in Ordnung.

Ich habe mich letzten Monat über den Beruf der Gemeindereferentin informiert. Der Beruf ist schon ein ganz toller. Dafür müsste ich aber Theologie studieren und dazu fehlt mir leider das Geld. Ich hoffe, es findet sich trotzdem eine Möglichkeit, in der Kirche etwas tun zu können. Vielleicht kann ich etwas mit Mystik machen, denn für diesen Bereich gibt es ja kaum Ansprechpartner. Aber noch bin ich nicht so weit, um in diesem Bereich beraten zu können, da ich jetzt erst einmal selbst damit klar kommen muss und selbst noch Unterstützung benötige. Für mich ist es komisch mir selbst einzugestehen, dass ich noch nicht alleine damit klar komme. Denn ich bin es gewohnt, alles alleine schaffen zu müssen, keine Hilfe zu benötigen und anderen Menschen zu helfen, wenn sie Probleme haben. Und nun bin ich auf einmal selbst hilflos und schwach. Eine für mich sehr komische Situation, eine ganz neue Rolle.

Nun habe ich das Neue Testament fast fertig gelesen und werde mich danach dem Alten Testament widmen. Ich komme aber immer wieder an eine Stelle zurück. Sie fasziniert mich so sehr und ich habe sogar schon einmal darüber nachgedacht sie auswendig zu lernen, so toll finde ich sie. Ich frage mich, ob in dieser Stelle eine für mich wichtige

Botschaft enthalten ist. Pater Rummel hat mir gesagt, ich solle auf solche Dinge achten und in meinen Erlebnissen die Botschaft von Gott finden beziehungsweise finden lassen. Die Stelle, die ich meine, ist übrigens der Johannes Prolog.

13.04.2002

Simon und ich haben uns gestern Abend zum ersten Mal getroffen, in Speyer. Heute sind wir zusammen in den Speyrer Dom gegangen, um ihn zu besichtigen. Er ist sehr groß und hat eine kalte Ausstrahlung. Wir gingen durch den Dom und fanden dort eine Taufkapelle. Dort *bemerkte ich starke Kraftfelder* und bat Simon dieses Gefühl zu spüren und sich ebenfalls an diesem Punkt „aufzuladen". Es tat mir sehr gut, denn diese Felder kräftigen mich innerlich. Auf dem Weg zum Ausgang kamen wir an einem Kreuzweg vorbei. Dieser war aus plastischen Körpern gebildet und Jesus entsprach sehr dem Bild, was ich von ihm habe. Die Kreuzigung traf mich sehr und ich war so berührt, dass ich mit den Tränen kämpfte. Ich durchlitt dieses Ereignis und blutete innerlich. Ich war wieder mittendrin in diesem Ereignis. Doch ich wollte nicht, dass man bemerkt, was mit mir los ist, daher versuchte ich irgendwie die Tränen zu verbergen. Allerdings tat es mir nicht gut, denn so litt ich lange Zeit still vor mich hin.

22.04.2002

Man muss auf sein Gefühl hören. Leider haben viel zu wenige Menschen diese Erkenntnis. Entweder wollen sie es nicht verstehen oder sie können es tatsächlich nicht. Das ist sehr traurig.

Gerade bei Männern ist diese Erkenntnis noch viel seltener als bei Frauen. Denn Männer sind ja oft durch ihre Erziehung diesbezüglich geprägt. Man gewöhnt ihnen ab, Gefühle zu zeigen. Das führt dann auch dazu, dass man sie nicht versteht. Dabei ist es so wichtig, seine Gefühle zeigen zu können, sie zuzulassen und auf diese auch zu vertrauen.

Ich habe aus Schutz lange Jahre eine Mauer um mich gebaut. Ich habe immer gezeigt, wie stark ich bin und war es gewohnt, immer alles alleine zu schaffen. Aber irgendwann sagte man mir, dass ich ein Herz aus Stein hätte. Das traf mich sehr und erst dadurch merkte ich, wie man mich wahrnahm, dass man nicht erkannte, wie und wer ich wirklich bin, denn ich bin sehr sensibel und feinfühlig. Ich habe seitdem an mir gearbeitet, habe meine Maske abgelegt, die Mauer niedergerissen. Doch nun bin ich angreifbar und verletzlich, aber ich bin wahrhaftig „Ich".

Sehnsucht nach Gott

25.04.2002

Heute Morgen hatte ich riesige Sehnsucht nach Gott, Sehnsucht nach mehr Nähe. Ich war gerade dabei, eine Email an die Klosterschwester, mit der ich mich angefreundet habe, zu schreiben, als dieser Wunsch so stark wurde, dass ich nicht mehr weiterschreiben konnte. Ich bin in mein Auto gesprungen und zum Kloster Maria Laach gefahren. Um 11.45 Uhr ist dort Mittagshore, das Mittagsgebet. Ich kam gerade noch rechtzeitig an. Ich war mittags noch nie dort. Die Hore ging nur 15 Minuten, aber es war wirklich gut und hat mir gut getan. In dieser Kirche fühle ich mich Jesus sehr nahe. Die gesamte Kuppel ziert ein Mosaik mit Jesus. Er hält die Arme auf, als ob er einen empfangen möchte. Das ist echt toll. Als die Mönche wieder gegangen waren, war leider keine Ruhe in der Kirche. Ich kämpfte mit den Tränen wegen meiner Sehnsucht und Nähe zu Gott und Jesus. Ich hätte die Tränen gerne raus gelassen, denn es befreit, aber ständig liefen irgendwelche Leute dort herum und ich wollte einfach nicht, dass man mich so sieht. Ich bin dann in die kleine Beicht- und Gebetskapelle gegangen. Dort war ich ganz alleine und ließ die Tränen zu, danach ging es mir besser. Als ich wieder rausgegangen bin, spürte ich ein wohliges Gefühl in mir. Es war toll.

26.04.2002

Seit ich mystische Erlebnisse habe, ist in mir der große Wunsch da, beruflich etwas im Bereich des Glaubens zu machen. Aber es gibt leider nichts, was ich tun könnte, ohne Theologie zu studieren. Ich suche meinen Weg.

Im Augenblick habe ich noch einen anderen Wunsch. Ich hätte gerne ein altes Haus mit einer Holzveranda und davor einen Garten. Dort würde ich Kräuter anbauen und auch anderes. Die Kräuter würde ich dann verkaufen und im Haus hätte ich einen Raum, wo ich Patienten empfangen und behandeln, also praktizieren könnte. Ich würde aber nur so viel arbeiten, dass ich davon existieren könnte und das ohne Stress und Hektik. Einfach leben können, die Schönheit der Natur wahrnehmen ohne im normalen Trott der Stressgesellschaft zu sein. Kein Mobbing, keine Prestigegedanken, einfach nur genießen können und nicht nur funktionieren müssen in einem festen Schema.

Vielleicht ist es mein Weg, aber ich kann ihn nicht gehen. Ich habe kein Geld für ein Haus und sehe auch keine Möglichkeiten, wie ich in dieser Richtung weiterkommen könnte. Ich möchte auf keinen Fall mehr in ein normales Arbeitsverhältnis zurück. Ich war bereits Mobbingopfer und das macht krank. Ich habe Wünsche, aber ich sehe keine Möglichkeit sie umzusetzen, das ist nicht gerade toll.

30.04.2002

Ich habe das Neue Testament doch noch nicht fertig gelesen, denn ich hänge noch an Texten, die mir nicht liegen. Ich tue mich sehr schwer mit dem Römerbrief und dem Hebräerbrief. Ich lese die Bibel übrigens laut und was ich nicht verstehe, lese ich noch einmal, aber dann lese ich weiter, auch wenn ich es nicht verstanden habe. Ich möchte die Bibel einmal ganz durchlesen wie ein normales Buch, um einen allgemeinen Überblick zu gewinnen. Vertiefen werde ich es, wenn ich sie noch einmal lese.

Ich mag das Johannes-Evangelium. Das Matthäus-Evangelium ist leider nicht so einfach zu verstehen, wenn man es als erstes liest. Ich habe Matthäus nicht verstanden und dann las ich Markus und ich verstand es. Johannes ist ganz anders als die anderen Evangelien, der Inhalt ist ähnlich, aber jeder Evangelist erklärt es anders und es gibt Unterschiede. Bei einem ist eine Stelle nicht erwähnt, dafür gibt es andere Dinge. Johannes fällt aus der Rolle wegen seiner Art zu erzählen. Aber gerade das gefällt mir. Ich liebe seinen Prolog: „Im Anfang war das Wort, und das Wort war bei Gott, und das Wort war Gott. Im Anfang war es bei Gott. Alles ist durch das Wort geworden, und ohne das Wort wurde nichts, was geworden ist."

Die Bibel bedeutet mir sehr viel. Ich fühle mich mittendrin in der Bibel. Denn ich bin durch meine Erlebnisse ein Teil von Jesus. Und auch mit Paulus identifiziere ich mich sehr stark. Ich hatte ja, genau wie Paulus, eine Begegnung mit Jesus und auch mein Leben hat sich dadurch verändert.

Es gibt einen Satz in der Bibel, der mich sehr berührt: „Ehe der Hahn kräht, wirst du mich dreimal verleugnen." Ich habe mir sehr viele Gedanken darüber gemacht, wie ich reagiert hätte beziehungsweise reagieren würde. Ich würde

Jesus nicht verleugnen, dessen bin ich mir mittlerweile sehr sicher. In der Anfangszeit meiner mystischen Erlebnisse hätte ich es sicherlich noch nicht so eindeutig sagen können, doch jetzt ist meine Verbundenheit und Liebe zu Jesus so stark, dass ich für Jesus den Tod auf mich nehmen würde.

Morgen Nachmittag bin ich im Kloster und werde eventuell auch am Gottesdienst teilnehmen. Ich bin dort verabredet mit der Klosterschwester. Sie ist total super und in meinem Alter. Leider ist sie immer sehr beschäftigt. Für mich ist sie wie eine Freundin und ich vergesse manchmal, dass sie eine Klosterschwester ist.

Ich hoffe, meine tolle Stimmung hält auch morgen noch an. Ich freue mich morgen im Kloster zu sein, näher bei Gott. Ich möchte Gott spüren und Jesus wieder begegnen. Ich vermisse die mystischen Erlebnisse, ich vermisse die Nähe zu Gott.

10.05.2002

Ich habe heute wegen eventueller Praxisräume telefoniert, es tut sich mal wieder etwas. Allerdings nicht mit den Räumen, die ich eigentlich haben wollte. Mal sehen wie es weitergeht. Ich muss nun mal alles genau durchkalkulieren, denn sie sind nicht gerade billig. Aber irgendwie muss es ja weitergehen.

Wieder spüre ich diesen Wunsch in mir, dem herkömmlichen Leben den Rücken zu kehren. Weg von Zeitdruck, Markenklamotten und dem Streben nach sinnlosen, materiellen Dingen. Hin zu einem Leben wo man sich selbst sein kann. Wo man merkt, was wirklich wichtig ist im Leben. Denn nicht Geld und Macht sind die wahren Schätze des Lebens. Mit sich selbst, der Natur und dem Umfeld im Einklang zu leben, den Körper und den Geist zu heilen und anderen Menschen zu helfen zu sich und zu Gott zu finden, nur das bringt Zufriedenheit

So, nun muss ich mal wieder reinkommen. Ich habe bis jetzt auf dem Balkon gesessen und gelesen. Doch nun ist es trotz Kerze draußen zu dunkel um weiterzulesen.

Erster Brief an Jesus

10.05.2002

Es ist mir ein großes Bedürfnis einen Brief an Jesus zu schreiben, also mache ich es nun.

Lieber Jesus, ich danke dir, dass du mich gefunden hast, obwohl ich dich nicht suchte. Es ist das größte Geschenk, das mir je zuteil wurde.

Seit der ersten Begegnung mit dir bin ich durchflutet von tiefster Liebe. Diese Liebe ist so groß und stark, dass ich hin- und hergerissen bin zwischen dem Wunsch dir nachzufolgen und es dir gleich zu tun und dem Gedanken zu dir aufzusteigen, um dir nahe zu sein und an der Seite unseres Vaters Platz zu nehmen.

Mein Glaube ist sehr tief. Es war wie von Null auf tausend, nein auf hunderttausend oder gar um vieles mehr. Es ist immer noch unbeschreiblich.

Geliebter Jesus, ich fühle mich dir so nahe, so durchzogen von dir, ich bin verschmolzen mit dir. Um es genauer auszudrücken, ich fühle mich wie ein Teil von dir und manchmal bin ich dir sogar noch näher, denn dann fühle und denke ich wie du, so sehr verschmolzen bin ich mit dir, geliebter Jesus. Mein Herz brennt voller Liebe zu dir und sollte es mal einen Partner in meinem Leben geben, so müsste er sich mein Herz teilen, teilen mit dir.

Das Feuer ist wieder entfacht

12.05.2002

Schon wieder brennt in mir das riesige Verlangen mein Leben Gott zu weihen. Das Bedürfnis wird immer größer, aber ich weiß nicht, wie es umzusetzen ist. Der Gedanke an ein Leben im Kloster ist in den letzten Tagen wieder aufgetaucht. Auf einer Seite wüsste ich, dass es mich total befriedigen und beglücken würde, mich ganz Gott zu widmen und nur noch für ihn da sein zu können, auf anderer Seite weiß ich, dass ich in Gottes Namen in der gesamten Welt wirken soll, also nicht fixiert an einem Ort und hinter festen Mauern. Was soll und kann ich bloß tun? Es macht mich traurig, keinen Weg für mich zu sehen. Immer öfter zieht es mich in Klöster, immer öfter suche ich die Gegenwart von Mönchen und Nonnen. Die Sehnsucht nach Gott wird immer stärker. *Das Feuer der „Göttlichen Liebe" ist wieder entfacht. Glimmte es einige Zeit lang bloß vor sich hin, so ist das Feuer nun wieder voll entfacht und lodert in mir in höchstem Maße. Dieses Feuer bringt eine innere Unruhe mit sich, eine Unruhe, die Heilung in Gottes Nähe sucht.*

Lieber Gott, bitte zeige mir eine Möglichkeit ganz für dich da sein zu können und gleichzeitig den Menschen helfen zu können. Lass mich in den Fußstapfen Jesu wandeln und ihm nachfolgen. Lass mich die Menschen heilen, ihnen helfen und lass mich dein Wort verbreiten. Nimm mich an als dein Werkzeug. Vielen Dank.

Schmerzen in den Handinnenflächen

12.05.2002

Ich sollte viel häufiger Aufzeichnungen machen. In der letzten Zeit habe ich öfters Schmerzen in den Handinnenflächen. Es sind immer Intervalle von einigen Tagen, meist so zirka eine Woche an einem Stück. Die Schmerzen fühlen sich an wie Strom, es ist ein sehr starkes, sehr schmerzhaftes „Kribbeln". Dazu kommen heftige Stiche. Die Handinnenflächen sind während dieser Zeit extrem berührungsempfindlich, so dass ich es vermeide, irgendetwas in die Hände zu nehmen. Ich versuche alles nur zwischen die Finger zu nehmen, ohne die Handinnenflächen zu berühren. Am besten ist es die Hände möglichst geschlossen zu halten, aber auch hier ist darauf zu achten, dass die Handinnenflächen ohne Berührung bleiben.

Das letzte Mal, an dem es so war, ist noch nicht lange her. Angefangen hatte es, ich glaube am 02.05. und fand seinen Höhepunkt am 06.05. Am 08.05. waren die Schmerzen morgens fast wieder abgeklungen. Aber, als ich mir am Vormittag des 08.05. die Hände wusch, sah ich mit riesigem Schrecken, dass *ich in jeder Handfläche einen roten „Punkt"* *hatte.* Ich war total geschockt und bekam riesige Angst. Was würde kommen? Würde ich nun die Wundmale bekommen? Würden diese Stellen aufplatzen? Würden sie ständig bluten? Wie sollte ich im Alltag damit umgehen? Diese und tausend andere Fragen schossen mir in Sekundenschnelle durch den Kopf. Doch ich sagte mir dann, so wie es kommt, so werde ich es annehmen. Da wich die Angst wieder von mir.

Die Stellen sahen unterschiedlich aus. In der rechten Hand war der Fleck eher rund, in der linken Hand etwas länglich. Der „Punkt" in der linken Hand war länger sichtbar und war etwas dunkler rot als die Stelle in der rechten Hand. Irgendwann bildeten sich diese Flecken zurück. Die Schmerzen an diesen Stellen waren dieses Mal anders als sonst. Es war mehr ein dumpfer Schmerz. Und, als ich mich am Abend mit der Klosterschwester getroffen hatte, *tat es auf einmal unter meinem linken Fuß weh.*

Ab dem nächsten Tag war alles wieder normal. Normal heißt, es war nur noch ein kaum spürbares Kribbeln vorhanden.

In der Nacht vom 10.05. auf den 11.05. waren *die Schmerzen der Wundmale* so stark, dass ich kaum schlafen konnte. Aufgefallen ist mir, dass die Schmerzen scheinbar durch intensive Nähe zu Gott ausgelöst werden. So war dieses Mal der Besuch der Klosterkirche der Hildegard von Bingen der Auslöser, um die bereits seit Tagen vorhandenen Schmerzen bis zum Höhepunkt zu treiben. Allerdings denke ich nicht an Wundmale und provoziere es also nicht, sie kommen einfach. Wenn die Schmerzen sehr schlimm sind, bete ich zu Gott, damit er mir die sichtbaren Wundmale bald gibt, falls es für mich vorgesehen ist. Denn diese Ungewissheit und diese ständigen schmerzhaften Empfindungen sind nicht gerade toll. Sollte ich die sichtbaren Wundmale erhalten, so wäre es etwas, was mich auf einer Seite sehr glücklich machen würde, da es mich damit auch äußerlich mit Jesus verbunden sein lässt, auf anderer Seite wäre es sicherlich sehr schwer, damit ein normales Leben zu führen. Eventuell wäre es aber die Chance überhaupt, um dadurch anderen Menschen von Gott zu erzählen, sie auf Gott und Jesus aufmerksam zu machen, sie heilen zu können und um allen Menschen Gutes zu tun im Namen Jesu.

Gott, bitte sei alle Zeit bei mir. Bitte gib mir die Gabe vielen Menschen Gutes tun zu können. Danke.

Lass mich deine Nähe wieder spüren

23.05.2002

Ich befinde mich im tiefen, dunklen Loch der Traurigkeit und Verzweiflung, denn mir fehlt die innige Nähe und tiefste Verbundenheit mit Gott. Meine mystischen Erlebnisse, die mich durchglühten mit der „Göttlichen Liebe", liegen nun schon einige Zeit zurück. Es ist schlimm, wenn dieser Draht nach oben auf einmal nur noch ein dünner Faden ist. Meine Sehnsucht nach mehr Nähe zu Gott und einer Begegnung mit Jesus ist riesig groß. Ich möchte Gottes Liebe und Nähe, seine Anwesenheit wieder spüren. Ich bin so verzweifelt, dass ich ihn nicht mehr so intensiv spüre. Ich fühle mich ein Stück weit verlassen.

Oh Gott, lass mich deine Nähe und Liebe wieder spüren. Lass mich Jesus nachfolgen, in seine Fußstapfen treten. Ich möchte dein Werkzeug sein. Nimm mich und führe mich auf meinem Weg. Was kann ich tun, um dein Wort zu verbreiten? Wie kann ich in deinem Namen wirken? Bitte lass mich wieder deine Nähe spüren. Denn was ist schlimmer als einseitige Liebe? Bitte zeige mir, dass auch du mich liebst.

24.05.2002

Heute Morgen hatte ich wieder Schmerzen in der rechten Handinnenfläche und die Stelle in der Hand wurde wieder sichtbar rot. Allerdings nicht so intensiv rot wie beim ersten Erscheinen. Die Schmerzen hielten einige Zeit an, verschwanden dann aber wieder. *Heute Mittag kamen sie erneut und auch jetzt, während ich schreibe, ist es weiterhin schmerzhaft. Auch in der linken Hand spüre ich wieder etwas.* Aber es ist nicht so schlimm wie vor knapp einer Woche. *Am Pfingstmontag*

(20.05.) *waren die Schmerzen nur in der linken Handinnenfläche,* aber diese waren so stark, dass ich mir auf die Zähne beißen musste. Es war ein heftiges Stechen, als ob man mir mit einem Messer in meine Hand sticht. Ich frage mich heute, ob ich vielleicht unbewusst irgendetwas mache, was diese Schmerzen auslöst, aber ich wüsste nicht was.

Simon hatte die Lösung. Er meinte, weil ich Gott um mehr Nähe gebeten habe und darum, ihn wieder spüren zu dürfen, hat Gott mir die Schmerzen der Wundmale Jesu geschickt. Jesus musste ja auch leiden, sogar den Tod auf sich nehmen und das, obwohl Gott ihn liebte.

Jetzt spüre ich zwar nicht diese gewaltige Liebe, dafür aber *die Schmerzen der Wundmale.* Es ist sehr unangenehm, aber ich nehme es gerne auf mich, denn es kommt von Gott. Es zeigt mir die Verbundenheit, um die ich Gott gebeten habe.

Ich danke dir, lieber Gott, dass du mich immer wieder erhörst. Bitte lass mich immer deine Nähe spüren, auch wenn es in Form von Schmerzen ist. Ich nehme gerne alles auf mich. Ich danke dir, dass du mich aus meinem Loch wieder rausgeholt hast. Danke für alles.

06.06.2002

Seit heute Abend tun mir nun auch die Füße weh. Unter meinen Füßen ist eine Stelle, die sticht und brennt. Ich habe gelesen, dass es Pater Pio auch so ging. Seine Wundmale schmerzten bereits acht Jahre, bevor sie sichtbar wurden. Was wird bei mir passieren?

07.06.2002

Allmächtiger Gott, ich spüre die Sehnsucht nach dir wieder aufleben. Sie wird wieder stärker und nicht mehr lange, dann wird es in mir aufschreien. Ja, ich suche die Nähe nach dir. Lass mich dich wieder spüren, sehen, wahrnehmen. Lass mich eins sein mit dir und mit Jesus. Lass mich dein Werkzeug sein. Egal wie, aber bitte schenke mir deine Nähe. *Meine Liebe zu dir brennt,* aber noch ist es kein loderndes Feuer. Ich wünsche mir, dass die Liebe mich zerschmelzen lässt, ich wünsche mir deine Liebe wieder zu spüren. Lass mich durchflutet sein von deiner „Göttlichen Liebe". Bitte gib mir wieder dieses Gefühl, das stärkste positive Gefühl, was überhaupt möglich ist. Lass mich mit dir verschmelzen.

Liebster Gott, ich danke dir dafür, dass ich dich erkennen durfte und dafür, dass du Jesus zu mir geschickt hast. Ich danke dir für alle mystischen Erlebnisse, die ich erleben durfte trotz der damit verbundenen Schwierigkeiten.

Lieber Gott, ich bin bereit alles Leid auf mich zu nehmen. Bitte führe mich und sei mir nahe. Amen.

Sehnsucht nach dir

07.06.2002

Die Sehnsucht nach dir, mein Gott ist in mir.
Sie lässt mich unruhig werden,
unruhig auf der Suche nach dir.

Sie lässt mich Tränen vergießen.
Tränen aus Liebe,
Tränen der Sehnsucht,
Tränen der Trauer.

Alles in mir ist in Bewegung,
in Bewegung auf dem Weg zu dir.

Lieber Gott, lass mich den Weg zu dir finden,
den Weg zu der Nähe, die ich suche, bei und in dir.

Lass mich eins sein, verschmelzen mit dir.

Lass mein Herz erfüllt sein von deiner Liebe,
und gib mir innere Ruhe.
Lass mich ruhen in dir.

Denn nur du, mein Gott, kannst mir helfen,
meine tiefste innere Sehnsucht zu stillen.
Bitte schenk mir deine Liebe und Nähe.

Wundmale

09.06.2002

Noch immer schmerzen meine Hände und Füße, es ist ein brennender, stechender Schmerz. Ich hatte nun sogar Probleme zu stehen und zu gehen. Die Schmerzen sind auszuhalten, aber nicht gerade gering. *Am 07.06. habe ich* mit Schrecken *unter dem linken Fuß eine sichtbare rote Stelle wahrgenommen.* Immer mehr deutet darauf hin, dass ich die Wundmale erhalten werde, damit meine ich die äußeren, sichtbaren Stigmata, die inneren habe ich ja bereits seit Dezember 2001.

Nachdem ich heute über die Wundmale von Pater Pio, Franziskus und anderen Personen gelesen habe, wollte ich wissen, ob ich vielleicht doch selbst verantwortlich bin für diese Erscheinungen und Empfindungen, also ob ich vielleicht doch unbewusst etwas tue, was diese Erscheinungen auslöst. Ich bin mir selbst gegenüber immer sehr kritisch. Daher habe ich versucht mir willentlich die Stigmata beizubringen. Aber ich habe es weder geschafft die Schmerzen zu intensiveren, noch sie zu mildern. Alles blieb wie es war. Das ist gut so, denn nun weiß ich, dass ich nichts an diesem Zustand ändern kann und diese Phänomene nicht von mir beeinflusst sind. Auch Visionen habe ich nicht geschafft willentlich herbeizuführen. Für mich ist es ein Beweis, dass es echt ist, was ich erlebe.

Gott ist bei mir und zeigt mir durch diese Zeichen seine Liebe und Nähe. Ich freue mich, dass Gott bei mir ist.

Lieber Gott, ich danke dir für alles, was ich erleben durfte. Für gute und für schlechte Zeiten. Ich danke dir für deine Nähe, auch wenn diese Nähe im Augenblick Schmerzen für mich bedeutet. Ich bin bereit für alles, was kommen wird.

Der Spruch „Es ist ein beschwerlicher Weg, aber es ist Gottes Weg" ist so etwas wie ein Leitwort für mich geworden, denn der Weg ist wirklich nicht leicht. Heute konnte ich kaum laufen, ich humpelte, denn die Schmerzen unter meinen Füßen waren sehr heftig. Vor allem der linke Fuß ist sehr schlimm. Sogar jetzt, wo ich im Bett liege, ist alles weiterhin spürbar.

12.06.2002

So langsam bessern sich die Schmerzen. *Gestern konnte ich kaum laufen, ich humpelte, um mich fortzubewegen, denn die Schmerzen unter den Füssen waren heftig. Jetzt spüre ich nur noch Schmerzen im linken Fuß.* Die Stellen an den Händen und unter dem rechten Fuß sind fast wieder in Ordnung.

Danke, lieber Gott, dass du mir eine Phase der Erholung schenkst.

Gott, meine große Liebe

28.07.2002

Ich weiß, dass es wichtig wäre, täglich Aufzeichnungen zu machen. Pater Rummel hat es mir ja auch nahe gelegt. Aber immer, wenn ich denke, ich müsste etwas aufschreiben, schaffe ich es nicht, mich aufzuraffen. Es ist in der letzten Zeit viel passiert, überwiegend Negatives. Leider ist der Plan mit der eigenen Heilpraktikerpraxis gescheitert, da er sich ohne Eigenkapital nicht realisieren lässt. Da ich aber nicht mehr zurück in einen Bürojob wollte, habe ich nach einer Alternative gesucht und bin in der Zeitung auf eine Anzeige gestoßen, in der die Möglichkeit der Ausbildung zur Pharmareferentin mit anschließender Anstellung angeboten wurde. Nach genauer Prüfung des Angebots habe ich am ersten Juli diese Ausbildung begonnen.

Der Einzug in mein Appartement in Köln, denn dort ist der Ausbildungsort, war leider gar nicht toll. Es stank nach Verwesung, alles war hochgradig verschmutzt und den Kühlschrank musste ich erst einmal abtauen und säubern. Nachdem eine Mitschülerin, wir waren sechs „Schüler", die in diesem Hochhaus untergebracht waren, eine Kakerlake in ihrem Appartement entdeckt hatte, durften wir zum Glück in andere Appartements umziehen.

Als ich am Freitagabend nach der Rückkehr aus Köln in Koblenz in meinen Briefkasten schaute, fand ich dort Post von meiner Bank, darin teilten sie mir mit, dass sie mein Konto dicht gemacht haben und meine Telefonrechnung, den Strom und die Wohnungsmiete nicht überwiesen haben. Ich musste mir bei meinen Eltern Geld leihen, damit es weitergehen kann. Das ist mir sehr unangenehm. Mein Auto ist auch nicht in Ordnung, aber ich habe es trotzdem wieder nach Köln geschafft.

Und nun sitze ich hier in Köln, bin total fertig und weiß nicht weiter und bin mit dem vielen Kummer ganz allein. Neben all diesen Dingen geistert mir wieder der Gedanke an ein Leben im Kloster durch den Kopf. Gott ist mir so wichtig geworden, dass ich immer öfter daran denke mein Leben ganz Gott zu weihen.

Aber zuerst muss ich mich nun um mein Lernen kümmern, denn sonst habe ich bald ein zusätzliches Problem. Denn wenn ich zweimal durch die Prüfung falle oder mit der Ausbildung aufhöre, muss ich alles zurückbezahlen, die Schule, die Unterkunft und alles andere, alles zusammen zirka 15.000 €. Dann hätte ich riesige Schulden. Mit dem Lernen klappt es allerdings nicht so recht, da ich ja ständig mit irgendwelchen Dingen konfrontiert werde, die mich ablenken. Es ist eine echt harte Zeit für mich.

Dafür ist mir Gott wieder sehr nahe. Er lässt mich seine Nähe bewusst spüren, indem er *meine Handinnenflächen schmerzen* und sehr heiß werden lässt. Die Schmerzen in meinen Händen und ab und zu auch unter den Füßen sind nun schon zirka eine Woche oder sogar länger vorhanden. Aber diesmal ist es anders als sonst, denn ich kann in der Schule, in der ich momentan meine Ausbildung mache, mitschreiben, das heißt, ich kann den Stift anfassen, ohne weitere Probleme zu haben. Ich bin sehr dankbar darüber.

Gott, ich liebe dich. Ohne deine spürbare Nähe wüsste ich gar nicht, wie ich diese Anhäufung von Problemen überstehen sollte. Aber du, mein Herr, gibst mir Kraft alles zu schaffen. Deine Liebe ist wunderbar, sie lässt alles andere unwichtig werden. Ich möchte so gerne in deinem Namen wirken können und dürfen.

Lieber Gott, bitte zeige mir meinen Weg. Ziehe mich noch näher zu dir. Lass mich dein Werkzeug sein. Bitte führe und leite mich. Ach Gott, ich könnte nur noch weinen. Weinen, weil ich deine Liebe und Nähe spüre und dafür so unendlich dankbar bin. Gott, du bist der größte Schatz in meinem Leben. Ich danke dir für alles. Bitte lass mich auch weiterhin deine Liebe und Nähe spüren. Gott, du bist meine große Liebe.

29.07.2002

Die Sehnsucht nach Gott ist riesig. Ich suchte bereits gestern Abend nach einer Kirche, in der ich Gott noch näher sein kann, aber die Kirchen in der Umgebung meines Kölner Appartements waren bereits um 17.30 Uhr geschlossen.

Heute Abend versuchte ich mich aufs Lernen zu konzentrieren, aber es klappte nicht so recht, denn meine Gedanken kreisten ständig um Gott. Ich habe das riesige Bedürfnis mich mit einem Pater oder einem Pfarrer darüber unterhalten zu können, aber es ist niemand da und Simon ist seit über zwei Wochen nicht mehr in meinem Leben. Was soll ich bloß tun? Wo finde ich endlich einen Seelenführer?

Ich suchte nach einem Kloster, um mich zurückziehen zu können. Das Kloster in meiner Nähe war geschlossen und ich wagte mich nicht, zu klingeln. Auch die anderen Kirchen waren schon wieder geschlossen. Also versuchte ich im Krankenhaus in die Kapelle zu gelangen, aber auch hier war ich erfolglos, denn auch sie war abgeschlossen. Um mich abzulenken bin ich anderthalb Stunden spazieren gegangen.

Es ist nicht leicht mit meinen Erlebnissen und Gefühlen so alleine zu bleiben. Warum kann ich mich über Gott und meine Liebe zu ihm nicht mit jemandem unterhalten?

Lieber Gott, bitte bleibe weiterhin bei mir und schenke mir deine Liebe. Lass mich in deinem Namen Gutes tun. Lass mich dein Wort den Menschen näher bringen. Bitte lass mich in deinem Namen wirken. Ich möchte den Menschen helfen, gesund und glücklich zu werden. Lieber Gott, lass mich würdig sein, deine Botschaft weiterzugeben und mit deiner Hilfe heilen zu dürfen. Dein Wille geschehe. Danke.

31.07.2002 – 0.19 Uhr

Ich versuche nun täglich Aufzeichnungen zu machen. Gerade hat eine Freundin angerufen und mir mitgeteilt, dass ich mich mit Herrn S., einem ehemaligen Pater in Verbindung setzen soll. Er weiß Bescheid über meine mystischen Erlebnisse. Ich freue mich, dass ich hier in Köln nun einen Ansprechpartner finde. Es ist mir so wichtig mit einem Geistlichen darüber reden zu können. Heute habe ich einer Mitschülerin über meine Erlebnisse mit Gott erzählt und ich weiß nicht, ob es gut war. Aber ich bin „voll" und muss es raus lassen. Morgen rufe ich Herrn S. an und hoffe, bald mit ihm reden zu können. Allerdings habe ich auch Angst vor dem Anruf und davor falsch verstanden zu werden. Ich bin müde und halte diese Aufzeichnung kurz. Danke, lieber Gott, für diesen Tag.

Kein Stillstand

01.08.2002

Schon wieder beginnt ein neuer Monat.
Die Zeit vergeht wie ein Wind,
der über das Land fegt.
Er kommt und geht
und nimmt immer etwas mit sich hinfort
und hinterlässt etwas,
was nicht mehr so ist wie zuvor.

Alles kommt und geht.
Alles ist in ständiger Bewegung.
Egal ob Ebbe oder Flut,
Tag oder Nacht.
Es gibt keinen Stillstand.

Auch der Tod ist kein Ende.
Er ist der Beginn eines neuen Abschnitts des Daseins,
des Lebens bei und mit Gott.

Wer in der Liebe Gottes steht,
wird nie einen Stillstand erleben.

Auch wenn sich alles verändert,
Menschen kommen und gehen,
eines wird nie vergehen:
Gott, meine große Liebe.

01.08.2002

Ich habe lange mit heftigem Herzklopfen vor meinem Handy gesessen, um mich zu überwinden Herrn S. anzurufen. Ich habe es gewagt, aber es war nur die Mailbox dran. Ich habe gemischte Gefühle: Angst vor eventuellen Missverständnissen, Angst er könnte mich für verrückt halten, Angst vor der Situation, mit ihm zu reden. Für mich sind meine Erlebnisse mit Gott sehr intim und es fällt mir sehr schwer darüber zu reden. Dann sind da die Gefühle der Freude, der Vorfreude, endlich einen Menschen zu finden, mit dem ich offen reden kann. Dem ich von meiner großen Liebe zu Gott berichten kann, der mir zuhört und mich ernst nimmt. Ich bin so „voll" mit meinen Gefühlen der Liebe zu Gott und kann sie nicht zeigen, da es niemand verstehen würde. Aber ich muss es raus lassen, das Ventil hält nicht mehr lange diesem Druck stand. Es hilft nicht hier zu sitzen und zu weinen und verzweifelt zu sein. Ich brauche einen Ansprechpartner, am besten einen Seelenführer, der ständig für mich da sein kann. Aber das wird Herr S. nicht übernehmen, sagte die Freundin. Aber vielleicht kennt Herr S. ja einen ständigen Begleiter für mich. Allerdings möchte ich nicht immer wieder all meine Erlebnisse bis ins kleinste Detail erzählen müssen. Ich brauche einen beziehungsweise maximal zwei Personen, denen ich mich richtig offenbaren kann.

Gespräch vereinbart

02.08.2002

Herr S. hat mich heute Morgen während des Unterrichts zurückgerufen. Ich bin zum Telefonieren raus gegangen, war aber so aufgeregt, dass ich kaum etwas sagen konnte. Das Gespräch wird am Montag, 05.08. um 18.00 Uhr in seinen Räumen stattfinden. Nach dem Telefonat war ich am Zittern. Es bewegt mich sehr, nun eventuell einen Ansprechpartner zu haben. Nach einiger Zeit fragte ich mich allerdings, was ich ihm antworten soll, wenn er mich fragt, was ich mir eigentlich von diesen Gesprächen erhoffe. Warum ist es mir denn so wichtig darüber zu reden? Mach ich mich vielleicht lächerlich? Was wird er denken? Ich hoffe er sieht diese Gespräche nicht als eine Art Psychotherapie, denn krank bin ich ja nun wirklich nicht. Die Freundin hat es ihm ja schon erklärt, um was es mir geht. Ich habe nun sehr gemischte Gefühle. Zum einen würde ich nun gerne einen Rückzieher machen, zum anderen weiß ich, dass ich nicht alleine klar komme. Also werde ich diesen Termin wahrnehmen und sehen, wie es wird. Gott ist bei mir und wird darüber wachen und mir zeigen, was gut ist und was schlecht.

Ich habe immer noch Schmerzen in den Handinnenflächen. Sie sind nun wieder um einiges schlimmer geworden, aber ich kann immer noch schreiben. *Auch unter meinen Füssen ist es schon seit einiger Zeit wieder schmerzhaft,* allerdings nicht allzu schlimm. *Und in der linken Hand ist wieder eine rote Stelle.* Ich bin Gott sehr dankbar für seine Nähe.

So, nun wird es Zeit schlafen zu gehen, es ist schon 23.43 Uhr, aber eigentlich ist es für mich noch relativ früh, denn ich gehe sonst erst gegen 0.40 Uhr ins Bett. Ich bin heute allerdings total müde und morgen Samstag habe ich Schule.

Gute Nacht, lieber Gott. Bitte schütze alle meine Lieben. Behüte und beschütze auch mich. Stelle deine Engel um mich, damit sie meinen Schlaf behüten. Danke, lieber Gott. Amen.

03.08.2002

Ein anstrengender und nicht gerade toller Schultag liegt hinter mir. Immer mehr befürchte ich, die Prüfung nicht schaffen zu können. Der Unterricht ist einfach schrecklich. Alles ist unstrukturiert, der Dozent kann nicht richtig unterrichten und so langsam werden wir 28 Schüler aggressiv. Manche werden laut und manche sind bald reif für die „Klapsmühle", andere haben einfach „aufgegeben" und lassen alles über sich ergehen. Ich bin auch am Ende. Nachdem ich einkaufen war, bin ich in die Innenstadt gelaufen. Mein Ziel war es Kirchen zu besichtigen, Hauptziel St. Pantaleon. Nachdem ich 95 Minuten gelaufen bin, habe ich sie gefunden. Sie ist ganz nett, aber nicht so, wie ich sie mir vorstellte. Ich bin weitergelaufen und fand eine nette Kirche, in der gerade eine Vesper begann. Es war die Klosterkirche der Karmelitinnen. Die Vesper war ganz schön. Ich wollte dann noch zum Gottesdienst in St. Aposteln, aber der hatte bereits um 18.00 Uhr begonnen, also bin ich zurückgegangen zu St. Pantaleon. Der Gottesdienst war nicht toll, der Pfarrer ratterte alles runter. Er machte seinen Job. Ich hatte nicht den Eindruck, dass er wirklich gläubig ist. Ich wurde immer müder und war ständig am Gähnen. Als ich zur Kommunion ging, war die Müdigkeit schlagartig weg und mein Geist auf einmal ganz klar, echt super. *Die Handflächen taten heute den ganzen Tag weh und auch die Füße, sogar stärker als in der letzten Zeit. Auch die rote Stelle in meiner linken Hand war heute weiterhin sichtbar.* Danke lieber Gott für deine Nähe.

04.08.2002

Lieber Gott, ich danke dir für diesen schönen Tag. Schon früh bin ich aufgewacht, obwohl ich heute Sonntag hätte länger schlafen können. Ich bin schon um kurz nach 9.00 Uhr mit dem Bus in die Kölner Innenstadt gefahren. Zuvor bin ich erst einmal ein paar Kilometer gelaufen, da ich nicht an der ersten Haltestelle auf den nächsten Bus warten wollte. Dann bin ich losgezogen, um Kirchen zu besichtigen. Ich habe mir einige angesehen. Es tat mir gut. Um 14.30 Uhr war ich dann im Gottesdienst in St. Aposteln. Danach bin ich Richtung Zoo gelaufen und habe mir alle Kirchen, die ich unterwegs finden konnte, angesehen. Als ich am Zoo ankam, war ich schon etwas erschöpft, aber ich habe mir den Tierpark trotzdem noch angesehen. Er ist sehr schön. Die Grizzlybären gefielen mir sehr gut, aber auch die Seelöwen und die Vögel. Leider waren keine Papageien da. Die Gorillas fand ich auch sehr, sehr toll. Als ich nach „Hause" kam, war es bereits nach 17.00 Uhr. Ich war also über acht Stunden zu Fuß unterwegs. Nun sitze ich hier, es ist jetzt 22.54 Uhr und ich habe gegessen, etwas gelernt und fühle mich richtig gut, zum ersten Mal seit langem.

Danke, lieber Gott. Bitte lass mich morgen Abend ein gutes Gespräch mit Herrn S. haben. Ich habe Angst davor, aber das weißt du ja. Bitte begleite mich und schenke mir deine Nähe und Liebe. Danke für alles.

05.08.2002

Bald ist es soweit. Es sind nun keine drei Stunden mehr bis ich mich mit Herrn S. treffe. Ich habe Angst. Diese Angst hat mich schon in der Schule übermannt. Was soll ich bloß tun? Den Termin absagen oder verschieben wäre keine Lösung. Ich weiß, dass der Termin sehr wichtig ist. Ich merke auch, wie sich etwas in mir verändert. Ich fühlte mich heute Morgen richtig leicht. Die Hände tun im Augenblick nicht richtig weh, aber während ich schreibe, *fängt es wieder an zu schmerzen, überwiegend in der linken Hand.* Ich fange auch wieder an mich von den Anderen zurückzuziehen, mich zu distanzieren, denn ich kann mit niemandem über mein Inneres reden. Es ist echt nicht leicht. Heute erzählte mir eine Mitschülerin etwas über Gottesdienste, über Scheidung und auch etwas über ihren Glauben. Aber wieder bemerkte ich, dass der Glaube anderer Menschen nicht so ist wie mein Glaube. Ich habe gar nicht erst versucht etwas zu erzählen, denn das würde nichts bringen. Die Zeit ist noch nicht reif. Zuerst brauche ich einen Seelenführer. Dann muss ich lernen, alles, wirklich alles aufzuschreiben, um mich dadurch zu „stabilisieren". Aber nun muss ich mich erst einmal auf das Lernen und die Prüfung konzentrieren. Ich hoffe die Prüfung zu schaffen, um dann als Pharmareferentin viele Kontakte knüpfen zu können und viele Kirchen kennen zu lernen. Vielleicht bekomme ich ja von Gott die Gabe Menschen heilen zu können, zum Beispiel in Heilungsgottesdiensten.

Ich möchte auch weiterhin ein Buch schreiben und veröffentlichen und dann mit vielen Menschen über Gott reden.

Gott sagte mir ja, ich soll durch meine mystischen Erlebnisse anderen Menschen helfen und das will ich auch. Vielleicht gibt es noch mehr Mystiker. Vielleicht haben sie ähnliche Probleme wie ich und ich kann ihnen helfen. Wer weiß, wie viele Menschen solche Erfahrungen nicht verkraftet haben und nun in einer psychiatrischen Klinik sind, vollgepumpt mit Medikamenten.

Die meisten Menschen denken doch gar nicht an Gott und als Gesprächsthema ist er absolut tabu. Dabei ist die Liebe Gottes grenzenlos, sie müssen nur ihr Herz öffnen und die Liebe in sich einfließen lassen. Und was tun sie wirklich? Sie hetzen von Termin zu Termin, arbeiten so viel wie möglich, um so viel wie irgendwie möglich zu verdienen. Sie rennen Markenklamotten nach, fliegen zu den fernsten Urlaubszielen, um dort ihr Seelenglück zu finden und zu kaufen. Aber dort findet man es nicht. Diese Erfüllung kann man nicht kaufen. Zufriedenheit und Glückseligkeit kann man nur bei sich selbst finden. Man muss nur mal zur Ruhe kommen und in sich selbst hinein hören. Sobald der innere Lärm aufgehört hat zu tosen und man es schafft den inneren Ballast, den aufgestapelten Müll von sich zu werfen, findet man Gott. Denn er ist bereits da und wartet nur darauf, gefunden zu werden. Wir sollten endlich aufhören unser Glück in teuren Dingen zu suchen, wo doch das größte Geschenk so nah ist und uns „nur" unsere Aufmerksamkeit kostet, nämlich die Liebe und Nähe Gottes.

Das Gespräch mit Herrn S.

05.08.2002 – 21.59 Uhr

Ich hatte mein Gespräch mit Herrn S. und es geht mir gar nicht gut. Das Gespräch war sehr oberflächlich. Keine Details, nichts über meine Gefühle, es wurde nur im Allgemeinen über meine Erlebnisse gesprochen. Herr S. blockte im Vorfeld alles ab, was mit genaueren Informationen zu tun hatte. Ich erzählte also nichts über meine Gefühle. Aber gerade das wäre mir das Wichtigste gewesen. Am Ende des Gespräches konnte ich meine Gefühle nicht mehr komplett unterdrücken und mir flossen die Tränen. Peinlich, wo er doch nicht auf mein Gefühlsleben eingehen wollte. Ich fühlte und fühle mich so allein gelassen. Ich suche, aber finde nicht.

Gott, bitte hilf mir, einen Seelenführer zu finden. Ich weiß nicht, wie ich klar kommen soll.

Herr S. hat mir aufgeschrieben, dass man bestimmte Stufen einhalten soll, um sich Gutes zu tun. Erstens etwas Gutes tun für den Körper (somatisch), dann etwas für die Psyche, dann Soziales und dann Integral (alles zusammen). Er empfahl mir, erst einmal etwas zu essen und dann meine Gefühle zuzulassen, zum Beispiel ruhig mal eine Stunde lang zu weinen. Unterdrücken sei schädlich.

Als ich bei ihm aus dem Büro raus war, hätte ich nur noch weinen können. Ich musste aber noch mit der S-Bahn fahren, also musste ich die Tränen doch unterdrücken. Ich habe mir vorgenommen, seine Tipps umzusetzen und habe mir eine Pizza geholt und diese zur Hälfte gegessen und dazu Rotwein getrunken. Nun wollte ich meine Gefühle rauslassen und mich mal richtig ausheulen, aber es ging nicht. Mein Magen schmerzt und meine Seele leidet.

Auch wegen des Verlustes von Simon habe ich noch nicht richtig geweint, auch nicht wegen der anderen aktuellen Probleme, denn ich muss mich aufs Lernen konzentrieren. Aber auch das klappt nicht richtig. Wie soll ich bloß weiterkommen?

Lieber Gott, bitte hilf mir. Mein Magen schmerzt und der Rotwein wirkt, obwohl ich kaum etwas getrunken habe und gelernt habe ich auch noch nicht. Was soll ich bloß tun?

Mein Überdruckventil klemmt

06.08.2002 – 8.16 Uhr

Ich habe eine schreckliche Nacht hinter mir. Meine Magenschmerzen ließen mich nicht richtig schlafen. Meine Gefühle konnte ich immer noch nicht raus lassen. Es ist, als ob mein Überdruckventil klemmt, es verstopft ist. So kommt der Kummer darüber, dass ich keinen Gesprächspartner für Mystik finde, nun zum restlichen Kummer dazu. Ich bin übervoll und merke, wie sich mein Magen darunter krümmt. Wie geht es weiter? Warum kann ich nicht mehr richtig! weinen? Weinen befreit, nimmt den Druck, entlastet den Magen, aber nichts geht. Sonst konnte ich meine Gefühle doch raus lassen, und nun? Was ist passiert, dass ich so „verstopft" bin. Wie lange werde ich diesem Druck noch standhalten?

Soll ich Herrn S. nochmal anrufen? Er hat mir angeboten, sich noch einmal mit mir zu unterhalten. Aber er sagte, dass ich erst einmal darüber schlafen soll. Ich glaube, er braucht erst einmal etwas Zeit. Er will sich auch umhören nach einem ständigen Begleiter für mich. Herr S. ist ein sehr „nüchtern" wirkender Mensch, aber ich glaube, dass er erkannt hat, dass es für mich nicht leicht ist. Als mir die Tränen liefen, merkte ich, dass es ihm nicht egal war. Ich glaube, er litt sogar ein klein bisschen mit, versuchte es sich aber nicht anmerken zu lassen. Und wenn er ein bisschen lächelte, sah ich ein leichtes Funkeln in seinen Augen und spürte, dass sein distanziertes Verhalten nicht sein komplettes Gefühlsleben darstellt. Er hat wohl auch eine sensible Ader, allerdings gut versteckt beziehungsweise gut unter Kontrolle. Was also soll ich tun? Ihn erneut anrufen? Wenn ja, wann? Es ist mir allerdings peinlich, ihm nun etwas an Gefühlen gezeigt zu haben. Das nächste Gespräch wäre intensiver und ginge dann auch über meine Gefühle. Das heißt, ich würde wohl richtig weinen, je nachdem wie intensiv das Gespräch wird.

Aber nun muss ich erst einmal in die Schule. Ich würde am liebsten nicht hingehen. Ich habe wieder nicht gelernt und würde mich am liebsten irgendwo in die Einsamkeit zurückziehen. Aber das geht jetzt leider nicht. Also nach vorne schauen und zusammenreißen.

06.08.2002 – 22.11 Uhr

Irgendwie habe ich diesen Tag rumbekommen, aber mehr schlecht als recht. Mehrfach bin ich in Tränen ausgebrochen. Gestern wäre es gut gewesen zu weinen, aber da ging es nicht. Heute während der Schulzeit hätte es geklappt, aber da musste ich es unterdrücken. Das Wetter war so, als ob Gott mit mir fühlte. Alles war grau und der Himmel weinte bittere Tränen und als Höhepunkt ließ er laut seinen Schmerz heraus als Gewitter. Ich kann es nicht richtig raus lassen, was ich wirklich zurzeit durchleide. Es ist im Augenblick sehr, sehr schwer. Heute Morgen überlegte ich noch ständig, ob ich Herrn S. wegen eines neuen Termins anrufen soll, aber ich habe mich mittlerweile dagegen entschieden. Wenn er wüsste, was wirklich in mir vorgeht, wäre er anders auf mich eingegangen. Wahrscheinlich war dieses Thema zu viel für ihn. Er sagte zwar, dass ich ihn nicht überfordere, aber ich denke, dass es doch so war. Vielleicht wollte er es nur nicht zugeben, weil er an weiteren Gesprächen interessiert ist. Aber es darf nicht sein, dass ich mich nach einem Gespräch mit ihm so extrem schlecht fühle. Ich fühle mich heute Abend so elend, dass ich einfach an nichts mehr Spaß habe. Ich befinde mich in einem so tiefen Loch, dass ich Angst habe, daraus nicht wieder empor zu steigen. Warum ist mein Leben so schwierig, was mache ich falsch?

In der Schule habe ich heute einem Mitschüler Tipps gegeben, die ihm halfen, wieder glücklich zu werden. Das ist sehr, sehr schön. Leider habe ich für mich selbst keine solchen hilfreichen Tipps. Am liebsten würde ich mich irgendwo „verbuddeln". Ich brauche einfach mal Zeit für mich alleine. Da ist es wieder, das Bedürfnis mich von allem anderen zurückziehen zu können. Ich muss einfach mal meine Probleme abarbeiten. Alle Schmerzen, Leid und Kummer mal zulassen, um damit soweit wie möglich abschließen zu können. Aber wie soll das gehen? Ich überlege schon, ob ich morgen nicht in die Schule gehen soll. Aber morgen geht es im Unterricht um Medikamente und das ist wichtig. Und mein Appartement wird morgen oder übermorgen gereinigt, also hätte ich auch dort keine Ruhe. Vielleicht sollte ich am Freitag nicht in die Schule gehen und stattdessen ausschlafen und dann heimfahren. Ich weiß nicht, was ich tun soll. Wahrscheinlich gehe ich ja doch brav in die Schule. Ich habe heute erneut nach einem Ansprechpartner für Mystik gesucht. Ich bin dafür zur Philosophischen Hochschule gegangen, die ich im Internet entdeckt habe, als ich im Lesesaal der Uni saß. Ich bin lange gelaufen, um dann festzustellen, dass ich woanders hin muss, nämlich zur katholischen Theologie. Als ich dort ankam, war bereits geschlossen. Vielleicht war es gut so. Mittlerweile habe ich Angst an die „falsche" Person zu geraten und dann als verrückt abgestempelt in der „Klapsmühle" zu landen. Das liegt an Herrn S., denn er sprach ständig von Psychologen als Ansprechpartner für mich. Er sagte zu dieser Angst, dass man nicht so schnell in einer „Klapsmühle" landet, sondern nur, wenn man sich selbst gefährdet. Wie „nett" von ihm mir dies zu erklären.

Als ich wieder im Appartement angekommen war, hatte ich die einzig wahre Idee, ich habe Pater Rummel angerufen. Er erzählte mir, dass er am Wochenende für eine Woche weg fährt und am Wochenende danach muss ich ja leider in Köln bleiben. Ich war total verzweifelt, als er vom 24.08. sprach. Ich wollte schon auflegen, da fragte er mich, ob ich am jetzigen Freitagabend Zeit hätte. Er schlug mir 19.30 Uhr vor. Ob er meine schlechte Stimmung bemerkte? Ich bin so froh mit ihm reden zu können. Danke, lieber Gott.

07.08.2002

Heute Abend geht es mir wieder besser. Heute Morgen waren es noch gemischte Gefühle, aber im Laufe des Tages besserte sich meine Stimmung.

Um mich herum gibt es einige verliebte Menschen. Der Mitschüler, dem ich gestern geholfen habe, malt Herzchen im Unterricht und zeigt sie mir und gestern Abend hatte ich einen Anruf von einem Freund aus Koblenz, der mir ebenfalls erzählte, wie glücklich und verliebt er ist. Ich freue mich für sie. Und ich? Ich bin nicht gerade glücklich. So langsam glaube ich, dass für mich kein Mann vorgesehen ist. Mein Mann ist Jesus. Vielleicht duldet er keinen anderen Mann an meiner Seite. Aber das wird sich zeigen. So, nun muss ich erst einmal weiterlernen. Mein Kopf ist endlich frei fürs Lernen. Ich habe Gott darum gebeten, mir beim Lernen zu helfen. Vielleicht schreibe ich nachher noch etwas.

Da bin ich wieder und ich fühle mich gut. Mein Kopf ist immer noch frei. Zwar kann ich immer noch nicht viel vom Lernstoff behalten, aber es geht bergauf. Vielleicht schaffe ich es jetzt doch noch so viel zu lernen, dass ich die Prüfung schaffe. Ich bin endlich optimistischer. Morgen Abend werde ich zusammen mit einer Mitschülerin lernen. Das heißt auch, dass ich mich nicht verkrieche, das ist gut so. Am Freitag ist das Gespräch mit Pater Rummel. Ich freue mich darauf, denn bei ihm fühle ich mich gut aufgehoben. Danach fühle ich mich bestimmt erleichtert, denn er versteht etwas von Mystik und kann sicher mit mir mitfühlen. Ich glaube es wird ein gutes, hoffnungsvolles Wochenende.

Lieber Gott, bitte sei bei mir und hilf mir beim Lernen. Bitte lass mich am Freitag ein gutes Gespräch haben. Bitte behüte und beschütze all meine Lieben und schütze auch mich. Danke für alles.

08.08.2002

Bis vor einer halben Stunde bin ich bei der Mitschülerin gewesen. Wir haben uns gut unterhalten. Auch über Mystik und meine Erlebnisse. Es war echt gut. Sie hat ganz normal reagiert. Schön, dass ich nun darüber reden konnte.

Lieber Gott, ich danke dir dafür, dass ich dieses Gespräch führen konnte. Ich wünsche mir so sehr, andere Menschen mit der Liebe, die ich zu dir empfinde, anstecken zu können. Ich wünsche mir, dass ich andere Menschen von deiner Existenz überzeugen kann. Lieber Gott, ich freue mich so sehr, morgen wieder nach Hause zu kommen und auf das Gespräch mit Pater Rummel. Ich hoffe, ich kann ihn als meinen ständigen Seelenführer gewinnen. Gerne würde ich auch die Klosterschwester wiedersehen. Ich weiß, es sind viele Wünsche auf einmal. Danke für deine unendliche Liebe und Nähe.

Wieder mal zuhause

09.08.2002

Endlich bin ich wieder mal zuhause. Ich hatte mittlerweile Sehnsucht nach meiner Wohnung. Ich habe erst Wäsche gewaschen und telefoniert, dann ein paar Aufzeichnungen bezüglich meiner mystischen Erlebnisse zusammengesucht und bin dann zu Pater Rummel gefahren. Pater Rummel ist ein sehr ruhiger Mann. Es tut gut mit ihm zu reden. Er kennt sich mit Mystik gut aus und ich fühle mich bei ihm gut aufgehoben. Er betrachtet alles sehr nüchtern, es gibt keine spürbare Begeisterung, aber auch nicht das Gefühl missverstanden zu werden. Er hört gut zu und geht auf alles ein. Er gibt Tipps und beantwortet jede Frage.

Endlich habe ich einen ständigen Ansprechpartner

11.08.2002

Der Gottesdienst heute Morgen war recht gut. Ich war in Niederberg in der Kirche. *Irgendwann wurde es heller in der Kirche und durch meinen ganzen Körper ging ein Prickeln. Ich hatte den Eindruck, der Heilige Geist durchflutet mich.*

Nun bin ich wieder in Köln und muss feststellen, dass ich meine Aufzeichnungen während meines Koblenz-Aufenthaltes sehr vernachlässigt habe. Ich möchte diese nun nachholen.

Pater Rummel hat mir echt gut geholfen. Endlich schaffe ich es, mich auf mein Lernen zu konzentrieren. Ich bin so froh darüber. Pater Rummel sagte mir, ich solle aufpassen, dass nicht Mystik oder Beruf ein extremer Schwerpunkt in meinem Leben wird, dass nicht eines von beiden überhand-nimmt. Es muss immer ein ausgewogenes Verhältnis blei-ben, das wäre sehr wichtig. Ich solle trotz meiner mysti-schen Erlebnisse nicht den normalen Alltag vergessen, nicht in irgendeine Richtung „abdriften", denn dann könnte es problematisch werden. Ich soll unbedingt bei mir bleiben, meine eigene Persönlichkeit behalten und auch darauf ach-ten, dass es andere Mächte gibt, die versuchen könnten mich zu beeinflussen. Zu meinen Schmerzen der Wundmale meinte er, dass mir Jesus damit eventuell etwas sagen möchte. Wenn der richtige Zeitpunkt da sei, werde mir Je-sus meine Aufgabe oder seine Botschaft so deutlich machen, dass ich sie eindeutig erkennen werde. Zurzeit werde ich eventuell darauf vorbereitet. Jetzt soll ich erst einmal lernen und mich darauf konzentrieren, die Prüfung zu schaffen, „ora et labora" (bete und arbeite). Auch wenn ich nun mei-ne überwiegende Aufmerksamkeit nicht auf Gott lenke, sei Gott trotzdem bei mir.

Mit Pater Rummel werde ich mich nun in regelmäßigen Abständen treffen, zirka alle vier bis fünf Wochen. Für den Fall, dass ich spontan Hilfe benötige, darf ich ihn bis um 22.00 Uhr am Abend anrufen. Das ist super. Es ist beruhi-gend zu wissen, nun einen Ansprechpartner für Mystik zu haben, einen Ansprechpartner, der sich mit Mystik sogar richtig gut auskennt. Nun muss ich nicht mehr alleine um-herirren. Ich habe mir nun vorgenommen, mich überwie-gend aufs Lernen zu konzentrieren und wenn ich die Prü-fung geschafft habe und die Produktschulung vorbei ist, mich wieder verstärkt Gott zu widmen. Ich möchte ja auch mein Buch weiterschreiben. Danke, lieber Gott, für alles.

Ein wunderschöner Abend

13.08.2002

Ich war heute Abend in Köln spazieren. Es war sehr schön. Alles war grün. Saftige Wiesen, wunderschöne Alleen und ein großer Weiher, der Decksteiner Weiher. Alles war so friedlich. Eine Entenfamilie mit ihrem Nachwuchs schwamm vorbei. Auch die Schwaneneltern präsentierten stolz ihre Nachkommen. Ein lauer Sommerabend, den viele Jogger nutzten. Die Blumen zeigten sich von ihrer schönsten Seite und streckten sich in den schönsten Farben der Abendsonne entgegen. Die Sonne machte es den Blumen nach. Sie zeigte sich in einem schönen Rot, als sie sich langsam zum Ausklang des Abends Richtung Erde neigte. Stolz spiegelte sie sich im Wasser und ließ ihre Strahlen eindrucksvoll durch die Wolken ziehen. Sie färbte den Himmel und strich zum letzten Mal für diesen Tag sanft über die Baumwipfel. Der See lag stille, zur Nachtruhe bereit. Wer hat dies alles wirklich vernommen?

Gottes Liebe ist das Größte überhaupt

14.08.2002

Lieber Gott, hier sitze ich nun, in Tränen aufgelöst. Hatte ich mir doch vor einigen Tagen eine etwas ruhigere Phase erbeten, um mich aufs Lernen zu konzentrieren, so ist diese Distanz einfach schrecklich für mich. Was tue ich hier bloß? Warum lerne ich diesen Beruf, obwohl mich meine Gefühle immer mehr zu dir hin ziehen?

Ich fühle mich wie eine Person, die ihren geliebten Partner um Distanz gebeten hat, obwohl es klar ist, dass es zu selbst verursachtem Leid führt. Was ist richtig, was ist falsch? Mein Wunsch ist es, etwas in deinem Namen machen zu können und nun lerne ich einen Beruf, der zwar interessant ist, mir aber nicht das geben kann, was ich mir wünsche. Was ist schon Geld wert, wenn das Herz nicht erfüllt wird vom Glück der seelischen Vollkommenheit? Meine Liebe zu dir, mein Gott, ist riesig. Mein Herz schlägt für dich. Obwohl ich sehr unter der Distanz zu dir leide, weiß ich, dass es im Augenblick notwendig ist. Also muss ich durch diese Durststrecke hindurch. Die Sehnsucht wird immer größer, dir, liebster Gott, wieder näher sein zu können. Ich weiß, du bist bei mir. Bitte verlasse mich nie mehr, denn was ist das Leben ohne dich? Ohne deine Liebe und Nähe ist der Mensch nur eine funktionierende Einheit. Eine Hülle, die zwar nach außen hin lebendig, aber nicht belebt ist.

Warum spürt kaum jemand deine Liebe? Warum zweifelt man an deiner Existenz? Warum wissen immer weniger Menschen etwas mit ihrem Leben anzufangen? Warum betäubt man sich mit Alkohol und Drogen? Warum arbeitet man Stunden um Stunden, um dann kaputt ins Bett zu fallen und morgens wieder früh aufzustehen, so lange bis man krank wird? Für was das alles? Um möglichst viel Geld zu verdienen? Um möglichst die paar Stunden Freizeit, die man hat „gut" rumzubekommen? Irgendwann liegt man dann schwerkrank im Bett und wenn man dann über sein Leben nachdenkt, fragt man sich, wo die Zeit geblieben ist. Man hat an seinem Leben vorbeigelebt. Zurückdrehen geht nicht, für das Leben gibt es keine Generalprobe. In einer solchen Situation, in der man verzweifelt ist, erinnert man sich auf einmal daran, dass es da noch etwas gibt, ja dann erinnert man sich daran zu beten zu einem, den man jahrelang erfolgreich verdrängt hat: Gott. Und Gott reicht einem dann auch tatsächlich die Hand, denn er ist nicht nachtragend. Er lässt sich finden. Wer sucht, der wird finden, wer bittet, dem wird gegeben. Gottes Güte ist riesig.

Aber man sollte nicht vergessen, auch in guten Zeiten Gott dankbar zu sein. Dankbar für die vielen Dinge, die wir als selbstverständlich hinnehmen. Für die Luft, die wir atmen, die Sonnenstrahlen, die uns die Natur in den schönsten Farben erscheinen lässt, den Regen, der es ermöglicht, gute Ernte zu erbringen und ohne den es keinen Regenbogen gäbe. Wer sieht die Blumen am Wegesrand? Wir rasen mit unseren Autos an der Natur vorbei. Immer schneller muss es gehen, wir haben keine Zeit, um einmal bewusst tief einzuatmen, die Luft in die Lungen einströmen zu spüren, die Sonnenstrahlen auf der Haut wahrzunehmen als Gefühl und nicht als Bräunungsfaktor, sich dem Leben um uns herum bewusst zu werden, sich die Zeit zu nehmen, um die Tiere anzusehen und zu erkennen, wie sie leben. Die ganz kleinen, die auf ihre Art sehr groß sind. Ameisen, Käfer, Spinnen, Bienen, doch wen interessiert es? Wann hat man das letzte Mal einen Baum berührt oder eine Blume gestreichelt? Wann das letzte Mal bewusst die Energie des Lebens in sich aufgesogen?

Was bedeutet Leben? Die Vorstellungen dazu gehen immer mehr in die falsche Richtung. „Geld regiert die Welt", „Sex, Drugs and Rock`n Roll", möglichst allen Luxus kaufen, egal ob Autos, Klamotten oder den Sexpartner. Bloß auf nichts verzichten, alles muss sein. Zum „Auftanken" fliegt man dann in den Urlaub, macht weit weg von Zuhause teure Entspannungskurse oder als Ablenkung Extremsport. Aber was bringt das? Sind diese Menschen wirklich glücklich? Sie versuchen alles und laufen an sich selbst vorbei. Kaum jemand ist bereit, sich mal mit sich selbst auseinander zu setzen. Dann kommen so Sprüche wie „Ich bin nicht zum Alleinsein geboren" oder „Keine Zeit dafür".

Jeder ist sich zwar selbst der Nächste, aber ohne sich selbst zu kennen. Allein sein zu können ist wichtig, nur so findet man sich selbst und lernt sich selbst erst richtig kennen. Nur wer mit sich selbst klar kommt, kann mit anderen Menschen klar kommen. Und wenn man diese Stille zulässt, kann Gott zu einem durchdringen. Wenn man Gottes Nähe und Liebe einmal richtig! gespürt hat, dann erst weiß man, was wirklich wichtig ist. Geld, Luxus und Urlaub sind dann so unwichtig. Diese Liebe ist das Größte, was es gibt.

Und nun sitze ich hier und habe Gott bewusst darum gebeten, seine Nähe und Liebe nicht so extrem über mich kommen zu lassen. Für das Lernen ist es echt hilfreich, aber meine Seele trauert und mein Herz blutet. Wie lange halte ich das so noch aus?

Bitte, lieber Gott, breite deine Liebe wie einen dünnen Seidenmantel über mich. Ich möchte umhüllt sein, ohne dass es zu intensiv ist. Bitte lass mich deine Nähe weiterhin spüren. Sei mit mir auf allen Wegen. Danke, lieber Gott.

15.08. bzw. 16.08.2002 – 0.23 Uhr

Lieber Gott, heute habe ich wieder spüren dürfen, was wirklich meine inneren Wünsche sind. Für mich ist es das Größte beziehungsweise Beste überhaupt, wenn ich anderen Menschen helfen kann. Ein Mitschüler war heute schlecht drauf und wurde mir gegenüber sehr aggressiv. Heute Abend rief er mich an und entschuldigte sich für sein Verhalten. Das fand ich wiederum toll. Er war total am Ende. Er sagte, er würde sich wohl am besten einen Strick nehmen. Ich habe mit ihm geredet und hoffe, ihm nun geholfen zu haben. Das Gefühl ein gutes Gespräch geführt zu haben macht mich froh. Das ist eine große innere Befriedigung. Ich merke auch immer wieder, dass ich nicht nachtragend bin und vergeben kann. Gott hat mir ja mal gezeigt, was es heißt, nicht zu vergeben. Lieber Gott, ich danke dir für deine Liebe.

Zeige mir meinen Weg

16.08.2002

Lieber Gott, heute war der Unterricht wieder extrem schrecklich. Ich habe mich gefragt, warum ich mir so etwas freiwillig antue. Ist es tatsächlich mein Weg diesen Beruf zu ergreifen? Meine Sehnsucht nach dir, mein Gott, ist wieder riesig. Und wieder denke ich darüber nach, ob mein Weg mich nicht ins Kloster führen wird. Oder gibt es auch außerhalb der Klostermauern eine Möglichkeit intensiv für dich da zu sein?

Lieber Gott, bitte zeige mir den Weg, den du für mich vorgesehen hast. Lass mich würdig sein, deine Botschaft zu empfangen. Lass mich in den Fußstapfen Jesu wandeln und seine Nachfolge antreten. Auch wenn ich um etwas Distanz zu dir gebeten habe, damit ich Zeit zum Lernen habe, merke ich, dass du mir nahe bist. Danke, lieber Gott, für deine Liebe, danke lieber Heiliger Geist dafür, dass du mich erfüllst, danke lieber Jesus dafür, dass ich dir so nahe sein durfte. Ich vermisse dich, Jesus, bitte lass mich dir wieder begegnen. Danke für alles. Amen.

17.08.2002

Heute spüre ich die Liebe Gottes wieder sehr intensiv. Sie ist so wunderbar, so unbeschreiblich schön. Sie trägt mich über alles hinfort. Wenn ich höre, wie andere Menschen über Gott reden, merke ich, dass sie dieses tolle Gefühl nicht kennen, denn sonst wüssten sie, wie überwältigend die

Liebe Gottes ist. Am liebsten würde ich allen Menschen von diesem Gefühl erzählen, sie auffordern Gott in ihrem Leben wieder einen Platz einzuräumen, um ebenfalls seine Nähe und Liebe spüren zu dürfen. Aber ich weiß, dass es keinen Sinn machen würde, es ihnen zu erklären. Viel zu weit sind sie entfernt von ihm und Interesse daran scheint ja leider auch nicht vorhanden zu sein. Wie kann ich andere Menschen mit der Liebe zu Gott „anstecken" beziehungsweise sie damit erreichen? Wie kann ich im „normalen" Alltag damit umgehen? Wie kann ich mich ganz dieser Liebe hingeben? Ich wünsche mir, diese Liebe nicht durch andere Dinge verdrängen zu müssen. Was gibt es denn Größeres als das Gefühl, von Gott geliebt zu werden? Danke, lieber Gott, für deine Nähe und Liebe.

19.08.2002

Lieber Gott, irgendwie fühle ich mich seit gestern Abend nicht mehr so stark mit dir verbunden. Ich weiß nicht, was ich davon halten soll. Zum Lernen ist es echt gut, denn ich fühle mich aufnahmebereit. Allerdings habe ich Angst, dass deine Liebe, die mich am Samstag noch so sehr umhüllt hat, weniger werden könnte. Hat es was mit meinem Besuch im Kloster zu tun? Ich war bei den Karmelitinnen und habe dort mit einer Schwester gesprochen. Dieser Orden ist ja ein echt mystischer Orden, Teresa von Avila, Therese von Lisieux und Edith Stein waren Karmelitinnen. Die Schwester erzählte mir von ihren Begegnungen mit dem Teufel und dass sie bereits zweimal in der Psychiatrie war. Die Art wie sie über den Teufel redete, hörte sich auch ziemlich merkwürdig an. Sonst war die Unterhaltung gut. Sie erzählte mir von Selig- beziehungsweise Heiligsprechungen und dass man keine Wunder wirken müsse, um heiliggesprochen zu werden. Mystische Erlebnisse zu haben, so nah mit Gott verbunden, vereint zu sein reiche „schon" aus. Sie sagte mir, wenn man eine von Gott Auserwählte ist, dann ist man bereits heilig. Was für schöne Worte. Sie riet mir davon ab, in ein Kloster eintreten zu wollen. Ich solle meinen Weg erst einmal im Alltag finden. Im Kloster hätte niemand Verständnis für meine Erlebnisse und ich würde damit sehr alleine bleiben. Sie erzählte mir von Therese von Konnersreuth. Sie lebte nicht im Kloster und war eine Mystikerin mit Stigmata. Die Schwester holte mir ein Buch über diese Frau und schenkte es mir mit dem Hinweis, falls ich es nicht lesen würde, sollte ich es wieder zurückbringen. Wie lieb von der Schwester. Ich war sehr berührt und nahm das Buch voller Dankbarkeit an.

Lieber Gott, nun frage ich mich, warum ich deine Nähe und Liebe nicht mehr so intensiv spüre. Ich habe Angst, etwas falsch gemacht zu haben. Lieber Gott, bitte lass mich dich wieder stärker spüren und gib mir bitte ein Zeichen, dass du weiterhin da bist. Danke.

Warum bist du so fern?

22.08.2002 – 8.21 Uhr

Lieber Gott, so langsam macht sich die Traurigkeit breit. Noch immer spüre ich nicht deine Nähe und Liebe. Für mich ist es das Schlimmste überhaupt, mich so getrennt von dir zu fühlen. Warum bist du so fern? Was ist zwischen uns passiert? Liegt es an der Tatsache, dass ich nicht mehr über einen Klostereintritt nachdenke? Du hast mir doch signalisiert, dass es zurzeit nicht mein Weg ist, ins Kloster zu gehen. Oder ist es doch mein Weg und du ziehst dich von mir zurück, um mir zu zeigen, dass ich gedanklich auf dem falschen Weg bin? Oder versuchen irgendwelche negativen

Mächte gegen unsere Beziehung anzukämpfen? Lieber Gott, nichts soll uns trennen. Ich kämpfe um deine Liebe. Erst wenn unsere Bindung wieder richtig da ist, bin ich wieder richtig glücklich. Bitte, lieber Gott, reiche mir deine Hand, damit ich dir wieder nah sein kann. Danke.

22.08.2002 – 23.57 Uhr

Ich fühle mich total kaputt. Nun habe ich seit fast zwei Wochen durchgehend Unterricht. Letzten Sonntag hatten wir frei, aber am Samstag war Schule und am kommenden Wochenende haben wir am Samstag und am Sonntag Unterricht. Ich finde es gar nicht in Ordnung sonntags in der Schule zu sitzen. Mir ist es sehr wichtig zum Gottesdienst gehen zu können, aber das ist wohl für andere nicht nachvollziehbar. Ich werde also am Samstagabend gehen.

Ich habe große Angst die Prüfung nicht zu schaffen, denn ich merke, was ich alles nicht kann und die Zeit rast so dahin. Zum großen Frust, nichts zu können, kommt die Erschöpfung. Und nun ist mir zum ersten Mal der Verlust von Simon bewusst geworden. Bisher habe ich es gut verdrängt, aber jetzt sind mir zum ersten Mal Tränen gelaufen. Dazu kommt ja auch noch die Distanz zu Gott. Alles zusammen ist einfach zu viel. Es ist eine echt schwere Zeit.

Heute Abend war ich im Gottesdienst, das war mir sehr wichtig. Als der Pfarrer die Hostie bei der Wandlung hoch hielt, sah es aus, als ob sie glühte. Einfach toll. Auch meine Gefühle waren sehr positiv. Ich hatte das Gefühl, Jesus ist anwesend. Ich spürte ihn. Ich hoffe nun, dass die Bindung wieder intensiver wird. Egal was diese Bindung stört oder gestört hat, auf Dauer wird die Liebe siegen. Als ich den Pfarrer sah, hatte ich das Gefühl, dass ihm eine Begegnung, ein Erlebnis mit Gott fehlte. Er sah irgendwie traurig aus,

so, als ob er den Beruf des Pfarrers zwar aus voller Überzeugung ergriffen hat, aber noch immer auf eine besondere
Begegnung wartet, nun aber langsam aufgibt diese noch vor
seiner Pensionierung zu erhalten. Auf einer Seite hätte ich
ihm gerne von der Liebe Gottes erzählt, auf anderer Seite
wäre er nicht der Mensch, dem ich mich hätte offenbaren
wollen. Ich hätte es nur getan, wenn ich ihm damit hätte
helfen können. Das Bedürfnis anderen Menschen helfen zu
können ist größer als meine eigenen Schwierigkeiten, denn
es ist so schön, das Funkeln der Glückseligkeit in den Augen der Menschen zu sehen.

Lieber Gott, bitte hilf mir auf meinem Weg. Lass mich
bitte die Prüfung schaffen, damit ich mich bald dir wieder
widmen kann. Bitte lass mich deine Liebe wieder spüren.
Ich danke dir für alles. Amen.

23.08. bzw. 24.08.2002 – 0.10 Uhr

Immer noch mache ich mir Gedanken, warum die Bindung
zu Gott gestört ist. Auch wenn ich ja bewusst um etwas
Distanz gebeten habe, spüre ich, dass es davon nicht
kommt. So langsam überdenke ich die Aussagen der
Schwester über den Teufel. Ist er es, der meine Bindung zu
Gott gekappt hat? War der Besuch im Kloster schuld? Liegt
es etwa an dem Buch? Habe ich den Teufel zu mir geleitet?
Ich habe das Buch nun in eine Plastiktüte verpackt und in
die hinterste Ecke vom Schrank gelegt.

Als ich heute beim Lernen *die Augen geschlossen hatte, war
mir, als ob ich eine dunkle Gestalt vor mir sah. Sie war ständig da*
und ich dachte wieder darüber nach, ob es den Teufel wirklich gibt. Martin Luther warf ja mal ein Tintenfass nach ihm.
Ich habe ein Räucherstäbchen angezündet und eine Osterkerze. *Ich nahm dann mein Kommunionkreuz, ein Wandkreuz,*

in die Hand und hielt es an meine Stirn und schloss die Augen.
Langsam wichen die dunklen Bilder und es kamen kleine blaue
Punkte, die sich dann zu einer blauen, immer heller werdenden
Fläche verwandelten. Es sah aus, als ob es mit einem Freiwerden
zusammen hing. Ich empfand es als sehr positiv. Ich habe
dann im Namen Jesu Gott um das Verschwinden des Teufels gebeten. Ich hoffe, dass dieser Kampf nicht mehr allzu
lange andauert, denn wer bin ich schon ohne die Liebe Gottes, ohne die Liebe, die größer nicht sein könnte? Ich werde
durchhalten.

Gott, bitte hilf mir, das, was zwischen uns steht, wieder
zu beseitigen. Nichts ist mir so wichtig wie deine Liebe und
Nähe. Amen.

Die Öllampe ist wieder gefüllt

26.08.2002 - Montag

Lieber Gott, nun bin ich wieder in Koblenz. Ich bin glücklich. Glücklich, mich wieder in dir geborgen zu fühlen. Eine
Woche lang habe ich gegen die negativen Mächte gekämpft,
die unsere Bindung kaputt zu machen versuchten. Eine
Woche, die mein Leben in einem anderen Licht erscheinen
ließ. Es war nicht mehr golden, sondern erschien grau und
kalt. Auch fühlte sich alles so anders an, so leer ohne dich,
mein Gott. Ohne deine Nähe und Liebe fühle ich mich so,
als ob man mir die Energie nimmt. Es ist wie mit einer Öllampe, der man das Öl nimmt. Je weniger Öl noch da ist,
umso weniger Wärme und Licht kann sie abstrahlen, ausstrahlen. Auch ich fühle, wie es in mir kälter wird und dein
Licht, das in mir leuchtet, an Strahlkraft verliert, wenn deine
Liebe und Nähe mich nicht bedeckt.

Was war geschehen vor einer Woche? Samstags noch
umhüllte mich deine Liebe wie ein seidener Mantel. Sie war

warm und leicht wie eine Feder. Sie erdrückte nicht, war vollkommen. Sie war leicht, aber nicht zu wenig. Sie war in dem Maß, dass sie mich nicht zu Boden niederfallen, aber auch nicht davon fliegen ließ. Deine Liebe war so sanft, so zaghaft und doch so stark. Was war aus ihr geworden? Wo war sie in der Woche als unsere Bindung gekappt war? Lag es am Gottesdienst an jenem Sonntag, er war gar nicht gut, oder lag es am Besuch des Karmelitinnen-Klosters? Ich weiß nur, dass mein Kampf gegen die Mächte, die uns trennten, erfolgreich war. Seit Sonntagabend fühle ich dich wieder, geliebter Gott. Du durchglühst mich wieder mit deiner Liebe. Es ist so herrlich, dass ich dich spüren darf.

Heute war ich bei der lieben Klosterschwester. Ich habe mich riesig darüber gefreut sie nach zweieinhalb Monaten wieder zu sehen und ihr ging es ebenso. Ich habe ihr von meiner Liebe zu dir, mein Gott, erzählt und meinen Gedanken ins Kloster zu gehen. Es ist so schön mit einem Menschen, der dich ebenfalls liebt, darüber reden zu können. Ich habe ihr nur angedeutet wieviel du mir bedeutest, denn wird sie mich verstehen, wenn ich ihr erzähle, wie groß und tief die Liebe zu dir tatsächlich ist? Obwohl ich vermute, dass sie es gespürt hat. Sie sagte zum Abschied, dass Gott mit mir sein soll. Und dann sagte sie, dass sie in meinen Augen, im Funkeln meiner Augen sehen würde, dass Gott bereits mit mir ist. Die Öllampe hat sich wieder gefüllt, ich habe wieder die Wärme in mir und dein Licht strahlt über meine Augen nach draußen. Vielleicht kann ich Licht in die Finsternis der Welt bringen. Danke, lieber Gott, für deine Liebe. Amen.

Ich habe im Klostergarten ein tiefrotes Blatt gefunden. Ein wunderschönes Rot. Wie das Rot eines Herzens, das Rot der Liebe, Liebe zur Schöpfung, Liebe zu Gott. Die Zeit geht, du aber bleibst, mein Gott, Gott der Liebe.

Der Herbst kommt

28.08.2002

Der Herbst kommt. Ganz langsam und geräuschlos schleicht er sich ein. Noch sind die Wiesen grün und die Blumen schimmern noch in ihren Farben. Doch dann sieht man die Blätter der Bäume, das kräftige, saftige Grün wird blasser und wandelt sich Richtung Gelb. Der Wind, der sachte durch die Baumwipfel streicht, trägt die Blätter mit sich hinfort. Ein letztes Mal tanzen sie durch die Lüfte, bevor sie sich zur Erde niederlegen.

Alles wandelt sich, alles hat seinen Lauf. Bald schon, wenn sich die Wälder in den schönsten Rot- und Goldtönen zeigen, dienen die Blätter als ein Zuhause für viele Tiere, ein Miteinander, ein Zusammenspiel. Alles passt harmonisch zueinander.

Wenn die Tiere ihre Blätterhöhle nicht mehr benötigen, wird aus den Anhängseln der Bäume Humus. Dieser nährstoffreiche Boden dient den verschiedensten Organismen als Lebensgrundlage, als Start ins Leben. Aber erst kommt nun der Herbst. Der Baum zieht seine Kräfte aus den Ästen zurück und kehrt in sich selbst ein.

Auch wir sollten diese Zeit nutzen, um uns über den Kreislauf der Natur klar zu werden und zu bemerken, dass es nur miteinander geht. Nur wenn wir im Einklang mit der Natur und unserem Umfeld leben, werden wir Humus streuen und eine Grundlage für weiteres Leben schaffen. Also warten wir nicht lange, sondern säen wir schon heute die Samen des Mitgefühls, des Mitleidens, der Freude und der Liebe aus.

Unsere Liebe soll werden wie eine Sonnenblume. Hoch erhebt sie sich und wird für alle Menschen sichtbar, spürbar. Sie strahlt ihre Freude und Glückseligkeit aus. Sie wendet sich der Sonne zu und alle Schatten fallen hinter sie. Sie bringt Freude ins traurigste Herz, lässt eisige Herzen schmelzen. Wenn jeder Mensch ein paar Sonnenblumen sät und diese pflegt, wird schon bald die ganze Welt bedeckt sein von dieser wunderschönen Pracht, von der Liebe, der Liebe zur Natur, zur Schöpfung, der Nächstenliebe und der Liebe zu Gott.

30.08.2002

Ich sitze in Koblenz und weiß nicht, ob es der richtige Weg ist, auf dem ich mich befinde. Ich weiß ganz sicher, dass ich mein Leben Gott widmen möchte, aber ich weiß nicht wie. Am liebsten würde ich alles hinschmeißen. Aber der Gang ins Kloster muss auch erst geplant werden. Ist im Klosterleben genug Platz für Gott? In einem kontemplativen Kloster sicherlich und das wäre immer noch etwas, was ich mir sehr gut vorstellen könnte. Allerdings kann ich dann nicht mehr für andere Menschen da sein und das ist es, was ich ebenfalls möchte. Anderen Menschen helfen, ihnen beistehen, ihnen die Hand reichen, ihnen von der Liebe Gottes, die in mir wirkt, abgeben. Nur wie und wo ist es möglich?

Die Probleme, die sich bei mir türmen und immer wieder auftun, seit ich in Köln bin, bringen mich an den Rand meiner Kräfte. Wer ist es, der gegen mich kämpft? Sind es andere Mächte, die sich mir in den Weg stellen? Ich muss es schaffen, ich darf nicht verzweifeln. Gott ist bei mir. Sobald ich die Prüfung geschafft habe, bin ich frei, frei für Gott.

12.09.2002

Fast zwei Wochen habe ich nun nichts geschrieben, denn es ging mir gar nicht gut. Es gab wieder einmal Probleme mit meinem Appartement in Köln. Es hatte rein geregnet und die sowieso schon extrem feuchte und schimmelige „Wohnung" war nun noch nasser. Ich konnte nicht mehr, fuhr heim und ging zum Arzt. Er stellte eine leichte Bronchitis fest. Dieses Appartement macht mich krank. Dazu kommt noch der Prüfungsstress und die nicht verarbeitete Trennung von Simon. Simon und ich waren ja seit einiger Zeit ein Paar gewesen. Aus unseren Kontakten per Messenger und Email waren lange Telefonate und persönliche Begegnungen geworden. Doch dann gab es eine plötzliche und überstürzte Trennung, als ich in Köln war. Simon hatte verschiedene Probleme, die ihn scheinbar zu diesem Schritt bewogen hatten. Dies führte dazu, dass wir keinerlei Kontakt mehr hatten. Es war fürchterlich. Lange hatte ich diesen Trennungsschmerz unterdrückt, doch dann brach er immer öfter auf. Es war für mich kaum noch auszuhalten. Ich wollte es noch unterdrücken bis nach der Prüfung, aber am Sonntag konnte ich nicht mehr und versuchte Simon zu erreichen. Aber er war nicht greifbar. Ich war nur noch am Weinen. Gerade als ich aufbrechen musste, um mich auf den Weg zu meiner Kölner „Nasszelle" zu machen, rief Simon zurück. Ich war überglücklich, als ich seine Stimme hörte. Gott, ich danke dir, dass wir wieder Kontakt zueinander haben und nun alles klären können.

Die Gefühle Jesu

15.09.2002 - Sonntag

Ich merke, dass ich schreiben muss, was mich beschäftigt. Ich war heute Morgen in Niederberg im Gottesdienst. Während der Wandlung fühlte ich mich Jesus wieder so nahe, mit ihm verbunden, dass ich mit den Tränen kämpfte. Außerdem verstand ich statt „lass uns mit deinem Leib verbunden sein" – „lass uns mit deinem Leid verbunden sein".

Ich litt während der Wandlung, ich spürte das Leid, die Gefühle Jesu. Ich dachte an die Zeit vor und während der Kreuzigung. Es ging mir gar nicht gut. *Meine Hände, die sich nun seit ein paar Tagen wieder „bemerkbar" machen, schmerzten und auch unter den Füssen fühlte ich die Wundmale.*

Ich bin sehr froh, Jesus wieder so nahe sein zu dürfen. In der letzten Zeit war ich überwiegend mit Gott Vater verbunden, aber nun fühle ich die Verbundenheit mit Jesus wieder aufflammen. Auch der Heilige Geist ist spürbar, nicht nur heute. Es ist so wunderbar in der Liebe Gottes, Jesu und des Heiligen Geistes zu stehen. Ich danke euch. Amen.

Weg mit dem Buch

18.09.2002 - Mittwoch

Bald hat die Zeit in Köln ein Ende, ich kann es kaum erwarten, wieder von hier wegzukommen.

Am Montag war meine Gottesnähe so riesig, es war einfach toll, aber zugleich auch sehr schmerzhaft. *Meine Hände taten so heftig weh wie schon lange nicht mehr.* Aber das war für mich gut so, denn ich wusste, dass nun der richtige Augenblick gekommen war, das „seltsame" Buch über Therese von Konnersreuth, das mir die Schwester aus dem Karmelitinnen-Kloster geschenkt hatte, wieder zurück ins Kloster zu bringen. Seit ich dieses Buch besaß, war der Kontakt zu Gott wie „gekappt". Ich hatte gerade einmal zwei Seiten darin gelesen. Auch die befreundete Klosterschwester sagte mir, ich solle dieses Buch auf keinen Fall lesen. Merkwürdig ist, dass die Schwester, die mir dieses Buch schenkte, mir sagte, ich solle ihr das Buch zurückgeben, falls ich es nicht lesen würde. Ob sie ahnte, dass mit diesem Buch etwas nicht stimmt? Sie erzählte mir ja von den Begegnungen, die sie mit dem Teufel hatte und dessen Angriffen. Hatte es etwas mit diesem Buch zu tun? Der Untertitel dieses Buches war etwas mit dem Teufel, ich glaube er hieß „die Versuchung des Teufels". Dieser Untertitel ist allerdings nur im Buch zu lesen. Ich bin auf jeden Fall am Montag zum Kloster gegangen, um das Buch wieder abzugeben. Ich hatte es in einen Müllbeutel getan, damit ich es nicht berühren musste. Ich erzählte der Schwester von meinen Erlebnissen, die ich diesem Buch zuschrieb. Sie selbst hatte dieses Buch nicht gelesen, da sie überhaupt keine Bücher lesen würde. Sie bat mich noch hinein zu kommen und wir unterhielten uns. Dabei achtete ich auf die spürbare Bindung zu Gott. Je länger ich in diesem Kloster war, umso geringer wurde die spürbare Nähe Gottes. Daher verließ ich das Kloster und ging in die nächste Kirche, St. Pantaleon. Ich dankte Gott für seine Hilfe und Nähe. Ich betete und steckte zwei Kerzen an, eine für Gott und mich und eine für Simon und mich. Ich bin froh, die eventuelle Verbindung zum Teufel nun erst einmal gekappt zu haben.

29.09.2002 - Sonntag

Es sind Dinge in meinem Kopf, die ich niederschreiben sollte, aber diese Dinge versuche ich immer erst für mich selbst zu durchdenken, anstatt sie aufzuschreiben. Heute will ich mich nun doch mal überwinden. Am Mittwoch, 25.09. war ich bei der befreundeten Klosterschwester. Irgendwann kamen wir auf Jesus, Kreuz und Kreuzigung zu sprechen. Ich merkte, wie das Leid der Kreuzigung mich wieder durchflutete. Meine Erlebnisse waren wieder spürbar, ich fühlte den Schmerz und eine tiefe Trauer in mir. Als ich zu Hause war, ging mir immer wieder eine Frage durch den Kopf: „Warum musste Jesus sterben, warum durfte ich nicht an seiner Stelle den Tod auf mich nehmen?" Ich erzählte es Simon, als er anrief und er reagierte sehr einfühlsam darauf. Das war gut so, denn mir war klar, dass man mich nicht verstehen würde, würde jemand „Normales" so was hören.

Der Gedanke, dass es mit dem Christentum bergab geht und die Kreuzigung Jesu bereits zirka 2.000 Jahre her ist und es sicher bald nötig ist ein neues Zeichen zu setzen, beschäftigt mich sehr. Irgendwie hat die Menschheit schon wieder vergessen, was Gott uns durch Jesus zeigte. Wird es bald wieder eine Kreuzigung geben? Ich fühle mich schon seit einiger Zeit in der Nachfolge Jesu. Ich fühle mich ihm so nah. Im Gegensatz zu anderen Mystikern war ich bereits mehrfach im Körper Jesu und habe seine Schmerzen und Gefühle getragen. Bin ich auserkoren ein neues Zeichen zu setzen? Werde ich im Namen Gottes sterben, um die Menschheit zu retten? Ich bin dazu bereit, denn die Liebe zu Gott trägt mich, was gibt es Größeres? Und anderen Menschen Gutes zu tun, ist das Schönste, was es gibt. Großer Gott, dein Wille geschehe.

Der heutige Gottesdienst hat mein Leid verstärkt. Immer noch denke ich ständig an Jesus und seinen Tod. Warum musste er sterben? Ich fühle mich Jesus so nahe, die Liebe zu ihm ist so stark. Im Gottesdienst sagte der Pfarrer, man solle mit Jesus sterben und sein Leid mittragen. Genau das ist es, was ich durchlebe. Ich hätte heulen können, aber ich unterdrückte meine Tränen. Jesus hat sich für uns hingegeben durch seinen Tod, hingegeben zur Vergebung unserer Sünden. Doch die Menschen sündigen weiter. Hat man das Zeichen, das Gott uns durch den Tod Jesu gegeben hat, vergessen? Was wird geschehen? Wann wird ein neues Zeichen notwendig sein?

Jesus, du hast alles auf dich genommen. Du bist den von Gott für dich bestimmten Weg gegangen bis in den Tod.

Auch ich möchte bedingungslos Gottes Weg folgen. Ich möchte würdig sein dir, Jesus, nachzufolgen. Gott, dein Wille geschehe.

Sonnentag

29.09.2002

Die Sonne scheint und die Menschen genießen diesen Sonntag, diesen Sonnentag und denken an alles Mögliche. Für sie ist es ein Sonntag wie viele. Nur für mich, mein Gott, ist dieser Sonntag anders. Er ist ein Tag intensivster Nähe zu Jesus.

Jesus, wie war dein Leben? Du wuchsest normal heran, lerntest einen normalen Beruf, um dann durchs Land zu ziehen, um das Wort Gottes unter die Menschen zu bringen. Du warst erfüllt von der Liebe Gottes und immer für die Menschen da. Du heiltest sie, du nährtest sie. Egal, welchen Spott du über dich ergehen lassen musstest, du gingst deinen Weg, den Weg Gottes. Vielen Menschen hast du geholfen und trotzdem hat man dich nicht erkannt. Du vollbrachtest Wunder und trotzdem musstest du dein Leben lassen. Obwohl du wusstest, was dir bevorstand, hast du dich deinem Schicksal gestellt.

Lieber Jesus, auch meine Liebe zu Gott ist so groß wie du sie spürtest. Auch ich möchte Menschen heilen, ihnen Gott näher bringen. Auch ich bin bereit meinen Weg zu gehen. Lieber Jesus, lass mich würdig sein in deine Fußstapfen zu treten. Bitte zeige dich mir wieder, damit du mir meine Aufgabe zeigen kannst. Ich möchte deine Nachfolge würdig antreten. Dafür nehme ich alles auf mich bis zum Tod.

10.11.2002 – Sonntagabend

Lange, viel zu lange Zeit habe ich nichts mehr geschrieben. Viel ist in der Zwischenzeit passiert. Die Prüfung zur Pharmareferentin habe ich bestanden und seit 01.10. werde ich von einer Pharmafirma geschult, übernachte in verschiedenen Hotels und lebe nur noch aus dem Koffer. Ich finde es schrecklich und sehne mich so sehr danach, wieder zuhause sein zu können und zur Ruhe zu kommen.

Seit vier Wochen bin ich wieder mit meinem geliebten Simon zusammen, wir konnten gut miteinander reden und alles klären. Nicht nur ich habe unter der Trennung sehr gelitten, Simon ging es ebenfalls so, doch er wagte sich nicht, bei mir anzurufen, da eine Freundin ihm sagte, dass er sich nie mehr bei mir melden soll. Doch jetzt ist alles wieder gut. Ich bin sehr glücklich darüber.

Was mich in der letzten Zeit sonst noch sehr beschäftigte, ist die Tatsache, dass ich Gott nicht mehr spürte. Ich fragte mich, was passiert war, ob ich was Falsches getan hatte oder ob ich unwürdig geworden war, um Gottes Nähe zu spüren. Ich grübelte stunden-, tage- und wochenlang, aber ohne Antwort. Es war so schlimm, denn es ist ein so schreckliches Gefühl, sich von Gott verlassen zu fühlen. Ob es vielleicht daran lag, dass ich von den Schulungen, den Hotels und den immer wieder neuen Eindrücken so voll war, dass Gott nicht mehr zu mir durchdringen konnte? Ja, das schien mir logisch und ließ mich meine Trauer beiseiteschieben. Ich erkannte, Gott ist da und war da, auch wenn ich ihn nicht spürte. Er hat mich nicht verlassen. Ich war nur zu blockiert, um ihn zu spüren.

Am Freitag saß ich in der Schulung, *als es auf einmal in meinem Körper zu kribbeln anfing. Etwas zog durch den Kopf in meinen Körper hinein und für mich war klar, ich werde durchflu-*

tet vom Heiligen Geist. Ach, was war ich so glücklich. Am Samstagmorgen, als ich in Koblenz in einer Buchhandlung war, spürte ich, wie sich Gott mir wieder näherte, *meine Hände begannen zu schmerzen.* Ich war darüber so froh. Ich habe Simon angerufen, aber er war zu sehr mit seinen eigenen Dingen beschäftigt. Ich habe deshalb geweint.

Abends lief der Film „Stigmata" im Fernsehen. Er war für mich ziemlich aufwühlend. Ständig wurde in kurzen Einblendungen gezeigt, wie man Jesus die Nägel in die Hände und Füße einschlug. Ich litt sehr stark darunter. In der letzten Pause habe ich Simon angerufen, da ich mir seelischen Beistand von ihm erhoffte, aber er lachte während des Gespräches, denn er sah lustige Werbung im Fernsehen. Ich war total enttäuscht und beendete das Gespräch und weinte. Nachdem der Film zu Ende war, sprach ich erneut mit Simon und sagte ihm, wie ich mich fühlte in Bezug auf den Film und auf sein Verhalten mir gegenüber. Auch heute Mittag haben wir uns darüber noch einmal ausführlich unterhalten. Das war sehr gut so. Nun ist es geklärt. Ich könnte nun noch vieles schreiben, aber Simon ruft gleich an und ich freue mich schon sehr darauf.

Wo bist du?

01.12.2002

Lieber Gott, wo bist du? Schon so lange sehne ich mich nach dir. Es ist so schrecklich ohne dich. Ohne deine spürbare Liebe ist die Welt so kalt. Sonst war alles hell, warm und golden. Alles hatte seine wunderschönen Farben. Die Welt strahlte neben den schönen intensiven Farben auch Wärme aus. Und nun? So ohne deine mich durchströmende Liebe ist die Welt grau. Die Farben sind verblasst und die Wärme ist gewichen. Oh Gott, wie ist das Leben so anders ohne dich. Es ist, als ob die Welt um mich herum einfriert. Alles verblasst und wird immer eisiger. Die Welt bewegt sich in Zeitlupe, obwohl die Zeit davon rast. Das Leben ohne dich ist kein lebenswertes Leben.

Lieber Gott, bitte durchflute mich wieder mit deiner unendlichen Liebe. Bitte lass mich Jesus wieder begegnen und durchströme mich mit deinem Heiligen Geist. Ich wünsche mir nichts mehr als deine Liebe. Das Feuer der Liebe glimmt nur noch ganz schwach in mir und ich habe Angst davor, dass der letzte Funke verlöschen könnte. Bitte lass die Flamme in mir wieder auflodern. Lass mich das Feuer der Leidenschaft und Liebe wieder spüren. Gib mir einen Großbrand der Gefühle in meinem Herzen. Auch wenn es Gefühle des Leids sein sollten, nehme ich diese dankbar an, Hauptsache, ich kann ganz nahe bei dir sein und dich fühlen.

Lieber Gott, bitte zeige mir, wie ich deine Botschaft umsetzen kann. Wie kann ich durch meine mystischen Erlebnisse anderen Menschen helfen? Bitte zeige mir meinen Weg. Ich möchte würdig sein, Jesus nachzufolgen. Ich möchte wie er, dein Wort den Menschen nahe bringen. Ich möchte sie berühren mit deiner Liebe. Ich möchte ihnen von dir und Jesus erzählen. Bitte nimm mich an als deine Dienerin. Zeige mir, was ich tun kann und soll. Zeige mir, wenn ich etwas falsch mache, wenn ich nicht so handle, wie du es möchtest. Bitte führe mich und gib mir die Chance deiner würdig zu sein. Viele Menschen möchte ich berühren, vielen Menschen den rechten Weg zeigen, den Weg zu dir, meinem geliebten Gott. Ich bitte dich darum mit allem, was ich habe. Danke, geliebter Gott.

01.12.2002

Fragen, viele Fragen gehen mir durch den Kopf. Mein geliebter Jesus, wann wusstest du, wer du bist und was deine Aufgabe ist? War dir als Kind schon bewusst, dass du Gottes Sohn bist? Wusstest du, dass du warten musst, bis der richtige Zeitpunkt gekommen ist, um in Gottes Namen zu wirken? Wie erkanntest du diesen Zeitpunkt? Wie konntest du bis zu diesem Zeitpunkt ein normales Leben führen? Auch ich, mein geliebter Jesus, habe ja eine Botschaft von unserem Vater erhalten, nur weiß ich nicht wie und wann ich sie umsetzen soll und kann.

Die Sehnsucht für Gott da sein zu können und sein Wort weiterzugeben wird immer größer. Immer öfter laufen mir die Tränen aus Verzweiflung, da ich nicht den Weg sehe, um in Gottes Namen handeln zu können.

Jesus, ich möchte deinen Weg fortsetzen, in deinen Fußstapfen wandeln. Bitte lass mich dir wieder begegnen, ich möchte mehr über dich erfahren, ich möchte wissen, wie du dich fühltest und wie alles begann. Bitte hilf mir, deinen begonnenen Weg fortzusetzen. Auch ich bin bereit alles dafür zu geben. Auch ich möchte vielen Menschen Gutes tun, sie heilen, ihnen Trost spenden, sie auf den rechten Weg führen. Bitte, Jesus, lass mich wissen, wie ich erkenne, wie und wo ich meine Aufgabe antreten kann.

Die Sehnsucht nach Gott frisst mich auf. Ohne seine spürbare Nähe verzehre ich mich. Ich möchte nicht vor Kummer sterben, sondern der Menschheit viel Gutes tun. Ich möchte nach meinem Tod weiterleben in der Erinnerung der Menschen, in der Erinnerung, Menschen viel Gutes getan zu haben.

Bitte, Jesus, führe mich und lass mich bitte bald schon deine Nachfolge antreten. Wenn es hilfreich ist, dann gib mir die Wundmale, ich werde sie würdig tragen und den damit verbundenen Schmerz dankbar annehmen. Denn sie sind das Zeichen deiner Nähe und der Verbundenheit zu dir, meinem Gott. Danke, dass du mich liebst.

Schmerzen der Gottverlassenheit

05.12.2002

Bald ist es ein Jahr her, dass mir Jesus erschienen ist. Schnell ist die Zeit vergangen, mit all ihren Höhen und Tiefen. Es war ein sehr schwieriges Jahr mit vielen verschiedenen Emotionen. Auf und ab ging es, wie in einer Berg- und Talbahn. Mal schwebte ich im siebten Himmel, um bald schon in einem Wagon einer Bergwerksbahn zu sitzen. Nie hätte ich gedacht, dass man so viele verschiedene Empfindungen erleben und auch aushalten kann.

Im Augenblick sitze ich in einem Hotel und es geht mir nicht gut. Gestern Abend war ich auch schon nicht gut drauf. Ich weiß, dass es unter anderem daran liegt, dass ich seit fast sechs Monaten aus dem Koffer lebe und ich mich nach Hause sehne. Aber der Grund, warum es mir wirklich so mies geht, liegt nur an einer einzigen Tatsache, nämlich, dass Gott mir so sehr fehlt. Ich kann gar nicht ausdrücken, wie schlimm es für mich ist. Ich weiß auch, dass niemand nachvollziehen kann, was mit mir los ist. Es ist einfach nur schrecklich. Ich fühle mich so von Gott verlassen. Es sind richtige Schmerzen, die mich plagen, Schmerzen der Seele, des Herzens, des Empfindens. Alles erscheint mir so sinnlos ohne Gott.

Wie lange noch, mein Gott, willst du mich so alleine lassen? Wie lange noch soll meine Seele dürsten nach dir? Ich fühle mich wie ein Mensch, der am Verdursten ist. Immer mehr sehne ich mich nach Wasser, dem rettenden Tropfen.

Wie lange halte ich diesen Zustand des Austrocknens noch aus? Immer mehr zieht mir mein Körper die letzten Feuchtigkeitsdepots heraus, immer mehr zieht sich mein Körper zusammen, immer mehr verhärtet er sich. Alles in mir schreit nach dir, hörst du mich nicht? Was soll ich bloß tun, damit du meine Hilfeschreie bemerkst? Was kann ich tun, damit ich dich wieder erreiche? Wie lange dauert es noch, bis ich am Ende bin? Wann, mein liebster Gott, rettest du mich aus der Dürrezeit? Gott, was habe ich getan, dass du mich so leiden lässt? Was ist es, was du mit mir vorhast? Ist es eine Prüfung, die du mir auferlegst? Bitte, lieber Gott, gib mir den Tropfen, der mich rettet. Bitte sei wieder spürbar bei mir. Gott, meine Liebe, bitte verlasse mich nicht für immer. Bitte, lieber Gott, erhöre meine Worte und lass mich dich wieder spüren.

Ich habe mir das Buch „Die Dunkle Nacht" von Johannes vom Kreuz gekauft, denn er kannte auch solche Phasen der Gottverlassenheit. Vielleicht finde ich Hilfe in seinen Worten.

2003

„Dunkle Nacht"

11.01.2003

Lieber Gott, ich bin so froh, dass es dich gibt. Ich bin so froh, dass ich dich erfahren durfte, dass ich Jesus sehen und die schwersten Stunden mit ihm durchleben durfte.

Anfangs war ich so voller Glück und so ergriffen von dieser Tatsache, dass ich das Gefühl hatte, ich muss es rausschreien und jeden Menschen mit dieser Liebe anstecken, mit dieser Liebe, die unendlich ist, die mich durchflutete, die mich von Kopf bis Fuß ergriffen hatte, die mich in Beschlag nahm. Ich spürte sie so stark in mir und dachte, jeder müsste mir ansehen, dass ein riesiges loderndes Feuer in mir brennt. Ich wollte jeden damit anstecken, jeden damit benetzen, mit deiner Liebe. Ich konnte es gar nicht für mich behalten, was ich erlebte. Diese Zeiten sind nun vorbei.

Durch die Zeit, durch die du mich jetzt führst, durch diese „Dunkle Nacht", die für mich sehr beschwerlich ist, ist mir vieles klar geworden. Ich merke, wie sich alles in mir festigt, wie ich ruhiger werde. Und mir wird klar, dass du mich bewusst durch dieses dürre Tal führst, damit ich diese Euphorie ablege und weiter reife in dir, meinem Liebsten, in dir, meinem Gott.

War ich am Anfang noch wie ein dünnes Pflänzchen, das hin- und hergerissen wurde im Wind, eine riesige Unruhe in sich hatte, mal euphorisch war vor Begeisterung und dann wieder niedergeschlagen, weil ich nicht alleine klar kam, so wird aus mir jetzt schon eine etwas kräftigere Pflanze. Diese „Dunkle Nacht", durch die du mich jetzt führst, wird mir helfen aus dieser kräftigeren Pflanze eine starke Pflanze zu werden. Ich bin mir ganz sicher, dass du es gut mit mir meinst und mich bewusst durch diese dürre Zeit führst.

Lieber Gott, bitte lass mich nie mehr an dir zweifeln. Bitte führe mich auf deinem Weg, damit ich würdig bin, dich zu hören, dich zu sehen und dich zu spüren. Damit ich deine Botschaft umsetzen und anderen Menschen damit helfen kann. Bitte zeige mir, wenn ich etwas falsch mache, was es ist, was ich falsch mache, damit ich es abstellen kann. Lieber Gott, bitte nimm alles von mir, was mich hindert zu dir. Ich danke dir für deine Liebe. Amen.

Du machst den Weg frei

22.01.2003

Lieber Gott, noch immer führst du mich durch die „Dunkle Nacht", noch immer bist du so fern. Die Lautstärke des Alltags übertönt deine Stimme und die Hektik des Tages lässt mich nicht zur Stille kommen. Oh lieber Gott, bitte durchdringe diese Mauer und berühre mich wieder mit deiner Liebe. Nichts ist wirklich wichtig außer deine Liebe.

Ich habe meine Arbeitsstelle verloren, weil das Projekt, für das ich eingestellt war, früher als geplant beendet wurde. Und da es momentan keine Anschlussprojekte gibt und mich die Firma nicht bei vollem Gehalt zu Hause lassen will, bis ein neues Projekt da ist, bekam ich die Kündigung. Nun bin ich zuhause, muss nicht mehr arbeiten gehen und bin für 14 Tage freigestellt, bevor ich dann arbeitslos bin. Das heißt, dass ich bald kein Einkommen und kein Auto mehr haben werde.

Zuerst war ich geschockt und weinte, doch dann erkannte ich, dass du, mein Gott, den Weg frei machst, frei damit ich deinen, für mich vorgesehenen Weg gehen kann. Denn durch die Kündigung bin ich aus der dreijährigen Vertragsbindung raus, ohne eine Ablösesumme für die Kosten der Ausbildung zahlen zu müssen. Lieber Gott, führe mich, ich begebe mich in deine Hände. Lass mich deine Dienerin sein. Ich bitte dich, erhöre mich. Amen.

Die schönen Dinge gibt es gratis

Mir gefällt es, endlich wieder Zeit zu haben. Ich erfreue mich an so vielen Dingen, an Dingen, die für viele Menschen keine Bedeutung zu haben scheinen. Ich bin riesig glücklich, wenn ich mit Hühnern gackere und diese sich um mich scharen. Ich bin glücklich, wenn ich mit den Vögeln zwitschere, eine Amsel vor mir sitzen bleibt und sich mit mir „unterhält", zu beobachten, wie Ameisen ihre Straßen bauen und wie die Tiere miteinander umgehen. Es ist super toll zu spüren, wenn der Wind durch die Haare streift und zu sehen, wie sich nach dem Regen ein bunter Bogen über das Land biegt. Was gibt es so schöne Dinge und die gibt es sogar gratis. Die Krönung dieser Dinge ist es, wenn man einen Menschen glücklich macht und sein trauriges oder gar grimmiges Gesicht zu einem zaghaften Lächeln wird und es danach vielleicht sogar zu einem lauten Lachen kommt. Das Glück, das einem aus diesen Augen entgegen strahlt, ist das Schönste und Beglückendste, was man sich vorstellen kann. Warum also rumhetzen und sich beruflich kaputtmachen, um so viel wie möglich zu verdienen?

Mein Wunsch ist es Menschen glücklich zu machen, sie mittels deiner Kraft, geliebter Gott, zu heilen, ihnen zuzuhören, sie zu trösten, ihnen zu helfen, sie zu beraten, ihr Seelen- und Körperheil wieder herzustellen und ihnen dein Wort nahe zu bringen. Lieber Gott, bitte führe mich, damit ich so wirken darf. Danke für deine Liebe. Amen.

Gott, ich vertraue dir

23.01.2003

Mein liebster Gott, meine Sehnsucht nach dir ist riesig, die Liebe zu Jesus noch viel mehr. Aber ist es wirklich die Liebe zu Jesus oder ist das Gefühl, welches ich verspüre ein ganz anderes? Immer wenn ich das Wort Jesus höre, über ihn lese oder seinen Namen geschrieben sehe, bin ich zutiefst berührt. Jesus ist mir so nahe. Mir ist, als ob ich er bin oder zumindest seine Nachfolgerin sein soll. In den letzten Tagen wird dieses Gefühl immer stärker.

Seit ich in seinem Körper war und die Kreuzigung durchlitten habe, fühle ich mich wie ein Teil von ihm. Die Nähe, die Liebe zu Jesus ist riesig. Was soll ich tun? Kann ich darüber reden? In der letzten Zeit weine ich oft, wenn ich von Jesus höre, denn ich bin gefühlsmäßig mit ihm verbunden, bei ihm. Ich würde so gerne sagen, was ich fühle und denke, aber ich möchte nicht in der „Klapsmühle" landen, denn wer würde mich verstehen? Simon habe ich gestern Abend davon erzählt. Ich denke, für ihn ist es auch nicht ganz einfach, damit umzugehen.

Lieber Gott, was ist mein Weg? Bitte zeige ihn mir. Ich möchte deine Botschaft umsetzen und mit meinen Erlebnissen anderen Menschen helfen, aber wie? Bitte gib mir die innere Ruhe, den klaren Blick und die Gelassenheit, deine Botschaft wahrzunehmen.

Die „Dunkle Nacht", durch die Du mich führst oder führtest (vielleicht bin ich nun fast am Ende des dunklen Tunnels) lässt mich meine erste Euphorie ablegen. Die Gefühle werden nun anders. Sie sind so viel tiefer und fester, so intensiv. Sie stärken mich, auch in schweren Zeiten. Du, mein Gott, bist mir das Wichtigste im Leben geworden. Obwohl ich gerade meine Arbeitsstelle und damit mein Auto und mein Einkommen verloren habe, verzweifle ich nicht, denn du, mein Gott, führst mich, du machst mir den Weg frei, du gibst mir die Kraft zu vertrauen auf das, was kommt. Du bereitest mir den Weg, deinen Weg, den ich bereit bin zu gehen. Gott, ich vertraue dir. Gott, ich liebe dich.

Niederwerfen vor Gott

Ich erinnere mich an Ende letzten Jahres, es war Anfang Dezember. Meine größte Sehnsucht war es, mich in der

Kirche vor dir, mein Gott, niederzuwerfen. Lange habe ich mit mir gerungen, mich gefragt, warum ich dieses riesige Bedürfnis habe, für was es gut sein soll dies zu tun, was für eine Bedeutung es hat. Dann war es mir peinlich solche Gedanken und Wünsche zu haben. Nach langem Ringen mit mir habe ich mit Simon darüber geredet und er fand es überhaupt nicht merkwürdig. Er fragte mich, ob ich schon eine Kirche ausgewählt hätte, die mir dafür geeignet erschien. Aber diese Kirche hatte ich noch nicht gefunden. Daher machte ich mich auf die Suche. Meine Wahl fiel auf die St. Josef-Kirche in Koblenz. Auf dem Hochaltar steht Jesus und es gibt auch einige Szenen aus seinem Leben. Davor ist ein roter Teppich und genügend Platz, um sich niederzulegen. Als ich diese Stelle fand, dachte ich lange nach, ob ich es wagen sollte. Aber was wäre, wenn mich jemand vor dem Altar liegend fände? Ich entschloss mich zu warten bis Simon wieder in Koblenz sein würde. Er sollte dabei sein, um eventuell auftauchende Personen fernzuhalten.

Und so saß ich dann alleine in der Kirche und meine Sehnsucht, mich vor Jesus niederzuwerfen, wurde immer größer. Zugleich stieg die Angst, dabei gesehen zu werden. Was sollte ich tun? Ich war hin- und hergerissen. Meine Gefühle und mein Verstand kämpften miteinander. Ich ging zum Altar und stellte mich davor. Lange Zeit verharrte ich so. Es war still in der Kirche, keine andere Person befand sich in ihr. Ich wusste es, denn ich hatte vorher einen Rundgang durch die Kirche gemacht. Dann kniete ich mich nieder. Ein riesiges Gefühl der Ehrerbietung durchfloss mich. Ich machte mich klein vor Jesus, ich zeigte ihm seine Größe. Das tat mir sehr gut. Lange kniete ich da, mit dem Blick auf Jesus gebannt. Dann wurde die Sehnsucht riesengroß, alles in mir schrie danach, mich niederzuwerfen. Dieses Gefühl wurde immer heftiger, es übermannte mich, durchflutete mich von Kopf bis Fuß. Es war so extrem heftig, ein Verlangen, das mich alles andere vergessen ließ. Nur noch diese Sehnsucht war da, die Sehnsucht, Gott zu zeigen, wie sehr ich ihn liebe. Dann ließ ich es zu. Ich fiel vor dem Altar auf den Boden, lag ausgestreckt vor Jesus und fühlte mich so wunderbar, so klein und ergeben, vor seiner göttlichen Größe.

Oh Jesus, meine Liebe, nimm mich an als deine Dienerin. Bitte führe mich, lass mich deiner würdig sein. Hilf mir deine Worte zu hören, dich zu sehen und deine Aufgaben auszuführen. Bereite mir deinen Weg und zeige mir, wenn ich etwas falsch mache. Dein Wille geschehe. Amen.

Nach kurzer Zeit hörte ich Geräusche und ich sprang auf, um nicht gesehen zu werden. Ich ging aus der Kirche heraus, meine Beine waren weich wie Pudding, so bedeutungsvoll war es für mich.

Als Simon wieder in Koblenz war, tat ich es noch einmal. Dieses Mal hatte ich mehr Zeit. Simon gab mir das Gefühl des Schutzes, das Gefühl nicht gesehen zu werden. Zugleich war es mir peinlich, dass er sah wie klein ich mich vor Gott machte, dass er sah, wie wichtig mir Jesus ist, wie sehr ich ihn liebe. Damit verbunden war auch das Gefühl, dass er mich vielleicht nicht versteht und sogar eifersüchtig wird. Simon war aber nicht eifersüchtig. Er sagte mir, dass er weiß, dass Gott für mich das Wichtigste ist und Gott einen ganz anderen Stellenwert hat als ein Mensch auf Erden. Er versteht mich. Ich finde es toll, dass Simon so reagierte. Denn würde Simon zwischen mir und Gott stehen, dann würde ich mich für Gott entscheiden. Er weiß es und so soll Gott immer in unserer Beziehung mit dabei sein. So wie er es schon ist. Und das ist wunderbar so.

Ein neuer Weg tut sich auf

18.03.2003

Lieber Gott, nun habe ich seit zwei Monaten nichts aufgeschrieben, aber es geht sehr viel in meinem Kopf umher. Nachdem ich meine Arbeitsstelle verloren hatte, hast du meinen Weg in Richtung Schweiz geleitet. Ich freue mich darüber. Allerdings sind damit verschiedene Gefühle verbunden, schöne und traurige.

Ich freue mich darüber, bald mit Simon in meiner geliebten Schweiz, inmitten der Berge, zusammenleben zu dürfen, oh, ist das schön. Ich hoffe, dass man mich als Deutsche akzeptiert und ich schnell genug ihre Sprache verstehen werde. Wie wird es mir wohl ohne eigenes Auto in einem kleinen Bergdorf ergehen? Ich werde dann auch in gewisser Weise finanziell von Simon abhängig sein, so etwas ist neu für mich. Aber Geld war für mich noch nie so wichtig.

Endlich kann ich dir, geliebter Gott, dann wieder mehr Zeit widmen. Simon, der in Splügen und den Nachbardörfern als Pfarrer arbeiten wird und ich werden uns einen Gebetsraum einrichten und dorthin kann ich mich dann zurückziehen, wenn ich mit dir alleine sein möchte. Das ist für mich sehr beglückend. Auch für dich da sein zu können, macht mich sehr glücklich, denn endlich kann ich etwas in deinem Namen tun, kann für die Menschen da sein, ein offenes Ohr für sie haben und ihnen bei Problemen und Kummer zur Seite stehen, ihnen dein Wort weitergeben und sie zu dir führen.

Allerdings durchströmen mich auch noch andere Gefühle, nämlich die der Trauer, Trauer wegen des Abschiednehmens. Es fällt mir sehr schwer, mich räumlich von meinen Eltern und meiner Oma zu trennen. Auch die entstehende Distanz zu anderen Menschen wie meiner Schwester mit ihrer Familie und zu vielen Freunden macht es mir nicht leicht. Besonders schlimm finde ich es, mich von der Klosterschwester verabschieden zu müssen. Zwar sehen wir uns nicht so oft, aber es ist eine sehr tiefe Bindung zu ihr entstanden. Mit ihr fühle ich mich in Bezug auf dich, meinen Gott, zutiefst verbunden.

Es sind noch andere Dinge passiert, die ich vielleicht einmal niederschreiben sollte. Am Sonntag ist etwas Merkwürdiges passiert. Ich saß in der Kirche, es war kurz bevor der Gottesdienst begann. Da ging der große Mann, der sich im Gottesdienst immer vor mich setzt und mir die Sicht versperrt, an „meiner" Bank vorbei und setzte sich einige Reihen vor mich. Und, als er so an mir vorbei ging, roch es auf einmal ganz intensiv nach Friedhof, nach frischer Erde, wie von einem gerade ausgehobenen Grab. Ich war sehr erschrocken. Simon hat am Telefon mit mir zusammen für diesen Mann gebetet. Es war nicht das erste Mal, dass ich „Dufterlebnisse" hatte. Schon mehrere Male hatte ich starke Gerüche in der Nase. Die anderen Male war es allerdings Rosenduft. Woher er kam, weiß ich allerdings nicht, es waren auch keine Rosen zu sehen.

Vor Fastnacht, am 27.02., *verspürte ich deinen Ruf,* mein Gott. *Du sagtest mir, ich solle in die Kirche kommen.* Da ich aber nichts mehr zum Essen zuhause hatte, lief ich erst mal zum Supermarkt und kaufte ein. *Dein Ruf wurde immer stärker.* Total erschöpft kam ich vom Einkaufen zurück in meine Wohnung, denn ich hatte zwei sehr schwere Taschen den Berg hinauf getragen und hätte mich am liebsten erst einmal erholt, aber *dein Ruf wurde so heftig,* dass ich sofort losging zur Kirche. Da mir die Niederberger Kirche nicht so zusagt, machte ich mich auf den Weg in die Arenberger Kirche. Es war ein Fußmarsch von einer halben Stunde. Völlig kaputt kam ich dort an. Ich war alleine in der Kirche und da dein

Ruf mich so sehr angerührt hatte, hatte ich das Bedürfnis mich vor dir niederwerfen zu müssen. Und das tat ich dann auch. Ich legte mich mitten in den Gang vor dir auf den Boden. Es tat sehr gut und zum ersten Mal machte ich mir nicht ständig Gedanken darüber, was wäre, wenn ich nun so entdeckt würde. Nachdem ich wieder aufgestanden war und mich in eine Bank gesetzt hatte, ging die Türe auf und es kam jemand hinein. Danke Gott, dass du mir diese Zeit gegeben hast.

Momentan gehe ich wieder in einen Exerzitien-Kurs. Aber leider habe ich den Kopf so zu mit Dingen, die den Umzug betreffen, dass ich mich nicht richtig auf die Übungen konzentrieren kann. Ich nehme mir viel zu wenig Zeit für dich, meinen geliebten Gott. Bitte verzeih mir dafür. Ich weiß, ich bitte dich ständig um mehr Nähe, aber ich kann dich nicht so spüren wie ich es mir wünsche, da ich innerlich nicht leer bin, um dich aufnehmen zu können. Ich hoffe, bald wird es wieder besser, denn mein Herz sehnt sich nach dir.

Liebe, nicht Armut

19.03.2003

Ich habe ein Buch über Charles de Foucault gelesen. Sehr interessant. Charles trat nach seiner Bekehrung in ein Kloster ein. Aber das Leben war ihm dort nicht arm genug. Da trat er wieder aus. Er baute sich in Afrika eine Einsiedelei und lebte dort ein extrem armes Leben, denn nichts konnte ihm arm genug sein. Er wollte wie Jesus leben.

Auf einer Seite ist es sehr faszinierend zu sehen, wie sehr sich ein Mensch „aufgibt", um Jesus nachzufolgen. Auf anderer Seite frage ich mich, was Jesus darüber denkt. Was wäre, wenn Jesus in der heutigen Zeit leben würde? Er würde bestimmt nicht so arm wie möglich leben und kaum etwas essen. Ich glaube, Jesus würde sich ganz normal ernähren und in einfachem Stil leben. Keine Armut und kein Luxus, sondern „normal". Natürlich kann man sagen, wenn man Jesus nachfolgen möchte, muss man arm leben. Aber Jesus war so „arm", wie es die meisten Menschen zu seiner Zeit waren. Übertragen auf die heutige Zeit wäre Jesus sicherlich ein Mensch des Mittelstandes. Jesus würde sich normal kleiden und normal essen und könnte das, was er hat, mit anderen Menschen, die weniger haben als er, teilen. Daher halte ich es für etwas zu extrem, was Charles de Foucault machte. Ich denke, es ist nicht im Sinne Jesu. Jesus ging es vor allem darum, das Wort Gottes weiterzugeben, die Menschen zum Glauben an seinen Vater zu führen. Den Menschen begegnete Jesus voller Liebe und Barmherzigkeit. Er gab ihnen, was sie brauchten. Er hörte ihnen zu, sprach mit ihnen, war für sie da. Er war bei ihnen, bei den Menschen, ein Teil von ihnen. Er gab ihnen zu essen, zu trinken und von seinem Herzen. Er zeigte, was Nächstenliebe bedeutet. Er war sich nicht zu fein, um sich mit Bettlern und Kranken, Sündern und Zöllnern zu umgeben. Egal ob alt oder jung, er umgab sich mit allen Menschen.

Und genau so sollte die Nachfolge Jesu aussehen: mit den Menschen sein. Es kommt nicht darauf an, so wenig wie möglich zu essen und so arm wie möglich zu sein. Nein, es kommt darauf an, bei den Menschen zu sein, mit ihnen zu sein, ihr Leben, ihre Freude, ihr Leid zu teilen, ihnen zu geben, wenn sie Hilfe benötigen, ihnen zuzuhören, ihnen Zuspruch zu geben, mitten unter ihnen zu sein und ihnen von Gott zu erzählen und sie zum Glauben zu bewegen. Nicht mit Gewalt oder Druck, sondern durch Liebe. Wer Gottes Wort mit dem Herzen aufnimmt, bei dem es Gefühle auslöst, der weiß, wie groß und mächtig unser Gott ist. Nur dieser Mensch ist von Gott berührt, nur dieser Mensch erkennt Gott. Deshalb geht es in der Nachfolge Jesu darum, den Menschen mit Liebe zu begegnen. Und mit ihnen die Liebe Gottes zu teilen. Nur so finden Menschen zum Glauben.

06.05.2003

Noch immer stecke ich in der „Dunklen Nacht", wie Johannes vom Kreuz sie bezeichnet. Für mich ist es eine sehr schwere Phase, aber ich weiß, dass ich da durch muss und ich weiß auch, dass ich es schaffe. Allerdings wäre es gut, wenn ich mich darüber mit jemandem austauschen könnte, der mich und die „Dunkle Nacht" versteht.

09.05.2003

Heute war ich in Eibingen. Die Klosterkirche der Hildegard ist für mich der Ort, zu dem ich mich total hingezogen fühle. Für mich ist es ein ganz wichtiger Ort. Jesus ist für mich dort spürbar anwesend. Heute habe ich auch von dort Abschied nehmen müssen. Am 21.05. ist mein Umzug in die Schweiz und nun heißt es loslassen. Loslassen von allem, was mir wichtig ist. Loslassen von Menschen, die ich liebe, loslassen von Gewohntem und Liebgewonnenem. Diese Phase ist nicht ganz einfach und hat mich schon einiges an Tränen gekostet. Aber ich weiß, dieser Schritt ist notwendig. Ich fühle, dass Gott mich ruft und führt. Von ihm fühle ich mich getragen und lege meine Hände in die seinen, denn sein Wille geschehe.

Am Montag werde ich mich auch von meinem geistlichen Begleiter verabschieden müssen und am Donnerstag steht die Verabschiedung meiner Klosterfreundin an. Alles Termine, die mir sehr nahe gehen. Dazwischen sind noch weitere letzte Treffen mit Freunden. Und dann kommt die Verabschiedung meiner Eltern am Umzugstag. Es ist echt nicht leicht, diese Phase des Loslassens. Aber manchmal muss man erst weit von seinem Zuhause fortgehen, um im Leben weiter zu kommen. Und für mich ist es ein Weg, der mich näher zu Gott führt, denn in der Schweiz kann ich ganz ich selbst sein und meinen Glauben leben, was ich bisher noch nicht hundertprozentig konnte.

Ich hoffe, dass ich, wenn ich nun mit Simon in die Berge ziehe, den Menschen dort mit Gottes Liebe begegnen kann. Ich möchte bei und mit ihnen sein und meine Liebe zu und von Gott mit ihnen teilen. Ich wünsche mir, sie mit Gottes Liebe zu berühren. Ich hoffe, ich bin würdig ihnen zu helfen, ihnen zuzuhören und ihnen ein guter Mensch zu sein. Vielleicht gibt mir Gott die Gabe Menschen zu heilen, das wäre schön, denn auch dadurch könnte ich den Menschen Gott näher bringen. Ich wünsche mir sehr, die Menschen zu Gott zu führen. Danke Gott für deine Liebe.

Angekommen in der Schweiz

Seit dem Abend des 21.05. bin ich nun in der Schweiz und am Tag danach kamen meine Möbel. Es gibt noch sehr viel zu tun bis es gemütlich wird im Haus, denn es stehen noch viele unausgepackte Kisten in den Zimmern.

Das Loslassen von meiner Familie, meinen Freunden und meiner Heimat war schwer, aber ich habe es geschafft. Ohne Loslassen ist ein Neuanfang und damit ein Weiterkommen auf Gottes Weg nicht möglich. Manchmal muss man sich von festgefahrenen Wegen lösen, denn auch liebgewonnene Gewohnheiten und gute Freunde können irgendwann zu einer Fessel werden. Nun bin ich hier in den

Bergen und weiß, dass es richtig war, diesen Schritt zu gehen. Nun bin ich gespannt, was Gott mit mir vor hat.

06.06.2003 - Freitag

Hier sitze ich nun in meiner neuen Heimat. Seit Wochen packe ich entweder Kisten ein oder aus. Ich bin voll im Stress. Es zehrt ganz schön an den Nerven. Das Schlimmste aber ist die „Dunkle Nacht", in der ich mich immer noch befinde. Ich fühle mich so sehr von Gott verlassen.

Mein Herz schreit nach dir, mein Gott. Es ist so schrecklich ohne dich. Was kann ich tun, was soll ich tun, damit du, meine große Liebe, mir wieder nahe bist? Ich könnte nur noch weinen, schreien oder brüllen, um auszudrücken wie schrecklich ich mich ohne deine spürbare Liebe fühle. Wie lange noch kann ich diesen Zustand aushalten, ertragen? Bitte, lieber Gott, zeig mir, dass du da bist, dass du mich liebst. Gib mir bitte irgendein Zeichen, damit ich weiß, du bist auch weiterhin da, wenigstens ein ganz kleines Zeichen. Jesus, ich möchte dir nachfolgen. Bitte zeige mir, wie ich deine Aufgabe fortführen kann. Heiliger Geist, sei bei mir und zeige mir den rechten Weg, damit ich die Aufgabe, die mir Gott zugeteilt hat, auch ausführen kann. Oh, mein Herz zerreißt vor Kummer, vor Sehnsucht. Alles in mir sehnt sich nach dir, mein Herr. Jede Faser meines Leibes schreit. Gott, hilf mir diese qualvolle Zeit zu überstehen. Reiche mir deine Hand, damit ich die „Dunkle Nacht" überstehe.

Pater Rummel sagte mir, es brauche viel Kraft und Mut diese Phase zu durchlaufen. Immer wieder frage ich mich, was genau er damit meint. Ja, es kostet enorm viel Kraft. Aber Mut? Wie viel Kraft habe ich noch? Wie lange kann ich es noch aushalten, er-tragen? Ich weiß, dass ich da durch muss. Die „Dunkle Nacht" ist ein Reinigungsprozess der

Seele. Aber es sind Seelenqualen. Sie sind nicht mit normalen Gefühlen gleich zu setzen. Sie sind anders, viel intensiver, viel tiefer, viel ärger.

Herr, bitte gib mir Kraft und Geduld zu ertragen, was du
mir auferlegst. Für dich möchte ich da sein, für dich wirken,
deine Aufgaben erfüllen. Führe mich weiter, ich vertraue
dir. Du weißt, was mit mir los ist, du siehst, wie es in mir
aussieht. Du wirst mich retten, wenn ich nicht mehr kann.
Gott, ich liebe dich. Amen.

24.06.2003

Im Augenblick fühle ich mich bezüglich der „Dunklen
Nacht" relativ stabil. Ich füge mich so langsam in mein
Schicksal und nehme es so hin, wie es ist.

Neue Heimat

Nun bin ich bereits seit fünf Wochen in der Schweiz. Es
gefällt mir sehr gut hier. Die Menschen sind sehr nett und
freundlich und ich verstehe sogar schon recht viel von dem,
was sie sagen. Das heißt, ich verstehe von dem sehr schwierigen Bündnerdeutsch mehr, als ich am Anfang dachte.
Darüber bin ich sehr froh. Einige Menschen stellen während
eines Gespräches sogar auf Hochdeutsch um, was man hier
als Schriftdeutsch bezeichnet. Das ist manchmal ganz angenehm, denn es ist schon anstrengend, immer intensiv auf
die einzelnen Wörter zu achten, um sie zu verstehen. Ich
hoffe, die Sprache irgendwann auch mal hundertprozentig
zu verstehen.

Die Landschaft hier ist traumhaft schön. Splügen liegt im
Rheinwald, das ist das Hinterrheintal. Das heißt, es fließt
hier der Hinterrhein und um uns herum sind auf beiden
Seiten Berge. Die Berge sind alle entweder knapp unter

3.000 Meter hoch oder etwas darüber. Allerdings erscheinen die Berge nicht so hoch, da Splügen bereits auf 1.457 Metern liegt. Unterhalb der Berge, auf denen nun fast kein Schnee mehr zu sehen ist, gibt es Tannenwälder und sonst ist alles Wiese. In diesem Juni, der der heißeste Juni seit 250 Jahren ist, blühen auf den Bergen die Alpenrosen, sonst erfrieren sie scheinbar oft, bevor sie zum Blühen kommen. Allerdings sind es nicht nur ein paar Alpenrosen, nein, es sind riesige Flächen. Alles ist rot da oben in den Bergen, es sieht total toll aus. Der Hinterrhein ist hier noch türkisfarben und sehr kalt. Er fließt in Reichenau, das ist zirka 50 km von hier entfernt, mit dem Vorderrhein zusammen und nennt sich ab dort „Rhein", so wie man ihn in Deutschland kennt.

Seit Simon und ich hier in Splügen wohnen, haben wir bereits einiges erkundet. Wir waren zweimal in Italien und zweimal im Tessin, wir sind über verschiedene Bergpässe gefahren und haben verschiedene Seen gesehen. Auch durch St. Moritz sind wir schon gefahren. Der Ort liegt etwas mehr als 80 km von hier entfernt. Zwei Bergwanderungen haben wir auch schon gemacht. Es war sehr anstrengend, aber es ist toll, durch welchen super Anblick man dann belohnt wird.

In unserem Pfarrgarten habe ich ein Beet angelegt. Das war viel Arbeit, denn dafür musste ich erst einmal das Gras „kürzen", denn es ging mir bis zum Bauchnabel und es anschließend entfernen. Dann musste ich hacken und umgraben. Die Arbeit hat sich aber gelohnt, denn ich habe dort nun Salat, Chinakohl, Mangold, Peperoni, Tomaten und Kräuter angepflanzt. Gesät habe ich auch noch etwas und es erscheinen auch schon die ersten kleinen Blättchen. Ich habe nun angefangen, ein weiteres Stück Wiese umzugraben. Vor mehr als 15 Jahren war an dieser Stelle wohl bereits mal ein Beet. Aber das Umgraben an dieser Stelle ist noch viel schwieriger als an der ersten Stelle. Aber auch das werde ich schaffen und dann kommen dort Kartoffeln und Zwiebeln hin.

Im Garten habe ich einen Frosch entdeckt und gefangen, um ihn mir einmal genauer anzuschauen. Er ist ein Grasfrosch, ein hübsches Tierchen, mit kleinen schwarzen Flecken und einem curryfarbenen Bauch. Ich habe ihn dann gleich nach dem Betrachten wieder ins Gras gesetzt. Und am Sonntag hatten wir einen großen Feldhasen im Garten, den ich dann vertreiben musste, bevor er den Salat entdeckt.

Die Temperaturen sind hier in Splügen zum Glück angenehm, die höchste Temperatur war 29 Grad und gestern hatten wir 26 Grad. Das reicht vollkommen aus. Wenn Simon und ich mal in Chur oder in Thusis zum Einkaufen waren, sind wir immer froh, wenn wir wieder zurück in unseren Bergen sind. Denn hier ist es nicht so heiß und auch nicht so stickig. Wir wohnen hier also richtig toll, mitten in der Natur und mit toller Bergluft.

Warum bist du so fern?

29.06.2003

Gott, meine Liebe, warum bist du so fern?
Die Nacht ist so dunkel, es funkelt kein Stern.
Meine Seele ist durstig, so durstig nach dir.
Bitte hilf durchzuhalten, ich kann bald nicht mehr.

Die Knospe, kurz vor der Blüte, sie trocknet fast ein.
Herr, lass mich dir würdig sein, ich fühl mich so klein.
Jede Faser in meinem Körper, sie bebt, weint und schreit,
Gott, hilf meiner Seele, dann bin ich befreit.

Jesus, wo bist du?

06.07.2003

Ich wohne in einem kleinen Schweizer Bergdorf. Alles ist schön hier, die Landschaft mit ihren tollen Bergen, die Natur, die Luft, die Menschen. Wenn ich morgens aus dem Fenster schaue, staune ich immer über die wunderbare Natur. Egal wo ich hinschaue, überall sind meine geliebten Berge. Ich kann gar nicht genug bekommen von diesem wunderbaren Anblick. Die Natur ist einfach unbeschreiblich schön, so schön habe ich sie sonst selten erlebt. Hier ist alles noch so natürlich. Die Menschen leben mit und von der Natur. Auch die Kühe leben hier ein lebenswertes Leben. Hier ist alles irgendwie anders als in Deutschland.

Seit ein paar Tagen arbeite ich nun tageweise in einem kleinen Laden hier im Tal. Bereits vor dem Umzug in die Schweiz hatte ich einen Anruf erhalten und wurde gefragt, ob ich gerne im kleinen Dorfladen mitarbeiten möchte und da habe ich zugesagt. So kann ich die Menschen und ihre Sprache besser kennenlernen, denn viele Wörter sind total fremd für mich, wie zum Beispiel die Schweizer Begriffe für Kirschen, Zwiebeln, Feldsalat, Chicorée und vieles andere. Aber es klappt und ich verstehe die Menschen immer besser und die Tätigkeit macht mir Freude.

Alles wäre perfekt, wenn mir nicht etwas ganz Entscheidendes fehlen würde: Gottes Nähe. Schon lange stecke ich in der „Dunklen Nacht". Es ist, als ob mein Lebensatem, den Gott mir eingehaucht hat, verschwunden ist. Wie lange kann ich so ohne ihn leben?

Nach außen hin lächle ich, denn in Bezug auf mein normales Leben, meinen Alltag, geht es mir gut, doch innerlich weine und schreie ich. Es ist ein schweres Leiden, eine Qual, die mich innerlich verzehrt, die mich kaputtmachen, mich vernichten möchte. Manchmal kann ich mich nicht mehr zusammenreißen und dann weine ich, aber nur dann, wenn es keiner mitbekommt. Aber das Weinen alleine hilft nicht wirklich. Ich könnte schreien vor Schmerz, vor Schmerz der Entbehrung von Gott. Konnte ich sonst Gott Vater hören, Jesus sehen und den Heiligen Geist spüren, so ist nun schon seit langer Zeit alles tot in mir. Es ist zum Verzweifeln.

Oh Gott, was habe ich getan, dass du mich verlassen hast? Wie oft schon habe ich nach dir gerufen, aber du bliebst mir fern? Bitte lass mich dich spüren, zeige mir, dass du da bist. Was kann ich tun, um deiner wieder würdig zu sein? Seit Tagen schon fällt mir das Beten schwer, denn ich habe den Eindruck, es hilft nicht. Wie sollen dich „normale" Worte erreichen, wenn sogar meine Hilfeschreie dich nicht erreichen? Immer öfter denke ich daran, dass mich der Tod zu Jesus führt. Dieser Gedanke macht mich glücklich. Aber gibt es denn nicht auch zu Lebzeiten Möglichkeiten, Gott wieder zu spüren? Irgendwie fehlt mir hier ein Ort, wie ich ihn im Kloster der Hildegard von Bingen hatte, ein Ort, wo ich Jesus gegenwärtig fühle und ihn, wenn auch nur gemalt, sehen kann.

Einen Altar habe ich hier in unserem Haus aufgestellt für dich, meinen Gott, aber ich habe nicht das Gefühl, dass du es gut findest. Warum, mein Gott, lässt du mich so leiden? Jesus, meine große Liebe, wo bist du? Für dich würde ich sofort mein Leben lassen, um bei dir sein zu können. Wie lange muss ich noch leiden, um dir, meinem Gott, wieder zu gefallen? Johannes vom Kreuz spricht davon, dass es Jahre dauern kann, bis die Seele gereinigt ist. Kann ich es jahrelang ohne deine spürbare Nähe aushalten, jahrelang ohne deine spürbare Nähe leben? Du bist es doch, der meinem Leben erst Sinn gibt, der mir den nötigen Lebensatem gibt. Was passiert mit mir ohne deine spürbare Liebe? Werde ich verkümmern wie eine Pflanze, der man kein Wasser mehr gibt? Werde ich langsam und qualvoll verdursten? Meine Blätter hängen schon schlapp an mir herunter und werden schon gelb. Wann gibst du mir wieder zu trinken vom Quell des Lebens? Gib mir doch wenigstens einen Tropfen, damit ich wieder etwas Lebensenergie bekomme und nicht schon bald alle Blätter von mir fallen. Wie lange, mein Gott, kann ich diesen Zustand der „Dunklen Nacht" durchhalten? Wer kann mir helfen? Nun suche ich schon einige Wochen hier in der Schweiz vergeblich nach einem Seelenführer beziehungsweise nach einer Person, der ich mitteilen kann, wie es mir geht, jemanden, der mir zuhört und mich versteht. Aber ich finde niemanden. Gott, meine Liebe, bitte gib mir Kraft durchzuhalten und führe mich zu einer Person, die mich leiten und stützen kann.

Manchmal habe ich das Gefühl, du bist mir wieder etwas nahe. *Dann durchflutet mich ein ganz kleines bisschen das Gefühl deiner Liebe, aber nur ganz leicht.* Ich fange dann an zu hoffen, dass es wieder so wird, wie es war, bevor du mich in die „Dunkle Nacht", in die Wüste führtest, aber es ist nicht so. Du gibst mir für ein paar Minuten, höchstens für einen halben Tag das Gefühl, dass deine spürbare Nähe wiederkommt. Eine ganz kurze Zeit tauchst du mich in die Hoffnung, um dich dann wieder total zurückzuziehen. *Auch meine Hände lässt du ab und zu wieder schmerzen* und machst mich damit glücklich, denn dann weiß ich, du bist da. *Auch den Heiligen Geist durfte ich durch meinen Körper hindurchströmen fühlen.* Aber all das passiert nur äußerst selten. Machst du das, damit ich nicht total verzweifle? Reichst du mir etwas Zucker, damit ich nicht immer nur den bitteren Geschmack der Entbehrung schmecken muss?

Gott, bitte reinige meine Seele, damit ich dich bald schon wieder spüren kann. Bitte reiche mir deine starke Hand und führe mich durch diese sehr qualvolle Zeit. Hilf mir, dass ich nicht verzweifle und nicht den Glauben an dich verliere. Amen.

Durchleiden müssen

Das Durchleiden der „Dunklen Nacht" ist wirklich ein Leiden, eine echte Qual, aber ich weiß ja dank Johannes vom Kreuz, warum es so ist, aber dadurch wird es nicht leichter. Die Tatsache, dass es Jahre dauern kann, ist für mich ganz extrem schlimm. Ich kann immer wieder nur auf Gott vertrauen und hoffen, dass er erkennt, wann es für mich nicht mehr geht und er mich leitet, auch in dieser Trockenheit.

Suche nach einem geistlichen Begleiter – Schwerstarbeit

20.07.2003

Noch immer suche ich hier in der Schweiz nach einem geistlichen Begleiter. Ich habe mit meiner Suche schon von Deutschland aus begonnen. Leider gestaltet sich diese Suche als Schwerstarbeit. Ich habe ein Email an verschiedenste Klöster und Pfarrer geschickt, in dem ich nach einem Fachmann für Mystik fragte. Ich habe diese Suche extra allgemein gehalten und nicht direkt nach einem geistlichen Begleiter zu dieser Thematik gefragt.

Am 05.05., also vor zweieinhalb Monaten, meldete sich Pater Clemens bei mir, er hatte mein Email von seinem Abt weitergeleitet bekommen. Pater Clemens schrieb mir, dass ihm zwar mystische Phänomene aus den Schriften von Mystikern vertraut sind, ihm jedoch in der Praxis der geistlichen Begleitung mystische Phänomene im engeren Sinne kaum begegnet sind. Er schrieb sehr einfühlsam und ich fühlte mich von ihm verstanden. Daher war ich am 14.06. zu einem Gespräch bei ihm im Kloster. Das Treffen war gut, aber irgendwie hatte ich den Eindruck, dass er mir nicht richtig weiterhelfen konnte, vielleicht weil er als geistlicher Begleiter für Mystiker nicht so erfahren war. Ich verglich ihn mit meinem bisherigen geistlichen Begleiter, Pater Rummel, den ich für einen Fachmann in diesem Bereich halte. Dieser kennt sich auch mit den Phasen der „Dunklen Nacht" aus, in der ich mich immer noch befinde. Daher setzte ich meine Suche nach einem „Spezialisten" fort und teilte dies auch Pater Clemens mit. Den Kontakt hielt ich aber aufrecht. Wir mailten noch einige Mal und ich schrieb ihm, dass es mir gefällt, wie aufmerksam und einfühlsam er mit meinen Worten umgeht. Mir gefällt seine Art sehr gut und ich fühle mich wohl, wenn ich ihm begegne oder ihm schreibe. Es ist schade, dass er sich nicht so gut mit der Begleitung von Mystikern auskennt, denn das würde mir helfen.

Ansonsten waren die Reaktionen auf mein Email bezüglich der Suche nach einem Fachmann für Mystik sehr unterschiedlich, falls man überhaupt darauf antwortete. Entweder kannte man keinen Fachmann für Mystik oder man fragte, für was dieser Fachmann gesucht würde. Als ich dann schrieb, dass ich einen geistlichen Begleiter aufgrund meiner eigenen mystischen Erlebnisse suche, kamen zwar ein paar Tipps, aber es scheint mir, dass man meine Suche entweder für unwichtig hält, mir nicht glaubt oder man mich für verrückt hält. Eine solche Erfahrung habe ich erst vor anderthalb Wochen mal wieder gemacht. Ich bekam eine Telefonnummer von einem Franziskaner Pater. Normalerweise rufe ich nicht an, da es mir lieber ist, mich per Email oder persönlich auszutauschen. Aber da es nicht anders ging, rief ich dort an. Dieser Pater hat mich behandelt, als wäre ich total „bescheuert". Er hat es geschafft, dass ich nach dem Gespräch so am Ende war, dass ich den Abt eines Klosters angerufen habe, den man mir wegen seiner vielen Kontakte ebenfalls empfohlen hatte. Dieser machte einen Termin für ein Treffen mit mir aus für den heutigen Sonntag. Simon hat mich zum Kloster gefahren und wer war nicht da? Der Abt. Er hat mich einfach versetzt. Ich habe noch einige Zeit auf ihn gewartet, aber er ist nicht aufgetaucht und es wusste angeblich auch niemand, wo er ist. An der Klosterpforte bekam ich zu hören, dass Splügen ja nicht Amerika wäre und die Anreise daher ja nicht so lang war. Dann ließ man mich stehen, obwohl ich weinte. Sehr „freundlich".

Obwohl der Abt meine Telefonnummer hatte, hat er weder abgesagt noch bis heute Abend bei mir angerufen, um sich zu entschuldigen.

Ich bin am Verzweifeln, denn es kostet mich sehr viel Kraft diese Erlebnisse und diese Art, wie ich behandelt werde, zu verarbeiten. Ich dachte immer, Menschen der Kirche und eines Klosters wären Seelsorger, aber da habe ich wohl etwas falsch verstanden. Diese Art, wie ich sie nun mehrfach in den letzten Wochen erlebt habe, ist einfach nur schrecklich und ist genau das Gegenteil von Seel-Sorge. Was wäre denn gewesen, wenn zum Beispiel eine suizidgefährdete Person diesen Termin beim Abt gehabt hätte und der Abt wäre nicht erschienen? Hätte es dann vielleicht ein Todesopfer gegeben? Vielleicht darf man sich einfach nicht mehr allzu viel erhoffen von den „sogenannten" Seelsorgern. Ich weiß, ich tue nun vielleicht einigen Patern oder Pfarrern unrecht, aber im Augenblick sind die überwiegenden Reaktionen auf meine ernst gemeinten Anfragen sehr negativ.

Ich finde, man sollte mit Menschen anders umgehen, sich mal in die Rolle des anderen hineinversetzen. Auch ich habe im privaten Rahmen immer Seelsorge gemacht, war für andere Leute und ihre Probleme da. Nie hätte ich jemanden so behandelt, wie man es mit mir macht. Ich bin ziemlich sauer und habe auch sehr viel geweint, weil ich mir bald keinen Rat mehr weiß, wo ich noch suchen kann. Es ist mir sehr wichtig einen Fachmann für Mystik zu finden, der mich begleitet. Der Abt kommt dafür nicht mehr in Frage, denn auf ihn ist ja kein Verlass und einen weiteren Versuch für ein Gespräch mit ihm möchte ich unter diesen Umständen auch nicht mehr.

So langsam verstehe ich die Menschen, die sich von der Kirche abwenden. Was kann man denn noch von den „Oberhirten" erwarten? Ich bin echt am überlegen, ob ich mal einen Artikel über meine Erfahrungen in einer Kirchenzeitung schreiben sollte, um mal einige Kirchenvorsteher wachzurütteln, aber so ein Artikel würde bestimmt nicht veröffentlicht.

Die Kirche redet groß davon, dass sie Jesus bei seiner Wiederkunft erkennen würde, und dass das, was damals mit Jesus geschehen ist, heute nicht mehr vorkommen würde. Aber wenn die Personen, die sich Vertreter Gottes nennen, sogar eine Anfrage nach einer geistlichen Begleitung ignorieren, ohne sich mal ein genaues Bild zu machen und einen direkt und ohne richtiges Gespräch für „verrückt" erklären, dann frage ich mich doch ernsthaft, wie diese Menschen mit einer Person, die Gottes Wort öffentlich verbreitet, umgehen würden. Jesus würde sicherlich genauso verurteilt werden wie zu seiner Zeit. Allerdings würde er nicht mehr am Kreuz enden, sondern eher in einer Psychiatrie. Sind diese Menschen denn blind? Sollte man in der heutigen, aufgeklärten Zeit nicht einiges besser wissen als damals? Sollte man nicht dankbar sein über Menschen, die sich eine Hilfe von der Kirche erhoffen und sich an die Kirche wenden? Oder sind suchende und fragende Menschen nur noch Ballast und verursachen unnötige Arbeit?

Gab es nicht schon in der Bibel Propheten? Gab es nicht schon damals mystische Erlebnisse, wie zum Beispiel die Bekehrung des Paulus? An diesen Geschichten rüttelt keiner, man nimmt sie als wahr hin. Aber wehe, es passiert in der heutigen Zeit etwas Ähnliches, dann ist man gleich ein Fall für die Therapie. Sogar im Mittelalter bekamen Mystikerinnen und Mystiker einen Seelenführer zur Seite gestellt. Auch sie hatten es nicht leicht, aber man hat sie nicht so abgestempelt wie in der heutigen Zeit. In den Büchern oder Zeitungen steht oft der Satz von Karl Rahner, dass der Christ der Zukunft ein Mystiker sein wird oder er nicht mehr sein wird. Ja, man redet und schreibt wieder häufiger über Mystik. Mystiker werden langsam wieder aktuell und interessant, aber nur die, die schon lange nicht mehr unter den Lebenden weilen. Ja, man ist wieder aufgeklärter, aber man verschließt die Augen: „Das war einmal, so etwas kann in der heutigen Zeit nicht mehr passieren." Die Menschen sind so blind, sie vertrauen überwiegend auf ihren Verstand und unterdrücken die Gefühle und andere Wahrnehmungen, dabei erreicht uns Gott nicht im Kopf, sondern im Herzen. Die Sinne verkümmern oder sie sind unbequem und stören in der Entwicklung. Erlebnisse mit Gott sind ja Dinge, die man nicht mit Geräten und Tests beweisen kann, wie also sollte es „andere" Dinge zwischen Himmel und Erde geben? Und Gott? Wo wohnt er denn überhaupt? Bisher hat ihn doch keiner gesehen und auf einer Wolke kann er sich ja auch nicht aufhalten, wo also ist er denn? So ist das Denken einer Vielzahl von Menschen.

Ich wusste nicht, was Mystik ist und habe solche Erlebnisse auch nicht gesucht. Es ist überhaupt nicht leicht, damit klar zu kommen. Es macht das Leben sehr beschwerlich, aber es hat mein Leben auch sehr bereichert. Ein größeres Geschenk gibt es in meinen Augen nicht. Umso schlimmer ist die „Dunkle Nacht", in der man sich von Gott total verlassen fühlt. Das Leid, das einen dann überfällt, ist so schmerzhaft und qualvoll, dass, selbst wenn ich erklären könnte, wie schlimm es ist, mich keiner wirklich verstehen könnte. Und wenn man dann in dieser so schmerzhaften, qualvollen Phase drin steckt und dann als verrückt „abgestempelt" wird, kostet es sehr viel Kraft, um diese sehr aufzehrende Situation durchzustehen, um nicht zu verzweifeln, um nicht das Leben „wegzuwerfen". Doch selbst das wäre keine Lösung, denn Gott hat einen Plan mit mir und den Weg, den er mir „auferlegt", muss ich gehen mit allen Höhen und Tiefen. Ich hoffe auf seine helfende Hand und seine unendliche Liebe.

So langsam schwindet meine Hoffnung hier in der Schweiz einen geistlichen Begleiter zu finden. Es ist echt schlimm! Der Pater in Deutschland, der mich bisher begleitete, ist leider über 600 km von hier entfernt und es ist daher nicht möglich, zu ihm zu fahren. Da ich meine neue Heimat in der Schweiz habe, möchte ich hier einen Seelenführer finden, damit ich ganz in der Schweiz zuhause sein kann. Und nur ein Austausch per Telefon ist mir zu wenig. Für mich ist es wichtig, eine Person zu haben, zu der ich persönlich hingehen kann, gerade, wenn es mir schlecht geht oder ich stark bewegende Erlebnisse habe. Denn, damit allein zu bleiben, ist sehr, sehr schwer.

Gott, bitte führe mich zu dem Menschen, den du für mich auserkoren hast als meinen Seelenführer. Bitte lass mich deine Zeichen erkennen und führe mich auf deinem Weg. Ich vertraue dir. Dein Wille geschehe. Amen.

Schrei nach Gott

22.07.2003

Großer Gott, was hast du mit mir gemacht? Seit du mich mit deiner Liebe berührt hast, ist mein Leben nicht mehr so, wie es einmal war. Du entfachtest in mir ein riesiges Liebesfeuer, das solche Dimensionen hatte, dass ich dachte darin zu verbrennen. Ich wünschte mir, alle Menschen damit zu berühren, damit auch sie deine unendliche Liebe spüren können. Deine Liebe war so groß, dass, selbst wenn ich sie über die gesamte Welt ausgegossen und jedes einzelne Lebewesen damit benetzt hätte, sie nicht weniger geworden wäre. Ach Gott, was hast du mit mir getan?

Und nun? Nun hast du mich in die „Dunkle Nacht" geführt. Es ist schlimm für mich. Meine Sehnsucht nach dir, mein geliebter Gott, zerreißt jede Faser meines Leibes. Alles in mir schreit nach dir, mein Gott. Wo bist du, Himmlischer Vater? Warum fühle ich mich so verlassen von dir? Ich bin doch deinem Ruf gefolgt und habe alles, was mir lieb und wichtig war, zurückgelassen, um deinen Weg zu gehen. Und nun? Wo ist deine hilfreiche Hand? Wo ist deine Kraft, deine Liebe? Wo ist deine Stimme und wo ist dein Sohn? Ach Gott, meine große Liebe, warum lässt du mich so leiden?

Zuerst hast du mein Leben versüßt, hast mich fast verglühen lassen in deiner Liebe und nun tauchst du mich genau in das gegenteilige Gefühl. Nun ist es kalt und dunkel und ich habe Angst dich in dieser Dunkelheit nie mehr wiederzufinden. Warum hast du dich so distanziert von mir, warum hast du mich verlassen?

Gott, bitte reiche mir deine Hand, damit ich dich wieder spüren kann. Bitte gib mir ein Zeichen, damit ich weiß, du bist auch weiterhin bei mir. Durchflute mich wieder mit deiner Liebe, damit ich auch nach außen hin deine Liebe ausstrahlen und weitergeben kann. Gib mir die sichtbaren Wundmale, wenn du es möchtest, damit ich auch nach außen hin deinem Sohn gleiche und damit erkennbar seine Nachfolge antreten kann. Bitte reinige meine Seele, damit ich bereit bin für deine Worte, deine Botschaft und deine Aufgaben. Bitte führe mich durch diese Dürrezeit und lass mich nicht verzweifeln. Du siehst, wie es mir geht. Bitte rette mich, wenn ich am Ende meiner Kraft bin. Hilf mir, nicht aufzugeben an dich und deine Liebe zu glauben. Zeige mir, wenn ich etwas falsch mache. Zeige mir deinen Weg und nimm mich an als deine dir ganz ergebene Dienerin. Bitte vergiss mich nicht, damit ich nicht verkümmere vor Sehnsucht nach dir, Gott, meiner großen Liebe. Amen.

26.07.2003

Im Augenblick habe ich viel damit zu tun, die schwere, qualvolle Zeit der „Dunklen Nacht" durchzustehen. Ich hoffe immer wieder darauf, dass Gott sieht, wenn ich es nicht mehr aushalte und dass er mich auch in dieser Trockenheit weiter leitet. Es ist schwerer auszuhalten, als man es sich vorstellen kann. Ich glaube, es kann keiner nachvollziehen, wie schlimm es wirklich ist, wenn er es nicht selbst durchleben musste.

Dazu kommt, dass ich mir im Alltag nicht anmerken lassen darf, wie es mir geht, denn ich arbeite ja tageweise in dem kleinen Dorfladen und da muss ich natürlich freundlich und fröhlich sein. Das ist für mich nicht so leicht, aber es lenkt mich auch ab, aber es ist nur ein Überdecken, ein Verdrängen.

Bald gibt es noch mehr Ablenkung, denn Ende August fahren Simon und ich zum Fest des Glaubens nach Hergiswil. Pater Anselm Grün wird auch dort sein. Ich bin sehr gespannt darauf.

Der Abt war da

Der Abt, der mich versetzt hatte, hat mich hier zuhause besucht und sich vorher per Email für den vergessenen Termin entschuldigt. Leider hat er scheinbar keine Ahnung von Mystik und zeigte auch keinerlei Ambitionen, mir bei der Suche nach einem geistlichen Begleiter zu helfen. Er ist der Meinung, dass eine geistliche Begleitung eine neue Modeerscheinung sei. Ich erzählte ihm, dass die Mystikerinnen im Mittelalter bereits Seelenführer zur Seite gestellt bekamen. Da gab er zu, dass auch ihr Ordensgründer schon über geistliche Begleitung geschrieben habe, aber er tat es einfach so ab. Er sagte, man habe alles in sich und brauche niemanden dafür, um mit mystischen Erlebnissen klar zu kommen. Das Thema Mystik hat er im Gespräch auch nur ganz kurz angeschnitten und dann über psychologische Themen mit mir geredet. Es war zwar interessant, was er erzählte, aber es war nicht das, was ich mir erhoffte. Zum Glück hatte ich dieses Mal keine großen Erwartungen an das Treffen, so dass ich nicht allzu enttäuscht war. Außerdem habe ich aufgegeben, mich weiterhin um einen geistlichen Begleiter zu kümmern. Ich muss erst einmal die schlechten Erlebnisse der letzten Zeit bei der Suche verarbeiten, vor allem das schlimme Telefonat mit dem Franziskaner Pater. Und die „Dunkle Nacht" macht das Ganze auch nicht leichter. Im

Augenblick fühle ich mich so weit von Gott entfernt wie noch nie. Das ist sehr schlimm für mich.

07.08.2003

Mittlerweile habe ich die Empfehlung erhalten, den Abt eines weiteren Klosters anzuschreiben, also nicht den Abt, der mich versetzt hatte. Ich habe ihm heute ein Email geschickt. Ich bin gespannt auf seine Reaktion.

10.08.2003

Simon und ich sind heute auf eine Alp gewandert. Sie liegt auf etwas über 2.000 Metern. Wir konnten erst loslaufen, nachdem Simon seinen Gottesdienst gehalten hatte. Da war es bereits 12.45 Uhr und sehr heiß, über 30 Grad und das in den Bergen. Aber es tat mir sehr gut. Und obwohl ich total ungeübt bin, es war erst meine dritte Bergwanderung, habe ich es gut geschafft und seitdem geht es mir wieder besser.

19.08.2003

Der zweite Abt hat auf mein Email geantwortet und bittet mich, ihm mitzuteilen, an welchen Tagen es bei mir mit einem Treffen klappen würde. Ich habe ihm mehrere Möglichkeiten per Email genannt. Ich bin so froh, nun scheint sich bei meiner Suche doch noch etwas zu ergeben.

25.08.2003

Vor ein paar Wochen *sagte mir eine innere Stimme immer wieder, dass ich spazieren gehen soll.* Doch da es mir nicht gut ging, ich sehr traurig, niedergeschlagen und kraftlos war, *ignorierte ich sie, bis die Stimme so laut wurde, dass ich mich nicht mehr widersetzen konnte.* Ich wusste, ich muss raus und dieser Stimme nachgeben. Also bin ich spazieren gegangen. Es hat mir sehr gut getan und es ging mir anschließend viel besser als zuvor.

Ich bin froh über diese innere Stimme, denn sie warnt mich und zeigt mir genau, was ich tun muss. Diese Stimme zeigt mir so lange, was ich machen muss, bis ich nachgebe. Anschließend geht es mir dann besser. Sie ist eine Art Warnmechanismus. Oder ist es sogar Gott, der mir sagt, was ich tun soll? Ich weiß es nicht. Ich weiß nur, dass Gott mich nicht überfordert. Sobald ich etwas erlebe, was mir Angst macht, zum Beispiel während einer Vision und ich es sage, ändert sich dieser Zustand oder er wird beendet.

Und obwohl es mir durch das Spazierengehen wieder besser ging, beschloss ich, mich von Gott, Kirche, Mystik und allem, was damit zu tun hat, zurückzuziehen, denn ich hatte den Eindruck, dass mir das alles zu viel wird. Ich habe nicht mehr gebetet, habe alle christlichen Bücher weggeräumt und mir gesagt: „Ich will nichts mehr damit zu tun haben." Das ging gerade mal ein paar Tage gut. Nach einer Woche brannte in mir eine so riesige Sehnsucht nach Gott, dass ich merkte, ich kann und will nicht ohne Gott sein. Ich fühlte mich wie Jona, denn ich stellte fest, dass ich Gott nicht entkommen kann. Und darüber bin ich sehr froh. Die Sehnsucht nach mehr Nähe zu Gott ist geblieben und ich habe auch wieder angefangen zu beten und Bücher über Gott zu lesen und auch in der Bibel, denn Gott ist immer noch meine große Liebe.

Aber auch wenn die „Dunkle Nacht" weiterhin anhält, so weiß ich, Gott ist bei mir. Ich lasse mich von ihm durch die Wüste führen, denn ich bin mir sicher, er lässt mich nicht fallen. Er führt mich durch die Dürre und irgendwann gibt er mir wieder einen Tropfen seiner Lebensquelle, damit ich in der Trockenheit nicht verdurste.

12.09.2003

Der zweite Abt hat sich, nachdem ich ihm wie gewünscht mehrere Möglichkeiten für ein Treffen mitgeteilt hatte, nicht mehr gemeldet. Ich bin sehr traurig. Nun habe ich mehrere Wochen auf einen konkreten Termin gewartet, ohne dass etwas von ihm zurückkam. Ob ich ihm noch einmal schreiben soll? Aber ich will ja auch nicht aufdringlich sein. Vielleicht soll es einfach nicht sein. Ich werde mich nicht mehr melden.

Zerreissende Sehnsucht

23.09.2003

Lieber Gott, ich vermisse dich so sehr. Die Sehnsucht nach dir zerreißt mich innerlich. Was kann ich tun, damit du mir wieder nahe bist? Ich schaffe es nicht, mir eine stille Zeit zu nehmen und auch meine Gebete sind nur unregelmäßig. Ich möchte gerne täglich Zeit für dich haben. Alles in mir schreit nach dir, geliebter Gott. Was soll ich tun?

Seit gestern Abend merke ich wieder, wie dringend ich einen Ansprechpartner, einen geistlichen Begleiter benötige, doch die Suche nach einem solchen habe ich schon vor einiger Zeit eingestellt.

Bitte, lieber Gott, schicke mir die Person, die mir weiterhelfen kann. Lieber Gott, bitte zeige mir, wo und wie ich diesen Seelenführer finde. Bitte lass mich nicht länger alleine, es ist so schmerzhaft ohne dich, meine große Liebe. Amen.

Ich muss da durch

23.09.2003

Bis letzte Woche Donnerstag ging es mir noch recht gut und ich bin jeden Morgen mit einem Loblied auf den Lippen aufgewacht. Das war so seit Simon und ich Ende August auf einem großen Glaubensfest in Hergiswil waren, bei dem auch Pater Anselm Grün mitwirkte. Jede freie Minute, in der ich alleine war, habe ich Loblieder gesungen, egal ob an der Bushaltestelle oder bei der Arbeit. Diese Art von Musik habe ich an diesem Fest kennengelernt, bisher kannte ich so etwas nicht. Ich bin so fasziniert von diesen Liedern, dieser Kraft und Freude, die sie ausstrahlen und von der Tatsache, auch auf diese Weise zu Gott beten zu können. Dieses zweitägige Fest hat mich total beeindruckt und meine Liebe und Freude an Gott verstärkt. Ich habe auch kurz mit Pater Anselm Grün geredet. Wir waren alleine in einem kleinen Raum und am Ende der Unterredung hat er mir die Hände auf den Kopf gelegt und mich gesegnet. Das hat mich sehr bewegt und mir gut getan.

Doch heute geht es mir überhaupt nicht gut. Wenn ich näher beim Kloster von Pater Clemens wohnen würde, würde ich jetzt zu ihm fahren, aber es geht nicht, denn der Weg ist zu lang und ich muss heute Nachmittag arbeiten und zum Anrufen fehlt mir der Mut, da ich nicht weiß, wie ich per Telefon ausdrücken soll, wie es mir wirklich geht. Ich kann generell nicht so gut darüber reden und am Telefon fällt es mir doppelt schwer. Ich versuche es jetzt einmal mit Schreiben.

Mein Problem ist immer noch die „Dunkle Nacht". Diese Distanz zu Gott ist einfach schrecklich und heute zerreißt mich die Sehnsucht nach Gott regelrecht. Dazu kommt, dass es mir seit meinem Umzug in die Schweiz nicht mehr gelungen ist, eine stille Zeit zu machen. Wenn ich mich hinsetze und versuche keine Gedanken zu haben oder einfach nur ruhig zu werden und offen zu sein für Gott, bin ich entweder zu unruhig oder ich schlafe dabei fast ein. Auch um in der Bibel zu lesen, bin ich innerlich zu unruhig. Ich suche die Nähe zu Gott, weiß aber nicht wie. Wer kann mir helfen?

Pater Clemens hatte mir einmal einen Satz geschrieben, der sehr gut zu meiner Situation passt: „Ein Mensch, den Gott ganz in Seine Nähe holen will, muss durch lange Phasen der (passiven) Reinigung, die sehr schmerzhaft sind, hindurch. Dem Menschen kommt es dabei oft vor, das alles gehe über seine Kräfte - und das stimmt ja eigentlich auch. Doch erweist dann Gott seine Kraft in der Schwäche und lässt den Menschen durch diese Prüfungen hindurch am eingeschlagenen Weg, am Vertrauen auf die Liebe Gottes festhalten. Das Feuer der Sehnsucht nach Gott ließe sich nur mit Gewalt löschen."

Ja, das Feuer der Sehnsucht nach Gott brennt auch weiterhin. Trotz dieser Phase der Trauer, Qual und der inneren Schmerzen, dem Schwert, das mich innerlich zerfleischt und mich an den Rand der Existenz bringt, bleibe ich bei Gott. Er ist meine große Liebe und ihn werde ich nie mehr loslassen, egal wie sehr ich leiden muss. Ich vertraue auf Gott, dass er mich im rechten Augenblick errettet und mich durch die „Dunkle Nacht" hindurchführt.

Morgen gibt es erst einmal eine Ablenkung. Ich habe Geburtstag und Simon und ich wollen uns einen schönen Tag machen. Wir wollen wegfahren, spazieren gehen und essen gehen. Vielleicht finden wir ja auch noch eine Möglichkeit in einen Gottesdienst zu gehen. Am Abend ist dann die zweite Chorprobe vom gemischten Chor, aber die werden wir wohl ausfallen lassen. Viel Neues, viel Interessantes liegt vor uns, aber trotz allem fehlt mir Gott so sehr. Was kann ich bloß tun?

Schlimmste Qualen der „Dunklen Nacht"

23.09.2003

Mir geht es nicht gut. Ich fühle mich wie in der Wüste. Ich krieche nur noch am Boden auf der Suche nach dem rettenden Tropfen Wasser. Aber die rettende Quelle ist nicht in Sicht. Alles in mir zerreißt und ich trockne aus. Alles in mir tut weh und jede Faser schreit vor Schmerz, so schlimm ist die Sehnsucht nach dir, oh Gott. Ich schreie zu dir und bitte um Hilfe, aber du lässt mich leiden. Du gibst mir nicht den helfenden Tropfen, aber du lässt mich auch nicht sterben. Wie lange kann ich diesen Zustand durchhalten?

Würde ich nun sterben, wären meine Qualen zu Ende und ich wäre bei dir, dir, meiner großen Liebe. Aber du lässt mich leiden, quälst mich, lässt mich innerlich verdorren. Du prüfst mich, lässt mich weiter in der „Dunklen Nacht". Diese Wüste der Einsamkeit, der Trockenheit und Sehnsucht ist schrecklich. Jedes Sandkorn ist wie Schmirgelpapier, es reibt und reibt und lässt meine Haut aufplatzen. Das Fleisch wird nackt und roh und ist extrem schmerzempfindlich und es führt dazu, dass ich blute. Ich verblute langsam. Mein Herzblut tropft erst langsam, um dann immer mehr zu einem kleinen Rinnsal zu werden. Bald bin ich zu schwach, um vorwärts zu kriechen, um die rettende Quelle zu finden. Der unstillbare Durst nach dir ist so groß, dass ich es bald nicht mehr ertragen kann. Nicht mehr lange wird es dauern, bis mich Tiere angreifen werden, um mich zu verschlingen. Aber es ist ja nur mein Körper, meine vergängliche Hülle. Herr, bitte rette meine Seele.

Ich weiß nicht, was du mit mir vorhast, Herr. Egal was es ist, ich bleibe dir treu. Mein Leben gebe ich in deine Hände. Mach mit mir, was du willst. Ich werde alles auf mich nehmen, ich werde alles er-tragen, denn das Feuer der Sehnsucht nach dir, mein Gott, brennt auch weiterhin. Trotz dieser Phase der Trauer, Qual und der inneren Schmerzen, dem Schwert, das mich innerlich zerfleischt und mich an den Rand der Existenz bringt, bleibe ich bei dir. Du bist meine große Liebe und dich werde ich nie mehr loslassen, egal wie sehr ich leiden muss. Ich vertraue auf dich, mein Herr, dass du mich im rechten Augenblick errettest. Amen.

Hilfreiche Worte in der „Dunklen Nacht"

24.09.2003

Ich habe gestern Pater Clemens geschrieben, wie es mir geht. Ich dachte mir, nach diesen Worten hält er mich jetzt entweder für total verrückt oder er versteht mich. Ich hoffe, ich habe ihn nicht geschockt mit meinen Worten, aber ich musste es einfach loswerden. Die Emails von Pater Clemens tun mir immer sehr gut und besonders sein letztes Email hat mir sehr geholfen. Mein Vertrauen zu ihm wächst immer mehr und ich habe den Eindruck, dass sich Pater Clemens in der letzten Zeit mehr mit Mystik beschäftigt hat.

Heute Abend schon erhielt ich eine Antwort von ihm mit Worten, die mir sehr gut taten. Worte von so großer Tiefe, Worte, die mir zeigten, dass er mich versteht. Es tut so gut diese zu lesen. Ich bin so froh und dankbar darüber.

Pater Clemens schreibt, dass ihm in dem, was ich berichte, ein ganz intensiver Weg mit Gott begegnet und dass das ja unmöglich schocken kann, sondern in einem tiefen Sinn Anlass zu Freude und Dankbarkeit ist. Und gerade, weil ich zurzeit durch die „Dunkle Nacht" gehe und mit so ungeheurem Schmerz Gott als abwesend erfahre, wie quasi nicht vorhanden als „Gesprächspartner" und Adressat meiner Sehnsucht, gerade deshalb muss es mich ja drängen, mein Leiden und meinen Schmerz jemandem mitteilen zu können.

Es ist tatsächlich so, dass sich Pater Clemens mit Mystik beschäftigt. Er liest zurzeit ein Buch mit dem Titel „Der geistige Weg des Pater Pio". Zu diesem Buch ist er gekommen, weil ihm eine Frau sagte, dass er sich dieses unbedingt zulegen müsse, um in schwierigen Lagen Rat in diesem Buch zu suchen. Pater Clemens konnte dieses Buch zuerst nirgends ausfindig machen. Doch nach langem Suchen fand er das Buch in einem Antiquariat, kaufte es und liest seitdem regelmäßig darin. Und in diesem Buch ist intensiv von der „Dunklen Nacht" die Rede. Pater Clemens schreibt, dass sich das, was Pater Pio in seinen Briefen an seine Seelenführer schreibt, in vielem mit dem deckt, was ich zurzeit erlebe. Er schreibt, dass Gott diese „Dunkle Nacht" scheinbar für die Menschen bereithält, die er ganz besonders, auch für besondere Aufgaben auserwählt hat. Auch mein Klagen hält Pater Clemens nicht für übertrieben, da auch Pater Pio ganz unglaublich gelitten hat unter dieser „Dunklen Nacht". Er empfand diese „Mitternacht" für sich wie eine Hölle. Pater Pio schrieb: „Die schönen im Schatten des Herrn verbrachten Tage verschwinden aus dem Geist, die Qual, die die Seele durchleidet, ist derart, dass ich sie nicht von den härtesten Höllenqualen, die die Verdammten in der Hölle durchleiden müssen, unterscheiden könnte."

Pater Clemens sieht meinen ungeheuren Durst nach dem rettenden Tropfen Wasser, diesen brennenden, fast verbrennenden Durst als Zeichen, wie sehr ich wirklich von Christus ergriffen bin, wie sehr Gott mein Ein und Alles ist. Und dass nur wer schon ganz von Gott ergriffen wurde, solchen Durst empfinden kann. Aus meinen Worten hört Pater Clemens auch heraus, was Pater Pio ebenfalls erfahren hat, „dass fast nicht wahrnehmbar in dieser schrecklichen Nacht, doch in der äußersten ‚Spitze der Seele' größte Ruhe da ist", die mich trotz allem an meinem Weg und meiner Sehnsucht nach Gott festhalten lässt. Pater Clemens zitiert noch einmal aus dem Buch und fragt, ob ich mich vielleicht auch in dieser Aussage wiedererkenne: „Die größte Qual dieser läuternden Nacht stammt vielleicht aus der Mitte des Willens: die Seele beginnt Gott mit ausschließlicher Liebesleidenschaft zu lieben und glaubt sich nicht wiedergeliebt. Das bewirkt in ihr ein wahres Martyrium der Liebe."

Pater Clemens weiß, dass diese Worte, dass überhaupt kein menschlicher Trost mein Leiden in der „Dunklen Nacht" lindern kann. Ich soll aber Gewissheit haben, dass mein Leiden, so wie ich es erlebe, nicht als krankhaft oder übertrieben abqualifiziert werden kann und ich mit meinen Erfahrungen wirklich in einer Reihe mit Mystikern stehe, die Gott durch schmerzhafte passive Reinigungen ganz besonders in seine ausschließliche Nähe berufen und mit seinem Geist erfüllen wollte. Gott wird trotz allem unerträglichen Schmerz nicht über meine Kraft oder das Maß des Erträglichen hinaus mich prüfen und läutern. Auch wenn ich es über das Erträgliche hinausgehend empfinde, so ist für Pater Clemens doch Gottes Treue sichtbar, da ich schreibe, dass ich trotz dieser Phase bei Gott bleibe, weil er meine große Liebe ist und ich ihn nie mehr loslasse. In diesen Worten hört Pater Clemens das Beten und Seufzen des Heiligen Geistes selbst, der in mein Herz ausgegossen ist.

Auch die Schilderung, dass ich keine stille Zeit mehr machen kann, weil ich entweder zu unruhig bin oder ich fast dabei einschlafe, sieht Pater Clemens als ein Zeichen dafür, dass ich „ganz intensiv in den passiven Weg eingeführt werde, wo dem Menschen gleichsam alle eigenen Vermögen, alle eigenen Anstrengungen im geistlichen Leben nach und nach genommen werden." Trotz der Unruhe in meinem Erleben sei es in der Tiefe meiner Seele ruhig und die Seele im Gespräch mit Gott, ohne dass ich es momentan wahrnehme, schreibt er weiter. Auch Therese von Lisieux hatte wohl solche Zeiten, in denen sie Trockenheit, beinahe Verlassenheit erlebte und sie sich nicht sammeln konnte und unter Schlaf und Zerstreuungen litt. Pater Clemens schreibt, dass ich darauf vertrauen soll, dass Gott mir nahe ist, auch wenn ich nichts davon erfahre und dass es mir vielleicht hilft, durch Singen zu innerer Ruhe zu kommen. Vielleicht sei meine Freude am Singen von Lobliedern ja auch ein Zeichen, dass die „Dunkle Nacht" nicht mehr unendlich lange dauern wird.

Pater Clemens teilte mir seine Telefonnummer mit, obwohl wir beide das Telefon nicht so gerne für den Austausch persönlicher, intimer Erfahrungen nutzen. Es ist aber gut zu wissen, dass ich ihn anrufen könnte und dass er mich wirklich richtig gut verstanden hat. Ohne dieses Buch über Pater Pio hätte er vielleicht nicht so gute Worte finden können. Danke, Gott, dass du dafür gesorgt hast, dass Pater Clemens dieses Buch erhält. Danke, Pater Clemens, für die guten Worte.

Mein neuer geistlicher Begleiter

27.09.2003

Ich war heute bei Pater Clemens im Kloster, wir hatten ein sehr gutes Gespräch. Ich konnte ganz offen mit ihm reden und ihm auch mitteilen, wie ich unser erstes gemeinsames Gespräch empfunden habe. Eigentlich sollte man Dinge, die man eventuell falsch verstanden hat oder Dinge, die einem nahe gehen, sofort ansprechen, um Missverständnisse zu vermeiden, aber ich konnte es beim ersten Treffen leider nicht, da es mir an diesem Tag nicht gut ging. Aber nun haben wir diese Punkte geklärt und ich freue mich, dass Pater Clemens nun mein geistlicher Begleiter wird. Schade, dass es nicht von Anfang an geklappt hat, das hätte mir einigen Kummer erspart. Aber es sollte wohl nicht sein, es war wohl noch nicht der richtige Zeitpunkt. Und so wie es aussieht, war es ja auch sehr wichtig, dass er zuerst noch zu dem Buch über Pater Pio kam, denn nun kann er mich besser verstehen. Ich denke, es war alles genau so von Gott bestimmt.

Ich werde nun alle drei bis vier Wochen zu einem Gespräch zu Pater Clemens ins Kloster fahren. Es ist allerdings ein sehr langer Weg bis dorthin, mit Bus und Bahn. Ich habe ein gutes Gefühl, was den gemeinsamen Weg betrifft.

Übrigens ist der Tag, an dem es mir so extrem schlecht ging, der Todestag von Pater Pio. Aber das wusste ich nicht. Erst nachdem mir Pater Clemens von den Briefen und der „Dunklen Nacht" von Pater Pio schrieb, ist mir das Datum aufgefallen. Ist das Zufall oder hat es eine Bedeutung?

Bei Pater Rummel in Deutschland

15.10.2003

Letzte Woche waren Simon und ich in Deutschland. Es war das erste Mal, seit ich in der Schweiz lebe. Mir sind dort einige Dinge aufgefallen. Die Menschen sind sehr unfreundlich, besonders diejenigen, die im Verkauf arbeiten. Es ist schrecklich, wie man behandelt wird. Dann der Schmutz auf der Straße, die Menschen schmeißen einfach ihren Müll dorthin, wo sie gerade sind. Schlimm. Und dass die Menschen sehr laut sind, ist mir aufgefallen, jeder denkt irgendwie nur an sich. Jeder ist sich selbst der Nächste. Schade, dass die Menschen so „kalt" sind.

Wir haben uns in dieser Woche mit vielen lieben Menschen verabredet. Wir waren bei meinen Eltern und meiner Schwester, haben meine Oma wieder gesehen, haben bei Freunden übernachtet und ich habe die liebe Klosterschwester und Pater Rummel getroffen.

Pater Rummel habe ich meine Aufzeichnungen gegeben. Auch die über die „Dunkle Nacht" vom 23.09., die mich an den Rand meiner Existenz brachte, die ich kaum er-tragen konnte. Als Pater Rummel sie gelesen hat, gratulierte er mir. Ich konnte nicht verstehen, warum und für was? Er sagte mir, dass er mit meiner Entwicklung sehr zufrieden sei und das, obwohl ich ohne geistliche Begleitung war. Und dass er mir auch dazu gratulieren würde, dass ich die Erkenntnis habe, wofür ich durch diese „Dunkle Nacht" hindurch muss und dazu, dass ich geschrieben habe, dass ich durchhalte und mich Gott füge. Ich war echt erstaunt.

Dann hat er mir erneut das Buch „Die Wolke des Nichtwissens" nahe gelegt. Mittlerweile habe ich dieses Buch sogar erworben, allerdings noch nicht gelesen. Dann empfahl er mir „Die lebendige Liebesflamme" und „Die Dunkle Nacht" von Johannes vom Kreuz zu lesen und all die Dinge zu unterstreichen, die mich ansprechen oder irgendetwas in mir auslösen. Ich solle dann hinterfragen, was es in mir auslöst. Und schauen, ob es Übereinstimmungen gibt und wenn nicht, was anders ist. Alles, was mich anspricht, soll ich hinterfragen, warum, wieso und wie es bei mir ist. Auch betonte Pater Rummel wieder, dass es gut sei, dass ich arbeite. Es wäre wichtig „normale" Dinge zu tun, wie abwaschen oder Ähnliches, damit ich geerdet bleibe und ich solle aufpassen, dass ich nicht in eine „religiöse Sucht" hineingerate. Daher wäre es immer wichtig, bodenständige Dinge zu verrichten.

Geht die „Dunkle Nacht" dem Ende zu?

19.10.2003

Seit über einem Jahr stecke ich in der „Dunklen Nacht", die Johannes vom Kreuz so treffend beschreibt. Seine Worte waren für mich wie ein Anker, an den ich mich klammerte, als ich kurz davor war unterzugehen. Der 23. September diesen Jahres war der bisher schlimmste Tag seit ich mich in dieser Phase befinde. Die „Dunkle Nacht" ist eine sehr, sehr qualvolle Zeit. Sie ist viel schmerzhafter, als man sie sich vorstellen kann, so schmerzhaft, dass ich glaubte, es nicht durchstehen zu können. Es gibt Phasen, in denen ich vor Schmerz und Kummer nur noch schreien könnte. Aber würde es mir wirklich helfen? Es ist ein Schreien jeder einzelnen Faser in mir, ein Schreien nach Gott. Denn die Sehnsucht, das Gefühl der Gottverlassenheit ist so groß, es ist eine Qual, die ich nicht in Worte fassen kann. Ich glaubte, es nicht überleben zu können, ich glaubte zu sterben. Der Tod ist dann kein Leid, sondern ein Trost, eine Erlösung und die Sicherheit bald bei meinem Geliebten, bei Gott sein zu können. Aber ich weiß, ich muss da durch, ich weiß um den Sinn dieser Phase. Und da Gott meine ganz große Liebe geworden ist, nehme ich auf mich, was kommen wird, denn „nicht mein, sondern sein Wille geschehe."

Seit dem Nachmittag des 25.09. fühle ich mich nicht mehr ganz so schlimm, wie ich es sonst empfand. Ich frage mich, ob ich eventuell auf dem Weg hinaus aus der „Dunklen Nacht" bin. Leider weiß ich darauf keine Antwort. Ich fühle mich nicht mehr wie vorher, nicht mehr so schlimm. Allerdings befinde ich mich auch nicht in dem Zustand, den ich spüren durfte, als ich durchflutet war von der „Göttlichen Liebe", als ich dachte zu zerbersten an diesem extrem starken Gefühl. *Irgendwie fühle ich mich wie in einem luftleeren Raum, in einer Art „Schwebezustand". Das hat nichts mit körperlichem Schweben oder Abheben zu tun.*

Irgendwie bin ich am Reifen. Zuerst lebte ich in einer Art Rauschzustand, in den mich die „Göttliche Liebe" versetzte. Dann kam der Entzug mit all seinen Schmerzen und Entbehrungen, dem Zustand der Vernichtung und des Sterbens. Und nun? Nun lebe ich von der Tatsache, dass ich weiß, dass es Gott gibt. Ich lebe von dieser nackten Tatsache. Keinerlei Euphorie, keinerlei Schmerz, aber noch immer die Sehnsucht nach mehr Nähe. Ich lerne gerade alleine zu laufen. Keine starke Hand einer liebenden „Mutter" hält mich mehr. Niemand ist mehr da, um mir aufzuhelfen, wenn ich falle. Nur wenn ich liegen bleibe und aufgeben will, dann wird Hilfe kommen, dessen bin ich mir sicher. Aber ich habe es bisher alleine geschafft wieder aufzustehen. Doch auch wenn ich nun schon ohne Hilfe laufen kann, vermisse ich doch die liebende „Mutter".

Folgendes habe ich in dieser schweren Zeit darüber geschrieben (an einem mir nicht mehr bekannten Datum):

Die „Dunkle Nacht"

Wo ist deine Hand, die mich führte?

Wo ist deine Hilfe, die mich hielt,
als ich anfing, das Laufen zu lernen?

Wo ist die Sicherheit, das Gefühl
aufgefangen zu werden, wenn ich falle?
Wo bist du, mein Gott?

Wie eine liebende Mutter hast du mich umsorgt,
hast mich gehalten, mir deine Liebe gegeben,
mir Wärme, Sicherheit und Geborgenheit geboten,
hast mir gezeigt, dass du da bist, wenn ich dich brauchte.
Und nun?

Schmerzen der Wundmale

19.10.2003

*Seit dem 25.09. habe ich wieder leichte Schmerzen in den Hand-
flächen, mal mehr, mal weniger intensiv.* In der Woche, in der
wir in Deutschland waren, war es nicht so stark spürbar.
Aber in dieser Woche war es schlimmer. *Auch unter den
Füssen hat es mir wehgetan.* Ich freue mich darüber, denn es
sind die ersten Gefühle dieser Art, seit ich in der „Dunklen
Nacht" bin. Ist es ein erstes Zeichen, dass ich es überstanden
habe? *Seit zwei Tagen sticht es mich nun auch an der linken
Seite.* Ist es Zufall oder hat es mit meiner Erkältung zu tun?
Mein Herz schmerzt auch ab und zu oder ist es das letzte
Wundmal, welches mir bisher keinerlei Beschwerden verur-
sachte? Fragen über Fragen.

*Letzte Nacht konnte ich nicht einschlafen, weil jemand ganz
laut meinen Vornamen gerufen hatte.* Simon schlief schon, er
war es nicht, es war auch gar nicht seine Stimme. *Die Stimme war männlich und ich glaube ganz fest, es war Gott.* Leider
hat er nicht weiter mit mir gesprochen, obwohl ich darum
bat. Sollte es nun bergauf gehen? Bin ich nun gereinigt und
genug erneuert, um Gottes Botschaft empfangen zu dürfen?

Oh geliebter Gott, ich bin bereit für alles, was du mit mir
vorhast. Bitte nimm alles von mir, was mich hindert zu dir.
Nimm mich an als deine ergebene Dienerin. Lass mich deiner würdig sein. Führe mich auf deinem Weg, damit ich
deine Aufgabe erfüllen kann. Danke für deine Liebe. Amen.

Pater Pio

19.10.2003

Ich habe nun bis auf Seite 81 im Buch über Pater Pio gelesen, das auch Pater Clemens liest und meine Gefühle sind mit mir „Achterbahn" gefahren. Ich weiß nicht, ob ich weinen oder lachen soll. Es kommt mir vor, als ob ich meine eigenen Worte lesen würde. Vieles, was ich erlebt habe, kam wieder hoch, einiges brach wieder auf und mir war, als ob ich mitten drin bin in meiner eigenen Geschichte. Auch die Erklärungen des Autors Ferdinand Ritzel sind total interessant. Er berichtet von Dingen, die mir stellenweise nicht bewusst waren, die ich aber beim Nachlesen in meinen Aufzeichnungen tatsächlich auch fand. Ich frage mich, wie ich damit umgehen soll. Soll ich mich freuen, dass ich bei Pater Pio meine Aussagen, meine Gefühle und meine Erlebnisse wiederfinde? Soll ich geschockt sein, erschrocken, weil eine so große Ähnlichkeit da ist? Ich weiß noch nicht, wie mir geschieht, wenn ich in diesem Buch lese. Ich merke nur, dass ich nicht alleine bin mit meinen Erlebnissen und dass ich nicht „spinne", allerdings schon irgendwie ver-rückt bin.

Ich habe das Buch nun erst einmal zur Seite gelegt, ich muss erst einmal „verdauen", was ich dort las. Eines ist mir aber klar geworden, ich möchte mich mehr mit Pater Pio beschäftigen. Ich habe ja schon mal etwas über ihn gelesen bezüglich der Wundmale, da ich damit ja auch Probleme habe und fand auch da bereits Parallelen. Ist das nicht merkwürdig?

Ich arbeite nun wieder an meinem Buch über meine Erlebnisse. In den letzten Tagen habe ich einiges aus meinem Tagebuch abgetippt und auf der Festplatte meines PCs gespeichert. Mir ist es sehr wichtig, alles zusammenzutragen, was ich mit Gott erlebt habe, damit man später sieht, dass solche Erlebnisse mit Gott auch in der heutigen Zeit möglich sind.

Mir ist aufgefallen, dass ich in der letzten Zeit kaum Aufzeichnungen gemacht habe. Es wäre gut, wenn mich mein geistlicher Begleiter dazu bringen könnte mehr zu schreiben, möglichst gar täglich zu notieren, was ich denke, fühle oder erlebe. Die Seelenführer von Pater Pio haben es scheinbar so gemacht, zumindest scheint es mir so. Auch Teresa von Avila wurde von ihrem Seelenführer dazu angehalten Aufzeichnungen zu machen. Zum Glück, sonst gäbe es ihre Schriften nicht.

Nun muss ich mich aber schonen, denn ich habe mir in Deutschland leider eine Erkältung eingefangen, die nun schon über eine Woche anhält. Ich fühle mich deshalb nicht richtig fit. Meine Rückenprobleme („ich habe mein Kreuz zu tragen"), die ich auch noch habe, sind nun wieder etwas besser geworden. In solchen Momenten, in denen es mir nicht gut geht, mache ich mir Gedanken, ob ich eventuell einmal richtig krank werde, denn die Mystiker, über die ich gelesen und gehört habe und bei denen ich viele Parallelen zu mir sehe, sind alle irgendwann einmal schwer krank geworden. Aber es muss ja nicht immer alles gleich verlaufen. Ich hoffe, es gibt auch Ausnahmen, nämlich bei mir. So, nun hoffe ich, dass ich morgen wieder ganz auf dem „Damm" sein werde.

Zarte Liebe

20.10.2003

Ich werde versuchen täglich zu schreiben. Eigentlich weiß ich heute Abend aber gar nicht so recht worüber. Ich habe heute zum ersten Mal seit unserem Urlaub wieder gearbeitet. Ich hatte eigentlich keine große Motivation, da ich mich immer noch nicht so recht fit fühle wegen meiner Erkältung. Aber der Tag war gut und ich kam mit den Menschen ins Gespräch und es war einfach schön. Ich fühle mich seit dem Arbeiten besser. Allerdings bin ich jetzt ziemlich müde und werde bald ins Bett gehen. Auf dem Weg von der Bushaltestelle nach Hause *spürte ich zum ersten Mal seit langem die Liebe Gottes, aber nur ganz, ganz leicht. Sie war wie ein leichter, warmer Wind in mir, so zart wie eine Feder.* Dann war es leider wieder vorbei. Ich bin froh, wieder positive Gefühle von Gott zu spüren. Gott, ich danke dir.

Am Samstag, am Weltmissionstag, sagte der katholische Pfarrer im Vorabendgottesdienst, dass wir bezüglich Mission nicht nur in die Welt blicken sollen. Jeder von uns hätte die Aufgabe, das Wort Gottes unter die Menschen zu bringen. Wir sollen hier vor Ort damit anfangen. Ich fühlte mich sofort angesprochen, denn das ist ja eines von den Dingen, die ich gerne machen möchte: Gottes Wort und seine Liebe den Menschen weitergeben. Während ich darüber nachdachte, wurde ich regelrecht bestrahlt, denn durch das Kirchenfenster fiel die Sonne genau auf mich. Ob mich Gott damit motivieren will, diesen Weg zu gehen?

21.10.2003

Diese Woche ist sehr voll mit Terminen, eigentlich viel zu voll. Ich hätte gerne regelmäßig feste Zeiten für Gott. Aber irgendwie bekomme ich es nicht hin.

Jetzt habe ich Mittagspause. Heute Nachmittag arbeite ich wieder und heute Abend ist Chorprobe. Morgen Abend ist Italienisch-Kurs und am Freitag eine Sitzung und am Abend Stammtisch in Chur mit Deutschen, die in die Schweiz gezogen sind. Diesen Stammtisch habe ich ins Leben gerufen. Am Samstagmorgen bin ich im Kloster bei Pater Clemens zum ersten „offiziellen" Termin als meinem Seelenführer. Am Sonntag ist die Einsetzung eines neuen Pfarrers in der Nachbargemeinde mit Gottesdienst und Mittagessen und dann ist die Woche schon wieder rum. Dazwischen gibt es noch einiges im Haus zu erledigen und und und. Puh, das ist schon ziemlich viel.

Ist das arrogant?

23.10.2003

„Sie dürfen sich freuen, dass in all dem, was sie erleben, wirklich Gott selber sie führt und an Ihnen wirkt, Großes an Ihnen wirkt", diese Worte standen in dem Email meines geistlichen Begleiters an mich. Das sind große Worte. Sie lösen in mir verschiedene Gefühle aus. Zum einen ist es eine Art von großer Freude und Dankbarkeit, dann ist da das Gefühl von Stolz. Und dieser Stolz ist es, mit dem ich Probleme habe. Denn ich denke immer, ich darf darauf nicht stolz sein, denn sonst könnte Stolz mit Arroganz und dem Gefühl etwas Besseres zu sein verbunden werden. Ich halte mich nämlich nicht für etwas Besseres, ich bin halt einfach nur anders. Allerdings möchte ich diese Nähe zu Gott schon als etwas ganz Besonderes achten. Nur wie mache ich es, ohne dass es falsch verstanden wird?

Die liebe Klosterschwester in Deutschland sagte mir, ich solle mein Licht nicht unter den Scheffel stellen, sondern diese Gaben als etwas Besonderes annehmen und mich nicht so klein machen. Ich finde gut, was sie sagte, aber ich habe immer noch Schwierigkeiten mit der Umsetzung. Wie soll ich mit diesen Gefühlen umgehen? Es kommt noch hinzu, dass ich mich immer frage, ob ich dessen, was ich erlebe, würdig bin, ob ich alles richtig mache. Gerade in der

258

„Dunklen Nacht" dachte ich immer, ich hätte vielleicht irgendetwas gemacht, was Gott nicht gefallen hat. Dass er sich deshalb von mir zurückgezogen hat und ich nun nicht mehr würdig bin, seine Nähe zu erfahren. Aber dazu hat mir Pater Rummel, der mich in Deutschland begleitete, immer gesagt, ich solle nicht denken, ob ich würdig bin oder nicht, das wäre total falsch. Aber mache ich wirklich alles richtig? Es gehen mir so viele Fragen durch den Kopf.

Ich bin sehr, sehr glücklich darüber, dass Gott mich „auserwählt" hat ihm so nahe sein zu dürfen. Aber darf ich das sagen beziehungsweise schreiben? Klingt es nicht schon wieder arrogant? Ich stecke in einem Zwiespalt. Auf einer Seite gibt es Zeiten, da könnte ich all diese Freude rausschreien und darüber jubeln, dass es so ist, aber dann halte ich mich zurück und freue mich ganz leise und tief in mir drin. Aber es ist dann ein Druck in mir, denn ich möchte meine Freude raus lassen. Wie gerne würde ich den Menschen die Liebe Gottes näher bringen, wie gerne würde ich sie anstecken mit der Liebe, die ich zu Gott verspüre. Aber wie kann ich das tun? Wenn ich den Menschen von meinen Erlebnissen erzählen würde, würde man mich doch als verrückt bezeichnen. In eine Welt, wo die Menschen überwiegend durch ihren Verstand gelenkt werden, passe ich doch gar nicht hinein. Was soll ich tun? Ich habe die Botschaft von Gott bekommen, dass ich mit diesen Erlebnissen den Menschen helfen soll. Ich möchte es umsetzen, weiß aber nicht wie. Vielleicht bin ich auch einfach nur zu ungeduldig. Gedanken über Gedanken. So wie ich die Freude an der Nähe Gottes gerne raus lassen möchte, so würde es mir auch helfen in den Zeiten des Leids diesen Schmerz nicht unterdrücken zu müssen. Aber auch das ist gar nicht möglich. Am schlimmsten Tag der „Dunklen Nacht", am 23.09., hätte ich nur noch schreien können vor Schmerz, aber ich

habe es unterdrückt. Simon hatte mich dann weinend vor-
gefunden, als er aus seinem Büro kam und nur schon diese
Situation hatte ihm Leid zugefügt, denn er konnte mir ja
nicht helfen. Also muss ich meine Gefühle tief in mir drin
„vergraben" und das macht es sehr, sehr schwer.

27.10.2003

Das Gespräch, das ich mit Pater Clemens hatte, fand ich
sehr gut, es hat mich allerdings sehr gefordert. Ich habe
bisher mit niemandem so intensiv und ausführlich über
meine Erlebnisse geredet.

Nachdem ich wieder am Bahnhof angekommen war,
merkte ich, wie sehr es mich psychisch und physisch bean-
sprucht hatte. Im Zug hätte ich direkt einschlafen können,
aber das war nicht möglich, da ich noch umsteigen musste.

Das Thema Kreuzigung hat bei mir wieder einiges aufgewühlt. Während wir darüber sprachen, war ich innerlich
total am Zittern. Auch wenn mich dieses Thema immer sehr
bewegt, da die Kreuzigung für mich das „extremste" Erlebnis gewesen ist, darf mich Pater Clemens trotzdem darauf
ansprechen, es gehört ja zu meinem Weg mit Jesus. Ich
freue mich, wenn er Fragen hat und ich ihm diese beantworten kann. Außerdem kommen durch Fragen eventuell
Dinge ans Licht, die ich selbst bisher nicht bemerkt habe.

31.10.2003

*Ich hatte in der Nacht extreme Schmerzen an den Händen und
Füssen. So extrem war es noch nie.* Ich hätte schreien können,
habe es aber unterdrückt. Es war kaum auszuhalten. Ich
habe damit gerechnet, dass ich nun die sichtbaren Wundmale erhalte. Ich hätte sie, trotz der Schmerzen, dankbar
angenommen. Aber es passierte dann doch nicht.

Bin ich würdig?

03.11.2003

Wenn ich mit meinem geistlichen Begleiter rede, merke ich, wie gehemmt ich bin, aber nicht aus Angst, sondern aus einer Art Schamgefühl und der Frage: „Wieso gerade ich, bin ich es überhaupt wert?"

Gott ist so groß und ich doch nur so klein. Ich habe doch gar nichts getan, um Gott zu finden, ich habe ihm doch sogar den Rücken gekehrt. Wieso hat er mich auserwählt? Ich habe Gott auch nicht gesucht. Ich hatte in meiner Wohnung sogar buddhistische Gebetsfahnen hängen, besaß buddhistische Literatur und eine kleine Buddha-Figur und an meiner Halskette trug ich das buddhistische Ohm und trotzdem ist mir Jesus erschienen. Er hat mich gesucht, er ist zu mir gekommen. Ich habe gar nichts für ihn getan, mich gar nicht um Jesus gekümmert und trotzdem kam er und schenkte mir seine tiefste Liebe.

Was muss ich tun, dass ich würdig bin? Da ich ihn jetzt nicht mehr sehe, ihn nicht mehr höre und nicht mehr so intensiv spüre, frage ich mich immer wieder, ob ich etwas Falsches getan habe. Hat er mich fallen gelassen, bin ich seiner nicht mehr würdig?

Schwarze Scheiben

10.11.2003

Ich weiß immer noch nicht in welchem „Zustand" ich mich befinde. Es ist weder diese extreme Verliebtheitsphase, die ich ganz am Anfang meiner Beziehung zu Gott spürte, noch ist es die „Dunkle Nacht". Irgendwie hänge ich dazwischen. Ich fühle weder die „Göttliche Liebe" in mir brennen, noch das fast unerträgliche Leid. Ich fühle mich irgendwie „neutral". Aber dieser Zustand ist leider auch nicht schön, denn ich verstehe ihn nicht. Was ist los mit mir? Gehört es noch zur Reinigung oder ist es ein Test? Bin ich von Gott fallen gelassen worden oder steht gar der Teufel zwischen Gott und mir? Es wäre ja nicht das erste Mal, dass der Teufel den Kontakt zwischen Gott und mir zu kappen versucht. Den Gedanken, dass der Teufel am Werk ist, hatte ich nun schon einige Male, habe ihn aber immer wieder verdrängt, da ich mich nicht mit dem Teufel beschäftigen möchte. Aber dieser komische Zustand hält an. Also habe ich mir nun doch einmal Gedanken über diese Möglichkeit gemacht und halte es für gar nicht so abwegig. Daher habe ich gegen den Teufel gebetet und Gott um seine Mithilfe gebeten. Ich habe dem Teufel gesagt, dass meine Seele Gott alleine gehört und auch mein Leben, mein Herz und mein ganzes „Ich" nur für Gott da ist. Bevor der Teufel meine Seele erringen kann, möchte ich, dass Gott mich bei sich aufnimmt. Der Tod ist mir lieber als die Trennung von Gott.

Während ich ganz intensiv bete, *sehe ich von einer großen Höhe auf mich selbst hinab. Zwischen der Position, von der ich auf mich selbst hinab sehe und meinem Kopf hängen ganz viele schwarze Scheiben aufgereiht auf einem Seil. Diese Scheiben sind der Grund, dass ich Gott nicht mehr spüren kann. Sie stehen zwischen uns.* Ich bete ganz intensiv gegen den Teufel und das Kämpfen gegen die bösen Mächte zeigt Erfolg. Je länger und intensiver ich bete, desto mehr *Scheiben lösen sich auf. Bis nur noch eine ganz große, lange schwarze Scheibe übrig ist. Ich sehe bereits wie es heller wird und weiß, Gott ist nun wieder näher bei mir, denn es ist das helle Licht Gottes. Ich freue mich, bald wieder ganz in diesem hellen Licht zu stehen, aber diese eine Scheibe lässt sich nicht auflösen.* Ich bete weiter und *da spüre ich, wie ich hinuntergezogen werde in die Tiefe. Alles um mich herum ist schwarz und ich spüre, wie ich immer weniger Luft bekomme. Eine ganze Zeit lang bleibt dieser Zustand.* Ich bete weiter und *da spüre ich, wie ich wieder aus der Dunkelheit empor steige. Dann spüre ich, wie es oben auf meinem Kopf anfängt zu pochen. Ich habe das Gefühl, der Heilige Geist versucht in mich einzuströmen.*

Lieber Gott, bitte hilf mir weiterhin gegen den Teufel anzukämpfen. Bitte gib mir die Kraft, die ich dazu benötige und hilf auch du mit, den Teufel zu besiegen. Denn nichts soll zwischen uns stehen. Bitte hilf mir, die letzte Hürde, die sich noch zwischen uns befindet, zu zerstören. Bitte hilf mir, dass ich wieder ganz nah bei dir sein darf und damit offen bin, deine Worte und Weisungen zu empfangen. Denn du bist mein Leben und meine Liebe. Dir allein möchte ich dienen. Amen.

Stigmata

15.11.2003

Seit zirka eindreiviertel Jahr habe ich regelmäßig Schmerzen in Händen und Füssen und oft wünsche ich mir, die Wundmale würden wirklich aufbrechen. So hätten diese Ungewissheit und dieses Hin und Her, mal Schmerzen, mal keine, ein Ende. Außerdem wäre ich sehr stolz darauf, äußerlich sichtbar Jesus „gleich" zu sein. Ja, hier schreibe ich ganz bewusst von Stolz, was sonst gar nicht meine Art ist. Mit sichtbaren Wundmalen könnte ich besser die Liebe Gottes zu den Menschen tragen. Dann würde man mir vielleicht eher glauben, wenn ich von der Nähe Gottes erzähle und davon, dass es Gott wirklich gibt. Dann würde man aufmerksam werden und ich könnte die Menschen erreichen.

Dass Stigmata Schmerzen verursachen, ist mir dabei durchaus bewusst. Aber ich bin bereit für Gott alle Schmerzen auf mich zu nehmen, wenn ich dafür die Nachfolge Jesu antreten darf und mit der Liebe Gottes andere Menschen anstecken kann. Aber nicht mein, sondern sein Wille geschehe. Ich selbst tue nichts, damit meine inneren Wundmale zu äußeren werden. Ich spreche aber durchaus mit Gott darüber, dass ich bereit bin, diese zu empfangen. Die inneren Wundmale trage ich bereits, seit ich die Kreuzigung durchlebte, daher finde ich es auch nicht seltsam, die Schmerzen der Wundmale auch im normalen Alltag zu spüren. Denn nichts hat mich so sehr geprägt wie die Kreuzigung, nichts hat mich mehr zu Jesus geführt, mich mit ihm verschmelzen lassen als dieses Erlebnis. Denn ich war er und er war ich, mit allen damit verbundenen Gefühlen und Qualen.

15.11.2003 – abends

Gleich müssen Simon und ich los, denn wir haben einen Konzertauftritt. Wir wurden gefragt, ob wir kurzfristig in einem Chor als Verstärkung bei einem Konzert mitwirken wollen. Als wir zugestimmt hatten, bekamen wir die Noten zugesandt und zusätzlich zwei Kassetten, auf denen die Lieder in unserer jeweiligen Stimmlage gesungen waren. Dann hatten wir 14 Tage Zeit, um die Lieder zuhause zu üben. Es gab für uns dann nur noch zwei Proben, an denen wir teilnehmen konnten und nun ist es schon so weit. Heute Abend singen wir in Andeer in der Kirche und morgen Nachmittag in der Steinkirche in Cazis. Wir singen die „Alpenländische Mess" von Lorenz Maierhofer. Es sind sehr schöne Lieder. Das Konzert nennt sich: „Kirchenmusik - so und ganz anders!"

22.11.2003

Ich fühle mich total super. In mir ist eine ganz tiefe Ruhe. So eine Ruhe habe ich schon lange nicht mehr erlebt. Es ist wunderbar. Woher kommt sie bloß? Liegt es an dem guten Gespräch mit Pater Clemens oder an der Tatsache, dass ich mich gegen die Macht durchgesetzt habe, die mich vom Treffen mit Pater Clemens abhalten wollte, es aber nicht schaffte? Egal wie, ich fühle mich total durchdrungen von dieser Ruhe. Ich glaube, es gibt nichts, was mich nun unruhig machen könnte. Ist es der Heilige Geist, der mich durchflutet oder ist es Gott, der mir wieder nahe ist? Ich weiß es nicht. Ich nehme es einfach dankbar an, wie es ist und hoffe, es hält lange an.

Jesus - warum du und nicht ich?

25.11.2003

Jesus, meine Liebe, Jesus, mein Leben,
wie oft denke ich an dich, wie oft sehne ich mich nach dir.
Oh Jesus, ich vermisse dich so sehr.

Warum musstest du sterben,
warum musstest du den qualvollen Tod am Kreuz erleiden?
Warum du und warum nicht ich?

Hätte ich nicht an deiner statt
den Tod auf mich nehmen können?
Hätte ich nicht für die Sünden der Welt
mein Leben geben dürfen?

Ach Jesus, wie gerne wäre ich bei dir.
Wie gerne hätte ich dir dein Schicksal erspart
und dein Leben gerettet.
Dann hättest du die Liebe unseres Vaters

weiterhin den Menschen näher bringen,
die Menschen zum Glauben führen können.

Ich weiß, du sagst, es gibt nichts Größeres
als sein Leben für seine Freunde hinzugeben.
Jesus, meine große Liebe, ich verstehe dich.
Aber ich möchte es einfach nicht wahrhaben,
dass du auch für mich gestorben bist,
zur Vergebung auch meiner Sünden.
Warum Jesus, warum musste das sein?
Ich weiß, es ist der tiefste Beweis
deiner Liebe zu den Menschen
und deiner innigen Liebe auch zu mir.

Jesus, wenn ich deinen Tod schon nicht verhindern konnte
und ich nicht mein Leben für dich hingeben durfte
als mein Zeichen der tiefsten Liebe zu dir,
so lass mich bitte deine Nachfolge antreten.

Bitte zeige mir, wie ich die Menschen mit den Worten
unseres Himmlischen Vaters erreichen kann.
Wie kann ich sie anstecken mit deiner Liebe?
Wie kann ich sie die Berührung des Heiligen Geistes
spüren lassen?

Jesus, bitte reinige meine Seele,
damit ich vorbereitet bin für deine Aufgabe.
Bitte lass mich würdig sein, deine Dienerin zu sein.
Nimm mich an, so klein wie ich bin.
Nicht nur knien möchte ich vor dir,
nein, vor dir möchte ich liegen,
meinen gesamten Körper dir reichen
als Zeichen meiner Liebe, als Anerkennung deiner Größe.

Herr, nimm alles von mir, was mich hindert zu dir.
Großes hast du schon an mir getan
und noch viel Größeres kannst du an mir wirken.

Bereite mich vor, damit ich die Kraft habe,
deine Werke zu tun.
Jesus, ich liebe dich. Amen.

Verschiedene Schichten in mir

25.11.2003

Es kommt mir vor, als ob es in mir verschiedene Schichten gibt. *In der tiefsten Schicht meiner Seele empfinde in eine ganz tiefe Ruhe.* Ärger und Streit, auch wenn er sehr heftig ist, kann nicht in diese Tiefe vordringen. Es ist, als ob ich aus verschiedenen Ebenen bestehe. Eine sehr interessante Erkenntnis.

Quell des Lebens

25.11.2003

Die Welt ist groß,
doch du bist größer.

Die Welt ist voller Angst,
doch wovor sollte ich mich fürchten?

Die Welt ist voller Krankheiten und voller Ärzte,
doch nur du allein kannst uns heilen.

Die Welt ist voller Schatten,
doch du bist das Licht in der Finsternis.

Manchmal sind wir allein,
doch du verlässt uns nicht.

Die Liebe unter den Menschen kann groß sein,
aber deine Liebe ist mit nichts zu vergleichen.

Oft weinen wir bittere Tränen,
doch du gibst uns Hoffnung.

Sind wir im Trubel des Alltags gefangen,
gibst du uns die nötige Ruhe.

Versinken wir in der Tiefe unserer Hoffnungslosigkeit,
reichst du uns die Hand.

Du bist der Quell unseres Lebens,
danke Jesus, für deine Liebe.

Der Weg zu mir

27.11.2003

Ich arbeite viel, verdiene ausreichend Geld,
kann mir einiges kaufen,
aber das wahre Glück finde ich nicht im Einkaufszentrum.

Ich fahre zu Freunden und zu Verwandten, habe viel Spaß,
aber es macht mich nicht dauerhaft froh.

Ich setze mich ins Auto, fahre hier hin, fahre dort hin,
aber nirgendwo bin ich richtig zuhause.

Ich mache Urlaub, sehe neue Dinge,
lass Neues auf mich wirken,
aber das, was ich suche, ist nicht dabei.

Ich hetze durchs Leben, arbeite wie ein Tier,
schaffen, hetzen, schaffen, hetzen, schaffen, hetzen.

All meine Suche nach dem wahren Glück scheint vergebens,
denn ich weiß gar nicht, was ich suche.

Schicksalsschläge in meinem Leben
bringen mich nah an den Abgrund
und mir wird bewusst,
dass das Leben so nicht weitergeht.

Erschöpft setze ich mich an einen kleinen See.
Die Oberfläche ist ganz glatt,
alles um mich herum ist still,
der Wind streicht sanft durch meine Haare,
leicht streichelt er mein Gesicht.
Alles in mir wird ruhig.
Ich öffne meine Augen und sehe mich.
Mein Spiegelbild lächelt mich an
und ich merke,
es gibt mehr im Leben.

Jetzt weiß ich, wie das Leben lebenswert wird,
ich muss meinen Weg gehen,
den Weg zu mir.
Erst wenn ich mich selbst gefunden habe,
erst dann bin ich am Ziel.
Jetzt weiß ich, was ich gesucht habe,
mich selbst.

Entflammt bin ich durch Gottes Liebe

05.12.2003

Mein Leben ist nicht mehr wie zuvor,
denn du, mein Geliebter, hast mich berührt.

Wie kann man bloß leben ohne dich, mein Liebster?
Wie machen es die Menschen, die nicht an dich glauben?
Sind sie nur belebte Hüllen?

Oh was denke ich …
Vor noch nicht allzu langer Zeit
habe ich ja auch noch nicht an dich geglaubt.
Ich glaubte zwar daran, dass es „Etwas" gibt
und ab und zu habe ich sogar gewagt zu beten.
Dann faszinierte mich der Buddhismus.
Und dann?
Dann erschienst du mir, geliebter Jesus.
Das war der Tag, der mein Leben total veränderte.

Erst hast du mich total verwirrt,
denn du, Geliebter, passtest doch gar nicht in mein Leben.
Nachdem die Verwirrung vorüber war,
bemerkte ich in mir die totale Veränderung.

Die Liebe zu dir, mein Gott, war entflammt.
Immer mehr entfachtest du die Liebesflamme,
die bald schon zu einem riesigen Feuer wurde.
Die Hitze breitete sich in meinem Körper aus
und ich dachte, in diesen Flammen zu verbrennen.
Doch deine Liebe, mein Jesus, verbrennt nicht,
sie gibt, ohne zu zerstören.
Sie ist so unendlich heiß, so innig, so tief.

Verzehre mich, oh du Liebesflamme.
Lass mich entzündet sein durch dein Feuer.
Oh, ich zerrinne, meine Seele ist entflammt.

Oh Jesus, was hast du getan?
Du schautest mich an
und deine Blicke drangen so tief in mich hinein,
hinein bis in die tiefsten Tiefen,
hinein in meine Seele.

Deine Liebe trägt mich über alles hinweg.
Sie ist so groß und so unendlich.

Oh Geliebter, niemals mehr möchte ich ohne dich sein.
Denn was ist mein Leben wert, so ohne dich?
Geld, Besitz, Luxus, alles ist so unwichtig,
seit ich durch deine Liebe infiziert bin.
Was nützt all das Materielle ohne deine Liebe?
Nichts mehr zählt, nichts ist mehr wichtig
ohne dich, mein Geliebter.
Herr, nimm alles von mir, was mich hindert zu dir.

Jesus, ich bitte dich auch für die anderen Menschen.
Auch sie sollen erfüllt sein von deiner Liebe.
Bitte lass mich deine Liebe weitergeben,
lass mich andere Menschen anstecken
mit diesem göttlichen Funken,
lass mich auch andere Menschen erreichen
durch diese „Göttliche Liebe".
Lass mich Gutes tun in deinem Namen. Amen.

07.12.2003

Meine Erkältung ist immer noch nicht weg, nun habe ich sie schon seit dreieinhalb Wochen und, als ich am Donnerstag meditierte, bekam ich auch noch Probleme mit meinem Nacken, warum weiß ich nicht. Und, als ich dann am Freitag vor dem PC saß, habe ich wohl eine falsche Bewegung gemacht und es krachte in meinem Nacken und schmerzte heftigst und ich habe nur noch Sterne gesehen. Es war so schlimm, dass ich befürchtete, mein „letztes Stündlein" hätte geschlagen. Ich hatte Angst, dass etwas mit den Halswirbeln passiert wäre. Ich konnte mich kaum noch bewegen, der Nacken war total steif. Ich konnte meinen Kopf nicht mehr neigen und nicht mehr drehen. Meine Schulter, der Nacken und der Arm taten weh. Ich habe mir dann Gedanken gemacht, was das zu bedeuten haben könnte. Liegt vielleicht zu viel auf meinen Schultern?

Heute geht es meinem Nacken schon wieder etwas besser. Morgen früh muss ich auch halbwegs fit sein, denn ich bin allein im Laden und es kommt eine Lieferung, die ich auspacken und einräumen muss.

07.12.2003

Mir gefällt es immer noch super gut inmitten der Schweizer Berge. Es ist schön, die Natur so pur, in ihrer vollen Pracht sehen zu können. Jeden Tag staune ich erneut, wenn meine Blicke aus dem Fenster gehen. Es ist wie ein Traum zu sehen, wie die Sonne auf die schneebedeckten Gipfel scheint und der Schnee wie funkelnde Kristalle zu glitzern anfängt. Dazu der blaue Himmel, das ist so etwas Schönes. Es treibt mir immer noch die Freudentränen in die Augen, wenn ich so etwas sehen darf. Ach, ist das schön. Die Menschen hier sind auch sehr nett. Ich fühle mich hier sehr wohl.

Mit Pater Clemens, meinem geistlichen Begleiter, klappt es auch super gut. Am nächsten Samstag fahre ich wieder zu ihm. Das ist immer eine halbe „Weltreise" mit Bus und Bahn und ganz schön anstrengend, da ich dann am Morgen zwischen 5.00 und 5.30 Uhr aufstehen muss, damit wir uns treffen können.

Zurzeit schreibe ich einen Zeitungsartikel für den Kirchenboten und fürs „Pöschtli", die lokale Wochenzeitung und ich habe die Redaktion des Gemeindebriefes übernommen. Das heißt, ich bin für den gesamte Gemeindebrief zuständig, ich muss ihn setzen, schreiben, gestalten, kopieren, falten und versenden. Das ist einiges an Arbeit, aber ich mache es gerne. Bisher kam der Gemeindebrief nur zweimal im Jahr heraus und nun darf ich ihn vierteljährlich herausbringen. Da ich auch weiterhin noch tageweise im kleinen Dorfladen im Nachbardorf arbeiten gehe und dazu noch das große Pfarrhaus in Ordnung halten muss, bleibt mir nicht viel Zeit. Langeweile kenne ich daher nicht. Dazu kommt noch das Singen im Gemischten Chor und verschiedene andere Termine, wie zum Beispiel heute der Altersnachmittag der Trachtengruppe. Und wenn ich dann mal etwas Luft habe, versuche ich meine Gedanken und Gefühle bezüglich Gott aufzuschreiben. Leider ist das in der letzten Zeit kaum der Fall gewesen.

Seit kurzem gibt es im Internet ein ökumenisches Forum für christliche Mystik. Leider ist es noch so neu, dass es kaum jemand kennt und wer weiß, ob es tatsächlich bestehen bleibt. Ein evangelischer Theologie-Student hat es eröffnet. Ich habe mich gewagt, einen Text von mir dort zu veröffentlichen. Allerdings nicht unter meinem echten Namen, sondern unter meinem Nickname, also einem erfundenen Namen, aus Vorsicht und als Schutz. Ich habe mit dem Studenten auch schon einmal gechattet und es war recht gut. Nun soll es ein offizielles Chatten geben mit allen angemeldeten Forumsmitgliedern. Mal sehen, was daraus wird. Ich hoffe, ich kann andere Menschen mit meiner Liebe zu Gott anstecken. Aber ich werde vorsichtig sein, denn das erspart mir eventuellen Kummer.

Wo bist du, Geliebter?

09.12.2003

Oh Unruhe, verzehrende Glut.
Aus tiefster Sehnsucht nach dir schreie ich auf.
Wo bist du, Geliebter?

Oh Jesus, sieh mich an, schau in meine Seele,
sie zerreißt, sie schreit nach dir,
dir, meinem Geliebten.

Lass mich dich finden,
lass mich bei dir sein,
eins mit dir sein,
verschmelzen mit dir,
bis dass ich nur noch du bin.

Alle Last, alles Leid nehme ich auf mich,
nur um bei dir zu sein.

Oh gelebte Sehnsucht, der Schmerz ist so groß.
Was muss, was kann ich tun,
um deine Nähe wieder zu spüren?

Oh Jesus, meine einzige Erfüllung, mein Lebensinhalt.
Lass mich Busse tun
für die Sünden der Welt.

Dein möchte ich sein,
jetzt und für immer.

Du allein bist es,
für den ich da sein möchte.

Lass mich dir nachfolgen,
in deine Fußstapfen möchte ich treten,
um dir zu folgen
und den Weg komplett bis zu dir zu gehen.

Auch den Schmerz, den du ertragen musstest,
möchte ich auf mich nehmen.

Kreuzigt mich,
damit ich Jesus nah sein,
damit ich wie er sein kann.

Die Wundmale sollen mich zeichnen
und meine innigste Liebe zu dir, Jesus, sichtbar machen.

Oh Geliebter, ich vergehe vor Sehnsucht.
Bitte sei mir gnädig und nimm mich an,
lass mich dich wieder schauen von Angesicht zu Angesicht.

Danke, Jesus für deine Liebe,
danke dafür, dass du mich erhören wirst.

Was ist schon ein Leben ohne dich? Amen.

Ich bin wie in Trance. Nachdem du mich eben wieder durchflutet hast mit deiner innigsten Liebe, nur ganz kurz, aber sehr heftig, stieg sofort die Sehnsucht nach dir wieder auf. Bin ich doch eine Leidensmystikerin, da ich bereit bin alles für dich, meinen geliebten Jesus, zu tun und Qualen, Leiden, Schmerzen, all das auf mich zu nehmen, wenn ich dadurch wieder bei dir sein darf?

Dich zu sehen, dich zu spüren ist das Größte, was es gibt.

Bin ich nun raus aus der „Dunklen Nacht"?

11.12.2003

Mein Nackenschmerz ist fast wieder weg und meine Erkältung zieht sich nun auch langsam zurück.

Im Augenblick denke beziehungsweise hoffe ich, dass ich aus der „Dunklen Nacht", der Phase der seelischen Reinigung und Erneuerung nun wirklich raus bin. Denn ich spürte am 09.12. zum ersten Mal wieder diese intensiven Gefühle. Erst das der Liebe zu Jesus und dann die große Sehnsucht nach ihm. *Auch jetzt fühle ich die Liebe wieder in mir, zwar nur ganz leicht, aber sehr tief und wunderbar.* Ich bin so froh und dankbar, dass ich wieder diese Gefühle spüren darf. Ich merke endlich wieder, dass Gott mir nahe ist. Hoffentlich hält es länger an. Hoffentlich entflammt in mir wieder das riesige Feuer der „Göttlichen Liebe". Oh, wäre das schön, denn es ist das größte Geschenk, was es gibt.

Du bist mir nahe

12.12.2003

Oh Geliebter, ich spüre, du bist mir nahe.
Ich spüre die Liebe zart durch mich hindurchfließen.
Ja, durchflute mich,
zieh mich näher ran zu dir.
Nur dir möchte ich gehören,
ganz dein Eigen sein.

Oh Jesus, ich fühle mich so leicht, so gut.
Die Gefühle, die mich durchfluten,
sind so warm und so tief.
Es macht mich aber auch kraftlos,
so dass ich mich nur noch diesen Gefühlen widmen möchte,
um nur noch dich zu spüren,
um mich nur noch dir hinzugeben.

Bitte lass diese Gefühle stärker werden,
so stark, dass sie auch den normalen Alltag
überstehen können.

Oh Jesus, wie sehr liebe ich dich.
Du bist es, der mein Leben so unendlich bereichert,
der mein Leben so richtig lebenswert macht.

Wann, Geliebter, darf ich dich wieder schauen,
dir ganz nahe sein,

mit dir verschmelzen,
eins sein mit dir?

Jesus, du machst mich so glücklich.
Deine Liebe ist wie ein starker Sonnenstrahl,
er durchdringt alles,
geht bis in die Tiefe und vertreibt jedes Dunkel,
bringt Licht und Wärme und unendliche Liebe.

Deine Liebe ist das Größte, was es gibt.

Danke, Jesus, dass du mich wieder spüren lässt,
dass du da bist.
Bitte bleib für immer bei mir.
Ström` aus deine Liebe in die Tiefen meiner Seele,
lass dieses Gefühl Bestand haben für immer,
damit ich anderen Menschen
von deiner Liebe abgeben kann.

Herr, nimm alles von mir, was mich hindert zu dir. Amen.

Tiefe innere Ruhe

13.12.2003

Ich komme gerade aus dem Kloster. Ich fühle mich gut. *Es ist, also ob ich umhüllt bin von Gottes Liebe. Ich fühle mich wie unter einem weichen Flaum, wie unter Watte. Alles wird abgedämpft, nichts dringt in mich hinein. Kein Luftzug kann mich erreichen. Ich fühle mich warm, weich und ganz leicht. Ich spüre eine ganz tiefe Ruhe in mir.* Ich habe das Gefühl, mir kann nichts mehr passieren. Gott ist bei mir. Ach, ist das schön. Danke, Gott, für deine Liebe.

Der Teufel ist an mir am Werke

28.12.2003

Auch wenn es sich vielleicht komisch anhört, ich habe das Gefühl, dass im Augenblick der Teufel an mir am Werke ist. Seit ich das Gefühl habe, die „Dunkle Nacht" überstanden zu haben, passieren ständig irgendwelche Dinge, die mich von Gott abbringen wollen. Entweder Erkrankungen, die mich abhalten wollen zu Pater Clemens zu fahren oder ihm zu schreiben (so starke Nackenprobleme, dass ich kaum runtergucken oder mich drehen konnte) oder die mich vom Gottesdienstbesuch abhalten wollen. Dann Probleme mit Simon, was ja auch eine Möglichkeit wäre, einen Keil in die Gottesbeziehung zu bringen, denn würde man uns auseinanderbringen, hätte ich weniger mit der Kirche zu tun. Dann noch der Abbruch des Email-Kontakts zu einem Pfarrer, der mir sehr wichtig war. Ich hoffe, dass der Teufel nicht noch einen Keil zwischen Pater Clemens und mich schlägt.

Nun ist noch folgendes passiert: In meiner Gebetsecke löste sich an Heiligabend ein Bild von Jesus, so dass es kopfüber hing, mit der Rückseite nach oben. Als ich es wieder befestigen wollte, fiel mir auf, dass der Rosenkranz (leider weiß ich immer noch nicht wie man den Rosenkranz betet), der auf dem Altar liegt, auch verkehrt herum lag, das Kreuz hing mit dem Korpus nach unten gedreht. Es hatte aber niemand das Kreuz bewegt und es konnte sich auch nicht durch andere, normale Einflüsse drehen. Für mich war klar, dies kann nur von „der anderen Seite" kommen. Ich überlegte mir, was ich machen kann, um gegen die negativen Mächte zu kämpfen, da fiel mir ein, dass ich Weihrauch besitze. Ich habe ihn angezündet und bin damit durch das ganze Haus gezogen, durch alle Räume. Zum Glück war

Simon gerade nicht da, so musste ich mir keine Gedanken machen, ob er mich nun für verrückt hält. Danach war ich etwas beruhigt. Ich überlegte, ob ich auch noch mit Weihwasser durchs Haus gehen soll, habe es aber gelassen. Ich habe dem Teufel den Kampf angesagt. Ich habe ihm klar gemacht, dass mein Körper, Geist und meine Seele Gott gehören und Gott mich lieber sterben lassen soll, bevor ich mich von ihm in Besitz nehmen lasse. Gott habe ich um seine Hilfe im Kampf gegen den Teufel gebeten. Ich hoffe, dass es nun besser wird.

2004

Besuch vom Teufel

03.01.2004

Nun ist das neue Jahr gerade mal drei Tage alt und schon hatte ich Besuch vom Teufel. Es war total schrecklich. Ich saß gestern kurz in Simons Büro, da hörte ich, wie die Eingangstüre aufging und genau in diesem Augenblick *wusste ich, dass der Teufel hereingekommen war.* Ich dachte, die Phantasie geht mit mir durch und versuchte mich zu beruhigen. Doch ich wurde total unruhig. Ich ging dann in die Küche, um Essen zu machen und bekam auf einmal richtig Angst. Ich erzählte Simon davon und er redete gut auf mich ein, aber es half nichts. Meine Angst wurde immer größer und ich bat Simon, mich an diesem Abend nicht mehr alleine zu lassen. Zusammen gingen wir zu meiner Gebetsecke und benutzten das dort vorhandene Weihwasser. Anschließend gingen wir in die Küche und begannen zu essen und *da hörte ich ganz schreckliche Geräusche. Es war, als ob viele Menschen schrecklich schrien.* Simon beobachtete mich ganz genau und sagte mir, ich solle keine Angst haben. Ich solle mich gegen den Teufel wehren. Ich solle den Teufel im Namen Jesu vertreiben, ihn von mir weichen lassen. Aber ich war wie gelähmt. Selbst zum Beten fehlte mir die Kraft. Es wurde immer schlimmer und ich fing an zu weinen. Ich war völlig kraftlos und total verzweifelt. Ich hatte Angst und dachte, ich wäre kurz vor dem Durchdrehen. Da nahm Simon meine Hände und fing an zu beten. Er bat Gott um Hilfe, bat um einen Schutzschild gegen das Böse, sagte zum Teufel, dass er im Namen Jesu weichen solle. Es war gut, was Simon tat. Es dauerte eine Weile und dann spürte ich, wie es mir langsam besser ging. Nach und nach wichen die schrecklichen Gefühle und die Ängste. Ein paar Stunden später war alles vorüber. So intensiv habe ich die Nähe des Teufels noch nicht oft gespürt, vielleicht drei- oder viermal. Ich hoffe, nun erst einmal wieder verschont zu bleiben vor den Angriffen der anderen Seite. Danke, Gott, für deine Hilfe.

Seit dieser Begegnung mit dem Teufel habe ich das Gefühl, dass Gott wieder weiter weg von mir ist, irgendwie fühle ich mich von ihm getrennt. Es ist nicht das Gefühl der „Dunklen Nacht", nein, es ist anders. Diese Art von Getrenntsein hatte ich schon einmal, auch damals war der Teufel im Spiel.

Duftphänomen

04.01.2004

Als ich heute im Wohnzimmer am kleinen Sofa vorbeiging *nahm ich einen süßen Duft wahr.* Er erinnerte mich sehr stark an Weihrauch. Dieser Duft war nur an einer Stelle wahrzunehmen, so, als ob dort jemand säße. Ich habe Simon gerufen und ihn gefragt ob er etwas riechen würde und tatsächlich roch er es auch. Der Geruch verzog sich dann aber schnell Richtung Wohnzimmertür und war verschwunden. Es war, als ob dort jemand gesessen hatte und dann die Wohnung verließ. Ich musste sofort an Pater Pio denken. Ich hatte gelesen, dass er dort, wo er auftaucht, einen bestimmten Geruch verströmt. Allerdings weiß ich nicht, welchen Duft Pater Pio hat. Ich habe dann in einem Buch über das Thema Duftphänomene gelesen und fand den Hinweis über das Erscheinen von verstorbenen Personen, die einen weihrauchartigen Duft verströmen, aber wie der Duft bei Pater Pio ist, habe ich nicht gefunden. Ob er es gewesen sein könnte? Es wäre schön, wenn ich mit Ihm in Kontakt treten könnte.

Noch einmal zurück zum Thema Teufel. Ich frage mich, wie ich es vermeiden kann, mich von ihm in Schrecken versetzen zu lassen. Ich hatte Angst und konnte nicht einmal beten, ich war wie gelähmt. Wie kann ich mich vor ihm schützen? Vielleicht gibt es aber gar keinen wirkungsvollen Schutz, sonst hätte Pater Pio nicht immer so leiden müssen, wenn der Teufel zu ihm kam oder gibt es doch irgendetwas?

Seit heute ist alles wieder in Ordnung und die „andere Seite" lässt mich in Ruhe. Das ist gut so. Auch wenn ich eine Art Verlassenheit von Gott spüre, so weiß ich doch, er ist auch weiterhin da. Ich habe ihm vertraut und durfte spüren, er lässt mich nicht im Stich.

„Bittet, so wird euch geholfen", ist kein leerer Spruch, sondern Tatsache, denn schon oft durfte ich erleben, dass es wirklich so ist. Es ist wunderbar zu merken, dass Gott mich nicht fallen lässt, dass er mich wirklich liebt und dass man ihn finden kann, wenn man ihn wirklich finden möchte. Hoffentlich kann ich andere Menschen mit meiner Liebe zu

Gott anstecken, damit auch sie merken, dass es nichts Wichtigeres im Leben gibt als Gott.

In der Zwischenzeit habe ich mir viele Gedanken gemacht, wie mein weiterer Lebensweg aussehen könnte. Ich möchte ja in Bezug auf Gott weiterkommen. Der Gedanke an ein Theologiestudium ist immer noch vorhanden. Leider habe ich kein Abitur. Für den dritten Bildungsweg, also ein Studium ohne Abitur, wird der Theologiekurs für Laien anerkannt, aber dieser beginnt erst im Oktober und jetzt haben wir erst Januar. Ich habe einen Fernkurs von der Evangelischen Kirche in Deutschland gefunden, aber ich möchte katholische Theologie studieren, falls es mein Weg sein sollte. Der Würzburger Fernkurs ist mir irgendwie zu allgemein gehalten. Dann habe ich vom Katholischen Bibelwerk Stuttgart Fernkurse zum Alten und Neuen Testament gefunden. Diese Kurse umfassen die gesamte Bibel, also nicht nur Abschnitte oder Auszüge. Man muss die Bibel anhand des Kleinen Stuttgarter Kommentars studieren und entsprechende Fragebögen bearbeiten. Es hört sich alles sehr gut und intensiv an. Vielleicht werde ich diese Kurse belegen. Ob diese Kurse wohl auch für den dritten Bildungsweg anerkannt werden? Ich suche also weiter den Weg, wie ich für und mit Gott wirken kann.

Ich habe einer Bekannten hier in der Schweiz ein Neues Testament besorgt, ihr überreicht und sie motiviert darin zu lesen. Ganz vorsichtig habe ich ihr von der Bibel erzählt und davon, dass ich bis vor einigen Jahren nie darin gelesen habe und nun ganz begeistert davon bin. Von meinen mystischen Erlebnissen habe ich nichts erzählt. Ich hoffe nun meine Bekannte zu Gott führen zu können. Oh, wie schön wäre es, wenn es klappt.

Vieles ist geschehen

29.01.2004

Ich bin zurzeit arg sensibel oder empfindlich, weil ich mich sehr weit von Gott entfernt fühle. Ich weiß zwar, dass er da ist, aber ich fühle mich ihm trotzdem nicht so nahe wie sonst. Das ist für mich schlimm. Ich weiß nicht, ob es eine Art des Reifens ist und ich lernen muss auch ohne intensive Gefühle Gott zu lieben oder ob es eine weitere Zeit der „Dunklen Nacht" geben wird oder ob es noch immer mit der „anderen Seite" zu tun hat, die mal wieder die Bindung kappen will. Ich fühle es so, seit ich die Sache mit dem Teufel hatte. Egal wie, ich bleibe Gott weiterhin treu, denn ohne Gott möchte ich nicht mehr leben.

Seit dem Ereignis mit dem Teufel gab es weiterhin Dinge, die vielleicht auch damit zusammenhängen. Auf dem Heimweg von einem Besuch in Glarus wollte ich in einen katholischen Gottesdienst gehen. Simon und ich suchten die Umgebung nach einem stattfindenden Gottesdienst ab und wurden lange nicht fündig. *Dann sagte in mir eine Stimme: „Du bist müde, spar dir diese Zeit, es ist nicht so wichtig in einen Gottesdienst zu gehen. Lass es bleiben, du kannst immer noch nächste Woche gehen."* Da ich wirklich müde war, wollte ich dieser Stimme schon nachgeben, aber dann sagte ich mir, dass es mir sehr, sehr wichtig sei in einen Gottesdienst zu gehen und daher suchten wir weiter. Kurze Zeit später fanden wir eine erleuchtete Kirche und nahmen am Gottesdienst teil und die Müdigkeit war wie weggeblasen und ich fühlte mich sehr gut.

Am letzten Dienstag war ich kurz davor, die Teilnahme am Vorbereitungskurs für den Weltgebetstag abzusagen. *Es war wieder etwas in mir, was mir klar machen wollte, es sei nicht wichtig.* Am Morgen des Kurstages hätte es auch beinahe nicht geklappt dorthin zu kommen, aber ich habe es geschafft und nahm dann doch teil.

Im Augenblick habe ich den Eindruck, irgendetwas will mir alles, was mit Gott zu tun hat, „madig" machen und es ist schwer immer wieder dagegen anzukämpfen, aber ich halte durch. Genau dieses Gefühl, *diese innere „Stimme" sagte mir auch, dass ich nicht zu Pater Clemens fahren soll.* Mir ist es aber sehr wichtig, weiterhin den Kontakt zu ihm zu halten, denn er ist mir ein sehr wichtiger Mensch geworden. Ich werde auf jeden Fall am Samstag zu ihm fahren, egal wie. Falls es sehr stark schneit und der erste Bus nicht rechtzeitig hier eintrifft, werde ich eben eine Stunde später bei ihm ankommen, aber ich hoffe, es klappt alles, damit ich rechtzeitig bei ihm sein kann.

Dann ist auch noch eine Frau gestorben, die mir sehr ans Herz gewachsen ist. Ich wollte gerne bei ihr sein, wenn es soweit ist, aber das klappte dann nicht. Allerdings habe ich sie ganz kurz vor ihrem Tod noch einmal im Krankenhaus besuchen können und ihr die Hand gehalten. Sie sah ziemlich schlimm aus, total eingefallen. Es hat mich sehr berührt sie so zu sehen, so kurz vor dem Tod und immer noch leidend und stöhnend vor Schmerzen. Leider war sie nicht mehr ansprechbar, allerdings zeigte sie noch kleine Reaktionen auf das Halten und Streicheln ihrer Hand. Ich habe gebetet, dass Gott sie bald von ihrem Leiden erlösen wird und sie bei sich aufnimmt. Gott hat das Gebet erhört, denn sie starb wohl nur wenige Stunden nach unserem Besuch. Simon und ich waren ihre letzten Besucher. Ich war froh, dass sie nicht mehr lange leiden musste. Sie war der erste Mensch, den ich so kurz vor dem Tod sehen durfte. Ich habe das Kennenlernen, die Freundschaft und das Ende in einer so kurzen Zeit erfahren dürfen. Ein sehr kostbares Geschenk. Es hat mich sehr berührt.

Etwas Interessantes gibt es noch. Im Augenblick begegnen mir ständig Dinge über Pater Pio. In einer Brockenstube, also einer Art Second-Hand-Laden, habe ich ein kleines Buch über Pater Pio entdeckt und gekauft. Dann war ich im Internet und habe in einem Fernsehprogramm einen Hinweis gelesen, dass gerade in diesem Augenblick ein Film über Pater Pio läuft, den ich mir dann auch angesehen habe. Letzten Samstag war ich mit Simon in Ascona und wir haben uns dort eine Kirche angesehen und da lag eine Mappe zum Mitnehmen mit fünf Postern von Pater Pio. Dann habe ich ein gedrucktes Programmheft in die Finger bekommen und sah, dass bald ein Film über Pater Pio beginnen sollte, den ich mir dann auch angesehen habe. Es ist interessant, dass das alles seit dem Dufterlebnis im Wohnzimmer passiert ist. Was soll es mir sagen? Sollte ich mich noch intensiver mit Pater Pio auseinandersetzen?

Ich habe nun mit einem Fernkurs begonnen. Ich habe mich für den Fernkurs über das Alte Testament vom Katholischen Bibelwerk Stuttgart entschlossen. Der Kurs ist sehr intensiv. Ich freue mich, nun mehr über Gottes Wort zu erfahren und vom Leben der Menschen mit Gott.

Gottes Handeln ist nicht lieblos

29.01.2004

Gott ist die Liebe und sein Handeln ist nicht lieblos, er macht alles ganz bewusst und so, wie es für jeden von uns am besten ist, auch wenn das nicht immer sofort erkennbar ist.

Aber es ist auch eine Tatsache, dass Erlebnisse mit Gott sehr schmerzhaft sein können, zum Beispiel während der „Dunklen Nacht".

Die „Dunkle Nacht" ist eine ganz schlimme Zeit, schlimmer, als man sie sich vorstellen kann. Sie ist eine Art Sterben. Gott entzieht sich einem in dieser Zeit. Er ist nicht spürbar, nicht fühlbar, nicht sichtbar und reagiert auch nicht auf Gebete. Es ist extrem brutal und der Tod wäre in dieser Zeit sicherlich eine Erlösung, aber das ist nicht der Sinn der Sache. Gott prüft den Menschen, den er durch diese Phase hindurch schickt, er reinigt seine Seele und erneuert ihn. Ich wusste nichts über diese Phase der Prüfung und Reinigung und deren Bedeutung. Johannes vom Kreuz half mir dabei, da durch zu gehen und nicht daran zu zerbrechen. Sein Buch „Die Dunkle Nacht" wurde für mich dabei zu einer Art Rettungsanker. In welcher Phase ich mich nun befinde, weiß ich nicht und es kann mir auch niemand sagen, auch nicht mein Pater. Vielleicht bin ich nun komplett durch oder es ist eine Art Erholungsphase mitten in der „Dunklen Nacht".

Und es gibt noch ein anderes Problem, nämlich die andere Seite. Damit meine ich den Teufel. Ich habe mich früher nie damit beschäftigt und habe eher darüber gelacht, denn ich glaubte nicht an so etwas. Leider habe ich nun schon einige Male erfahren müssen, dass es diese andere Seite wirklich gibt. Leider ist dort, wo eine ganz intensive Beziehung zu Gott besteht, der Teufel nicht fern. Ich versuche mich möglichst nicht mit diesem Thema zu beschäftigen, weiß aber nun, dass ich sehr gut aufpassen muss. Mein Pater hat mir auch schon einige Tipps zu diesem Thema gegeben.

Es ist nicht alles so einfach. So schön es ist, die Nähe zu Gott zu spüren, umso schlimmer ist die Erfahrung der Distanz. Es ist nicht immer leicht, damit klar zu kommen. Aber ich weiß, Gott ist da und lässt keinen Menschen fallen, denn Gott ist die Liebe.

Die „Dunkle Nacht" – ein Erklärungsversuch

Wie erklärt man, was die „Dunkle Nacht" ist? Ich versuche es einmal. Die „Dunkle Nacht", so wie sie auch Johannes vom Kreuz beschreibt, ist eine sehr qualvolle Phase, die nichts mit einer „normalen" Gottesferne, nichts mit dem Gefühl von Gott verlassen zu sein zu tun hat. Es geht hier um etwas viel Tieferes. Johannes vom Kreuz unterscheidet zwischen der „Dunklen Nacht" der Sinne und der „Dunklen Nacht" des Geistes. Die genauen Unterschiede kann ich jetzt leider nicht aufschreiben, denn dazu müsste ich darüber einmal genauer nachlesen.

Die „Dunkle Nacht" ist zum einen ein Reinigungsprozess und zum anderen nimmt sie den Menschen mit hinein in die Passion Jesu. So wie der Mensch in der „Dunklen Nacht" sich von Gott verlassen fühlt und leidet und um Hilfe schreit, so ging es ja auch Jesus, als er sich am Kreuz von seinem Vater verlassen fühlte und nach ihm rief. Die „Dunkle Nacht" ist also auch ein Mithineingenommensein in das Leiden Jesu. Der Mystiker nimmt also in gewissem Sinne das Kreuz auf sich.

Die „Dunkle Nacht" ist ein Zustand, in der sich der Mensch von Gott verlassen fühlt. Zuvor fühlte er sich geborgen, entflammt vor Liebe und an der Hand geführt, behütet und beschützt vor Schlechtem. Nichts konnte ihm geschehen, denn er war umhüllt von einer extremen Liebe, die ihn wie eine Art Schutzmantel davor bewahrt, dass etwas Böses oder Schlechtes an ihn heran geraten kann. Dann kommt die „Dunkle Nacht". Die helfende Hand ist weg, er ist allein. Niemand ist bei ihm und schützt ihn, niemand ist da, wenn er fällt, um ihn aufzurichten. Die Liebe ist nicht mehr spürbar, der Mantel bekleidet ihn nicht mehr. Es ist kalt und dunkel, er ist allein. Sofort verspürt der Mensch große Schuldgefühle. Er ist sich sicher, etwas falsch gemacht zu haben, nicht mehr würdig zu sein von Gott geliebt zu werden. Er fühlt sich als Sünder, irrt umher in der Dunkelheit. Es ist ein Sterben auf Raten. Aber selbst dies geht nicht, denn das lässt Gott nicht zu. So muss er ausharren und durch diese leidvolle Zeit hindurchgehen, bis Gott ihn an das Ende des Tunnels führt, bis Gott ihm wieder Licht gibt, sein Licht. Durch diese Erfahrung merkt der Mensch wie klein er ist vor Gott, wie sehr er voller Sünden ist, wie viel er noch falsch macht, wie armselig er ist. Zugleich spürt er, wie unendlich groß Gott ist. Er ist sich dessen bewusst, was es heißt von Gott geliebt zu sein und Gott lieben zu können. Er wird sich des Geschenks bewusst, das Gott ihm zuteilwerden lässt durch seine Nähe, durch die mystischen Erfahrungen, die er machen durfte, die ihm Gott zukommen ließ. Nun strebt er noch mehr danach, sich ganz auf Gott auszurichten, alles so zu tun, wie Gott es sich von ihm wünscht, um alles richtig zu machen, um sich niemals wieder von Gott verlassen vorzukommen. Die Liebe zu Gott entflammt nun noch mehr, nachdem er diese Phase überwunden hat.

29.01.2004

Ich finde es sehr wichtig, Umgang nicht nur mit „Glaubensgeschwistern" zu haben. So wie auch Jesus Umgang mit Menschen hatte, die von der Masse ausgestoßen waren, so möchte auch ich mich mit den verschiedensten Menschen umgeben.

Jesus ging zu Aussätzigen, Bettlern, Zöllnern und Prostituierten, er machte also das, was man damals nicht machen sollte oder nicht durfte. Und genau in diesem Handeln sehe ich die große Chance. Denn dort kann ich versuchen die Menschen auf Gott aufmerksam zu machen und sie mit meiner Liebe zu Jesus anstecken. Denn wo die Menschen

schon an Gott glauben, da kann ich nicht mehr viel erreichen, denn dort ist man ja bereits „unter sich".

Ich persönlich möchte die Nachfolge von Jesus wirklich
in seinen Fußstapfen leben. Er ist mein großes Vorbild und
meine große Liebe und daher bin ich offen für alle Menschen und versuche nach und nach und ganz behutsam die
Menschen auf den Weg zu Gott zu führen.

30.01.2004

Geliebter Jesus, bitte lass die Klosterkirche der Hildegard
bald wieder geöffnet sein, damit ich, wenn wir in Deutschland auf Besuch sind, dir wieder nahe sein kann. Am 23.
Februar ist der Tag, an dem ich dich, geliebter Jesus wieder
sehen und spüren möchte, dort wo ich mich so wohl und
geborgen fühle, in deinem Gotteshaus in Eibingen. Geliebter
Jesus, bitte sei mir auch sonst nahe, lass mich dich spüren,
sehen und hören. Entflamme mich weiter mit deiner Liebe
und lass mich diese Liebe weitergeben, damit sie wie ein
Steppenfeuer von Mensch zu Mensch getragen werden
kann. Danke für deine Liebe.

Fluss des Lebens

Januar 2004

Der Mensch war am Anfang noch „sauber und rein". Mit
der Geburt ist der Mensch durch die Vergebung der Sünden
durch Jesus Christus, unseren Herrn, so rein wie das
Quellwasser. Seine Seele glitzert so strahlend hell wie das
sonnendurchflutete Nass.

Je länger das Leben des Menschen dauert, desto mehr
verdunkelt sich das Wasser. Eben noch hell und leuchtend,
so wird es nun immer trüber.

So wie das Ufer immer wieder Erde und Unrat ins Wasser abgibt, so nimmt auch die Seele den Ballast und die Sünden des Alltags auf.

Doch oft gibt es im Fluss des Lebens Kieselsteine oder guten Boden, der, wenn wir es zulassen, das Wasser wieder von den trüb machenden Teilchen reinigt.

Gebete sind die Kieselsteine des Wassers. Sie sind es, die uns die Seele wieder reinigen können. Gott gibt uns diese kostbaren Steine, er lässt es zu, dass unsere Seele diese Reinigungsmöglichkeit bekommt. Wenn wir diese Kieselsteine benutzen, treten wir direkt in Kontakt mit Gott und er allein ist es, der uns dann wieder reinigen und die Sünden vergeben kann.

Doch wie oft ist der Fluss schon groß und stark geworden? Wie lange hat er schon den Schlamm der Uferböschungen mit sich getragen? Wie dunkel und tosend ist der ehemalige klare Quell des Lebens geworden?

Oft, ja leider viel zu oft, bemerkt man erst das Ende des lebensbringenden, lebenserhaltenden Wassers, wenn es fast zu spät ist. Erst wenn der Fluss kurz davor ist zu kippen, wenn er anfängt zu stinken, ja erst dann wird man sich bewusst, wie wichtig und wie dringend man eine Kläranlage braucht. Hoffentlich ist es noch nicht zu spät für den Lebensstrom oder für die betrübten Seelen.

Nicht erst, wenn die Trübe zur undurchdringlichen Dunkelheit geworden ist, sollten wir uns an Gott wenden, sondern wir sollten versuchen den Quell des Lebens in uns zu erhalten, wir sollten das klare, gute Quellwasser bleiben, das wir am Anfang waren. Amen.

Gott ist das wahre Licht

03.02.2004

Mach es wie die Sonnenblume,
wende dein Gesicht der Sonne zu
und die Schatten fallen hinter dich.

Nur wenn du dich dem wahren Licht zuwendest,
dem Licht, das auch in der Finsternis leuchtet,
nur dann kannst du auch im Dunkeln wandeln.

Gott ist das wahre Licht.
Er ist unser Lebensquell.
Er lässt uns nicht im Schatten sitzen.

Du bist alles, was wir zum Leben brauchen

05.02.2004

Herr, du bist wie die Luft zum Atmen,
nicht sichtbar, aber immer da.

Herr, du bist wie die Sonne,
du erhellst uns,
aber manchmal bleibst du hinter den Wolken verborgen.

Herr, du bist wie der Himmel,
hell und unendlich weit.

Herr, du bist wie das Wasser,
der Lebensquell, aus dem wir schöpfen.

Herr, du bist wie die Flamme,
mal loderst du wie ein riesiges Feuer,
manchmal glimmt die Glut nur noch ganz leicht.

Herr, du bist wie eine große Hand,
mal liegt sie sanft auf uns,
mal breitet sie sich unter uns aus und gibt uns Halt.

Herr, du bist die Liebe,
du durchflutest uns und lässt uns leuchten.

Herr, du bist alles, was wir zum Leben brauchen,
bitte bleib uns immer nah.

Schreiben hilft

07.02.2004

Ich habe wieder einmal eine ganz starke Sehnsucht nach der intensiven, spürbaren Nähe Gottes. Ich bin innerlich total unruhig und habe das Bedürfnis, mit jemandem darüber sprechen zu können. Ich wage mich aber nicht, Pater Clemens anzurufen, da ich weiß, dass er nicht viel Zeit hat und ich ihn nicht mit meinen Dingen „belästigen" möchte. Mit Simon möchte ich nicht reden, denn ich finde, dass es besser ist, solche Dinge aus der Partnerschaft raus zu halten. Es geht mir daher nicht besonders gut und ich überlege, was ich sonst tun kann.

Nach langem Überlegen dachte ich mir, dass es gut wäre aufzuschreiben, was ich empfinde und so habe ich damit begonnen. Erst schrieb ich einen kurzen Text, danach fühlte ich mich ein wenig besser. Dann schrieb ich einen etwas längeren Text und spürte, wie mir das Schreiben hilft. Erneut setzte ich an und wieder verbesserte sich mein Gefühl. Dann habe ich noch fast zwei weitere Seiten geschrieben und mir war, als ob ich mich von etwas befreit hätte.

Jetzt fühle ich mich gut und merke wieder einmal, wie wichtig das Schreiben für mich ist. Als ich dann meine Texte las, sie folgen auf den nächsten Seiten, war ich ganz erstaunt über die Dinge, die ich geschrieben habe. Sie berühren mich sehr und gerade der letzte Text, in dem ich schreibe, dass ich ein Stück Ton bin, fasziniert mich. Es ist mir manchmal „komisch", was ich alles so schreibe, denn wenn ich erst einmal dran bin, fließt es einfach so aus mir heraus und ich schreibe ohne darüber nachzudenken. Die Dinge, die mich durchströmen, fließen einfach in die Tastatur hinein, es geht manchmal wie von ganz alleine. Mir ist, als ob ich gar nicht richtig mit dabei bin. Ich nehme zwar bewusst war, was ich schreibe, aber ich habe vorher nicht darüber nachgedacht, was ich schreiben will. Das kommt von ganz alleine, während des Schreibens. Wenn ich aber anfange zu denken oder mich frage, ob die Satzstellung oder die Satzzeichen in Ordnung sind, dann kommt es zu einem kurzen Stopp. Ansonsten fließt es einfach aus mir heraus. Ich bin immer wieder erstaunt darüber.

Bitte durchflute mich wieder

07.02.2004

Jesus ist meine große Liebe und schon lange habe ich ihn nicht mehr gesehen. Meine Beziehung nach oben, die ich auch weiterhin habe, ist eine Beziehung direkt zu Gott Vater. Meine Liebe und meine Gefühle sind sehr groß und sehr intensiv. Ich würde alles dafür tun, um Jesus wieder ganz, ganz nahe sein zu können. Aber ich selbst bin nicht in der Lage, etwas dafür zu tun. Nur Gott allein kann es geschehen lassen. Dieses Geschehenlassen ist es, was es sehr schwer macht. Dieses Warten, dieses Aushaltenmüssen. Denn nicht mein, sondern sein Wille geschehe.

Aber ist es sein Wille, mich wieder Jesus sehen und spüren zu lassen? Darf ich darauf hoffen die „Göttliche Liebe" wieder zu spüren, von ihr total ergriffen und durchflutet zu sein? Wird mir diese große Gnade noch einmal geschenkt?

Oh Geliebter, selbst wenn es das letzte Gefühl wäre, was ich erleben dürfte auf unserer wunderschönen Erde, selbst dann wünsche ich es mir trotzdem. Bitte durchflute mich mit dem stärksten positiven Gefühl, das es gibt. Lass mich durchflutet sein von deiner Liebe. Oh Gott, was wäre es schön, wenn du mir dieses Gefühl wieder schenkst. Amen.

Sei all das für mich

07.02.2004

Oh Geliebter,
ich möchte bei dir sein,
deine Nähe spüren,
deine Augen sehen,
deine Stimme hören.

Sei mein Licht in der Dunkelheit,
mein Schirm in der Sonne.

Sei mein Lebensquell in trockenen Zeiten,
mein Feuer, wenn ich friere.

Sei meine Luft zum Atmen,
mein Schild im Kampf,
mein Trost in der Trauer.

Sei all das für mich,
geliebter Jesus. Amen.

Ich bin bereit

07.02.2004

Oh Geliebter,
die Sehnsucht nach dir ist unerträglich.
In deine ausgebreiteten Arme möchte ich mich begeben,
doch die sind am Kreuz angenagelt und festgebunden.

Deine Augen sind verschlossen,
dein Gesicht ist verzerrt.
Oh schau mich doch an,
nur einen kurzen Augen-Blick lang.

Oh Geliebter,
ich möchte dich nicht so leiden sehen.
Es zerreißt mir das Herz.

Lass mich an deiner Stelle leiden,
damit du den Schmerz nicht spüren musst.

Gib mir die Last der Sünden der Welt,
damit ich für sie Busse tun kann.

Lass mich die Qualen aushalten,
damit du weiterhin unter den Menschen wirken kannst.

Oh Geliebter,
was kann ich tun,
damit ich dir dieses Leid ersparen kann?

Steig hinab vom Kreuz.
Ich bin bereit.

Lass mich deine Rolle übernehmen,
damit die Menschen von ihrer Sünde befreit werden
und du weiterhin sichtbar unter ihnen bleiben kannst.

Oh Geliebter,
nimm mich an als deine Braut,
die den Tod aus Liebe nicht scheut. Amen.

Lamm Gottes

07.02.2004

Oh du Lamm Gottes.

Deine Schultern waren nicht breit,
und doch hast du die Sünden der Welt auf dich genommen.

Du wusstest, dass du einen schweren Weg gehen musst,
und trotzdem hattest du Angst.

Obwohl du Gott bist, warst du doch zugleich Mensch
und hast daher die Angst, die Schmerzen
und die Unausweichlichkeit durchleben müssen.

Du warst stark und doch schwach.
Stark, wenn es um Gerechtigkeit und Nächstenliebe ging,
schwach, weil du Mitleid hattest für die Ausgegrenzten.
Schwach auch beim Gehen
deines letzten Weges als Mensch,
dem Weg zum Berg Golgatha.

Immer wieder brichst du
unter der Last der Sünden der Welt,
unter dem Kreuz, zusammen.
Immer wieder schaffst du es, dich zu erheben.

Obwohl du Blut geschwitzt hast aus Angst vor diesem Tag,
nimmst du dein Schicksal an
und gehst diesen schweren Gang.

Du weißt, was dir bevorsteht,
aber noch nicht, wie groß die Qualen sein werden,

aber du weißt, es ist deine Aufgabe
für die Menschen der Welt zu leiden.
Oh du Lamm Gottes.

Nun ist es soweit, man hält dich fest
und schlägt dir die Nägel durch die Hände.
Der Schmerz raubt dir fast das Bewusstsein
und du glaubst, es nicht aushalten zu können,
denn der Schmerz ist extrem groß.

Zwei Nägel in den Händen
und nun schlägt man dir auch noch zwei Nägel in die Füße.
Es ist, als ob glühende Eisen deinen Körper durchschlagen.
Die Schmerzen sind unerträglich.

Und dann hängst du am Kreuz,
elendig durchbohrt.
An den Armen zusätzlich festgebunden,
damit deine Hände nicht zerreißen können.
Oh du Lamm Gottes.

Nun bist du erhöht, aber um welchen Preis?

Du schaust auf die Menschen unter dir
und siehst deine geliebte Mutter.
„Oh Mutter, weine nicht, denn ich muss diesen Weg gehen.
Siehe, du bist nicht alleine,
du hast einen neuen Sohn, er steht neben dir."

Die Schmerzen werden immer schlimmer.
Dazu kommt der quälende Durst.
Die Luft zum Atmen wird immer weniger.

Immer schlimmer wird das Ringen nach der Luft,
die dich am Leben hält.
So langsam schwinden deine Kräfte.

Die Schmerzen erreichen dein Bewusstsein nicht mehr,
alles ist durchdrungen von einem seelischen Schmerz.

Ein letztes Mal bäumst du dich auf.
Du schreist zum Vater, wo ist er?
Kann es wirklich sein, dass er es so wollte?

Du kanntest zwar deinen Weg,
wusstest aber nicht, dass dein Weg
so extrem schmerzhaft sein würde.

Dann siehst du ein goldenes Licht,
es umhüllt dich
und dann schwinden deine Sinne.
Dein Weg ist vollbracht.
Oh du Lamm Gottes.

Weil Gott uns erlösen wollte von unseren Sünden,
hast du diese Qualen auf dich genommen.

Du wolltest, dass wir rein sind
und ganz ohne Schuld neu anfangen können.
Oh du Lamm Gottes.

Für uns musstest du leiden.
Für uns musstest du so vieles er–tragen.
Für uns bist du da durch gegangen.

Wir danken dir für deine Liebe.
Vergib uns unsere Schuld,
durch die wir schon wieder befleckt sind. Amen.

Es ist nicht immer leicht

07.02.2004

Es ist nicht immer leicht, damit klar zu kommen, dass ich
irgendwie „anders" bin. Manchmal fühle ich mich sehr weit

entfernt von Gott, obwohl ich „gelernt" habe, dass Gott nicht fern ist.

Manchmal, so wie auch jetzt, fühle ich eine unendlich große Sehnsucht nach Gott. Mein Herz bebt und ich glaube es zerreißt wegen der riesigen Sehnsucht, die in mir vorherrscht. Ich weiß, es ist wohl für kaum jemanden nachvollziehbar, was mit mir los ist. Das ist sehr schade, denn so sehr wünsche ich mir Menschen in meinem Umfeld, mit denen ich reden kann, wenn es mir so geht wie jetzt gerade.

Aber der Alltag geht weiter. Alles hat seinen Lauf, seinen Platz. Die Menschen hetzen zur Arbeit, erledigen Aufgaben, nehmen Termine wahr. Die Menschen funktionieren. Alles ist im Fluss und mittendrin bin ich. Auch ich werde mitgerissen vom Fluss des Lebens. Auch mein Alltag ist von vielen Dingen beein-flusst. Keiner sieht mir an, dass ich anders fühle, anders denke, dass ich mich verzehre nach der Nähe Gottes, nach seiner Liebe. Für viele Menschen ist Gott Theorie oder nicht existent. Für mich ist Gott Realität. Wie gerne würde ich es rausschreien, dass Gott die Liebe ist und diese Liebe spürbar ist, aber wer würde mein Verhalten verstehen? So lebe ich mein Leben mitten unter all den Menschen, bin eine von ihnen, aber doch allein. Allein mit meiner Sehnsucht, mit meinen Gefühlen, mit der Liebe zu meinem Gott.

Ich bin ein Stück Ton in deiner Hand

07.02.2004

Oh Jesus, meine Liebe,
ich verglühe vor Liebe zu dir.
Ich zerfließe vor Sehnsucht,
ich sterbe vor Kummer,
dass du mir nicht nahe bist.

Geliebter,
vor dir möchte ich mich niederlegen,
ganz dein sein,
dir zeigen, wie groß und mächtig du für mich bist.

Ich bin nur ein kleines menschliches Geschöpf,
welches du geschaffen hast.
Ich bin ein Stück Ton in deiner Hand.
Bitte forme mich, mach mich bereit,
um in deinem Namen wirken zu können.

Mach aus mir ein offenes Gefäß,
damit ich dich einströmen lassen kann,
damit du mich füllen kannst
mit deinen Worten, deinem Geist und deiner Liebe.

Forme mich zu deinem Werkzeug,
damit ich ausführen kann, was du mir befiehlst.
Herr, befiehl mir deine Wege.

Herr, knete mich,
damit die groben und unebenen Stellen in mir
verschwinden
und ich rein bin vor dir.

Gott, mach aus mir ein zerbrechliches Gefäß,
damit ich sensibel mit mir selbst umgehe
und darauf achte,
dass ich als dein Werkzeug nicht kaputt gehe.

Herr, forme mich so,
dass ich die Aufmerksamkeit der Menschen erreichen kann,
ohne selbst im Mittelpunkt zu stehen,
denn du alleine zählst.

Dein Wort ist es, was ich weitergeben möchte.

Ich selbst bin nur das Stück Ton, das du formst
und das du auch wieder zu einem Klumpen Erde
werden lassen kannst.

Ich selbst bin es nicht wert,
als etwas Besonderes angesehen zu werden,
deshalb forme aus mir kein Kunstwerk,
sondern mache mich zu einem zweckmäßigen Gegenstand.

Bilde aus mir ein Gefäß, das offen ist für Neues,
für dein Wort und deine Gefühle.

Forme mich stabil,
standhaft im Wind der Ungläubigen,
wasserfest im Regen der Angreifer,
geschmeidig, um dem Sog des Teufels zu entgehen.

Lass mich gut sichtbar und erkennbar sein,
gib mir die Farben der Hoffnung und der Liebe,
die Form des Turms, der Leiter oder des Herzens.
Aber lass mich nicht so kunstvoll erscheinen,
dass sich Neider finden,
denn dann ist der Weg zu den Herzen der Menschen
versperrt.

Herr, bitte gib mir den Schlüssel
zum Herzen der Menschen,
den Schlüssel deiner Liebe,
deiner Wahrheit,
deines Wortes.

Lass mich die Menschen führen
auf dem Weg zum Licht, der Weisheit und des Lebens.

Sei du bei mir als mein Hirte,
lass mich nicht alleine umherirren wie ein Blatt im Wind.

Sei du mein Ein und Alles.

Sei meine Hoffnung und meine Sehnsucht,
meine Liebe und mein Leben.

Sei mein Rettungsanker
und mein Lebenselixier.

Sei mein Lebensatem, der verlöscht,
wenn ich nicht mehr an dich glauben sollte.
Denn du allein bist der Weg, die Wahrheit und das Leben.
Amen.

08.02.2004

Seit heute spüre ich, dass die Nähe zu Gott so langsam wieder kommt. Darüber bin ich sehr froh.

Seele

13.02.2004

Mein Körper besteht aus verschiedenen Schichten. Diese Schichten bestehen aus dunklen „Lappen" und sind wie Gummi. Ganz tief im Inneren, verborgen und geschützt unter diesen verschiedenen Lagen liegt meine Seele.

Meine Seele sieht aus wie die Klinge eines Schwertes. Sie ist länglich und einige Zentimeter breit. Sie ist sehr hell und leuchtet golden. Um sie herum ist es, als ob sie in einem ganz hellen Licht erstrahlt. Dieses Licht sieht ähnlich aus wie der „Dunst", den man sieht, wenn man etwas Tiefgefrorenes ins Warme bringt. So wie dieser „Nebel", so umgibt dieses extrem helle Licht meine Seele.

Es ist gut, dass meine Seele so tief in mir verborgen liegt, denn nur so ist sie geschützt, geschützt vor körperlichen und seelischen Angriffen.

Viele Worte nehme ich täglich auf, die einen beschäftigen mich sehr, die anderen ziehen schnell weiter. Manche Worte aber sind wie scharfe Messer, sie gehen durch und durch. Zum Glück sind da die verschiedenen Schichten, so wird das Durchdringen bis zum Körperinneren abgefangen. Worte dringen in mich hinein, gehen von Ebene zu Ebene und werden dann schließlich abgefangen, sie prallen ab an einer der vielen Gummischichten. Das ist gut so, denn nur so ist die Seele geschützt und viele Dinge können abgepuffert werden.

Worte können sein wie flüchtige Gedanken. Sie kommen und gehen. Worte können sein wie Nadeln mit Widerhaken. Sie dringen tiefer in mich ein und bleiben dort hängen, sie verankern sich in mir. Andere Gedanken zerschneiden mich und hinterlassen Wunden, nun bin ich verletzbar, denn der Schutz der Gummimembranen ist nicht mehr im vollen Umfang vorhanden. Andere Worte gehen tief in mich hinein und gelangen bis zu meiner Seele. Das sind die Worte Gottes, denn nur er allein vermag es, bis zu meiner Mitte, bis zu meinem Kern, zu meinem Diamanten, meinem Heiligtum in mir, vorzudringen. Ich hoffe darauf, dass mich viele solcher heiligen Worte erreichen dürfen.

17.02.2004

Zurzeit bin ich mitten im Stress, ich habe viel zu viel zu tun und ich weiß gar nicht so recht, wie ich zur Ruhe kommen soll. Zum Glück haben Simon und ich nächste Woche Urlaub und dann fahren wir nach Deutschland. Das ist gut, denn so sind wir weit weg von der Arbeit und es gibt wieder neue Impulse und wertvolle Begegnungen. Mitte nächsten Monats werde ich aufhören im Laden zu arbeiten. Das ist gut so, denn Simon hat so viel zu tun, dass er froh ist, wenn ich mit ihm zusammenarbeite. Dann kann ich auch die Zeiten besser einplanen und mir wieder gezielt Zeit für Gott nehmen, was ja im Augenblick leider viel zu kurz kommt.

Gerade noch am Leben, dann ist es vorbei

19.02.2004

Wie dem Schmetterling, der sich gerade noch tanzend in die Lüfte erhebt und ihm dann ein kalter Frühlingstag den Tod bringt, so kann es auch uns ergehen. Von einem Augen-Blick zum anderen kann alles vorbei sein.

Darum sollten wir bewusst leben, umsichtig mit uns und den anderen sein und nie im Streit auseinandergehen, denn wer weiß, ob uns für eine Versöhnung noch Zeit bleibt.

Morgen ist Zukunft und Altes ist vorbei. Das Leben findet in der Gegenwart statt und gerade jetzt. Das sollte uns bewusst sein, wenn wir von Termin zu Termin hetzen, an unserem Nächsten vorbeirasen und auch an uns selbst vorbeigehen.

Machen wir uns bewusst, dass wir jetzt leben und planen wir nicht nur für die Zukunft, die es für uns vielleicht gar nicht gibt.

21.02.2004

Heute war ich bei Pater Clemens. Für mich war das Gespräch sehr intensiv. Es hat mich sehr angestrengt, die vielen Fragen so zu beantworten, dass er mich richtig versteht. Dabei musste ich leider wieder einmal erkennen, dass der Wortschatz sehr begrenzt ist und ich viele Dinge nicht richtig ausdrücken, das Geschehene nicht richtig erklären kann. Aber gerade das ist mir sehr wichtig. Ich fühlte mich manchmal missverstanden, weil mir die richtigen Worte fehlten und empfand eine Art Hilflosigkeit. Es ist schlimm, alles nur so halbwegs erklären zu können und damit die wirklichen Gefühle nicht ausdrücken zu können. Es macht mich sehr unglücklich. Ich glaube zum Schluss konnte Pater Clemens aber doch noch erkennen, was ich meinte.

Auch die vielen, wirklich intensiven Fragen zu beantworten, kostete mich heute sehr viel Kraft, zumal sie sehr ins Detail und in die Tiefe gingen. Als mir Pater Clemens etwas von meinen Texten vorlas und ich meine eigenen Worte hörte, die ich noch nie vorgelesen bekam, kamen sehr viele Gefühle hoch. Die Gefühle der Liebe zu Jesus, die Gefühle des Leidens, die Gefühle der Kreuzigung. All diese Gefühle kamen zusammen, es war nicht leicht für mich damit umzugehen. Einmal war ich kurz davor zu weinen.

Das Gespräch war zeitweise sehr schwierig und schleppend, da es mich emotional sehr bewegte. Später, als wir wieder „normal" redeten, änderte sich auch die Art des Gespräches, es wurde wieder flüssiger. Das war gut so, denn die gesamte Zeit so intensiv ins Detail zu gehen, ist wirklich sehr schwer, es sei denn, ich hätte die Gefühle wirklich rausgelassen. Das hätte aber bedeutet, dass ich geweint hätte, aber das wollte ich nicht.

Es war ein anstrengender Tag und ich bin total schlapp und kaputt, aber ich war trotz Müdigkeit heute Abend noch im Gottesdienst.

Gefühle

28.02.2004

Wie will Gott uns erreichen, wenn nicht über das Gefühl? Leider kann Gott uns keine Tafel mit einer Botschaft vom

Himmel herunter halten. Aber über unsere Sinne sind wir für ihn erreichbar.

Natürlich gibt es verschiedene Wege, Gottes Willen und seine Botschaften zu erkennen, aber nur über den Verstand allein geht es nicht.

Gerade wenn ich ruhig und still bin und leer wie eine Schale, kann mich Gott erreichen, dann kann er in mich „einbrechen", mich füllen, mich er-füllen. Das spüre ich. Spüren ist gleich fühlen und fühlen kommt von Ge-fühl.

Auch beim Lesen der Bibel kann mir Gott etwas zeigen. Es gibt Momente, da „springt" mich ein Wort, ein Satz regelrecht an, es scheint irgendwie anders auszusehen, wie hervorgehoben, wie markiert. Oder ein Wort oder Satz bekommt auf einmal eine besondere Gewichtung, dann sollte ich mir überlegen, was mir Gott damit sagen möchte.

Gedanken loslassen

01.03.2004

Gedanken sind wie Wolken, sie kommen und gehen. Mal sind sie leicht und zart wie eine Feder, mal sind sie dick und türmen sich auf. Sie können durchschimmernd sein oder aber dunkel und erdrückend.

Wenn wir meditieren und Gedanken in unserer Stille auftauchen, dann muss man sie benennen. Das heißt, man bedankt sich bei den Gedanken, dass sie aufgetaucht sind und lässt sie ziehen. Loslassen und ziehen lassen. Nicht nachhängen, nicht festhalten. Einfach frei bleiben, innerlich leer bleiben, denn nur so ist es möglich sich zu öffnen für Gott und seine Worte und Botschaften zu erkennen und aufzunehmen. Machen wir also Platz für unseren Herrn, damit wir ihn ganz in uns aufnehmen können. Amen.

05.03.2004

Heute Abend ist Weltgebetstag. Ich werde mitwirken, obwohl ich es überhaupt nicht mag im Mittelpunkt zu stehen, aber ich wurde dazu überredet. Es kostet mich sehr viel Überwindung mitzumachen. Leider hat Simon mich mit seiner Erkältung angesteckt. Mit Husten und Schnupfen Gebete zu sprechen und den Schlusssegen zu halten ist nicht toll. Aber nun springe ich über meinen Schatten und stelle mich dieser Herausforderung. Ich glaube, es soll so sein und vielleicht ist es ja auch wichtig für meinen weiteren Weg mit Gott. Leider kann Simon nicht mit dabei sein, da er auf einer Fortbildung ist und erst gegen 22.30 Uhr zurückkommt.

Lass dich finden

02.04.2004

Seit Tagen schon habe ich wieder Schmerzen in den Händen und manchmal auch unter den Füssen. Mal sind die Schmerzen in den Händen nur ganz sanft, manchmal aber auch sehr heftig. Da ich viel zu tun habe, versuche ich, nicht darüber nachzudenken und meinen Alltag normal weiterlaufen zu lassen. Habe ich jedoch Zeit und bin nicht abgelenkt, dann spüre ich diese Schmerzen sehr deutlich. Es ist nicht immer leicht, damit umzugehen, denn es sind keine angenehmen Gefühle. Aber für Gott und meinen geliebten Jesus nehme ich alles hin, ja ich freue mich sogar, sein Leid auf mich übertragen zu wissen. So bin ich ihm ganz nah, zutiefst mit meinem Geliebten verbunden.

Die Sehnsucht nach dieser intensivsten Nähe ist wieder riesig groß und gestern Abend war es kaum noch auszuhalten. Ich war innerlich so unruhig, so verzweifelt, denn die

Sehnsucht nach Jesus und seiner spürbaren Liebe zerriss mich fast. Leider fühle ich mich in der letzten Zeit sehr fern von Gott beziehungsweise habe ich den Eindruck, dass Gott mir nicht sonderlich nahe ist. Das macht mir manchmal sehr zu schaffen, so wie gestern. Am liebsten hätte ich meine riesige Sehnsucht nach Gott rausgelassen, aber ich wollte Simon nicht damit belasten. Ich habe mich dann einfach zurückgezogen. Aber am liebsten hätte ich geweint und meine Verzweiflung rausgeschrien.

Stundenlang habe ich im Internet nach einer Möglichkeit gesucht, um mich austauschen zu können, aber ohne Erfolg. Mir wäre es so wichtig in solchen Momenten mit jemandem sprechen zu können. Besonders gut wäre ein Chat, denn dann müsste ich niemanden dabei ansehen.

Ich muss einfach das Beste aus meiner augenblicklichen Situation machen. Es ist halt nicht immer einfach anders zu sein, aber es gehört zu meinem Leben dazu und ich bin sehr froh, dass ich Gott so intensiv erfahren durfte und darf. Ich nehme alles an, was er mir gibt. Egal ob es seine „Göttliche Liebe" ist oder die Schmerzen und Qualen der Kreuzigung. Jesus ist immer noch meine große Liebe und zur Liebe gehört auch das Leid.

Heute Morgen ging es mir immer noch nicht gut, da habe ich mich hingesetzt und aufgeschrieben, wie ich mich fühle und was ich denke. Das hat etwas geholfen. Vielleicht schicke ich „meinem" Pater auch noch ein Email. Oft hat er gute Tipps, Ratschläge und Hinweise für mich.

Eben hatte ich für eine kurze Zeit Ablenkung. Simon und ich waren bei einem Ehepaar und gingen zusammen mit ihnen in ihren Stall. Dort habe ich ganz viele Geißen und ein paar Kühe gestreichelt, das war total schön.

In den letzten Tagen haben wir hier sehr gemischtes Wetter. Heute hat sich die Sonne hinter dem bedeckten

Himmel versteckt und der Föhn ist mal wieder aktiv, hier oben ist er allerdings nicht warm, sondern sehr kalt. Der Schnee, der leider immer noch da ist, zieht sich nun langsam zurück und das freut mich, denn ich mag keinen Schnee mehr. Ich freue mich schon darauf, bald wieder die Natur erwachen zu sehen. Zwei kleine Krokusse haben wir bereits im Garten und ich finde es total schön, mal wieder einen Farbklecks im einheitlichen Weiß zu sehen. Besonders große Freude bereiten uns die vielen Vögel im Garten, die uns den ganzen Tag mit ihrem Gesang beglücken. Es ist so herrlich, sie zu hören und zu sehen. Ich liebe Vögel und Simon ist auch ganz begeistert. Wir gehen zurzeit in Chur in einen ornithologischen Kurs, um mehr über Vögel zu erfahren.

Am Sonntag hat Simon seine erste Konfirmation und er ist schon sehr nervös und aufgeregt, aber ich bin mir sicher, dass alles klappen wird, denn er macht seine Gottesdienste richtig gut.

Ansonsten gibt es nicht viel Neues. Den Gemeindebrief habe ich erstellt und er ist bereits verteilt, einen Artikel für den Kirchenboten habe ich geschrieben, er ist bereits veröffentlicht und für den nächsten Artikel muss ich mir nun auch schon wieder Gedanken machen. Auch sonst habe ich viel zu tun, ich helfe Simon nun im Pfarrbüro und dann mache ich ja auch noch den intensiven Fernkurs über das Alte Testament vom Katholischen Bibelwerk.

So, und nun nehme ich mir endlich Zeit für Gott, bevor Simon und ich heute Abend zur Probe für die Konfirmation gehen.

02.04.2004

Jesus, wo bist du? Lass mich dich wieder finden, denn ich möchte dir wieder nahe sein. Das Leben ist zwar schön, aber ohne dich, ohne deine intensive Nähe ist es, als ob zwar ein Feuer im Ofen brennt, es aber keine Wärme abgibt. Ach mein Geliebter, ganz verschmelzen möchte ich wieder mit dir, dir so nahe sein, eins sein mit dir. Dafür bin ich bereit, alles auf mich zu nehmen.

Bald ist Karfreitag. Bisher habe ich nicht viel Zeit gehabt, um darüber nachzudenken. Vielleicht habe ich es auch unbewusst verdrängt, da dieser Tag für mich ein sehr schwerer Tag ist. Denn du, mein Geliebter musst leiden, wirst gedemütigt, gegeißelt, geschunden, verraten und musst nach langem, extremem Leiden den Tod auf dich nehmen.

Oh Geliebter, ich kann es kaum ertragen, dich so erleben zu müssen. Warum nur muss es so schlimm sein?

Jesus, dein Leid ist auch mein Leid. Deine Liebe ist auch meine Liebe. Deine Nachfolge antreten beginnt für mich mit dem Teilen deines Lebens, deiner Gefühle, deiner Worte und deines Schmerzes. Nicht nur gute, sondern auch schwere Zeiten gehören dazu, da ich verbunden bin mit dir, meinem Geliebten. *Die Schmerzen, die ich auch jetzt wieder in mir spüre,* hast du mir geschenkt, damit ich dich mitten im Alltag wieder bewusst spüren kann. Dafür danke ich dir von tiefstem Herzen.

Dein möchte ich sein für immer. Bitte gib mir, was du mir geben möchtest. Durchflute mich mit deiner „Göttlichen Liebe", lass mich in Flammen stehen vor Leidenschaft zu dir.

Gib mir die offenen Wundmale, wenn du es möchtest, denn durch diese Liebes- und Leidensmale zeichnest du mich und ich bin sichtbar mit dir verbunden. Ich nehme sie an, trotz aller damit verbundenen Schmerzen.

Du, mein Geliebter, verfüge über mich, ganz dein möchte ich sein, dein Werkzeug, um in deinen Fußstapfen zu wandeln. Dich möchte ich sehen, hören und spüren. Nur du bist meine Erfüllung, meine Vollendung. In dir bin ich ganz und gar geborgen und erlöst.

Du bist mein Herr und Heiland, meine Liebe, mein Leben, meine Zuversicht, meine Hoffnung, meine Zuflucht. Du bist mein Lebensquell, ohne dich möchte ich nicht mehr sein. Oh Herr, lass mich wieder bei dir sein, lass mich in dir zerfließen, verschmelzen mit dir. Verbinde mich mit deiner Liebe, führe mich durchs Leid, errette mich vom Bösen. Dein Wille geschehe.

Ich schäme mich dafür, dass ich mich so sehr verzehre vor Sehnsucht nach Jesus. Oder ist „schämen" vielleicht das falsche Wort? Wie viele Menschen können nachvollziehen, was mit mir los ist? Sicher nur ganz wenige oder kann man es überhaupt nicht nachempfinden? Das Gefühl in mir ist so intensiv, es zerreißt meine Seele und ich weiß nicht, was ich tun soll.

Geliebter Jesus, wenn ich diese Sehnsucht in mir habe, lässt sie mich dich suchen und ich wünsche mir, dass du dich finden lässt. Du säst diese Gefühle in mir und ich hoffe, dass aus dieser Saat reife Früchte entstehen werden. Hilf mir zu wachsen und zu reifen in dir. Lass meinen Glauben immer stark sein und gib mir Halt, dem Bösen immer mutig entgegentreten zu können. Lieber Gott, bitte hilf, dass die Schnur, die uns verbindet, niemals durchtrennt wird. Amen.

Ist uns bewusst, was Jesus für uns getan hat?

06.04.2004

Nur noch zwei Tage bis Karfreitag, bis zum qualvollen Tod Jesu am Kreuz. Doch der Alltag geht weiter. Die Menschen hetzen von Termin zu Termin. In den Kaufhäusern stapeln sich Schokoladenostereier neben Osterhasen aus Krokant oder Plüsch. Die Kinder blasen Eier aus und bemalen sie. Alles ist bunt und fröhlich. Alles ist perfekt. Schnell noch ein paar Einkäufe, ein paar Geschenke oder noch ein paar Urlaubsutensilien besorgen, denn für Urlaub bieten sich diese freien Tage ja an. Alles geht seinen gewohnten Gang, alles ist im Lot. Wäre da nicht noch das Kreuz, das uns noch von Ostern trennt. Dunkel und bedrohlich steht es da, das Mahnmal, das uns zeigt, was geschehen ist, was wir Gott bedeuten, was er getan, was er zugelassen hat, um uns seine tiefste Liebe zu zeigen und um uns wieder rein und sündenlos zu machen.

Karfreitag, der Tag des Leidens, der Tag, der die tiefste Dunkelheit bringt. Dunkelheit im Alltag, Dunkelheit in der Seele, wenn uns bewusst wird, dass Jesus für uns, für jeden einzelnen von uns so sehr leiden musste. Dass er für uns verspottet, gegeißelt, gedemütigt, gequält und getötet wurde. Dass er für uns das furchtbare, kaum vorstellbare Leid auf sich nahm. Dass er sein Leben hingab für uns, für uns Menschen, für uns erbärmliche Sünder.

Wo sind unsere Gedanken, wo ist unser Mitgefühl? Ist uns bewusst, dass Jesus auch Mensch war wie wir? Dass Jesus genauso aus Fleisch und Blut bestand, er keinen körperlichen Bonus hatte? Dass er alle Schmerzen zu ertragen hatte, Leid ebenso empfand, wie wir es empfinden? Wie sehr er Mensch war, zeigt uns doch die Tatsache, dass er im Garten Gethsemane vor Angst Blut schwitzte, dass er also

Todesängste durchlitt, dass er zu unserem Himmlischen Vater betete und darum bat, den Kelch an ihm vorüber gehen zu lassen, wenn es Gottes Wille ist. Seine Jünger bemerkten nicht, wie schrecklich Jesus litt, denn sie waren müde und schliefen ein, obwohl Jesus sie bat, wach zu bleiben. Jesus blieb somit ganz allein mit seinem Schmerz und seiner Angst.

Dann ging alles den Gang, den Gott Jesus zugedacht hatte. Jesus wurde verraten und gefangengenommen, er wurde zum Hohepriester, zu Herodes und zu Pilatus geschickt, aber keiner fühlte sich für ihn zuständig, keiner sah einen Grund, um Jesus zu verurteilen, aber das Volk wollte es. Das Volk sah in ihm einen Menschen, der Gott lästerte, da er sich als Sohn Gottes zu erkennen gab. Daher wurde Jesus gegeißelt. Man schlug ihn, bis er von Kopf bis Fuß blutete, bis er nur noch wie ein Stück rohes Fleisch war. War das immer noch nicht genug? Musste man noch mehr Blut sehen, noch mehr Leid, noch mehr Sensationen? Das Volk wollte es so. Es forderte so lange seinen Tod bis man nachgab, um eine Meuterei zu verhindern. Deshalb ging er weiter, der Leidensweg Jesu.

Einflüsterung, Leidensbereitschaft und Traum

13.04.2004

Der Karfreitag ist vorüber. Ich war im Gottesdienst und habe an der Kreuzverehrung teilgenommen, ich habe aber versucht es nicht zu nahe an mich heran zu lassen. So habe ich diese schwere Zeit gut überstanden. Der Palmsonntagsgottesdienst war für mich allerdings schlimm, da hätte ich beinahe geweint, aber ich habe es unterdrückt, denn ich hatte Angst, dass man mich dann komisch anschaut. Obwohl es mir lieber wäre, ich hätte meine Gefühle rausgelassen. Zuhause habe ich dann aber geweint.

Als ich meinen Computer eingeschaltet hatte, fand ich ein Email meines geistlichen Begleiters. Als ich es gelesen hatte, fühlte ich mich total missverstanden und *eine Stimme flüsterte mir zu: „Pater Clemens versteht dich nicht, am besten du sagst den nächsten Termin bei ihm ab. Und da er dich nicht versteht, hat es auch keinen Sinn mehr, weiterhin zu ihm zu gehen."* Diese Stimme war so laut und so überzeugend, dass ich ihr wirklich glaubte. Ich wollte Pater Clemens tatsächlich schreiben und den Termin absagen. Doch ich wusste, dass ich erst einmal Zeit vergehen lassen muss. Erst später wurde mir bewusst, woher diese Stimme kam und mir fiel auf, dass die „andere Seite" mal wieder an mir dran war. Mir ist nun bewusst, wie genau ich aufpassen muss, um nicht auf solche Einflüsterungen reinzufallen. Das ist nicht immer so einfach. Aber seit ich angefangen habe, Gott zu bitten, mir bei der Bekämpfung der „anderen Seite" zu helfen, habe ich das Gefühl, dass es besser wird.

Ich hatte kürzlich einen Traum. *In diesem Traum war ich bei meinem geistlichen Begleiter im Kloster und, als ich sagte, ich würde für Jesus den Tod auf mich nehmen, fesselte man mich, führte mich in einen anderen Raum und warf mich dort auf ein am Boden liegendes Kreuz. Man wollte testen ob ich wirklich bereit wäre für Jesus zu sterben. Man holte Nägel und schlug sie in meine Hände. Ich ließ es zu, für Gott. Irgendwann, viel später in diesem Traum, sah ich mich stehend, mit durchbohrten Händen. Die Hände hatten ziemlich große Löcher, wie ausgestanzt, richtig rund und man konnte hindurchsehen.* Irgendwie komisch.

Vielleicht erklärt die Tatsache, dass ich die Kreuzigung schon durchlebt habe und auch dieser Traum meine tatsächliche Bereitschaft, für Jesus alles zu tun. Vielleicht erkennt man daran meine tiefe Liebe und die damit verbundene Sehnsucht nach ihm, nach Jesus, meinem Geliebten.

Die Sehnsucht nach Jesus ist riesig und ich bin verzweifelt und unruhig. Wenn ich mich hinsetze und in mich hinein fühle, *ist es tief in mir ganz ruhig.* Meine Seele ruht in Gott, aber mein Herz ist voller Sehnsucht nach der Nähe zu Jesus. Das ist wie bei den Wellen des Meeres, die sich an der Oberfläche unruhig hin und her bewegen, während es in der Tiefe des Meeres ruhig ist.

Weiterentwicklung und wichtige Erkenntnis

14.05.2004

Die Zeit rast so davon. Schon wieder sind vier Wochen vergangen, seit ich das letzte Mal geschrieben habe und vier Wochen, seit ich das letzte Mal bei meinem geistlichen Begleiter war. Diese vier Wochen waren vollgepackt mit vielen verschiedenen Eindrücken. Simon und ich waren in Südfrankreich im Urlaub und haben dort vieles erlebt. Es ist wunderbar zu sehen, wie sich die Natur so vielfältig zeigt und ich bin froh und dankbar, dass ich so vieles sehen durfte. Die verschiedenen Landschaften, die Farben der Natur, die Tiere, die Menschen, das Leben.

Auch hier in den Bergen kommt so langsam der Frühling. Der Schnee ist fast komplett geschmolzen und immer mehr wandelt sich das Braun des Bodens in Grün, das ist sehr schön. Alles erwacht langsam aus dem Winterschlaf, alles richtet sich zur Sonne, alles regt sich gen Himmel.

Jeden Tag danke ich Gott dafür, dass ich einen neuen Tag erleben und die Schönheit der Natur genießen darf. Es ist wunderschön, so inmitten der Schöpfung, inmitten des Ursprünglichen zu sein.

Auch wenn ich Gottes Nähe nicht mehr so erleben durfte, wie es einmal war, so weiß ich doch, er ist mir nahe. Ich stehe in seiner Liebe und Gott ist in mir und ich bin in ihm. Mir ist dies erst vor wenigen Tagen bewusst geworden. Ich hatte mit einer Frau gechattet und, als ich etwas über Gott geschrieben habe, hat sie ganz spontan das Wort „Amen" dahinter geschrieben. Sie sagte, meine Worte wären wie ein Gebet gewesen und hätten ihr sehr gut getan. Erst da wurde mir bewusst, was ich geschrieben hatte und ich spürte in meinen eigenen Worten meine innige Verbundenheit mit Gott. Jetzt erst ist mir klar geworden, dass meine tiefste Liebe zu Gott weiterhin da ist, dass sie genauso lebt wie zu den Zeiten, als ich Gott auf andere Weise wahrnehmen durfte.

Jetzt ist mir klar, dass ich mich weiterentwickelt habe zusammen mit Gott. Gott war mir nie fern, auch wenn ich es vermutete. Gott war immer in mir und ich in ihm. Ich bin so glücklich und dankbar, dies erkannt zu haben. Ich fühle mich seitdem wieder von Gott geliebt und habe nicht mehr die Zweifel, dass ich irgendetwas falsch gemacht habe und ich deshalb Gott nicht mehr sehen oder intensiv spüren durfte. Ich bin gereift und in meinen Erkenntnissen gewachsen. Ich bin sehr glücklich und dankbar darüber.

Genauso glücklich bin ich über das Buch, das ich gerade lese. Es ist eine Gnade, dass ich zu diesem Buch gekommen bin. Etwas Besseres konnte mir gar nicht passieren. Ich habe, nachdem mir Pater Clemens ein Buch aus der Reihe „Texte zum Nachdenken" ausgeliehen hatte, Interesse an dieser Reihe bekommen. Als ich dann das Buch über Teresa von Avila aus dieser Reihe gelesen hatte, ersteigerte ich im Internet ein Buchpaket bestehend aus mehreren Büchern dieser Reihe ohne diese zu kennen. Unter anderem kam ich so auch zu einem Buch über Francisco de Osuna mit dem Titel: „Versenkung - Weg und Weisung des kontemplativen Gebetes". Ich befürchtete schon, es handle sich um ein Buch über fernöstliche Meditation, was ich aber gar nicht suchte, doch dann entdeckte ich, dass ich da einen wahren Schatz ersteigert hatte. Dieses Buch ist so etwas Wunderbares. Ich habe selten so etwas Kostbares gelesen. Diese Art wie er schreibt, wie er seine Worte in Bilder packt und wie er etwas ausdrückt, ach, ich könnte nur noch schwärmen. Neben der Literatur von Teresa von Avila ist es für mich das Beste, was ich bisher gelesen habe. Leider gibt es scheinbar sonst keine Bücher in Deutsch über oder von ihm. Schade, ich würde so gerne noch mehr von ihm lesen.

Das Samenkorn muss sterben, damit es Frucht bringt.

25.05.2004

Loslassen, das ist schwer. Loslassen, alles, was einem wichtig ist, ist wie sterben. Wenn man der Familie und den Freunden ein letztes Mal die Hand reicht, wenn man seine Heimat, seine Umgebung, seine Vergangenheit und all das Gewohnte hinter sich lässt, lässt man auch einen Teil von sich selbst zurück. Ein Stück weit sterben ist es.

So ging es mir, als ich im Mai 2003 alles zurück ließ, um den Weg Gottes zu gehen. Er hatte mir eine Tür geöffnet, durch die ich hindurchging, ohne genau zu wissen, was mich auf der anderen Seite erwarten würde. Zuvor waren immer Klippen und Hürden und viel Leid zu durchleben gewesen. Oft war der Weg, den ich ging, düster und kalt.

Ich hatte gerade mal wieder eine Klippe erklommen, als ich kurz danach abstürzte und mich in einem dunklen, tiefen Abgrund befand. Erst verweilte ich da, lebte meinen Schmerz, doch bald schon erkannte ich, dass ich nicht im dunklen Graben bleiben durfte. Ich begann, aus dem Loch wieder hinaufzuklettern. Langsam, Stück für Stück bewegte ich mich der Helligkeit entgegen. Auf einem Vorsprung machte ich Rast, denn der restliche Weg war nicht in einem Stück zu schaffen. So befand ich mich nicht mehr im Dunkeln, sondern im grauen Bereich. Einige Zeit befand ich mich in diesem trüben Licht. Immer weiter tastete ich mich vor und dann sah ich sie, ich sah eine Tür. Nicht eine Tür im herkömmlichen Sinne, sondern in Form einer Öffnung der Höhle, in der ich mich nun befand. Je näher ich kam, umso heller wurde es und so ging ich weiter und weiter und weiter. Immer mehr wurde ich angezogen von dem Licht. Immer mehr machte sich die Sehnsucht in mir breit, hinauszutreten in das flutende Hell. Zielstrebig ging ich darauf zu, ließ mich durch nichts ablenken, schaute nur gerade aus, schaute auf das Licht, das mir den Weg wies. Einige Zeit war ich gelaufen, als ich ins Licht hinaustrat und von einer wärmenden Helligkeit umhüllt wurde und da wurde mir bewusst, es ist Gottes Weg, auf dem ich gehe. Oh mein geliebter Gott, ich danke dir für deine Liebe.

Einige Monate waren vergangen, das Licht wurde schwächer und immer mehr verlor es von seiner Strahlkraft und schon bald verschwand auch das letzte Funkeln und es wurde dunkel um mich herum. Erst war es noch grau, aber bald schon wurde ich von der Dunkelheit gefangen. Je länger es anhielt, umso kälter wurde mir. Das Sterben hatte begonnen. Ich schrie nach Gott, ich suchte das Licht, ich suchte den Weg hinaus aus der Verlassenheit, aber es gab keinen Weg. Immer mehr nahm das Leid zu, immer mehr schmerzte alles in mir. Mein Körper begann zu zerreißen, meine Seele sich aufzulösen, meine körperliche Hülle verzehrte sich nach Wasser, nach dem heilenden Quell, nach dem rettenden Tropfen. Doch er ließ sich nicht finden. Ich atmete Staub, kroch auf dem Boden, meine Haut zerriss, mein Blut ergoss sich über den Boden. Ich schrie nach Gott und bat ihn um Hilfe, aber er erhörte mich nicht. Immer schwächer wurde ich, keinerlei Kraft wohnte mehr in mir, ich war am Ende. Ein letztes Mal bäumte ich mich auf und dann war es vorbei, ich starb. Es war ein Sterben meines Körpers, der mein vergangenes Leben darstellte, es war ein Sterben meiner Seele, die meine damaligen Gefühle besaß, es war ein Sterben meiner Sinne, die die Wahrnehmungen betrafen. Ich war tot, und doch lebte ich. Es war, als ob ich neu erwachte. Ich wurde neu geboren. Wie ein Samenkorn, das erst stirbt, bevor es Frucht bringt.

Nun wurde es wieder heller, ich stieg ganz langsam empor und sah die ersten Sonnenstrahlen durch die mich bedeckende Erdschicht scheinen. Immer weiter schob ich mich empor, immer wieder dachte ich, der Sonne näher zu kommen, aber dann kam ein Windstoß und die Erde bedeckte mich wieder. Ich musste mich gedulden, musste erst Nahrung finden, musste meine Wurzeln wachsen lassen, musste mich verankern im Glauben an Gott. Die Wurzeln wurden fester, dicker und reichten immer mehr in den nahrhaften Boden und irgendwann schaffte ich es, die Erdschicht über mir zu durchbrechen, nun war ich im Licht. Ich reckte mich der Sonne entgegen, fühlte mich sicher und geborgen, fühlte mich Gott nahe, doch dann kam eine Windböe und drehte mich von Gott hinweg. Wieder musste ich Geduld haben, wieder musste ich auf etwas vertrauen, was ich nun nicht mehr sah, denn ich war Gott nun mit dem Rücken zugewandt. Immer wieder musste ich von der Nahrung des Vertrauens leben, immer mehr musste ich wachsen, immer mehr brauchte es an Zeit und Geduld. Doch dann hatte ich es geschafft. Aus dem Samenkorn, das starb, war ein stattliches Gewächs geworden. Ich schaute zu Gott und erkannte ihn, selbst wenn der Himmel voller Wolken hing. Ich sah ihn auch im manchmal dunklen Alltag. Und dann passierte es: Etwas in mir war aufgebrochen und zeigte sich, es war die Frucht, die sich gebildet hatte, die Frucht der Erkenntnis, der Erkenntnis, dass Gott mir nahe ist, auch wenn ich ihn nicht sehe. Das Samenkorn muss sterben, bevor es Frucht bringt.

Deine Nähe lässt mich schweben

11.06.2004

Gott, ich spüre, du bist da. Sanft umhüllst du mich mit deiner Anwesenheit. Wie ein zarter Hauch umgibst du mich, seidig leicht und samtweich spüre ich dich. Zart streichelt deine liebende Hand meinen Körper. Oh, wie glücklich bin ich, ich fühle mich so leicht und gut, in dir geborgen. Nichts kann mir geschehen, denn du nimmst meine Hand und führst mich durchs Leben. Nie mehr möchte ich ohne dich sein, mein Geliebter. Bitte bleib bei mir.

Deine Nähe lässt mich schweben, ich werde leicht vor lauter Glückseligkeit. Geliebter, wo warst du, als ich dich nicht fühlte? Ich war mir sicher, du kommst zurück. Ich habe gewartet auf dich, dir vertraut, dass du nicht fern bist und werde wieder einmal von dir belohnt. Oh Geliebter, womit habe ich diese Liebe verdient? Ich will nicht weiter fragen. Ich will genießen, dass du mein Bräutigam bist, dass du meine Hand nimmst und mich erfüllst mit deiner Anwesenheit. *Oh, wie ist das schön,* ich möchte dieses Gefühl beschreiben, es aufzeichnen, es konservieren. Kann ich es bewahren, es in Dosen abfüllen, um es dann, wenn ich dich wieder so zärtlich spüren möchte, geschehen zu lassen? *Nie mehr soll es aufhören,* nie mehr sollst du meine Hand loslassen. Lass uns gemeinsam in den Himmel tanzen, auf den Wolken dahinziehen und unsere Liebe genießen. Geliebter, ich bin dein, sag was du erwartest von mir, damit ich dir gerecht werden kann.

Wenn ich die Augen schließe, habe ich den Eindruck, ich leuchte. Alles ist hell in mir und um mich herum ist ein dünner Streifen, der leuchtend orange ist. Ich stehe in Flammen vor lauter Liebe zu dir, mein Gott. *Ich bin so leicht, fast spüre ich mich selbst nicht mehr,* das Gefühl deiner Anwesenheit ist das, was ich wahrnehme und deine Liebe. Oh, glückseliger Moment.

Nichts ist besser, nichts ist größer als deine Nähe und deine Liebe. Geliebter, bitte *umhülle mich weiter mit deiner Liebe,* hör nicht auf, mich zu bergen in deinen Armen. Amen.

Von der Knospe zur Blüte

21.06.2004

Lange Jahre war ich wie eine Knospe.
Ich verschloss mich vor dir, mein Gott.

Lange Zeit versuchtest du mich zu berühren,
doch deinen zarten Windhauch nahm ich nicht wahr.

Als ich mich immer mehr zusammenzog,
langsam vor dir zu verdorren drohte,
da kamst du mit aller Macht.

Wie ein starker Sonnenstrahl trafst du auf mich auf.
Erschrocken öffnete ich meine Blütenblätter
und sah dich.

Gott, dein Angesicht und dein Licht, das traf mitten in mich,
und ich wagte nach und nach, mich zu öffnen.

Lange Jahre war ich eine Knospe,
ich hatte meine Blütenblätter
wie ein Schutzschild um mein Inneres gelegt,
doch dann kamst du
und du warst es,
der aus mir eine kostbare Blüte machte.

Nun bin ich offen,
strahle meine Liebe zu dir, mein Herr,
wie süßen Honigduft aus.
Ich zeige meine Innerstes, meine Seele,
die du erhellst.

Täglich öffne ich nun meine Blütenblätter,
um mich geöffnet dir zuzuwenden.

Sei du die Biene,
die mich immer wieder berührt und dafür sorgt,
dass ich meine in mir tragende Liebe zu dir
weitergeben kann.

Ich danke dir,
dass du aus mir eine leuchtende Blüte gemacht hast
und ich nicht mehr
als geschlossene Knospe existieren muss.

Danke für deine unendliche Liebe. Amen.

Die Zeit rast so dahin

16.07.2004

Endlich scheint die Sonne und der Sommer scheint doch
noch einzuziehen. Es ist schön, wenn ich sehe, wie fröhlich

und glücklich die Vögel ihr Kreise ziehen und die Sonne genießen. Alles freut sich und das sehe ich auch in den Gesichtern der Menschen.

Die Zeit rast so dahin und ich frage mich oft, wo die Stunden geblieben sind. Nächste Woche Freitag beginnt unser Urlaub. Simon und ich fahren für sechs Tage nach Deutschland, um meine Familie und unsere Freunde zu besuchen. Ich freue mich schon sehr darauf, all meine Lieben wieder zu sehen. Diese Zeit wird wieder sehr stressig, da wir in diesen Tagen möglichst viele Treffen unterbringen möchten. Wenn wir wieder zurück sind, haben wir noch eine weitere Woche Urlaub, die wir dann entweder hier im Garten verbringen werden oder indem wir etwas in der Umgebung unternehmen.

Meinen geistlichen Begleiter möchte ich auch gerne mal wieder treffen, auch wenn es im Augenblick nichts Neues zu erzählen gibt. Aber ich halte es für sehr wichtig, weiterhin eine geistliche Begleitung zu haben, obwohl ich fühle, dass ich nicht mehr alle vier Wochen zu ihm hinfahren „muss". Aber so ganz ohne seine Hilfe, seine Ratschläge und seine „Führung" möchte ich nicht sein, allein schon der Gedanke daran würde mich unruhig machen. Aber in meiner Beziehung zu Gott habe ich mittlerweile den Eindruck, immer mehr alleine laufen zu können. Das ist wie bei einem kleinen Kind, das zuerst noch die Hände der Mutter braucht, um nicht umzufallen, sich dann aber nach und nach lösen kann, um alleine gehen zu können. Die aber weiterhin vorhandene Mutter gibt Halt, Hilfe und Schutz. Der Gedanke, dass die Mutter da ist und man sich immer wieder an sie wenden kann, wenn man sie braucht, gibt Sicherheit.

Ich merke, wie ich mich weiterentwickle und spüre, dass Gott nah ist, auch wenn ich ihn nicht sehe oder höre. Ich fühle mich schon lange nicht mehr von Gott verlassen und habe auch nicht mehr das Gefühl, dass Gott mir fern ist. Ich bin sehr glücklich darüber, denn so fällt es mir leichter meinen Weg mit Gott zu gehen.

Sonst gibt es nichts Neues zu berichten. Es geht uns gut und ich bin glücklich darüber, dass wir bereits zwei Salate aus eigenem Anbau essen konnten. Ich finde es so schön, zusehen zu können, was die Natur uns schenkt und wie etwas wächst und gedeiht.

Gottes Bote

20.07.2004

Heute Morgen war ein Arbeitskollege von Simon bei uns, also ein Pfarrer. Simon wollte ihm per Telefon etwas mitteilen oder auch zu ihm hinfahren, um kurz etwas zu besprechen, aber er bestand darauf, zu uns ins Pfarrhaus zu kommen. Er kam also.

Nachdem die beruflichen Dinge besprochen waren, unterhielten wir uns und er fragte mich, ob ich nun einen geistlichen Begleiter gefunden hätte, er weiß im Groben über meine Erlebnisse Bescheid und ich erzählte ihm kurz von Pater Clemens und davon, dass ich mich bei ihm an der richtigen Adresse befinde und ich sehr froh und dankbar darüber bin ihn gefunden zu haben.

Dann sprachen wir über Gottesdienste und was mir beim Inhalt einer Predigt wichtig ist. Immer mehr kamen wir über Gott ins Gespräch und über das Verständnis, das die Menschen von Gott haben. Dann erzählte ich ihm davon, dass ich keine Artikel im Hauptteil des Kirchenboten schreiben darf, sondern nur im Regionalteil, weil ich keine Theologin bin und dass ich versuche ein Buch zu schreiben. Das Gespräch ging hin und her und dann fragte er mich, warum ich denn nicht Theologie studiere. Ich argumentierte, dass es nicht gut für die Beziehung zwischen Simon und mir wäre, wenn ich jeden Tag nach Chur fahren müsste. Er brachte aber immer wieder Argumente dafür auf, warum ich es tun sollte. Außerdem würde er doch merken, dass ich noch etwas mit Gott machen will und mir dies wichtig sei. Er erwähnte auch noch eine Diakonieschule, aber ich sagte ihm, dass das Einzige, was mich interessieren würde, ein Theologiestudium sei. Da redete er auf mich ein und sagte mir, ich solle das machen und jetzt damit beginnen und nicht erst in einigen Jahren, wenn ich alt sei. Ich habe ihm dann alle möglichen und unmöglichen Gründe genannt, warum es mit einem Studium nicht klappen könne. Aber er hatte schon richtig erkannt, dass dies alles nur Ausreden waren, was mir zu diesem Zeitpunkt aber noch gar nicht bewusst war. Er sagte mir, ich solle doch einfach mal ein Semester studieren und könne es dann ja immer noch hinschmeißen, wenn ich meine, dass es nicht klappt.

Als er gegangen war, hat mich der Gedanke zu studieren nicht mehr losgelassen und es war mir, als ob eine alte Wunde aufgeplatzt wäre. Ich war so betroffen, dass ich weinen musste, aber nicht aus Trauer, sondern aus tiefster Liebe zu Gott und weil ich brannte vor Sehnsucht, vor Sehnsucht nach Gott und danach, Theologie zu studieren.

Der Wunsch nach einem Theologiestudium ist ja nicht neu, bereits vor über zwei Jahren war er erstmals aufgetaucht. In Deutschland war es mir aber nicht möglich, ohne Abitur ein solches Studium aufzunehmen, daher hatte ich lange Zeit nicht mehr darüber nachgedacht. Vor einigen Wochen aber brannte dieser Wunsch erneut in mir, es war ein richtiges Feuer, aber ich habe mir dann gesagt, dass es einfach nicht geht, obwohl ich herausgefunden hatte, dass es eine Möglichkeit gibt, über den dritten Bildungsweg, also ohne Abitur, Theologie studieren zu können. Ich hatte sogar alle Informationen darüber ausgedruckt und gelesen, aber dann schweren Herzens zum Altpapier getan und entsorgt. Als dann der Arbeitskollege von Simon kam, brach alles wieder auf, das Feuer loderte wieder und der Wunsch Theologie zu studieren war wieder da.

Ich habe mich mit Simon lange darüber unterhalten und er sagte mir, wenn ich studieren möchte, würde er mich fördern, so gut er könne und dass er es toll fände, wenn ich dies machen würde.

Ich habe nächtelang nicht schlafen können und dann fiel mir ein, dass es ja eventuell Einschreibetermine gibt und ich fragte Simon danach und er sagte mir, dass bei den Universitäten der Termin bereits verstrichen sei. Wieder konnte ich nicht schlafen. Am nächsten Morgen habe ich dann den Rektor der Theologischen Hochschule Chur angerufen und ihn nach diesem Termin befragt und er sagte mir, dass sie keinen Einschreibetermin haben. Ich fragte ihn nach dem dritten Bildungsweg und er sah kein Problem, dass ich mit meinen vier Berufsabschlüssen nicht studieren könnte. Ich habe nun einen Gesprächstermin mit ihm und bin immer noch ganz aufgeregt und kann gar nicht so recht glauben, was mir gerade so geschieht. Nun heißt es erst einmal Geduld haben bis zum Termin am 09. August. Allerdings gehen mir viele Gedanken durch den Kopf. Schaffe ich es, den für Nichtabiturienten erforderlichen Notendurchschnitt einer Fünf, was in Deutschland einer Note Zwei entspricht, zwei Jahre lang hinzubekommen, um dann als „ordentliche Studentin" aufgenommen zu werden? Darf ich äußern, warum ich Theologie studieren möchte und wie ich zu Gott stehe? Und bleibt meine Liebe zu Gott so, wie ich sie jetzt spüre, oder kann ein Studium meine Liebe zu Gott gefährden, da man sehr „verkopft" wird?

Ich möchte so gerne für Gott und mit Gott arbeiten. Bisher sind die Türen verschlossen. Nach einem Theologiestudium würde vieles möglich sein, was ich mir so sehr wünsche. Ich hätte eine Seelsorgeausbildung, könnte in Zeitungen schreiben, könnte über Gott sprechen, dürfte predigen, könnte Vorträge halten und und und. Ich könnte es auch in Verbindung mit meinem Heilberuf einsetzen.

Simons Arbeitskollege war für mich wie ein Bote Gottes. Obwohl Gott in mir das Feuer fürs Studium schon entfacht hatte, hatte ich es verdrängt und ließ mich nicht auf diese Gefühle ein. Aber bekannterweise kann man vor Gott nicht davonlaufen. Als Gott merkte, dass er mit seinem Plan bei mir nicht weiter kommt, ließ er sich etwas anderes einfallen und schickte Simons Arbeitskollegen. Wie kam dieser überhaupt auf die Idee über das Thema Fortbildung, Weiterbildung zu sprechen? Für mich war das Fügung. Er wurde geschickt, um mich auf den Weg zu bringen, auf den Weg, den Gott für mich vorbereitet hat. Ich kann es immer noch nicht so recht fassen.

Übrigens sind die weggeworfenen Unterlagen über das Theologiestudium wieder aufgetaucht, sie waren doch noch nicht wie angenommen mit dem Altpapier entsorgt.

Ach, was brenne ich so vor Liebe und Leidenschaft für Gott und ein Satz von Augustinus geht mir ständig durch den Kopf: „Unruhig ist unser Herz, bis es ruht in dir."

Ich könnte jetzt noch einen ganzen Roman über all das schreiben, aber ich halte es für besser, nun ins Bett zu gehen. Der Tag hat mich sehr aufgewühlt und mich mit meinen tiefsten inneren Wünschen konfrontiert und das macht mich ziemlich „fertig". Amen und gute Nacht.

Gott und das Leben

21.07.2004

Der Tropfen, der mich vor dem Verdursten rettet,
die Wärme, die meinen Körper weiter leben lässt,
das Licht, das die Dunkelheit verdrängt,
noch bevor sie mich erreicht,
die Luft, die ich zum Atmen brauche.
All das bist du, mein Gott.

Nur du gibst mir all das, was ich brauche.

Du sorgst für mich und achtest darauf,
dass ich nicht vom Weg abkomme.
Erklimme ich die Klippen des Lebens
gibst du mir die Kraft, den Berg zu besteigen.

Sind auf meinem Weg tiefe Löcher,
so hältst du deine liebende Hand über den Abgrund,
damit ich nicht in die unendliche Tiefe stürze.

Du bist da, wenn es mir schlecht geht,
aber du bist auch nicht fern, wenn ich juble vor Freude.

Überall bist du
und ich freue mich darüber, dass es dich gibt.

Gott, unser König,
du hast die Welt erschaffen und auch uns.
Jedem von uns hast du den Weg bereitet,
so dass wir dich finden können.

Geschaffen hast du uns alle als dein Ebenbild,
damit wir dich verstehen und dir vertrauen.

Du lässt uns viel Freiheit,
damit wir eigenständig leben können.

Leider gibt es immer mehr Menschen,
die all das nicht sehen und verstehen.
Warum vertrauen dir immer weniger Menschen,
warum glauben sie nur noch an sich selbst,
statt an dich, geliebter Gott?

Niemals mehr möchte ich ohne dich sein,
denn seit du mich gefunden hast,
weiß ich, was es heißt zu leben.

Diese Zeit, die du mir hier auf Erden zugestehst,
möchte ich nutzen, um den Menschen zu zeigen,
wie groß deine Liebe ist.
Ich möchte sie benetzen mit der unendlich großen Liebe,
die du mir geschenkt hast.
Ergießen soll sich dieses Gefühl,
damit alle Menschen zum Glauben finden, zu dir. Amen.

Termin an der Theologischen Hochschule

09.08.2004

Als ich heute Morgen erwachte, sah es so aus, als ob es draußen brennt. Alles war intensiv rot. Erschrocken sprang ich aus dem Bett, um nachzusehen, was los ist. Es war kein Feuer, es war Alpenglühen. So ein extremes Alpenglühen hatte ich morgens noch nie gesehen. Etwas in mir sagte, dass es Gott ist, der mir zeigen möchte, dass er mit mir ist und ich fühlte mich erleichtert und die Aufregung wegen des wichtigen Termins beim Rektor der Theologischen Hochschule wich etwas. Es geht darum zu klären, ob ich über den dritten Bildungsweg Theologie studieren kann, also ob ich ohne Abitur zum Studium zugelassen werde. Ich bin total aufgeregt und hatte schon einige schlaflose Nächte.

Dieser Tag kann eine neue Tür für mich öffnen und meinem Leben eine neue Richtung weisen.

Nach dem Frühstück ging ich zur Bushaltestelle und stieg in den Schnellbus nach Chur. Glücklicherweise fuhr eine Frau aus unserem Dorf ebenfalls mit diesem Bus, sodass ich auf der einstündigen Fahrt durch unsere Gespräche abgelenkt war und nicht ständig an meinen Termin denken musste. Gott sei Dank. Als ich am Zielort ankam, setzte ich meinen Weg zu Fuß fort und überlegte, wo ich meine noch verbleibende Zeit verbringen könnte. Zuerst ging ich in die Kathedrale, aber dort wurde renoviert und so setzte ich mich an einen Brunnen in der Nähe. Aber auch dort verursachten die Bauarbeiten viel Lärm. Also ging ich weiter Richtung Theologische Hochschule. Ich war total aufgewühlt vor Nervosität und mein Herz war am Rasen. Deshalb sprach ich zu Gott und bat ihn, mich ruhig werden zu lassen. Ich ging weiter und als ich zum Himmel empor schaute, sah ich eine kleine runde Fläche, die alle Regenbogenfarben enthielt. Das war merkwürdig, denn es war weder die Sonne zu sehen, noch war es feucht oder regnerisch und es war auch kein „normaler" Regenbogen zu entdecken. Der gesamte Himmel war bedeckt. Ich schaute noch einmal hin und mir wurde klar, es ist Gott. Gott zeigt mir, dass er bei mir ist. Ich blieb voller Ehrfurcht stehen und konnte den Blick nicht mehr abwenden. Ich fing an zu beten und bat Gott erneut um innere Ruhe und darum, mir zu zeigen, ob er den Weg des Theologiestudiums für mich vorgesehen hat, indem er mir durch das Gespräch mit dem Rektor eine eindeutige Antwort darauf geben soll. Dann übergab ich mich Gottes liebender Führung. Kaum hatte ich das getan, wurden die Farben am Himmel blasser und blasser und nach kurzer Zeit waren sie verschwunden. Ich war total ergriffen und den Tränen nahe. Diese „Regenbogenscheibe" befand sich übrigens genau über der Theologischen Hochschule.

Nachdem ich mich wieder „gefangen" hatte, führte ich meinen Weg fort. In der Kirche des Priesterseminars zog ich mich erst einmal in die Krypta zurück und spürte beim Gebet, wie sich eine tiefe innere Ruhe in mir breit machte. Dann ging ich los zum Gespräch.

Alles war gut, die Sekretärin war nett und der Rektor total unkompliziert. Das Gespräch war toll und ich fühlte mich trotz meiner immer noch vorhandenen Nervosität richtig wohl. Ich habe einen Anmeldebogen erhalten, denn der Rektor hat mich zum Studium zugelassen. Halleluja. Ich bin ganz aufgeregt vor Freude. Gott hat alles gefügt. Was für ein erstaunlicher Weg, von Null Interesse am Christentum bis zum Beginn des Studiums der katholischen Theologie innerhalb von nicht ganz drei Jahren, das ist kaum zu glauben und einfach unfassbar. Ich bin immer noch ganz sprachlos darüber, was eine Begegnung mit Jesus aus einem Menschen machen kann, was mit mir passierte, seit ich entflammt bin durch Gottes Liebe. Nun gehe ich auf Gottes Pfad, ich habe seinen Ruf verstanden. Das Theologiestudium ist daher eine echte Be-rufung.

Gott, ich danke dir für deine unendliche Liebe und Güte. Danke, dass du mich deine Botschaften erkennen lässt. Ich lobe und preise dich, jetzt und in alle Ewigkeit. Amen.

Über das Schreiben

17.08.2004

Ich weiß, dass ich öfter schreiben sollte und ich möchte es auch. Doch irgendetwas bringt mich immer wieder davon ab, macht mich müde und träge oder macht sonst etwas, was mich daran hindert meine Aufzeichnungen zu machen.

Ich finde es schlimm, wenn ich es nicht schaffe, meine Gefühle, Gedanken und mein Leben in und mit Gott aufzuschreiben.

Je länger dieser „Zustand" dauert, umso intensiver wird in mir das Gefühl, schreiben zu müssen. Es ist, als ob mich Gott erst langsam und dann immer stärker zum Schreiben bringen möchte. Irgendwann, wenn ich mich lang genug seinem Wunsch widersetzt habe, ist das Gefühl in mir so stark, dass ich fürchte zu zerbersten, wenn ich nicht endlich schreibe. So ähnlich geht es mir auch heute.

Gedanken an den eigenen Tod

17.08.2004

In den letzten Tagen habe ich mich wieder einmal mit dem Thema Tod auseinandergesetzt. Es ist ja ein Thema, das mich sehr interessiert. Dabei überlegte ich mir, wie es für mich sein wird, wenn ich irgendwann einmal sterbe. Ich sah mich dann in einem Bett liegen und Simon und meine Angehörigen um mich versammelt. Die Menschen weinten leise vor sich hin, das machte mich betroffen, denn ich selbst hatte ein Lächeln auf den Lippen und freute mich auf die Tatsache bald ganz bei Jesus, bei meiner großen Liebe sein zu dürfen. Neugierig und voller Liebe und Hoffnung erwartete ich den Tod. Freude durchströmte mich bei dem Gedanken, bald ganz bei ihm sein zu dürfen und meine Vollendung bei Gott zu finden.

Doch so ganz konnte ich mich diesen Gefühlen nicht hingeben, da mir die Trauer meiner Liebsten einen Stich ins Herz versetzte. Also redete ich mit ihnen und sagte ihnen, dass es für sie zwar ein Abschiednehmen ist, was traurig ist, aber dass sie sich mit mir freuen sollen über die Tatsache, dass ich bald bei meinem so sehr geliebten Jesus sein werde und sie sich von dieser Freude berühren lassen und nicht mehr weinen sollen.

Ja, so stelle ich mir meinen Tod vor. Auf einer Seite voller freudiger Erwartung, auf anderer Seite ist für mich der Gedanke, dass die Menschen um mich herum dann traurig sind, ein ganz schlimmes Gefühl. Ich möchte nicht, dass die Menschen traurig sind, ich möchte, dass sie erkennen, was für Gefühle für mich die Zusammenkunft mit Jesus, meiner großen Liebe, bedeuten. Ich möchte, dass sie erkennen, dass ich mich freue und sie daher nicht leiden sollen über meinen Weggang. Sie sollen mich in Erinnerung behalten und mich gut geborgen wissen, dort, wo ich dann zuhause sein werde.

Durchströmt von Liebe

17.08.2004

Heute spüre ich eine ganz große Sehnsucht nach Jesus, aber zugleich auch *eine riesige Liebe, die mich durchströmt. Es ist das Gefühl der „Göttlichen Liebe". Ich könnte platzen vor lauter intensiven, super tollen Gefühlen.* Am liebsten würde ich mit jemandem darüber sprechen, aber es ist niemand da.

Außer dieser unendlichen Liebe zu und von Jesus, die mich heute durchflutet, *habe ich auch noch Schmerzen an den Wundmalen. Heute ist es das erste Mal, dass alle vier Punkte gleichzeitig schmerzen.* Mich erschreckt es nicht mehr, wenn die Stellen schmerzen oder auch mal sichtbar werden. Wenn Gott mir die sichtbaren Wundmale schenken will, nehme ich sie dankbar an, mit allen damit verbundenen Leiden. Für mich wäre es eine große Gnade auch äußerlich sichtbar mit Jesus verbunden zu sein, aber nicht mein, sondern sein Wille geschehe.

Geliebter, wo bist du?

17.08.2004

Erfüllt bin ich von deiner Liebe.
Doch Geliebter, wo bist du?
Ich möchte dich sehen, hören und berühren.

Süßer Schmerz umhüllt mein Herz,
weil ich weiß, ich kann noch nicht für immer bei dir weilen.

So schaue ich zu den Bergen,
hoch oben suche ich dich,
doch da scheinst du nicht zu sein.

Ich schaue ins Wasser,
es ist klar und rein, ich kann bis zum Grund sehen,
aber auch dort bist du nicht zu finden.

Unruhig laufe ich durch die Gassen,
gehe über Wiesen und Felder,
durchstreife die Wälder,
auf der Suche nach dir,
nach dir, meinem Gott.

Überall blicke ich mich um,
sogar am Himmel schaue ich, ob ich dich sehe,
doch auch auf den Wolken ziehst du nicht daher.

Es fängt an zu regnen
und die Regentropfen laufen wie Tränen
an meinem Gesicht hinab.

Ich setze mich nieder,
traurig, weil ich dich nicht gefunden habe.
Still sitze ich da,
mein Herzschlag wird langsamer,

die Geräusche um mich herum verstummen,
tief tauche ich in mich selbst hinein.

Auf einmal wird es hell in mir,
Licht durchdringt mein Inneres.
Meine Gefühle erwachen.
Langsam und ganz sanft fühle ich die Liebe,
die mich durchdringt.

Immer intensiver wird sie,
die Liebe durchflutet meinen gesamten Körper,
sie fließt aus mir heraus,
sie umhüllt mich wie eine Wolke.

Lange bin ich umhergeirrt, um dich zu finden,
doch jetzt erst spüre ich, du bist da, du bist in mir,
du bist mir so nah, wie ich es mir immer wünschte,
aber nie zu glauben wagte.
Jesus, ich liebe dich.

Mit dem Glauben ist es wie mit einer Tanne

23.08.2004

Mit dem Glauben ist es wie mit einer Tanne. Erst ist sie ein
kleines zartes Pflänzchen, schwach, unsicher und klein. Der
Wind schüttelt es hin und her und es läuft Gefahr, wieder
aus dem Boden heraus gerissen zu werden. Doch je länger
die kleine Pflanze in der Erde steht, umso fester wird ihr
Stand, denn nach und nach bilden sich Wurzeln. Die Wurzeln sind zunächst noch dünn und kurz, doch mit der Zeit
werden sie länger und ragen immer tiefer in den Boden
hinein.

Die Zeit vergeht und aus dem kleinen Pflänzchen wird
immer mehr ein Baum. Die ersten Äste wachsen und immer

grösser und stärker wird die Tanne und bald schon bilden sich die ersten Zapfen und die Tanne bekommt so die Möglichkeit sich und ihre Art weiterzugeben, sich zu vermehren.

Schon bald sitzen die ersten Vögel im Baum, genießen ihren Sitzplatz inmitten des Grüns, um dann ihre Nester dort zu bauen. Auch finden sie Nahrung in der Tanne, sei es durch die Samen oder durch andere kleine Lebewesen, die sich ebenfalls dort niedergelassen haben.

Im Sommer sitzen die Menschen gerne unter den Ästen und genießen den Schutz, den der Baum vor Wind und Sonne bietet. Und der Baum spürt, wenn er Geduld und Vertrauen hat in die Natur, in die Schöpfung, dann wird aus einem kleinen Pflänzchen ein stattlicher Baum. Genau so ist es mit dem Glauben.

Religionslager

16.09.-18.09.2004

Nun weiß ich endlich, was ich mir unter einem Religionslager vorstellen muss, denn ich war noch nie bei einem solchen. Wahrscheinlich gab es das zu meiner Kinder- oder Jugendzeit nicht. Nun habe ich in dem Religionslager, welches Simon durchführte, mitgeholfen. Es war sehr interessant, mit den jungen Menschen zu arbeiten, zu spielen und zu kochen. Wir hatten viel Spaß zusammen und es hat mich auch persönlich weitergebracht, denn, als Simon und ein anderer Betreuer ein Lied nicht richtig singen konnten, da sie es nicht kannten, habe ich einfach losgesungen, denn ich kannte es gut. Eigentlich mache ich das nicht, da ich mich nicht so richtig traue, vor anderen Menschen zu singen. Aber ich habe es spontan und ohne Nachdenken getan und bekam von den Schülerinnen und Schülern gesagt, dass ich gut singen könne. Da hat sich bei mir etwas gelöst und mir sehr gut getan. Nun bin ich zwar immer noch etwas zurückhaltend mit dem Singen vor anderen Menschen, aber zuhause singe ich auch weiterhin viel und mit großer Freude. Ich würde sehr gerne Lobpreislieder singen und so andere Menschen mit dem Glauben in Kontakt bringen. Singen ist eine so wunderschöne Art Gott zu loben und zu danken, es ist eine andere und besondere Art des Betens.

Heinrich Seuse und Leidensmystik

05.11.2004

Ich lese gerade ein Buch mit dem Titel: „Heinrich Seuse - Der Mystiker vom Bodensee berichtet von seinem Leben, seinen Qualen und Visionen in dem ‚Buch, das da heißet der Seuse'". Es ist sehr interessant und es bewegt mich sehr, was ich dort lese. Zum Beispiel das, was im Kapitel „Jesu Namen in die Brust geschnitten" geschrieben steht:

„Er nahm einen Griffel in die Hand, blickte auf die Brust, in der sein Herz schlug, und sprach: ‚Ach, gewaltiger Gott, nun gib mir heute Kraft und Macht, mein Sehnen zu vollbringen, denn Du mußt in meinen Herzensgrund eingeschmolzen werden' – Er begann und stach da mit dem Griffel in das Fleisch oberhalb des Herzens. Er stach hin und her, auf und ab, bis er den Namen Jesu deutlich auf seine Brust über dem Herzen gezeichnet hatte. Von den scharfen Stichen stürzte das Blut stark aus den Wunden und rann herab auf seine Brust. Das sah er alles in seiner feurigen Liebe an, ohne des Schmerzes sehr zu achten. Danach ging er, so verletzt und blutend, aus seiner Zelle auf die Kanzel unter das Kruzifix, kniete nieder und sprach: ‚Eija, mein Herr und meines Herzens einzige Liebe, nun sieh an meine große Sehnsucht! Herr, ich kann und kann Dich nicht tiefer in mich drücken! Herr, ich bitte Dich, daß Du es vollbringst, daß Du Dich nun noch tiefer in den Grund meines Herzens gräbst. Zeichne Deinen heiligen Namen so in mich, daß Du aus meinem Herzen nimmermehr scheidest!'"

Als ich das gelesen hatte, war es mein großer Wunsch, es Seuse gleich zu tun. *Ich war so durchdrungen, so voller Liebe zu Jesus,* dass auch ich bereit war jegliches Leid auf mich zu nehmen, um meine tiefste Liebe und meine Nähe zu meinem Geliebten sichtbar zu machen. Auch ich wünschte und wünsche mir noch immer ein Zeichen der Verbundenheit, welches ich sichtbar tragen kann.

Ich war so voller Sehnsucht und Liebe, dass ich alles für Jesus getan hätte. Kein Leid wäre mir zu groß gewesen. Während ich so von dieser Phase der Durchmischung der Gefühle von Liebe und Leid durchdrungen war, schaltete sich mein Verstand ein und sagte mir, dass es nicht Gottes Wille sei, mich mit Geißelungen oder Verletzungen oder durch Einritzen des Namens Jesu zu quälen. Immer und immer wieder war es in diesen Tagen mein Wunsch, mich selbst zu geißeln, um im Leid Jesus nahe sein zu können und mit meinem Leid ein Teil seines Leides auf mich zu übertragen. Aber immer wieder schaltete sich mein Verstand ein und sagte mir, dass dies der falsche Weg sei.

Ich habe mir Zeit genommen, um über meinen innigen Wunsch nachzudenken, da es mir sehr peinlich ist, überhaupt solche Gedanken und vor allem solche Gefühle zu haben. Und auch jetzt ist es mir sehr unangenehm, es hier aufzuschreiben, denn es sind sehr „intime" Gefühle. Doch es beschäftigt mich sehr.

Ich habe mich gefragt, warum ich solche Empfindungen hatte und habe. Hier meine Überlegungen: Da ist der Wunsch, es wie Seuse zu tun und mir mit einem spitzen Gegenstand den Namen Jesus in meinen Körper einzuritzen. Warum möchte ich das? Weil ich gerne sichtbar mit Jesus verbunden sein möchte. Es ist eine Art Vermählungsring, ein Zeichen, das zeigt, dass Jesus und ich miteinander verbunden sind. Ein Zeichen der innigsten Liebe. Warum habe ich keine Angst vor Schmerzen, die dabei und auch bei eventuellen Geißelungen auftreten? Zum einen nimmt man für seinen Geliebten gerne Leid auf sich und zum anderen und dem für mich persönlich entscheidendsten Grund: Meine nächste Nähe mit Jesus hatte ich, als ich in seinem Körper befindlich gekreuzigt wurde, ich eins war mit Jesus während der Kreuzigung, ich all seine Qualen und Schmerzen dabei ertrug und dabei fast mein Leben verloren hätte, also inmitten des Leides. Daher vielleicht auch der Gedanke, Jesus wieder ganz nah sein zu können durch selbst auferlegtes Leid.

Nachdem ich das so für mich analysiert hatte, ging es mir wieder besser. Also besser in Bezug auf den Gedanken, ob ich vielleicht „verrückt" sei. Nein, das bin ich nicht, aber sehr verliebt in Jesus und dadurch eventuell unbewusst auf der Suche nach der absoluten Nähe zu ihm.

Ich habe natürlich keinerlei Geißelungen oder Ähnliches durchgeführt und werde es auch nicht tun, weil ich weiß, dass es nicht Gottes Wille ist.

Nachdem ich für mich geklärt hatte, was mit mir los war und warum es so war, *wurde ich am Tag darauf durchdrungen von Gottes Liebe.* Aus der Leidensmystikerin war eine Liebesmystikerin geworden. So durchdrungen von der Liebe und vom Heiligen Geist strömten die Worte des Textes „Der goldene See" einfach so aus mir heraus. Dieser Text ist ein weiteres Beispiel dafür, dass alles automatisch aus mir herausfließt, dass alles Denken abgeschaltet ist und alles fließt. Es ist, als würden die Worte durch mich hindurch geschrieben, so, als ob meine Hände geführt werden. Sobald ich aber anfange bewusst wahrzunehmen, was ich schreibe und ob ich an der richtigen Stelle ein Komma gesetzt habe, ist es vorbei und es entsteht ein Stopp beim Schreiben. Also lasse ich die Worte durch mich hindurchfließen, ohne eine Wertung dort hineinzulegen. Ich merke schon, was ich schreibe, blende aber meinen Verstand, also mein Darübernachdenken, mein Analysieren und Kritisieren aus. So, nun aber zum entstandenen Text.

Der goldene See

06.11.2004

Ich schwimme in der Liebe Gottes.
Die Liebe ist wie ein goldener See,
ich schwimme darin
und bin von außen benetzt
von seiner unendlichen Liebe.

Warm ist sie, die goldene Liebe,
warm und weich,
wie ein dünnflüssiger Honig ist der Film, der mich umgibt.
Ich fühle mich wohl und geborgen,
lasse mich treiben, bin ganz ruhig.

Ich tauche unter,
benetze auch die Körperstellen,
die bisher noch unberührt waren.
So tief eingetaucht im Gold öffne ich die Augen.
Alles ist intensiv, alles ist farbig, richtig bunt,
alles ist leuchtend und zugleich ganz rein.
Ich sehe alles mit den Augen,
die durchdrungen sind
von der Liebe Gottes.

Ich tauche auf
und fühle mich geborgen in Gottes Händen.
Liegt der See der Liebe, in dem ich gerade schwimme,
vielleicht in seinen Händen?
Sind seine Hände viel größer,
als wir sie uns vorstellen können?

Ich tauche erneut unter,
öffne meine Augen und öffne auch meinen Mund.
Ich nehme einen großen Schluck
und langsam läuft diese warme goldene Masse
durch meine Kehle.

Ich steige wieder empor zur Oberfläche
und spüre, wie ich innerlich durchflutet werde.
Warm und immer wärmer durchdringt sie mich.
Die Liebe verdrängt alles,
zerstört alles,
was in irgendeiner Form schlecht ist.
Die Zerstörung ist nicht heftig, sondern ein Akt aus Liebe.
Langsam, ganz langsam fließt die Liebe über das „Böse",
hüllt es ein in ihr Licht, in ihre Wärme
und nimmt es mit sich hinfort.
Das Negative wird durch die Süße der Liebe sanft bekehrt
oder aus dem Körper hinaus gespült.

Alles in mir ist warm,
immer wärmer wird es in mir,
immer mehr beginnt die Liebe in mir zu brennen.
Ich fühle mich so leicht,
ich lege mich auf die Oberfläche des Sees
und lasse mich in den sanften Wellen der Liebe
von Gottes Händen schaukeln.

Wie ein Kind fühle ich mich,
geborgen und geliebt.

Alles ist Stille.
Ein sanfter Lufthauch berührt meine Haut
und ich weiß, es ist der Atem Gottes.

Alles in mir brennt,
brennt vor lauter Liebe.
Der goldene Strom, den ich in mich aufnahm,
brennt mir die Liebe Gottes ein.
Wie ein Brandmal zeichnet sie mich innerlich,
setzt mir das Siegel Gottes in meinen Körper.

Die Liebe läuft weiter,
fast hat sie mich komplett durchflutet,
nur noch meine Seele ist unbenetzt.

Der goldene Fluss fließt immer weiter,
wie eine Spirale, so setzt er seinen Weg fort.
Kreisförmig, in immer kleiner werdenden Windungen
erreicht er immer mehr mein Zentrum,
bis der Fluss zum Stehen kommt.
Vor der Liebe steht meine Seele.
Mein Herz bebt,
alles in mir zittert und ist voller Erwartung.

Die Seele neigt sich vor Gott,
macht sich klein voller Ehrfurcht,
fragt sich, ob sie überhaupt würdig ist, berührt zu werden,
von dem, was das Größte überhaupt ist,
von Gottes Liebe.
Während sie noch darüber nachdenkt,
ob sie es überhaupt verdient, ob sie es wert ist,
ergießt sich mit einem Male ein starker, tobender Fluss,

ein wahrer Wasserfall von dem goldenen Nass über sie.
Sie ist entzückt, sie ist sprachlos
und ihr rinnen voller Ergriffenheit die Tränen.

Die Seele,
sie schaut sich an
und entdeckt,
sie strahlt in einem hellen, leuchtenden Gold auf
und fühlt sich durchdrungen,
fühlt sich eins mit Gott.

Öffne mich

15.11.2004

Gott, öffne meine Augen,
damit ich dich sehen kann.

Gott, öffne meine Ohren,
damit ich deine Worte hören kann.

Gott, mache mein Herz ganz weit,
damit ich deine unendliche Liebe aufnehmen kann.

Gott, lass mich eine leere Schale sein,
damit ich dich in deiner ganzen Pracht aufnehmen kann
und nicht ein einziger Tropfen
von deiner Herrlichkeit verloren geht. Amen.

Deine Größe möchte ich zeigen

15.11.2004

Deine Größe möchte ich zeigen,
ohne selbst groß zu sein.

Deine Worte möchte ich weitergeben,
ohne selbst dabei im Mittelpunkt zu stehen.

Deine unendliche Liebe möchte ich weitergeben,
ohne selbst dafür geliebt zu werden.

Deine Herrlichkeit möchte ich preisen,
nur um deinetwillen,
denn nur dir allein gilt alle Ehre und Achtung.

Gott, bitte öffne mir zur rechten Zeit den Mund,
damit ich über dich reden kann.

Gott, gib mir immer Demut,
damit ich erkenne, wie klein ich bin.

Danke Gott,
dass ich dein Werkzeug sein darf. Amen.

Leben im Geist

22.11.2004

Durch den Einfluss des Heiligen Geistes erkennt der
Mensch, was im Leben wirklich wichtig ist. Der Heilige
Geist lässt erkennen, dass es wichtig ist, in göttlicher Aus-
richtung zu leben und dass auch unsere Mitmenschen Geschöpfe Gottes sind. Dadurch wird Nächstenliebe ein so
hohes Gebot, dass es viel bedeutender wird als das Streben
nach Luxus.

Auch die Liebe zur Natur, der Schöpfung wird uns sehr
bedeutsam. Der Heilige Geist lässt klar erkennen, was bisher hinter einem Schleier verborgen lag oder nur unbewusst
wahrgenommen, aber nicht ernsthaft verstanden wurde.
Der Blick wird klarer.

Man wusste zwar schon vorher, was wichtig ist, aber nur als „Theorie". Durch den Heiligen Geist erkennen wir, was es wirklich bedeutet. Wir erkennen Gottes Willen, seine Botschaft und seine Liebe.

Teresa von Avila

24.11.2004

Nun habe ich bereits die ersten Wochen meines Theologiestudiums hinter mir und alles läuft bisher gut und es bereitet mir große Freude. Seit sechs Wochen lesen wir im Lektüreseminar des Theologiestudiums „Das Buch meines Lebens" von Teresa von Avila. Die ersten Kapitel kannte ich schon, doch, als wir dann die Kapitel 14 bis 18 lasen, kam sehr vieles in mir hoch. Ich wusste, dass Teresa und ich ähnliche Dinge erlebt haben, aber dass wir uns so ähnlich sind, dass sie die gleichen Dinge erlebte wie ich, sie zur Beschreibung lediglich andere Worte benutzte, war mir neu. Es war nicht leicht für mich „meine" Worte dort zu lesen und ich wurde überrollt von Gefühlen. Es war ein regelrechtes Gefühlskarussell. Liebe, Verständnis, Sehnsucht und Glück, verbunden mit Tränen vor Rührung, Begeisterung und dem Bewusstwerden damit alleine zu sein, mit niemandem darüber reden zu können, vermischten sich. Ich fühlte mich wie ein Luftballon, in den immer mehr Luft hineinströmt und der sich kurz vor dem Zerbersten befand.

Ich schreibe nun ein paar Stellen aus dem Buch ab, die ich ähnlich oder sogar gleich empfinde wie Teresa und die mich daher sehr berühren:

„... denn es kommen für die Seele Zeiten, in denen die Erinnerung an diesen Garten weg ist: Dann sieht es aus, als sei alles verdorrt und als gebe es kein Wasser mehr, um ihn zu erhalten, und man glaubt nicht, daß es in der Seele jemals etwas an Tugend gegeben habe. Da macht man große Not durch, denn der Herr möchte, daß der arme Gärtner den Eindruck hat, daß alles, was er auf den Erhalt und die Bewässerung des Gartens verwendet hat, umsonst war. Gerade dann aber wird das noch verbleibende Unkraut – auch wenn es winzig sein mag – wirklich ausgerottet und mit der Wurzel entfernt. Wenn wir erkennen, daß es keine Anstrengung gibt, die genügen würde, sobald Gott uns das Wasser der Gnade vorenthält, und wir unser Nichts für gering halten, ja für noch weniger als Nichts, dann erlangt man hier viel Demut; so beginnen die Blüten von neuem zu wachsen." (Kap. 14, Punkt 9)

„Es ist für mich ein großes Leid, weil ich – wie ich sage – viele Seelen kenne, die bis hierher gelangen, aber solche, die dann noch weitergehen, wie man weitergehen sollte, sind so gering an der Zahl, daß ich mich schäme, es zu sagen. [...] Ich möchte ihnen sehr raten, achtzugeben, daß sie ihr Talent nicht verstecken [Mt 25,25], denn es sieht so aus, als wolle sie Gott zum Nutzen vieler anderer erwählen, vor allem in diesen Zeiten, wo es starker Freunde Gottes bedarf, um die Schwachen zu stützen. Diejenigen also, die diese Gnade in sich erkennen, mögen sich für solche halten ..." (Kap 15, Punkt 5)

„Sie möchte sich der höchsten Herrlichkeit erfreuen. Sie ist wie jemand, der die Kerze bereits in der Hand hält, so daß ihm nur noch wenig fehlt, um den Tod zu sterben, nach dem er sich sehnt. In dieser Agonie genießt sie die tiefste Beseligung, die sich nur ausdrücken läßt. Nichts anderes scheint es mir zu sein, als ein fast gänzliches Sterben für alle weltlichen Dinge und ein Genießen Gottes." (Kapitel 16, Punkt 1)

„Die Seele möchte in laute Lobpreisungen ausbrechen, aber sie ist ihrer nicht mächtig, eine köstliche Unruhe. Schon gehen die Blüten auf, schon beginnen sie zu duften. Hier möchte die Seele, daß alle sie sähen und zum Lob Gottes ihre Herrlichkeit erkännten, und daß sie ihr hülfen, und sie ihnen von ihrer Freude mitteilte, denn sie kann nicht soviel genießen." (Kap. 16, Punkt 3)

„Sie möchte nur noch aus Zungen bestehen, um den Herrn zu loben." (Kap. 16, Punkt 4)

„Ich kenne eine Person, der es zuteil wurde, obwohl sie keine Dichterin ist, plötzlich tief-empfundene Strophen zu verfassen, um ihren Schmerz gut auszudrücken; diese entsprangen nicht ihrem Verstand, sondern sie beklagte sich vielmehr über ihn bei Gott, um sich noch mehr der Herrlichkeit zu erfreuen, die ihr so köstlichen Schmerz schenkte. Sie wünschte, Leib und Seele würden geradezu zerstückelt, um die Freude zu zeigen, die sie bei diesem Schmerz empfindet. Welche Qualen kann man ihr dann vor Augen stellen, die sie für ihren Herrn nicht liebend gerne durchmachen würde? Sie sieht deutlich, daß die Märtyrer von sich aus nichts taten, als sie Qualen erlitten, denn die Seele erkennt nur zu gut, daß die Kraft von anderer Seite herkommt. Was wird sie aber empfinden, wenn sie wieder ihren Kopf gebrauchen muß, um in der Welt zu leben, und wieder zu ihren Sorgen und Verpflichtungen zurückkehren muß?" (Kap. 16, Punkt 4)

„... denn sie möchte nicht mehr in sich, sondern nur noch in dir leben." (Kap. 16, Punkt 4)

„So befriedigt sie zu diesem Zeitpunkt kein weltliches Glück noch möchte sie das, weil sie eines in sich hat, das sie weit mehr befriedigt, nämlich größere Beglückungen Gottes und Wünsche, ihre Sehnsucht zu stillen, um noch mehr zu genießen und bei ihm zu sein. Das ist es, was sie möchte." (Kap. 17, Punkt 4)

„Während so die Seele noch auf ihrer Suche nach Gott ist, fühlt sie mit größter, zärtlicher Beseligung, wie sie fast ganz ohnmächtig wird, in einer Art Schwächeanfall, bei dem ihr der Atem stockt und alle Körperkräfte allmählich schwinden, so daß sie nicht einmal die Hände bewegen kann, es sei denn mit viel Schmerz. Es fallen ihr die Augen zu, ohne sie schließen zu wollen, oder falls sie sie doch offen hält, sieht sie fast nicht, noch gelingt es ihr, wenn sie liest, ein Wort auszusprechen, ja sie schafft es kaum, eines richtig zu erkennen. Sie sieht zwar, daß dort ein Buchstabe steht, da aber der Verstand nicht mithilft, kann sie ihn nicht lesen, auch wenn sie es wollte. Sie hört zwar, begreift aber nicht, was sie hört. So nützen ihr die Sinne nichts, es sei denn, um sie nicht vollends in Ruhe zu lassen, also schaden sie ihr eher. Sprechen ist vergeblich, denn es gelingt ihr nicht, ein Wort zu bilden, und wenn es ihr gelänge, fehlt die Kraft, es auszusprechen. Es geht nämlich alle äußere Kraft verloren, während sie in denen der Seele zunimmt, um ihre Verherrlichung besser genießen zu können. Die äußere Beseligung, die man spürt, ist groß und ganz offensichtlich." (Kap. 18, Punkt 10)

„Meine einzige brennende Sehnsucht ist dann zu sterben. […] Alles gerät mir bei dieser brennenden Sehnsucht, Gott zu sehen, in Vergessenheit, und jene Leere und Einsamkeit kommen der Seele besser vor als alle Gesellschaft der Welt. Wenn ihr etwas Trost geben könnte, so ist es das Gespräch mit jemandem, der dieselbe Qual durchgemacht hat; aber zu erleben, daß ihr ist, als würde ihr doch niemand glauben, auch wenn sie sich darüber beklagt, das quält sie ebenso." (Kap. 20, Punkt 13)

Ich könnte noch so viele Stellen aus dem Buch abschreiben, aber das würde nun zu weit führen. Irgendwie haben Teresa und ich die gleichen Dinge erlebt und scheinbar auch gleich empfunden. Bei mir löst es sehr viele Gefühle aus, wenn ich diese Stellen lese und ich würde gerne darüber sprechen. Am liebsten würde ich im Unterricht etwas sagen, einfach nur um mich mal austauschen zu können und nicht ständig alles mit mir „rumschleppen" und verbergen zu müssen, aber diese Gruppe ist leider nicht der richtige Ort dafür. Ich war einmal kurz davor, etwas zu sagen, aber dann sagte ein Priesteranwärter, dass er nicht verstehe, warum Teresa solche mystischen Erfahrungen gemacht hätte und er selber nicht. Er meinte dann als Erklärung, dass Teresa es wohl nötiger gehabt hätte als er. Diese Bemerkung schockierte mich, denn es kam nicht nur abschätzig und arrogant bei mir an, sondern es schwang auch noch eine große Portion Neid mit. Wie sollte ich in solch einem Umfeld etwas von meinen Erlebnissen erzählen können? Dann dachte ich mir, ich könnte nach dem Unterricht mit dem Dozenten darüber sprechen, aber er sagte mir, dass es Gespräche mit ihm nur während des Unterrichts gibt, da er Berufliches von Privatem trenne.

Vielleicht war es auch einfach nur der erste „Schreck" über diese Ähnlichkeit und ich gewöhne mich daran und finde es dann womöglich nicht mehr so wichtig, darüber reden zu müssen. Mal abwarten, wie es beim Lesen des Buches weitergeht. Auf jeden Fall freue ich mich darauf, morgen mit meinem geistlichen Begleiter über Teresa und die Ähnlichkeit mit ihr und meine Empfindungen reden zu können und über Heinrich Seuse und die Leidensmystik, auch wenn es mir bestimmt nicht leicht fallen wird, besonders was das Thema Leidensmystik betrifft.

Du bist da

26.11.2004

Egal wo ich hingehe,
du bist schon da.

Egal was ich tue,
du bist dabei.

Du siehst meine Gedanken,
denn du bist in meinem Denken.

Du hörst meine Worte,
denn du gibst mir die Sprache.

Egal was ich ansehe,
du siehst es auch,
denn du schärfst meinen Blick.

Immer bist du um mich,
bist du bei mir.

Die Luft, die mich umgibt,
ist durchdrungen von dir.

Wie ein leichter Nebel, wie eine sanfte Wolke,
so ziehst du mit mir,
immer dicht an meiner Seite.

Nur ein leichter Schleier trennt uns,
doch oft ziehst du ihn beiseite
und ich erkenne dich.

Immer wieder legst du sanft deine Hände auf mich,
damit ich dich spüre.

Und wenn deine Sehnsucht,
auch von mir geliebt zu werden, sehr groß ist,
dann durchdringst du mich.

Dann wird der Funken der Liebe zu dir, oh Herr,
zum riesigen, lodernden Feuer
und ich bin erfüllt von deiner Liebe.

Diese Liebe kann nicht unerwidert bleiben,
denn was gibt es Größeres als dieses Gefühl.

Ehrfurcht, Dankbarkeit und Demut
sind die Zeichen der Liebe zu dir.

Oh Herr, wie klein bin ich vor dir, so unvollkommen
und trotzdem bist du bei mir.
Jetzt und für alle Zeit. Amen.

26.11.2004

Nur du selbst kannst Gott beweisen,
indem du zulässt, dass er dich erreicht.

2005

„Morgen passiert etwas"

14.01.2005

Die Weihnachtstage waren voller Stress, da Simon sehr viele Gottesdienste gehalten hat. Aber nicht nur aus diesem Grund war der Ausklang des alten Jahres sehr anstrengend und bewegend, sondern auch weil es verschiedene Dinge gab, die mich sehr beschäftigten und auch immer noch beschäftigen.

Zum einen rückte der Termin immer näher, den ich vor zirka drei Jahren mal im Schlaf erhalten hatte. In diesem Traum traten einige Männer an mein Bett, während ich schlief. Sie erzählten mir etwas und sagten dann, dass ich den Inhalt dieses Gespräches nicht mehr wissen werde, wenn ich aufwache. Aber an die Tatsache, dass sie da waren und an die Mitteilung, dass am 26.12.2004 ein Mann kommen werde, würde ich mich nach dem Aufwachen erinnern. Den Inhalt der Botschaft, die sie mir hinterlassen, würde ich irgendwann einmal erfahren. Ich erinnerte mich nach dem Erwachen tatsächlich nur an diese Details, alles andere kenne ich nicht. Leider habe ich dieses Erlebnis erst nach Monaten aufgeschrieben, am 16.02.2002, daher fehlt mir eventuell Genaueres darüber.

Nun kam also dieses Datum immer mehr in greifbare Nähe und ich musste daran denken, dass ein Mann, vielleicht sogar Jesus, kommen würde. Ich machte mir Gedanken, was das wohl bedeuten könnte und wann und aus welchem Anlass Jesus wieder auf die Erde kommen wird. So sagte ich zu Simon am 25.12.2004: „Morgen kommt ein Mann", das sagte ich mehrmals an diesem Tag. Am Abend des 25.12. sagte ich aber auf einmal etwas anderes, ich sagte zu Simon: „Morgen passiert etwas." Ich sagte es voller Überzeugung und erschrak über meine Aussage, Simon auch, denn ich wusste nicht, wie ich zu dieser Überzeugung gelangte. Wir gingen ins Bett und, als wir am nächsten Morgen aufstanden und das Radio anmachten, waren wir entsetzt über das, was wir hörten. Es war der Tag des großen Seebebens in Asien.

Ich kann gar nicht beschreiben, wie ich mich fühlte, es war einfach nur schrecklich. Die Tatsache, dass ich wusste, dass etwas passieren würde und diese schlimmen Bilder im Fernsehen, das unendliche Leid der Menschen und dann hier im Warmen zu sitzen, Essen auf dem Tisch zu haben und zu wissen, die Menschen dort haben gar nichts mehr, ist einfach schlimm. Ich habe Geld gespendet, fühlte mich aber trotzdem so hilflos.

Ich wollte mir meine Aufzeichnungen bezüglich der Ankündigung zum 26.12.2004 ansehen, aber mein PC stürzte ab, ich kam also nicht dran. Ich hatte dann eine handschriftliche Aufzeichnung gefunden, dort stand allerdings das Datum 29.12.2004. Nun war ich doppelt verwirrt. Warum wusste ich so sicher, dass etwas am 26.12.2004 passieren würde, wenn es scheinbar nicht mit dem Erlebnis zusammen hing? Oder hatte ich das Datum falsch aufgeschrieben, zumal ja einige Monate vergingen, bis ich es schriftlich festhielt. Es sind ungeklärte Fragen. Vielleicht bekomme ich die Antworten irgendwann, wenn ich auch den Inhalt der Botschaft erhalten werde.

Noch immer bin ich fassungslos, wenn ich neue Bilder oder Berichte über die Flutopfer in Asien sehe oder lese. Ich frage mich natürlich auch, wie und warum so etwas passierte. Mein erster Gedanke war, dass es vielleicht irgendwo einen unterirdischen Atomwaffentest gab, denn mir ist schon vor Jahren aufgefallen, dass nach solchen Tests oft ein Erdbeben die Folge war. War ein solcher auch dieses Mal die Ursache? Oder war der Teufel am Werk? Möchte er so den Menschen weismachen, dass es Gott nicht gibt? Könnte der Teufel so etwas tun, könnte er so eine Katastrophe auslösen? Fragen über Fragen.

Meine Liebe zu Gott ist dadurch allerdings unverändert geblieben. Ich liebe Jesus weiterhin und ich lasse mir von nichts und niemandem diese Liebe zerstören. Ich sehe Gott weiterhin als den liebenden Vater, Jesus als meinen Geliebten und dazu gehört natürlich auch der alles durchdringende Heilige Geist.

Gott hat sich verändert

21.01.2005

Gott hat sich verändert. Nicht für mich, nicht in meinem Herzen. Nicht ich habe mich verändert, sondern Gott.

Seit dem verheerenden Unglück in Südostasien, bei dem über 200.000 Menschen getötet wurden, ist die „Gestalt" Gottes anders als zuvor. War Gott zuvor wahrnehmbar als eine Art Körper, damit meine ich nicht das Aussehen, sondern das Empfinden, so ist er nun wie eine Art Wand.

Wie könnte ich das, was ich bemerke, am besten erklären? Wieder einmal stoße ich an die Grenzen der Beschreibbarkeit, wieder fehlen mir die Worte. Es ist so unendlich schwierig, sich mit diesem beschränkten Wortschatz auszudrücken. Ich kann es leider nur umschreiben und versuchen durch Bilder zu verdeutlichen, aber es ist nie ganz so, wie ich es wirklich empfinde. Für jeden „Außenstehenden" kann es nur ein Erahnen dessen sein, was ich empfinde, spüre und erlebe. Es ist so schwierig, Gott und die Dinge, die mit ihm zu tun haben darzustellen. Ich möchte es aber versuchen.

Es geht um Gott, also um Gott Vater, der nicht wie ein Mensch aussieht, sondern bei einer Begegnung wie eine Art Nebel oder Wolke daherkommt. Ansonsten ist er nicht im herkömmlichen Sinne sichtbar, sondern eher wahrnehmbar. Es ist nicht nur eine Art von Gefühl, sondern schon eine Art von Sehen, aber nicht in dem Sinne von Sehen, was wir uns normalerweise darunter vorstellen.

Gott Vater war vor dem Seebeben und dem Tsunami wie eine Art Leib, nicht im Sinne von einem menschlichen Körper, sondern ohne feste Form, weich, warm, braun und hatte die Konsistenz von Fleisch und gab nach, wenn man reindrückte. Diese „Masse" strahlte eine sehr angenehme

Wärme aus, war weich und anschmiegsam und etwas, in dem man sich sehr geborgen fühlte, es war wie eine Art Heimkommen, es war Geborgenheit und Schutz und Liebe.

Nach der großen Katastrophe in Asien veränderte sich Gott. Er war auf einmal wie eine Wand. Silbergrau, matt und kalt und hatte wie mit einem Lineal gezogene gerade Konturen. Alles strahlte Kälte aus. Gott war auf Distanz gegangen. Seine Liebe war nicht spürbar, alles war kalt und grau. Hoch war diese Wand, unüberwindbar. Wie ein Schnitt, wie abgeschnitten, so wirkte diese Mauer.

Gott hatte sich zurückgezogen. Er trauerte, er war verzweifelt, sein Herz war erkaltet, er strahlte diese Temperatur aus. Gott weinte. Er war so furchtbar entsetzt über das, was geschah. Er sah die vielen Toten, er war sprachlos, er war geschockt. Was tat sich dort in seiner Welt? Was war geschehen, warum musste das passieren? Hatte er etwas beim Erschaffen der Welt übersehen, war ihm etwas Wichtiges entgangen? Das alles machte ihn sehr unglücklich. Und dann kamen die Vorwürfe der Menschen gegen ihn. Sie klagten ihn an, sie schrien ihm Dinge zu, die seine Trauer noch verstärkte. Gläubige Menschen wurden unsicher in Bezug auf Gott, Gottsuchende zweifelten an ihm und die Atheisten fühlten sich bestätigt in ihrer These, dass es sowieso keinen Gott gibt. Gott war verzweifelt. Wie konnte das geschehen? Was geht da vor sich? Warum glauben immer weniger Menschen an ihn? Gott konnte nicht mehr. Er hielt es nicht mehr aus und zog sich daher zurück. Er brauchte Zeit und Kraft, um es zu verstehen und um darüber nachzudenken, wie es weitergehen soll. Daher „rollte" er eine Mauer um sich, denn auch er muss sich schützen, denn Gott ist voller Gefühle, voller Liebe zu uns und möchte doch nur eines: Geliebt werden von den Menschen, die er schuf. Jetzt geht er auf Distanz, um seine Trauer zu verarbeiten.

Du bist mein Gott

22.01.2005

Durchdrungen von deiner Liebe, sehe ich die Welt. Das, was früher für mich nicht wahrnehmbar war oder ich nur verschleiert sah, sehe ich nun immer klarer. Deine Liebe zu mir lässt mich immer mehr deine Schöpfung erkennen. Deine Liebe wirkt wie eine Brille, die den Blick schärft und den letzten Schleier und die letzten dunklen Punkte verschwinden lässt. Hell und leuchtend ist sie, deine Schöpfung, wunderschön und so harmonisch aufeinander abgestimmt. Alles ist voller Liebe, die Vögel, sie kommen friedlich zusammen, um gemeinsam zu fressen. Egal ob kleine oder große, egal welcher Gattung, sie alle treffen sich, um gemeinsam Mahl zu halten. Könnte es nicht auch bei den Menschen so sein?

Deine Liebe durchströmt mich, sie beginnt in meiner Körpermitte und breitet sich dann aus. Sie zieht entlang meiner Seele, um dann auch auf den Rest meines Körpers überzugreifen. Das Gefühl des von dir Durchdrungenseins ist unvergleichlich. Es gibt nichts Größeres. Wer dich, mein Gott, jemals so gespürt hat, weiß, dass es nichts Größeres gibt. Deine Liebe ist so unendlich, so sanft und doch so stark. Nichts darf uns trennen, nichts mehr uns auseinanderreißen, dir möchte ich gehören, dir möchte ich dienen. Du bist da, du bist mir so nah, du schenkst mir deine Liebe. Womit habe ich das verdient? Bin ich es wert, so ein riesiges Geschenk zu erhalten? Doch ich möchte nicht darüber nachgrübeln, sondern dir danken, mein Gott, dass du es so gut mit mir meinst.

Nicht nur du schenkst mir deine Liebe, sondern auch ich liebe dich über alles. Du bist meine Luft zum Atmen, du bist meine Wärme, wenn mir kalt ist. Du bist das Licht in meinem Leben, du bist der Halt, wenn ich wanke. Du trocknest meine Tränen, wenn ich traurig bin, du lachst mit mir, wenn ich mich freue. Du teilst mit mir mein Leben, wir gehören zusammen, seit du mich schufst, jetzt während ich hier lebe und dann, wenn wir uns wiedersehen bei dir, oh mein geliebter Gott. Du bist das Größte, du bist das Intensivste, du bist das Einzige. Du bist mein Gott.

Durchs Sterben zum Leben

23.01.2005

Deine Liebe hat mich verwundet,
sie hat mich getroffen inmitten meines Herzens.
Sie durchbohrte mich, ließ mich schwanken,
ließ mich verzweifeln, ließ mich leiden,
mich zusammenbrechen,
um dann zu sterben.

Lang dauerte mein Sterben.
Immer wieder versuchte ich dagegen anzukämpfen.
Alles versuchte ich,
doch die Verwundung war zu schwer.

Wochen-, ja monatelang dauerte das Dahinsiechen,
liefen die Tränen der Verzweiflung.
Die Unsicherheit über das, was geschehen war
und über das, was passieren wird, war groß.

Ich schloss mich ein, versteckte mich in meiner „Höhle",
durchlebte die Wüste der Einsamkeit,
verbarg mich vor meinem Umfeld

und musste mich selbst ertragen.
Dann ging ich wieder hinaus, suchte dort nach Rettung,
doch nichts half.

Alles war auf einmal anders,
mein Leben war vergangen, ich schaute zurück,
war alles umsonst?
Ich sah mich im Augenblick und wusste nicht weiter,
die Zukunft war nicht erkennbar.

Ich lief auf einem Drahtseil, hoch über meinem Leben
und sah links unter mir den Wahnsinn
und rechts unter mir die Normalität.
Da schritt ich weiter auf dem Seil
und trotz aller Angst rutschte ich nicht ab.

Nichts war mehr wie zuvor,
nichts mehr so, wie die Zeit, bevor du mich durchbohrtest,
bevor du mich so schwer verletztest,
mit deinem Blick, mit deiner Liebe.

Ich spürte, es geht so nicht mehr weiter,
etwas in mir war zerbrochen.
Ich bäumte mich auf,
um dann ohne Kraft zusammenzubrechen.

Alles erschien hoffnungslos,
alles in mir war am Ende.
Dann war es vorbei, ich starb.
Es starb mein altes Leben, es starb mein altes „Ich".

Doch dann begann etwas Neues.
Mein neues „Ich" wurde geboren.
Ich war auferstanden zum neuen Leben.

Gott hatte mein altes Leben sterben lassen,
um mich zu neuem Leben auferstehen zu lassen.
Und nun lebe ich.

Ich lebe mein Leben
durchdrungen von deiner „Göttlichen Liebe".
Alles hast du neu gemacht.
Nichts ist mehr wie zuvor, als ich dich noch nicht erkannte.

Jetzt ist mein Leben voller Licht und Wärme,
jetzt sehe ich dich, mein Gott.

Mein altes Leben musste sterben,
damit ich neu leben kann,
mit dir bis in alle Ewigkeit.

Nichts soll uns mehr trennen,
deinen Willen möchte ich immer erkennen,
deine Dienerin möchte ich sein,
deine Worte weitergeben
und die Menschen zum neuen Leben führen,
damit sie sich öffnen für dich und deine Liebe spüren
und damit das einzig wahre Leben leben können.
Ein Leben voller Liebe und Freude,
voller Friede und Glückseligkeit.

Denn nur durch dich, mein Gott, kann man leben.
Du allein führst uns durch den Tod zu neuem Leben. Amen.

Sich innerlich frei machen für Gott

27.01.2005

Das Innere des Menschen ist begrenzt. Wenn wir diesen
Raum in uns mit schlechten Gedanken, Neid, Habgier,
Hochmut oder Ähnlichem füllen, wird der Raum, in den
Gott in uns eindringen kann, immer kleiner. Auch Undank-

barkeit und Ablehnung von Leid verkleinert unsere innere Öffnung. Je mehr Negatives wir in uns anhäufen, umso geringer wird die Chance, dass Gott uns erreichen kann.

Gott liebt uns und möchte uns nahe sein, doch leider schließt sich der Mensch selber zu und kappt damit die Verbindung zum Größten was es gibt, zu Gott.

Nur wer Leid annimmt, im Einklang mit seinem Umfeld und mit sich selbst lebt, kann sich innerlich wieder frei machen.

Gott vergibt uns unsere Sünden, wenn wir sie von tiefstem Herzen bereuen. Wir können Gott von uns aus immer erreichen, auch wenn wir innerlich „zu" sind. Doch erst wenn wir uns wieder befreit haben vom Ballast des Negativen, kann Gott wieder zu uns, ja in uns eindringen und uns erfüllen mit seiner unendlichen Liebe. Amen.

Geliebt von dir

15.02.2005

Oh mein Gott, wie schön ist es, von dir geliebt zu werden. Wie schön sind diese Gefühle, die mich erreichen. Was gibt es Schöneres, als zu fühlen geliebt zu sein?

Sanft durchflutet mich das Geliebtsein. Ganz zart und sanft zieht es durch mich hindurch, zärtlich streichelst du meine Seele. Geborgen fühle ich mich, durchdrungen von dir, oh mein Geliebter. Mein Herz ist durchflutet, durchdrungen von Gefühlen, die ich kaum beschreiben kann. Langsam durchdringen sie jede Zelle meines Körpers und ich möchte mich dir nur noch hingeben. Nichts mehr tun, nur noch da sein und dich spüren. Sanft wie Samt und Seide, so fühlt sich alles in mir an. Ich fühle mich so leicht, so getragen von dir. Alles in mir ist mit einer tiefen Ruhe durchflutet, ein ganz tiefer Frieden durchströmt mich. Am liebs-

ten möchte ich nur noch so da sitzen und mich von dir weiterhin berühren lassen.

Oh Geliebter, bleib bei mir, lass mich dich öfter spüren. Ganz dein möchte ich sein, mit dir verschmelzen, in dir verglühen.

Aber der Alltag ruft. Ich kann mich nicht lange hingeben diesem Gefühl deiner Liebe. Weitergehen muss ich, meine Aufgaben erledigen, leben hier auf Erden, so ohne deine sichtbare Gegenwart. Noch muss ich warten, geduldig sein, bis ich für immer bei dir sein darf.

Deine Liebe durchflutet mich spürbar, solange bis der Alltag zu stressig und zu „laut" wird, denn dann spüre ich sie nicht mehr, denn sie wird überdeckt vom Lärm der Welt. Auch wenn ich sie dann nicht mehr spüre, so weiß ich doch, dass deine Liebe in meinem Herzen vorhanden ist und ich möchte damit die Welt beschenken, deine Größe preisen, von dir erzählen, die Menschen berühren durch die Worte, die du uns gabst, deine Taten preisen, deinen Weg weitergehen, mich dem rauen Alltag aussetzen, um dir zu dienen und für die Menschen da zu sein. Denn jeder Mensch ist ein Kunstwerk, das du erschaffen hast. Und so möchte ich ihnen begegnen als ein Stück deiner Liebe, einem von deinen Händen erschaffenen Individuum. Dein ist die Welt und alles, was darauf lebt und stirbt. Dein ist der Wille, was mit uns geschehe.

Dich will ich lieben, denn ich spüre immer wieder, wie sehr du mich liebst und wie kann man solche Gefühle unbeantwortet lassen? Ich kann es nicht, oh du, mein Geliebter.

Mystiker werden falsch verstanden

16.02.2005

Seit letztem Herbst studiere ich Theologie und finde es total super, denn es erweitert meinen Horizont und ich werde immer mehr über Gott erfahren, wenn auch wohl überwiegend theoretisch.

In der letzten Studienwoche ist mir aufgefallen, dass man Mystiker nicht richtig versteht, dass man sie fehlinterpretiert. Leider schlugen meine Versuche fehl, etwas richtig zu stellen. Ich spüre schon länger, dass es wichtig ist, mystische Erlebnisse zu erklären und auch die Beziehung zu Gott, die ein Mystiker hat.

Was mich außerdem sehr nachdenklich macht, ist die Tatsache, dass gesagt wurde, man solle nicht über Dinge wie Hölle oder Ähnliches predigen, sondern nur über gute Dinge. Im Lektüreseminar über Teresa von Avila war man nicht bereit, über den Teufel zu sprechen, obwohl Teresa immer wieder darüber schrieb. Es ist nicht nur traurig, sondern erschreckend. Kein Wunder, dass der Böse so viel Macht erhält, wenn man sich des Teufels nicht bewusst werden möchte. Arme Menschheit, wohin wird das noch führen?

Was mich beschäftigt

12.03.2005

Ich erhielt einen Hilferuf eines Deutschen, der neu in die Schweiz gezogen ist. Er war bei unserem Stammtisch, den ich gegründet habe und hatte den ganzen Abend nur von sich erzählt und berichtet, wie toll er ist. Es war kaum auszuhalten, wie sehr er angegeben hatte. Nun bekam ich einen Hilferuf von ihm per Email. Er schrieb, dass es ihm sehr schlecht gehe, er in der Schweiz nicht klar komme und sich seit ein paar Tagen mit dem Tod beschäftige. Es war ein sehr ernst zu nehmendes Email, denn es war erkennbar, dass er nicht bloß Aufmerksamkeit wollte. Im Internet hatte ich dann auch noch in einem Forum für Selbstmordgedanken einen Beitrag von ihm unter seinem Nickname gefunden, in dem er schrieb, dass er sich das Leben nehmen will. Ich hatte einige Stunden recherchiert, bis ich seinen echten Nachnamen, den er nicht genannt hatte und der auch nicht in der Emailadresse erkennbar war, sowie seinen aktuellen Aufenthaltsort herausgefunden hatte. Es war viel Puzzlearbeit und Phantasie dazu nötig. Ich hatte dann lange mit ihm telefoniert, mir seine Probleme angehört, ihn wieder aufgebaut und war dann auch noch auf sein Auftreten eingegangen. Es war ein sehr intensives, aber gutes Gespräch. Er hatte mich übrigens angeschrieben, weil ich Theologie studiere, das fand ich sehr interessant, denn er erwähnte, dass er ungläubig sei.

Was mich sonst so im Augenblick beschäftigt, ist die Tatsache, dass Gott mir wieder fern erscheint. Ich weiß, er ist da, aber es ist anders als zu der Zeit vor unserem Urlaub. Die Zeit in Deutschland war sehr anstrengend und sehr stressig, alle paar Nächte übernachteten wir in anderen Betten und einmal sogar auf einer Luftmatratze. Und dann schnarchte Simon auch noch, weil er erkältet war und ich nahm mir zu wenig Zeit zum Beten. Immer war etwas, was uns „auf Trab" hielt. Ich habe nun deshalb ein schlechtes Gewissen. Aber ich bin ja selbst schuld, dass Gott nun ferner zu sein scheint.

Heute wollte ich in den Gottesdienst gehen, da bekam ich Kopfschmerzen. Ich wollte trotzdem gehen, dann traf mich die Heckklappe vom Auto auf den Kopf und zwar auch noch mit der spitzen Kante. Das war nicht gerade angenehm. Dann fiel mir ein, dass heute Abend eine Versammlung der katholischen Kirchgemeinde ist, zu der ich nicht hinwollte, daher bin ich nicht in den Gottesdienst gegangen, obwohl es mir so sehr danach war. Nun fühle ich mich noch schlechter, dabei weiß ich, dass es Gott nicht auf die Häufigkeit der Gottesdienstbesuche ankommt. Das letzte Mal war ich in Deutschland im Gottesdienst, also vor zwei Wochen. *Heute fühlte ich mich, als ob mich etwas vom Gottesdienstbesuch abhalten wollte und anschließend jubelte, dass er es geschafft hatte.* Ich fühle mich also nicht so toll.

Was mich außerdem noch beschäftigt, ist, dass ich das Bedürfnis habe zu schreiben. Immer wieder spüre ich, wie wichtig es wäre zu schreiben. Wenn ich zum Beispiel merke, dass mystische Erlebnisse falsch verstanden werden und ich darüber schreiben und sie erklären möchte, weiß ich aber nie, wie ich beginnen soll. Ich schreibe dann gar nichts und bin darüber traurig. Ich möchte so gerne losschreiben und es fließen lassen, aber ich finde den Anfang nicht. Ich möchte nicht nur zu einem Begriff etwas schreiben, sondern einen zusammenhängenden Text. Mir fehlt die Überschrift, ein Titel, ein Einstieg. Ich fände es so wichtig zu schreiben, fühle mich aber irgendwie blockiert.

Auch der Austausch über Mystik fehlt mir wieder einmal. Ich habe nicht das Bedürfnis über meine Erlebnisse mit allen Menschen reden zu müssen. Aber ich möchte gerne über Gott sprechen und auch meine Erlebnisse mit-teilen dürfen. Mir ist es wichtig, meine Erlebnisse nicht nur für mich zu behalten, sondern andere Menschen daran teilhaben zu lassen, ohne sie jemandem aufzudrängen und ohne mich damit in den Mittelpunkt zu stellen, denn ich bin nicht wichtig, sondern allein Gott gehört alle Ehre. Aber immer darüber zu schweigen fällt mir schwer und ich möchte es auch gar nicht. Daher wäre es ja auch gut, mehr zu schreiben. Nur wie?

Mir fehlt auch im Internet ein Forum zum Austausch über den Glauben. In dem Forum, in dem ich mal geschrieben habe, gab es immer mehr Menschen, die versuchten, das Forum durch böse Kommentare zu zerstören. Viele Schreiber hatten sich daher zurückgezogen. Ich selbst habe auch keine Lust mehr in diesem katholischen Forum zu schreiben. Leider fehlt mir eine christliche Heimat im Internet, denn ich finde es sehr interessant zu lesen, was andere Gläubige beschäftigt, was sie fragen und schreiben und ich freue mich, auf diese Fragen antworten zu können. Ich habe schon viel Zeit mit der Suche nach einem neuen Forum zugebracht, dabei habe ich noch so viel fürs Studium zu lernen. Nun habe ich ein schlechtes Gewissen, weil mir die Zeit davonläuft und ich Angst habe, nicht alles gelernt zu bekommen, was ich noch lernen muss. Ich habe Angst, dass ich die Prüfungen nicht mit dem Notenschnitt von einer Fünf schaffe, den ich aber brauche, um weiter studieren zu dürfen. Immer mehr spüre ich diesen Druck in mir, das ist nicht gut und belastet mich.

Gott diktiert

17.03.2005

Ich spüre, dass ich mich an den Computer setzen und schreiben muss, doch ich habe keine Lust dazu. Ich ignoriere dieses Gefühl. Doch je länger ich es ignoriere, desto mehr Druck baut sich in mir auf. Ich weiß, dass ich schreiben muss, dass Gott es von mir erwartet, aber meine Faulheit wehrt sich dagegen. Irgendwann wurde der Druck in mir so groß, dass ich dachte, zu zerbersten. Ich habe es nicht mehr aushalten können und habe so schnell wie möglich den

Computer eingeschaltet und mich an die Tastatur begeben. Dann floss es regelrecht aus mir heraus. Ich habe nicht mehr denken können, sondern habe nur noch geschrieben, was ich von Gott gesagt bekam. Ich schrieb und schrieb und schrieb. Ich hatte keine Möglichkeit darüber nachzudenken, was ich gerade tue oder was ich überhaupt schreibe. Es lief fast wie automatisch ab und je länger ich schrieb, desto leichter wurde es in mir, der Druck wurde immer weniger und irgendwann waren alle Wörter getippt und ich hörte auf zu schreiben. Ich fühlte mich erleichtert, der Druck war komplett gewichen und ich musste erst einmal darüber nachdenken, was mir gerade geschehen war: Gott hatte mir diktiert. Nachdem ich das realisiert hatte, habe ich gelesen, was ich da niedergeschrieben habe und war ganz überrascht darüber. Es ist schon erstaunlich, wie Gott wirkt und dass man sich nicht dauerhaft seinem Willen widersetzen kann.

Hier ist der Text:

Die Liebe ist ausgegossen in eure Herzen, doch eure Herzen sind verschlossen. Die Liebe ist ausgegossen über euren Leib, doch die Liebe gleitet ab wie Wasser an Öl. Die Liebe ist ausgegossen über der Welt, doch sie versickert, ohne beachtet zu werden. Selbst die Liebe, die noch auf der Erdoberfläche liegt, schiebt ihr weg, denn ihr erkennt nicht ihren Wert.

Wie das Wasser, das ihr trinkt, immer wieder Durst bereitet und auch das Essen, das ihr zu euch nehmt, immer wieder neuen Hunger aufkommen lässt, so wird auch das Gefühl der inneren Zufriedenheit immer wieder in euch verschwinden, solange ihr nicht erkennt, dass nur ich euch erfüllen kann mit dem Gefühl, welches euch ganz und gar ausfüllt und jeden Zentimeter eures Leibes erfüllt. Nur wenn ihr zulasst, dass der Heilige Geist euch durchflutet, werdet ihr weder Durst, noch Hunger, noch Unzufriedenheit in euch verspüren.

Seid also offen für das, was kommen wird. Seid naiv wie ein Kind, das nicht immer fragt, ob es so richtig oder falsch ist. Lasst euch ein auf die einzige wahre Liebe, die Liebe, die Gott in eure Herzen ausgegossen hat, sie aber bisher nicht füllen konnte. Gott hört nicht auf, euch zu erreichen. Gott meint es gut mit euch. Gott liebt euch und möchte sich mit euch vereinigen, sich mit euch vermählen, euch durch seine Liebe kennzeichnen. Gott möchte euch immer näher zu sich ziehen. Er möchte Gemeinschaft mit seinen Kindern. Gott sehnt sich danach, euch nahe zu sein.

Seid nicht hart wie ein Stein, denn ein Stein braucht viel Zeit, um geschliffen zu werden. Seid wie weiche Erde, auf die der Samen fallen kann, um dann Frucht zu bringen. Seid wie ein Stück Land, auf das man bauen kann, das festen Grund hat. Seid wie die Blumen, die sich auf Gott ausrichten. Seid eine Schale, offen und leer, damit euch Gott füllen kann. Denn nur wer ihn empfängt, empfängt das ewige Leben.

Kein Mensch kann zu Gott kommen, außer durch mich. Ich bin der Weg, die Wahrheit und die Liebe.

Ihr seid die Kerze und ich die Flamme. Ihr könnt euch mir entgegenstrecken, aber das Feuer erhaltet ihr von Gott. Ihr könnt euch bereithalten, den Rest kann nur Gott, unser Vater machen.

Seid wachsam, denn ihr wisst nicht, wann der letzte Tag sein wird. Kehrt um, denn das Himmelreich ist nahe.

Ich bin bei euch alle Tage, das habe ich euch versprochen und daran halte ich mich. Wer an mich glaubt, hat das ewige Leben. Wer Ohren hat, der höre.

Liebet einander, achtet einander. So wie du geachtet werden möchtest, so achte auch deinen Nächsten. So wie du geliebt werden möchtest, so liebe auch du deine Mitmenschen.

Wer gibt, erhält, wer nur nimmt, dem wird genommen.

Achte dich nicht als hoch, denn nicht wer sich als wichtig erachtet, ist wirklich wichtig. Sei klein und unauffällig.

Tue Gutes, dann wird dir Gott ebenfalls Gutes tun. Denn wer gibt, dem wird gegeben.

Achte auf deine Taten, denn sie zeigen dein Handeln. Achte auf deine Worte, denn sie können verletzen. Gesprochene Worte verwunden stark und tief und diese Wunden sind oft nicht mehr zu heilen.

Spüre die Liebe, die dich erreichen möchte. Achte nicht auf die Dinge, die dich faszinieren, aber bloß materieller Art sind. Achte auf die kleinen Dinge, die der Herr dir zeigen möchte. Lass Ruhe in dir einkehren, damit du das leise Flüstern Gottes in dir vernehmen kannst. Suche dir einen Platz, der abgeschirmt ist, damit du den Windhauch des Heiligen Geistes wahrnehmen kannst.

Sei du selbst und kehre bei dir ein, anstatt bei anderen nach Fehlern zu suchen. Lege deine Blindheit ab und du wirst sehen, wie viel es zu tun gibt.

Renne nicht am Leben vorbei, sonst läufst du an dir selbst und an Gott vorbei.

Sei wie der Adler, wenn du dich vom Boden weg erhoben hast, kehre wieder zu ihm zurück. Der Boden beschert dir die Nahrung.

Gott ist die Liebe, vergiss das nicht. Sorge dich nicht um morgen, denn der Herr hat für dich bereits vorgesorgt. Vertraue ihm, er lässt dich nicht fallen. Lass dich nicht von falschen Dingen leiten, denn sie sind wie Leitplanken in eine falsche Richtung.

Über Gott reden können

23.03.2005

Wieder einmal merke ich, wie schwer es ist, Zeugnis über Gott zu geben. Ich suche nach Möglichkeiten, doch ich finde sie nicht. Es macht mich zutiefst traurig und innerlich unruhig.

Ich suche im Internet nach Möglichkeiten, um über dich, meinen Geliebten, zu reden, von dir Zeugnis zu geben, deine Worte kund zu tun und die Herzen der Menschen zu öffnen, damit du sie füllen kannst mit deiner unendlichen Liebe. Doch was erlebe ich? Menschen, die nichts von dir, meinem Gott, hören wollen, die nicht glauben, dass man dich erfahren kann. Die nicht an dich glauben, die sich von dir abgewandt haben. Diese Menschen sind verhärtet, tragen Panzer um sich herum. Ihr Herz ist verschlossen, es ist aus Stahl, alles prallt an ihnen ab und sie zeigen sich hart nach außen.

Oh mein Geliebter, was soll ich tun? Was kann ich tun? Ich möchte dir nachfolgen, in deine Fußstapfen treten, deine Worte verkünden, deine Liebe weitergeben, bei den Menschen sein, ihnen zuhören, sie heilen und sie benetzen mit deiner unendlichen Liebe, die ich in mir trage.

Oh Geliebter, warum möchte kaum ein Mensch von dir hören? Warum darf man nicht darüber reden, wenn man Erlebnisse mit dir hatte. Bin ich deshalb ein schlechterer Mensch? Ist es arrogant, wenn ich sage, dass es mir ein ganz großes Bedürfnis ist, mit den Menschen über dich zu sprechen, ihnen auch zu erzählen, was du bei mir bewirkt hast? Dass du es warst, der mich vom falschen Weg zurückholte, zurück zu dir, meinem Geliebten?

Ich brenne so sehr vor Liebe zu dir. Ich möchte zeigen, wie es mir geht. Ich möchte herausbrüllen, dass ich zu dir gehöre, dass ich dich liebe von ganzem Herzen, jetzt und für immer.

Kaum jemand versteht mich. Wer weiß schon, wie ich mich als Mystikerin fühle? Man hält mich für eine Person, die im Mittelpunkt stehen will, eine Person, die sich wichtig nimmt oder für eine Person, die psychisch krank ist. Das macht mich sehr unglücklich. Ich möchte doch nur den Menschen erzählen, dass es dich gibt. Ich möchte sie ermutigen, ihr Herz wieder zu öffnen. Ich möchte ihnen helfen, ihren Panzer wieder abzulegen und sich auf dich auszurichten, auf dich, meinen geliebten Gott.

Bitte, Gott, mache mich klein. Lass mich vor dir niederliegen. Nur dir möchte ich gehören, dein Werkzeug sein. Lass mich erkennen, was dein Wille ist, damit ich deine Werke vollbringen kann. Gott, ich bin ein schwacher Mensch, stärke mich, damit ich härter werde im Nehmen, ich den Angriffen des Lebens standhalten kann und böse Dinge nicht bis in mein Herz vordringen können und mich verletzen. Umhülle mich, damit ich stark werde und deine Botschaft weitergeben kann.

Oh Herr, zeige mir, wie ich deine Liebe erklären und teilen kann. Lass mich deine Botschaft weitergeben. Lass die Menschen erkennen, dass ich in deiner Liebe stehe.

Ich weiß, die Nachfolge Jesu anzutreten ist nicht leicht. Aber du hast mich erwählt, Jesus zu begegnen, mit ihm zu leiden und ihn zu lieben. Du hast mir gesagt, dass ich mit meinen Erlebnissen anderen Menschen helfen soll. Bitte zeige mir einen Weg dazu. Ich möchte schreiben über dich, ich möchte reden über dich, ich möchte das teilen, was du mir gegeben hast: Deine Liebe.

Womit habe ich das alles verdient? Ich bin eine unwichtige Person, ich bin nicht fehlerlos und habe dich nicht gesucht und doch hast du mir die größte Gnade zuteilwerden lassen, die es gibt: Dich zu erfahren, dich zu hören, Jesus zu sehen und durchströmt zu sein vom Heiligen Geist.

Oh Gott, wie liebe ich dich, wie spüre ich den Heiligen Geist in mir. Nur zu dir möchte ich gehören, dich lieben für immer. Bleib du bei mir, auch wenn niemand mehr um mich sein sollte. Hilf mir gegen die Macht des Bösen, die ich öfters wieder spüre. Sei du um mich und in mir, dann ist alles gut.

Aufstieg zum Licht

14.04.2005

Tief unten im Meer ist alles dunkel, gar schwarz. Dunkel ist es auch in der Seele der Menschen, die nicht an Gott glauben, sich von ihm abwandten oder ihn gar nicht suchen.

Nicht nur dunkel ist es dort unten. Das Wasser in der Tiefe ist auch ruhig. Ruhig ist es auch in den Menschen, die in den Tiefen des Ozeans versunken sind. So ruhig, dass die „andere Seite" unbemerkt in ihnen wirken kann.

Das, was innerlich friedlich scheint, dringt nach außen als Aggression, Streit und Unfrieden. Es täuscht also und die Menschen, die in der Dunkelheit leben, führen unbemerkt einen inneren Kampf.

Doch sobald die Menschen die Richtung ihrer Köpfe drehen, ihren Blickwinkel auch nur etwas verändern, werden sie merken, dass es weiter oben heller ist als am Abgrund des Meeres. Wenn sie nun emporsteigen, wird es ständig heller und sie werden berührt vom zartesten, kaum wahrnehmbaren Strahl des Lichtes. Doch bereits beim Aufstieg werden sie bemerken, dass das Wasser unruhiger wird. Was sollen sie tun? Wieder zurückgehen ins Dunkel und so weiterleben wie zuvor? Zurück in den alten Trott, zu dem, was ihnen bestens bekannt, ja vertraut ist? Zurück zu den Dingen, die ihnen Schutz und Geborgenheit bedeuten, zurück in die Heimat? Oder stehen bleiben? Stehen bleiben mit der Ahnung, dass es noch mehr gibt, als sie bisher ahnten?

Stehen bleiben heißt die Spannung aushalten zwischen dem Altbekannten und dem unbekannten Neuen, zwischen dem Wissen, was man hat und der Ahnung, was man erreichen könnte.

Oder weitergehen, entdecken und erkennen, was es ist, das ihr Leben erhellen kann. Weitergehen heißt zugleich, sich den Schwierigkeiten und Mühen des Neuen stellen, sich aussetzen, sich absetzen, angreifbar sein und verwundbar. Und doch gibt es ein erstrebenswertes Ziel: das Licht.

Wenn wir weiter auftauchen, immer mehr dem Dunkel entrinnen, steigen wir immer höher empor, bis wir an die Oberfläche gelangen. Nun sehen wir das Licht, wir werden davon durchdrungen, wir werden erhellt. Zugleich treffen auf uns die Wellen des Meeres und versuchen, uns aus dem Hell zu vertreiben. Auch so mancher Sog versucht uns wieder in die Tiefe zurückzuziehen. Nur wenn wir erkennen und spüren, dass wir an der Oberfläche bleiben müssen, dann wird für uns das Wasser glatt und ruhig werden und wir können weiterstreben nach dem Licht unseres Lebens. Wenn wir daran festhalten und nicht mehr untergehen oder, falls es doch einmal geschieht, wir alles daransetzen wieder aufzutauchen, werden wir irgendwann „richtig" emporsteigen. Dann werden wir zu einem bunt schimmernden Wassertropfen werden und freudig in den Lüften tanzen, um unsere Freude am Aufstieg zum Licht, am Aufstieg zu Gott zu bezeugen.

Ich weiß, du bist da

19.04.2005

Ach mein geliebter Jesus, wie gut kann ich nachvollziehen, was Johannes vom Kreuz schreibt. Wir lesen gerade im Lektüreseminar das Buch „Der geistliche Gesang". Seine Gefühle sind die meinen. Auch ich habe genau das gespürt, was er beschreibt. Diese unendliche Sehnsucht nach dir, meinem Geliebten. Das Suchen und Umherrennen, um dich zu finden. Nichts kann das Gefühl stillen, mildern oder gar zum Erlöschen bringen, nur du kannst das. Wen du, mein Geliebter, einmal mit deiner Liebe verwundet hast, der möchte nur noch bei dir sein.

Einen brennenden Pfeil hast du in mein Herz geschossen und es loderte in mir auf, das riesige Feuer der Liebe zu dir. Die kleine Flamme wurde größer und dieses Feuer durchzog meinen ganzen Körper. Alles in mir brannte, doch es tötete mich nicht. Diese Flammen brennen und verzehren doch nicht. Es sind die Flammen der „Göttlichen Liebe". Diese Liebe, dieses Gefühl ist stärker und intensiver als alles, was es hier auf der Erde gibt und es ist zugleich auch das Größte überhaupt. Keine Liebe brennt so stark und so intensiv wie die „Göttliche Liebe". Durchzogen war ich und zugleich umhüllt von diesem Gefühl und ich dachte, daran zu zerbersten, so ausgefüllt war ich davon.

Ja, verwundet hast du mich, durchbohrt hast du mich. Innerlich roh, aufgerieben, ständig wund, so war mein Inneres, als ich dich suchte. Meine Wunden verbinden konnte niemand. Die Sehnsucht nach dir ist immer da. Mal glimmt das Feuer der Liebe, mal lodert es auf und wird zum Großbrand. Wenn ich so in Flammen stehe, dann reißt und brennt es in mir. Die Schmerzen der Sehnsucht sind dann sehr stark und ich bin bereit, alles für dich zu tun. Ja, sterben möchte ich, um bei dir zu sein, mein Geliebter, mein Jesus. Doch dieses Großfeuer lässt du nicht immer aufflammen.

So gibt es auch Zeiten wie diese, in der ich nun schon länger bin. Ich fühle mich dir nicht ganz nahe und doch zerreißt es mich nicht. Es ist ein erstaunliches Gefühl, was ich zuvor nicht kannte. Waren es bisher die Gefühle der vollkommenen, der größten Liebe zu dir, Jesus, Liebe mit der Sehnsucht, nun endlich ganz bei dir sein zu können oder das zerreißende Gefühl der Gottesferne, der Verlassenheit von dir, so ist es nun ganz anders. Es ist wie ein „Schweben". Ich befinde mich dazwischen. Wenn ich versuche, es in Bildern auszudrücken, dann sieht es in etwa so aus: Die Gottesferne ist dunkelgrau. Ich schreibe bewusst nicht „schwarz", denn diese Farbe gehört der „Dunklen Nacht", die etwas anderes ist als „nur" die Gottesferne. Die spürbare Nähe zu Gott ist weiß. Durchdrungen zu sein von der „Göttlichen Liebe", sie ist etwas anderes als „nur" von Gott geliebt zu sein, das wäre heller als weiß, ein unendliches Hell. Jetzt befinde ich mich in einem hellgrau. Ich weiß, Gott ist mir nahe, aber das Feuer lodert nur leicht. Ich „schwebe" zwischen diesen Zuständen der Gottesnähe und der Gottesferne. Es ist eher ein „neutrales" Gefühl.

Spürte ich die Gottesferne, habe ich mir vorgeworfen, selbst schuld daran zu sein. Ich dachte mir, ich habe zu wenig gebetet, zu wenig gute Dinge getan und darum hat sich Gott abgewendet. Ich habe Gott angefleht, wieder zu mir zurückzukommen, mir meine Fehler aufzuzeigen. Ich fühlte mich so elend, so verlassen, so unwürdig, krank vor Sehnsucht, krank vor Kummer, unheilbar krank, überflüssig, verloren. Auch die Aussage, Gott sei weiterhin bei mir, hörte ich zwar, doch sie konnte mich nicht heilen. Ich war verzweifelt und suchte dich, meinen Geliebten. Ich war innerlich unruhig und litt, bis du mich wieder berührtest.

Jetzt spüre ich dich nur ganz leicht und trotzdem weiß ich, du bist da. Auch wenn ich dich mal nicht wahrnehme, weiß ich dich in meiner Nähe. Um mich aufs Lernen und auf andere wichtige Dinge zu konzentrieren ist es gut, aber mein Herz sehnt sich trotzdem nach dir, nach deiner Nähe, nach der „Göttlichen Liebe", nach der Verschmelzung mit dir, dir meinem Geliebten, nach dir, mein Jesus.

19.04.2005

Geliebter Jesus, ich habe gerade über dich gesprochen, über meine mystischen Erfahrungen, über Teresa von Avila und Johannes vom Kreuz. Die Unterhaltung hatte ein abruptes Ende, da der Priesteranwärter müde war und sich schlafen legen wollte. Ich bin traurig darüber. Ist schlafen wichtiger, als etwas über dich zu erfahren und deine Wirklichkeit bekundet zu bekommen? Oder wirkt die „andere Seite" und bringt die Müdigkeit? Es ist doch erst früher Nachmittag. Was ist die Ursache dafür, dass es keine guten Gespräche gibt. „Keine" ist vielleicht falsch, denn es gibt diese ja durchaus, aber nicht allzu viele. Möchte man nicht mehr wahrhaben, dass es dich gibt? Macht es den Menschen Angst? Haben sie Angst, ihr eigenes Gottesbild könnte zerstört werden? Ich möchte doch so gerne über dich reden, dich bezeugen, die Menschen mit der Liebe zu dir anstecken, aber wie mache ich es am besten?

Jesus, bitte zeige mir, wie ich die Menschen auf den Weg zu dir führen kann und nimm mir bitte die Gefühle der Traurigkeit, die ich gerade in mir trage, um nicht weiter verzagt zu sein und um wieder Mut und Kraft zu bekom-

men, um Zeugnis über deine unendliche Liebe zu uns abzulegen. Danke. Amen.

Sprechen über Gott

20.04.2005

Es ist gar nicht einfach, über Gott und meine mystischen
Erlebnisse zu erzählen. In der Anfangszeit habe ich noch
ungefiltert darüber gesprochen und die Reaktionen darauf
waren sehr unterschiedlich. Von einigen Personen wurde
ich als arrogant bezeichnet und man meinte, dass ich mich
wohl für etwas Besseres halte und mich auf einen Thron
setzen wollte. Andere meinten, ich sei verrückt und gehöre
in die „Klapsmühle". Die Folge meines Erzählens war, dass
ich einen Teil meiner „Freunde" verlor. Dabei halte ich mich
nicht für etwas Besseres und verrückt bin ich ebenfalls
nicht. Das alles hat mich sehr traurig gemacht. Ich konnte
aber über die Erlebnisse mit Gott nicht schweigen, sondern
musste raus lassen, was mein Herz erfüllt.

Kürzlich habe ich einer Mitstudentin etwas über meine
Erlebnisse erzählt. Ich achtete darauf, dass ich es nun sachli-
cher erzähle, damit nicht wieder falsche Annahmen getroffen würden. Ihre Reaktion war, dass sie mich fragte, wie ich
denn über Gott reden würde. Das wäre ja, als ob ich über
das Wetter spräche. Ob Gott denn nicht mehr wert sei?

Egal wie ich bisher versuchte, über diese Erlebnisse zu
sprechen, nie war es scheinbar angemessen. Ich weiß nicht,
wie ich es „richtig" machen kann, ohne dass man mich irgendwie falsch versteht. Das ist sehr traurig. Denn es geht
mir beim Erzählen nicht um mich, sondern um Gott allein.

Durchdringe mich Gott

21.04.2005

Sich ausrichten auf dich.
Sich leer machen für dich.

Ich halte dir meine offene Schale hin,
damit du mich füllst,
mich ausfüllst.

Ich atme ein und nehme dich auf.
Ich atme aus und lass alles Unreine aus mir heraus.
Schlechte Gedanken schicke ich fort.

Ich mache Platz in mir,
damit du, mein Geliebter, mich ausfüllen kannst.

Jeder schlechte Gedanke, der geht, macht Platz,
den ich für dich freihalte.

Durchdringe mich Gott,
damit die Leere nicht vom Bösen gefüllt werden kann.

Jeder Atemzug ist warm und sanft,
wie zartes flüssiges Gold fließt du in mich hinein.

Du durchdringst jede Zelle
und legst in mir ein Geflecht aus goldenen Fäden an.

Immer heller wird es in mir,
je mehr du mich füllst.

Webe in mir ein Netz,
das das Böse abhält.

Erreiche jede Zelle mit deinem Licht,
damit das Dunkel keinen Platz hat
und ich aufleuchte in deiner Liebe

und ich dieses Licht weitergeben kann.
Amen.

Leben heißt auch leiden

09.05.2005

Gott ist kein „Buchgott", auch wollte er nicht länger als böser, rächender, zerstörerischer Gott gesehen werden, sondern geachtet werden als der gerechte und liebende Gott, der er ist.

Da der Mensch auf Zeugnisse angewiesen ist und Gott sich in seiner ganzen Wirklichkeit, in ganzer Wahrheit zeigen wollte, sandte er Jesus zu uns auf die Erde.

Als Mensch unter Menschen zeigte Gott, dass im Leid auch Hoffnung und Liebe vorhanden sind. Leid und Freude liegen dicht beieinander. Der Tod ist nötig, um zur Auferstehung zu gelangen. Durch das Samenkorn, das stirbt, entsteht neue Frucht.

Dem Tod auf Erden folgt das Leben in der Ewigkeit, im Zusammensein mit Gott, in der alles umhüllenden und durchdringenden Liebe.

Dass Loslassen ein wichtiger Aspekt ist, zeigt Gott, indem er Jesus, seinen einzigen Sohn, hingibt. Er gibt ihn aus Liebe zu uns.

Loslassen, alles Gott überlassen, sich überlassen, sich hingeben und vertrauen auf Gott, denn er wird's richten. Das Leiden und Sterben Jesu setzt ein deutliches Zeichen.

Leben heißt auch leiden. Noch sind wir nicht im Paradies, noch müssen auch wir unser Kreuz tragen. Amen.

Der Teufel ist wieder da

11.05.2005

Der Teufel ist wieder da. Ich habe gehört, wie er kam und *ich spüre seine Gegenwart.* Ich habe Angst.

Es ist kurz nach 22.00 Uhr und ich bin allein zuhause. Ich traue mich kaum, durchs Haus zu gehen, ich muss mich dazu überwinden.

Des Teufels Gegenwart ist sehr deutlich spürbar. Der Teufel weiß genau, wann und wie ich angreifbar bin. Morgen früh habe ich eine Prüfung, das passt. Der Teufel will mir mein Studium kaputtmachen. Als ich Gott um Hilfe gebeten und dem Teufel gesagt habe, dass ich Gott gehöre und ich lieber sofort sterbe, bevor er meine Seele bekommt, kommt Simon nach Hause und betet für mich.

Es ist noch nicht vorbei, noch nicht überstanden, aber es geht mir besser. Nun gehe ich ins Bett und hoffe mich umhüllt von Gottes Liebe, die mir zugleich Schutz geben wird. Danke, Gott, für deine Liebe.

Leben aus Glauben

14.05.2005

Ich bin sehr im Stress, habe kaum noch Zeit für etwas, was nicht mit dem Studium zu tun hat oder mit meinen Aufgaben, wie dem monatlichen Artikel für den Kirchenboten oder dem demnächst schon wieder anstehenden Gemeindebrief.

Es ist sehr anstrengend jeden Tag nach Chur zu fahren. Dieses Semester habe ich zudem auch noch drei lange Tage, das heißt, ich komme am Montag und Mittwoch erst gegen 19.20 Uhr und am Freitag gegen 18.20 Uhr nach Hause. Dann bin ich so müde, dass ich mich direkt ins Bett legen könnte. Es scheint auch mit der Höhendifferenz zu tun zu haben, dass ich immer sehr müde bin. Auf diese Tatsache hat mich ein Mitstudent aufmerksam gemacht, dem es wohl ähnlich geht. Zeit zum Lernen bleibt mir nur an den beiden anderen Nachmittagen, an denen ich um 14.20 Uhr beziehungsweise um 15.20 Uhr nach Hause komme und am gesamten Wochenende. Ich habe mittlerweile schon ein schlechtes Gewissen, wenn ich mal nicht lerne und etwas anderes mache.

Am 21. und 22. Mai fahren Simon und ich mit unserem Gemischten Chor nach Heiden zum Sängerfest, an dem wir aktiv teilnehmen. Ich bin schon kurz davor meine Teilnahme abzusagen, weil mir sonst die Zeit zum Lernen fehlt. Simon hat mir aber gesagt, ich müsse mir auch mal Zeit für mich nehmen, also Zeit, in der ich nicht nur ans Lernen denke und er findet es daher gut und wichtig, wenn ich mitfahre. Ich hoffe, mein schlechtes Gewissen lässt mich dann mal in Ruhe. Ich werde aber sicherlich einiges zum Lernen mitnehmen und unterwegs darin lesen.

Mitte beziehungsweise Ende Juni sind die Prüfungen. Ich weiß gar nicht, wann ich all das noch lernen soll, was geprüft wird, es sind 15 Fächer. Ich habe aus Verzweiflung schon einige Tränen vergossen, aber bisher hat alles geklappt und auch die Prüfung, die ich am Donnerstag hatte, belegte ich mit einer Fünf. Das ist gut, denn so halte ich den Notenschnitt, den ich benötige, weil ich ja ohne Abitur studiere.

Das Studium bereitet mir immer noch große Freude, trotz all dem Stress und ich bin immer noch froh und dankbar, dass Gott mir dies ermöglicht. Ich hoffe, ich enttäusche ihn nicht und schaffe alles, um später auch mein Diplom machen zu können.

So langsam gibt es Verknüpfungspunkte zwischen den einzelnen Fächern und ich freue mich, wenn ich bemerke, wie das alles zusammenpasst. Das ist sehr interessant.

Auch in Bezug auf Gott geht es mir gut. Ich habe zwar nicht mehr viel Zeit für ausführliche Gebete oder Meditationen, aber Gott weiß ja warum. Trotzdem bin ich weiterhin im Gespräch mit ihm. Manchmal spüre ich ihn auch, doch meist lebe ich nun aus dem reinen und nackten Glauben. Aber das macht mir erstaunlicherweise keine Mühe mehr. Ich fühle mich innerlich ruhig und von Gott getragen. Natürlich kommt immer wieder mal die riesige Sehnsucht nach mehr Nähe auf, aber ich weiß, dass Gott bei mir ist und das ist gut so.

Als ich am Mittwochabend „Besuch" vom Teufel hatte, spürte ich, dass meine Gebete mit der Bitte um Hilfe von Gott zwar erhört wurden, aber dass der Teufel mich erst ganz in Ruhe lies, als Simon ebenfalls für mich betete. Ich habe den Eindruck, wenn ich alleine versuche gegen den Teufel zu kämpfen, also alleine bete, dann hilft es nur schwach. Wenn Simon mitbetet, ist es, als ob die Kraft, gegen ihn anzukämpfen, stärker wird. Es macht mir Kummer zu spüren, dass ich alleine gar nicht so viel ausrichten kann. Zum Glück sind diese Angriffe bisher nicht so häufig gewesen und ich hoffe, es bleibt auch so. Ich vertraue auf Gott, dass er mir weiterhin hilft und mich nicht allein lässt.

Umhülle die Welt

16.05.2005

Wo Glaube ist, da trägt er und schützt vor Unheil.
Dort, wo die Sünde „regiert", da passiert Schlimmes.

Wo ist der Glaube geblieben?

Oh Gott, hilf den Menschen
aus dem Unglauben heraus zu dir zurück zu finden.

Hilf die erstarrten Herzen zu öffnen.

Wärme die erkalteten Herzen,
damit sie entflammen in deiner Liebe.

Umhülle die Welt mit deiner Liebe,
damit das Böse keine Chance mehr hat. Amen.

In der „Göttlichen Liebe"

16.05.2005

Ich fühle mich seit gestern dir, meinem Gott, so nahe wie
lange schon nicht mehr. Ich könnte die ganze Welt umar-
men und tanzend und singend durch die Natur springen.
Zugleich könnte ich weinen, weinen vor Freude, vor totaler
Begeisterung, vor Liebe wegen der spürbaren Nähe zu dir.
Es ist so unbeschreiblich gut. Nein, gut ist gar kein Ausdruck dafür. *Ich könnte platzen vor Freude, zerbersten vor lauter
Liebe, sterben, um mit dir, meinem Geliebten, total zu verschmelzen.*

Du bist das Beste und das Größte, was man sich überhaupt wünschen kann. Ich verstehe es einfach nicht, dass es
Menschen gibt, die von deiner Liebe nichts abhaben wollen.
Was gibt es schon Kostbareres als deine Liebe? Nichts ist so
wertvoll, nichts ist besser.

Womit habe ich bloß diese unendliche Liebe verdient?
Ich bin doch nur ein kleines Puzzlestück in dieser unendlichen Schöpfung. Ich bin doch nur ein Mensch mit all seiner
Unvollkommenheit. Ich bin nicht perfekt und mache Fehler
und trotzdem *umhüllst und durchdringst du mich mit deiner so
starken und doch so zarten Liebe.*

Jede Faser ist durchwebt von deiner Liebe. Mit jedem Herzschlag fließt die Liebe durch meinen Körper. Jede Zelle wird durchflutet, nichts bleibt davon unberührt. Mit jedem Einatmen nehme ich das Leben auf und mit jedem Ausatmen gebe ich etwas von deiner Liebe ab und hoffe, die Menschen können diese Liebe, die nun auch durch die Luft zieht, aufnehmen.

Ich wünsche mir, dass diese Liebe die ganze Welt umhüllt und alle Menschen durchdrungen werden vom schönsten Gefühl überhaupt, nämlich von dir, meinem Gott, geliebt zu sein.

Jeder Streit, jeder Krieg würde verebben, wenn die Menschen es zulassen würden, von dir berührt zu werden.

Ach Gott, warum sind die Menschen so hart, warum ihre Herzen so aus Stein und so erkaltet? Warum jagen sie dem Reichtum nach, statt den wahren Schatz zu entdecken?

Ich möchte alle Menschen anstecken mit deiner Liebe, ich möchte den Menschen zeigen, wie gut du bist, du, mein Gott.

Für dich möchte ich Zeugnis ablegen und zeigen, wie sehr ich dich liebe. In deinen Fußstapfen möchte ich wandeln, deine Worte weitergeben. Führe mich auf deinem Weg. Gott, ich vertraue dir. Dein Wille geschehe. Amen.

29.09.2005

Morgen früh um 11.00 Uhr heiraten Simon und ich standesamtlich. Ich werde meine Bündner Festtagstracht tragen, die ich mir bei der Trachtenschneiderin hier im Tal gekauft habe. Sie hat mir für unsere Hochzeit das passende Hochzeitskrönchen geliehen, das muss ich nun noch mit Blumen bestecken. Und heute Nachmittag hole ich noch meinen Brautstrauß in Thusis ab. Dann kommt bestimmt die Nervosität, denn es ist ja ein besonderer Schritt.

Probleme

20.11.2005

Geliebter Gott, vieles hat sich seit dem letzten Schreiben verändert, vieles ist geschehen. Nachdem das Wintersemester, das mit sehr viel Prüfungsangst versehen war, beendet war, machte ich ein Praktikum in einer psychiatrischen Klinik. Es waren fünf Wochen mit sehr guten Erfahrungen. Allerdings kostete es sehr viel Kraft, denn die Gespräche, die ich mit den Patienten führte, waren sehr tiefgründig und beinhalteten keine einfachen Fragen und viele Probleme. In dieser Zeit fehlte mir die Kraft und Zeit, um mich voll auf dich auszurichten. Zwar sprach ich mit dir durch meine Gebete, doch die Zeit dafür war viel zu kurz und an einigen Tagen war ich so müde, dass ich mir gar keine Zeit genommen habe, um mit dir zu reden. In meinem Herzen war ich täglich bei dir, doch habe ich mir mehr Zeit für die Menschen genommen als für dich. Dies macht mich im Nachhinein sehr traurig, aber ich bin mir sicher, du weißt, was in meinem Herzen vorgeht und verstehst mich.

Nach diesem Praktikum war ich bei Pater Clemens, da Simon und ich kirchlich heiraten wollen und von ihm und einem evangelischen Kollegen getraut werden wollten. Meine große Freude und Nervosität, ihn darum zu bitten, wurde schnell zu einer traurigen Angelegenheit, da mir Pater Clemens mitteilte, dass eine kirchliche Hochzeit nicht möglich wäre, da Simon bereits einmal (evangelisch) verheiratet war. Eine Welt stürzte für mich zusammen. Viele schlaflose Nächte und viele geweinte, bittere Tränen hatte es zur Folge. Die Tatsache, dass wir nicht kirchlich heiraten dürfen, wir aber bereits standesamtlich verheiratet sind, hat zur Folge, dass ich wohl nicht im Dienst der katholischen Kirche arbeiten und nicht mehr zur Kommunion gehen darf. Genaueres wird sich im Gespräch mit dem Bischof am 09.12. ergeben. Schrecklich!

Himmlischer Vater, wo führt das alles hin, wo bleibt die Liebe, von der Jesus immer sprach? Steht nicht die Liebe vor dem Kirchenrecht? Hat nicht Jesus gesagt, dass der Sabbat für den Menschen da ist und nicht der Mensch für den Sabbat? Ich bin so traurig und es macht mich zugleich wütend, dass ich, obwohl ich dich, meinen Gott doch so sehr liebe, wahrscheinlich nie mehr für die Kirche arbeiten darf. Reicht denn meine Liebe zu dir und mein christliches Leben nicht aus, um dein Wort verkünden zu dürfen? Was muss man denn machen, damit man aus katholischer Sicht würdig ist für die Kirche zu arbeiten?

Jesus hat sich doch gerade um die Ausgestoßenen und die Randständigen gekümmert und da sehe ich in der Kirche noch sehr viel Handlungsbedarf. Warum zum Beispiel nimmt sich die katholische Kirche das Recht heraus, Menschen von der Kommunion auszuschließen, kann sie in das Herz der Menschen sehen? Ich finde, alle Menschen sollten zusammen an einen Tisch kommen, um Gott zu gedenken und mit ihm gemeinsam Mahl zu halten. Niemand sollte ausgeschlossen sein. Jesus hat Sündern vergeben, aber die Kirche richtet, statt zu hinterfragen. Ich bin im Augenblick sehr verletzt. Ich glaube, dass dies nachvollziehbar ist.

Gott, seit Wochen bin ich mit den Gedanken nicht so richtig bei dir. Ja, die Probleme mit der katholischen Kirche zehren an mir und halten mich gefangen. Ich kann kaum noch an etwas anderes denken. Immer wieder kreisen meine Gedanken darum und dann vergesse ich, mir Zeit zu nehmen für dich. Dabei liebe ich dich doch von ganzem Herzen. Warum bin ich so schwach und lasse mich von anderen Dingen so blockieren?

Geliebter Gott, ich weiß, die Nachfolge Jesu anzutreten bedeutet, den Weg bis zum Kreuz und darüber hinaus zu gehen. Ich weiß, dass dieser Weg Schmerzen, Leid und Qualen beinhaltet, aber das Kreuz ist nicht das Ende. Und auch wenn dieser Weg nicht leicht ist, werde ich ihn weiter gehen, denn du mein Gott, bist mein Herr und nichts und niemand kann mich von dir trennen.

Mein Gott, ich weiß, wenn du eine Türe zumachst, dann machst du eine andere Türe auf. Auch wenn ich diese jetzt noch nicht sehe, so weiß ich, dass du mich führst. Daher vertraue ich dir und überlasse dir mein Leben. Führe mich und zeige mir, was du dir von mir erwünschst. Was ist es, was ich in deinem Namen wirken darf? Oh Herr, ich bin so schwach und voller Fehler. Darf ich überhaupt noch zu dir emporblicken? Ich fühle mich so schrecklich, so schuldig, weil ich so selten gebetet habe. Bitte vergib mir, denn es liegt daher eine schwere Last auf mir.

Geliebter Gott, du hast mir deine Liebe spürbar geschenkt, hast mich deinen Sohn sehen und mit ihm verschmelzen lassen. Du hast mich die Kreuzigung durchleben und eine riesige Liebe zu Jesus entflammen lassen, so dass er mein Geliebter wurde und was mache ich für dich? Die Zeit, die ich mir nehme, um mich auf dich auszurichten, ist geringer als die Zeit, um über die Probleme mit der katholischen Kirche nachzudenken. Deswegen habe ich ein schlechtes Gewissen. Darf ich dich, meinen geliebten Gott, überhaupt noch ansehen, mich nach dir ausrichten, meine Sehnsucht nach dir ausdrücken? Ist es nicht falsch zu sagen, dass ich dich so sehr vermisse, dass ich so traurig bin über die Ferne zu dir und traurig bin über mich selbst und dass ich mehr spürbare Nähe zu dir möchte und nichts dafür tue? Warum bin ich so schwach und lasse mich von anderen Dingen so blockieren?

Geliebter Gott, als ich vor ein paar Tagen zu dir betete und dir sagte, dass ich den Eindruck habe, dass der Teufel diese Situation ausnutzt, um die Distanz zwischen uns zu vergrößern und dich darum bat, den Teufel zu vertreiben, wurde es besser. *Ich spürte am Morgen den Heiligen Geist durch mich hindurchströmen.* Das passierte, als ich gerade in der Theologischen Hochschule eingetroffen war und mich an einen Tisch gesetzt hatte. *Eine Mitstudentin sah mich an und meinte, ich würde total strahlen und auch die anderen Mitstudenten sahen mir dies an und sagten es mir. Nein, dieses Strahlen war kein Lachen in meinem Gesicht, sondern die Wirkung des Heiligen Geistes. Ich spürte ihn ganz deutlich und merkte, wie sich meine Augen veränderten, wie etwas aus mir heraus nach außen drang. Dies muss wohl sichtbar gewesen sein.* Ich selbst habe es noch nie gesehen, da ich noch nie in einen Spiegel geblickt habe, wenn so etwas passierte. Das war ein schönes Erlebnis. Doch nun spüre ich wieder meine Schwäche. Was bin ich doch so unvollkommen, so klein und so unwürdig.

Geliebter Gott, bitte verstoße mich nicht, denn ohne deine Liebe möchte ich nicht leben. Lass mich dich wieder spüren, zieh mich in deine Nähe, durchflute mich mit deiner Liebe. Jesus, dich, meinen Geliebten, möchte ich wieder sehen und wieder eins sein mit dir. Du bist meine große Liebe, du bist mein Leben. Dir möchte ich nachfolgen, in deinen Fußstapfen wandeln, deinen begonnenen Weg fortsetzen und den Menschen die Worte unseres Vaters geben. Zeige du mir, was zu tun ist, wie ich die Worte weitergeben und die Menschen erreichen kann mit der Liebe von und zu dir.

Jesus, ich habe Simon geheiratet, denn auch ihn liebe ich sehr. Simon ist der Mensch auf Erden, mit dem ich für immer zusammen sein möchte. Jesus, du bist mein Geliebter, mein Herr, mein Gott, mein Leben, du bist ein Teil von mir, du bist anders, du bist mehr, du stehst über allem. Du stehst an erster Stelle für mich. Simon weiß das und ist nicht eifersüchtig, denn er weiß, mit dir kann niemand verglichen werden. Du bist es, der um uns ist und unsere irdische Liebe umhüllt und gleichzeitig mitten drin ist, in unserer Beziehung. Ohne dich möchten wir nicht sein, ich kann es auch gar nicht. Du bist meine Lebensflamme, wenn du nichts mehr mit mir zu tun haben möchtest, dann erlischt sie. Dann ist mein Leben zu Ende, mein Leben verwirkt. Ich weiß, dass du siehst, wie es in meinem Herzen aussieht. Auch wenn ich in den letzten Wochen nicht viel betete, so weißt du doch von meiner Liebe zu dir, meiner Liebe zu Simon und zu den Menschen. Oder bist du eifersüchtig, mein Geliebter? Lange habe ich nachgedacht, ob ich Simon heiraten darf, wo du doch mein Geliebter bist. Lange Zeit habe ich darüber gegrübelt, aber ich bin zu der Erkenntnis gekommen, dass du es möchtest, denn du sprichst von der Liebe und bist die Liebe selbst. Außerdem hat unser himmlischer Vater Simon und mich zusammengeführt. Und doch frage ich mich immer wieder, warum du mir so fern bist. Bist du doch eifersüchtig oder beleidigt, enttäuscht? Durfte ich nicht heiraten, steht Simon nun zwischen uns? Ich glaube es liegt nicht daran, sondern am Teufel, denn, als ich unseren Vater um Hilfe gegen das Böse gebeten hatte, war der Heilige Geist ja wieder in mir am Wirken, also ist es wahrscheinlich der Teufel, welcher die schwierige Situation ausnutzen will, um mich dir zu entreißen. Jesus, wie siehst du es?

Gott, bitte hilf mir in und gegen meine Schwachheit. Schon allein diese Bitte empfinde ich als falsch, da ich mich unwürdig fühle, dich um etwas zu bitten und mich an dich zu richten. Denn wenn meine Gedanken sich mehr um die irdischen Probleme drehen als um dich, dann bin ich nicht würdig, von dir bedacht zu werden.

Oh Herr, was soll und kann ich tun, damit ich wieder zu dir mit reinem Herzen aufblicken kann? Für die Menschen um mich herum habe ich immer ein offenes Ohr, auch meine Impulse für die Kirchenzeitung und den Gemeindebrief schreibe ich weiterhin und immer wieder höre ich, wie gut sie den Menschen tun, ich versuche überall zu helfen und in der Zeit dazwischen kreisen meine Gedanken um die Probleme mit der katholischen Kirche. Und wo bleibst du dabei, mein Gott? Für dich habe ich meist keine Zeit mehr, obwohl ich es immer möchte. Wenn ich bemerke, dass ich wieder nicht gebetet habe, dann bin ich sehr traurig und enttäuscht über mich und könnte weinen. Du hast mir so viel geschenkt und ich bin so undankbar. Warum bin ich so schwach und lasse mich von allem ablenken? Hat der Teufel schon so viel Kraft bekommen, dass ich mich nicht mehr durchsetzen kann? Oh Gott, hilf mir, die trennende Wand zu zerstören, hilf mir im Kampf gegen die „andere Seite", hilf mir, damit ich dich wieder hören und sehen kann.

Mein Kreuz liegt schwer auf meinen Schultern und manchmal scheine ich darunter zusammenzubrechen, doch dann schaffe ich es mich zu erheben und trotz dieser Last weiterzugehen. Denn ich nehme voller Liebe das Kreuz auf mich, trotz der Schmerzen und des Leids, denn nicht mein, sondern dein Wille geschehe.

Geliebter Gott, bitte verzeih mir meine Schwachheit und zeige mir, dass du mich trotzdem liebst. Führe mich weiter, ich bin bereit, den Weg, den du für mich bereitet hast zu gehen, auch wenn er hart und dornig ist. Amen.

Gespräch mit dem Bischof – die Türe ist zu

15.12.2005

Am letzten Freitag hatte ich das Gespräch mit dem Bischof bezüglich der Heirat und meinen beruflichen Möglichkeiten in der katholischen Kirche. Wie zu erwarten war, ist mein Weg nun beendet. Der Bischof, der von diesem Termin angeblich nichts wusste, obwohl ich diesen bereits vor einigen Wochen vereinbart hatte, hatte nur 15 Minuten Zeit für mich. Ich durfte ihm kurz und knapp schildern, um was es geht und, als ich meinen letzten Satz fertig hatte, kam sofort seine Antwort, dass ich keine Missio bekomme. Punkt beziehungsweise Ausrufezeichen. Das war es, die Türe ist mit lautem Knall ins Schloss gefallen. Aus und vorbei, alles beendet, was ich mir vorgestellt hatte. Kein Hintertürchen, keine Ausnahmeregelung, nichts. Ein Satz, der alles beendete. Obwohl ich mittlerweile damit gerechnet hatte, traf es mich hart. Dem Bischof scheint das Ganze aber auch nicht egal zu sein, ich spürte es und das, was er sagte, passte auch zu meinem Gefühl.

Das ganze Wochenende hatte ich daran zu „knabbern". Immer wieder habe ich geweint, weil ich nicht verstehen kann oder will, dass ich für etwas bestraft werde, für das ich nichts kann. Außerdem bin ich mir keiner Schuld bewusst. Ich liebe Simon und habe ihn so angenommen, wie er ist, mit seiner Vergangenheit. Jesus hat auch jedem Menschen eine zweite Chance gegeben. Ich werde bestraft, weil ich aus Liebe handelte. Statt mich über die Heirat freuen zu können, bedeutet es doch ziemliches Leiden. Aber ich bereue die Heirat nicht und finde, es war und ist richtig so.

Am Montag war ich beim Regens der Theologischen Hochschule. Ich wollte alles zum Abschluss bringen. Er fragte mich mehrmals, ob der Bischof denn wüsste, dass ich doch noch nie verheiratet war und Simon derjenige ist, der geschieden ist. Der Regens war sehr betroffen, dass es wohl kein Hintertürchen gibt. Es ging ihm ziemlich nahe. Er war sehr nett zu mir, sein Verhalten hat mir gut getan. Ich merkte, dass er mit mir litt, er verabschiedete sich von mir dann auch ganz schlagartig. Ich glaube, sonst hätte ich seine Gefühle sehen können. Ich studiere nun nicht mehr fürs Bistum, sondern „nur" noch für mich.

Der Montag war für mich ein trauriger Tag. Der Dienstag ebenfalls. Auch wenn ich Gott vollkommen vertraue und weiß, dass er es so wollte und er mich auch weiterhin führt, so leide ich doch.

Gestern, am Mittwoch, bin ich nach einer Stunde Unterricht „geflohen". Ich konnte nicht mehr. Trotz Ablenkung bin ich ständig traurig. Ich habe mich in ein Café gesetzt und angefangen zu schreiben. Das tat zwar gut, aber so richtig gut ging es mir danach auch nicht.

Natürlich rede ich mit Simon darüber, aber ich weiß, dass ihn das sehr belastet, denn er sieht sich als denjenigen, der an dieser Situation schuld ist. So muss ich ihm das immer wieder ausreden, denn sonst leidet er auch noch.

Heute war es für mich besonders schlimm. Wir hatten Hochschulgottesdienst und ich musste zum ersten Mal aktiv teilnehmen und zwei Fürbitten lesen. Daher konnte ich mich nicht vor dem Unterricht drücken. Schon vor dem Gottesdienst musste ich kurz weinen. Dann schaffte ich es die Tränen zu unterdrücken bis nach den Fürbitten, die ich trotz Nervosität gut hin bekam. Doch dann kam ein Lied mit einem Text, der genau zu meiner Situation passte: „Weil Gott in tiefster Not erschienen, kann unsre Nacht nicht traurig sein!" und ich habe nur noch geweint. Ich konnte die Tränen trotz aller Bemühungen nicht mehr aufhalten. Sie liefen und tropften an mir herunter. Es war mir peinlich, aber ich nahm es hin, dass es nun so ist und ich es nicht verhindern konnte. Und so weinte ich den restlichen Gottesdienst lang, ich konnte nicht mehr mitsingen, nichts mehr richtig mitsprechen. Da wir in der Krypta feierten, saßen wir sehr dicht beisammen und fast jeder konnte jeden sehen. Und so hat mich auch der Regens, der den Gottesdienst leitete, mehrmals angeschaut und ganz sicher meine Tränen gesehen. Nach dem Gottesdienst wurde ich von mehreren Mitstudenten unseres Kurses in den Arm genommen und getröstet. Das tat gut. Aber ich komme immer noch nicht mit der Situation klar.

Ich habe doch nichts Unrechtes getan und werde doch bestraft. Selbst ein Mörder bekommt eine zweite Chance und ist nach einer gewissen Zeit der Strafe wieder rehabilitiert. Nur für mich gibt es diese Chance nicht. Mein „Vergehen" ist wohl schlimmer, als einen Mord zu begehen. Ich kann es nicht verstehen. Warum ist die katholische Kirche, das Kirchenrecht so hart und unfair? Sogar der Regens sagte, dass der katholischen Kirche etwas ganz Wichtiges fehlt, nämlich die Möglichkeit der Versöhnung.

Was soll ich, was kann ich tun, um damit umgehen zu können? Ich hadere nicht mit Gott und ich bin nicht böse auf die Menschen, aber ich verstehe die Institution katholische Kirche nicht. Wie kann ein Gesetz so menschenverachtend sein, wie kann es einen Menschen so kaputt machen? Klar kann ich das als Chance sehen, denn in der reformierten Kirche gibt es sicherlich einen Platz für mich. Dann kann ich sogar Pfarrerin werden und mit Simon zusammenarbeiten, aber im Augenblick ist es mir kein rechter Trost.

Ich bin mehr als verzweifelt und weiß nicht, wie ich mit meinen ungeweinten Tränen umgehen soll. Es fühlt sich in mir wie bei einem Staudamm an. Die ungeweinten Tränen drücken gegen die Staumauer. Immer mehr Wasser sammelt sich an und immer größer wird der Druck. Wie lange noch hält die Mauer stand? Heute hat die Mauer ein Loch bekommen und das Wasser, die Tränen flossen hindurch. Nun gibt es zwei Möglichkeiten, entweder das Loch stopfen und hoffen, es hält für immer stand oder das Wasser bewusst ablassen. Letztere Variante wäre mir am liebsten, aber wo sollte ich meinen Gefühlen nachgeben können? Hier zu Hause geht es nicht, denn dann würde Simon sehr leiden und das möchte ich nicht. In der Öffentlichkeit geht es auch nicht. Was kann ich also tun? Das einzige, was bisher halbwegs half, war, nicht daran zu denken, aber das klappt halt nicht immer. Verdrängen ist auf Dauer auch nicht der ideale Weg. Natürlich spreche ich mit Gott darüber und ich weiß, dass alles seinen Sinn hat. Und trotzdem tut es unendlich weh. Ich weiß, dass Nachfolge heißt, sein Kreuz auf sich zu nehmen und das tue ich auch ganz bewusst. Ich versuche auch gar nicht dem Leid zu entkommen, ich möchte es aber irgendwie verarbeiten können, es verstehen.

Morgen ist der letzte Vorlesungstag für dieses Jahr. Am Abend haben wir dann Stammtisch in Chur und danach übernachten Simon und ich im Priesterseminar und am Samstag bis Sonntag fahren wir mit dem Zug nach Bern. Ich freue mich darauf, denn dann bin ich abgelenkt.

Tränen

15.12.2005

Wo gehen sie hin,
die ungeweinten Tränen?
Lösen sie sich auf, wenn sie nicht vergossen wurden?
Oder bleiben sie vorhanden,
doch wo sind sie dann?

Ist in uns ein Tresor, ein Vorratsbehälter,
in dem sie gesammelt werden?

Wie oft muss man den Schlüssel drehen,
um diese Tränen so wegzuschließen,
dass sie nicht mehr an die Oberfläche kommen können?

Wie dick muss die Wand dieses Behältnisses sein,
damit sie dem Druck
der nach außen drängenden Tränen standhält?

Wie lange geht es gut?
Wie viel kann er er-tragen, der innere Tresor?
Muss die Wand ständig verstärkt werden,
damit es nicht zum Riss kommt
und sich die Tränen langsam und schleichend
in Bewegung setzen?

Oder ist irgendwann der Punkt erreicht,
wo die Wand zerbirst
und die Tränen sich wie ein Wasserfall ergießen?

Tränen, wo seid ihr geblieben,
ihr, die ihr geweint werden wolltet,
es aber verhindert wurde?

2006

Das Schönste kostet kein Geld

13.01.2006

Ich habe mal wieder mit großem Staunen die Schönheit der
Natur betrachtet. Es ist so toll zu sehen, wie atemberaubend
sie ist und welche kostbaren Betrachtungen sie uns ermöglicht. Ich bin immer wieder fasziniert, wie sich jeden Tag die

Berge verändern, nie sehen sie gleich aus und überhaupt gibt es so viele Dinge, die einen beglücken können. Man muss nur die Augen öffnen, um zu sehen, wie viel Schönes es in der Welt gibt.

So, wie man mit den Augen sehen und nur noch staunen kann, so ist es auch mit Gott. Wenn wir unser Herz und unsere Sinne öffnen, dann nehmen wir noch viel Größeres wahr, nämlich Gott, und dann bleibt es nicht beim Staunen, sondern es führt uns zur Sprachlosigkeit, denn wir finden dann keine Worte mehr, um Gott, seine Nähe, seine Gnade und seine unendliche Liebe zu beschreiben. Die Sprache ist leider sehr begrenzt, das merkt man, wenn man Gott erlebt.

Das Schönste, Beste und Tollste überhaupt kostet kein Geld, sondern nur die Bereitschaft sich zu öffnen und sich füllen zu lassen von Gott unserem Schöpfer und seiner puren, reinen Liebe.

Ich wünsche mir so sehr, alle Menschen würden dies erkennen, denn dann würde sich vieles auf der Welt zum Guten ändern. Aber möchte das wirklich jeder? Manchmal denke ich, dass es Menschen gibt, die gar nicht gut sein möchten. Aber vielleicht liege ich ja auch falsch mit meinem Denken und manche Menschen können nicht anders, vielleicht sind sie von der falschen Seite angeleitet in ihrem Handeln oder einfach nur blind und taub und zu verschlossen, um Gut und Böse zu unterscheiden.

Ja, es geht mir gut, wie man vielleicht an meinen Worten erkennen kann. Nachdem die letzten Texte doch ziemlich traurig waren und sehr frustrierend klangen, möchte ich heute teilhaben lassen an meiner Freude und meiner Liebe zu Gott, an einem kalten Tag in der wunderschönen Natur der Schweizer Berge.

Inspiriert

13.01.2006

Am Montag hatte ich ein wunderbares Erlebnis. Ich saß am Schreibtisch, schlug meine Bibel auf, um meine Aufgaben fürs Studium zu machen, *als mich auf einmal ein Gefühl von Kopf bis Fuß durchströmte. Es war intensiv, aber zugleich doch so zart. Es war wie ein Durchflutetwerden mit Strom, nur dass sich Strom intensiv und stechend im Körper anfühlt, dieses Durchströmtsein aber warm und weich und zugleich intensiv und bis in die Fußspitzen fühlbar war, einfach wunderbar. Alles in mir bebte* und ich erfreute mich daran, saß nur da und ließ es geschehen.

Als dieses Gefühl nach einiger Zeit immer noch vorhanden war, begann ich mich trotzdem auf den Bibeltext zu konzentrieren. Ich las und auf einmal war alles verständlich. All die Stellen, worüber man sich sonst den Kopf zerbricht, weil man deren Bedeutung nicht erkennt, waren auf einen Schlag ganz klar. Alles war so einleuchtend, so glasklar, so verständlich. Keine Unklarheiten waren mehr da. Ich war total ergriffen von dem Gefühl und der Tatsache, dass sich auf einmal etwas Verschlossenes öffnete und so unversiegelt vor mir lag. Ich war sprachlos, fassungslos. Es war mir, als ob ich eine Lupe über den Text halte und dadurch die wahren, gedeuteten Worte lesen konnte. Faszinierend. Ich war total ergriffen. Mir flossen die Tränen, so sehr bewegte es mich. Ich konnte nicht fassen, was mir gerade geschieht. Oh, wie gut ist Gott. Es gibt einfach nicht genügend Worte, um ihn zu beschreiben, ihn zu loben und zu preisen. Danke, Gott, für deine Nähe und deine unendliche Liebe. Ich bin so ergriffen von dir.

Eigentlich hätte ich zur Chorprobe gemusst, aber nach langem Abwägen blieb ich alleine zuhause und las weiter in der Bibel. Es war bereits eine weitere Stunde vergangen, in der ich zu weiteren neuen Erkenntnissen kam und *immer noch durchflossen war vom Heiligen Geist, als ich hörte, wie die Haustüre aufging und ich etwas Schreckliches spürte. Ich spürte, dass der Teufel ins Haus kam. Obwohl ich durchflutet war vom Heiligen Geist, kam eine schlimme Angst in mir auf.* Ich traute mich nicht mehr aus meinem Zimmer. Ich begann zu beten und bat Gott um Hilfe und Schutz. Immer wieder rief ich innerlich um Hilfe. Als ich dann doch einmal mein Zimmer verlassen musste, ging ich mit einer Schere als Waffe in der Hand die Treppen hinunter. Wenn mich jemand gesehen hätte, hätte er sicherlich an meinem Verstand gezweifelt. *Die Angst wurde immer schlimmer,* je näher ich zur Haustüre kam. Die Türe war zu, obwohl ich sie ganz laut habe aufgehen gehört. *Die Angst verging nicht.* Ich betete weiter und *nach einiger Zeit wurde es besser und ich spürte die Angst vergehen und nahm wahr, dass der Heilige Geist noch immer in mir war.* Ich las weiter in der Bibel und kam zu weiteren Erkenntnissen. Über drei Stunden war ich so vom Heiligen Geist durchdrungen und inspiriert. Dann wurde es langsam weniger und ich wurde müde, denn es war bereits nach 22.00 Uhr.

Nun sind bereits vier Tage vergangen und *noch immer fühle ich mich verändert. Ich fühle mich leichter.* Auch die viele Fahrerei bis zum Studienort und wieder zurück, insgesamt dreieinhalb Stunden und der damit verbundene Höhenunterschied von 900 Metern, strengt mich in den letzten Tagen nicht so extrem an wie sonst und das Studium macht mir noch mehr Freude als bisher. *Ich fühle mich toll, so unbeschreiblich gut, es ist einfach erstaunlich, ich kann es gar nicht richtig ausdrücken.*

Oh Gott, du bist so unbegreiflich toll, so groß, so überwältigend, so erstaunlich, so ..., mir fehlen einfach die Worte, um zu sagen, was und wie du bist. Einfach unschlagbar, unbeschreiblich, einfach super klasse.

Womit habe ich verdient, dass du mir so nahe bist? Ich bin so unendlich dankbar und glücklich darüber. Nichts kann mich mehr erfüllen und beglücken, als von dir geliebt zu werden und dich mir nahe zu wissen. Dich zu spüren ist so wunderbar, von dir geliebt zu werden, ist das größte Geschenk, das man erhalten kann. Meiner Liebe kannst du gewiss sein, denn du bist mein Lebenselixier. Du bist meine große Liebe, du übersteigst alles, was ich kenne. Die Liebe zwischen uns kann man mit keiner irdischen Liebe gleichsetzen. Du bist größer als alles, was man kennt, größer als alles, was man beschreiben kann. Du allein bist es, dem ich dienen möchte. Vor dir möchte ich mich niederwerfen, um dir zu zeigen, was du mir bedeutest. Mein Herz, meine Seele und mein Körper verneigen sich vor dir, vor dir, meinem Gott, vor dir, meiner Liebe, vor dir, meinem Leben. Nur dich will ich loben und preisen. Jetzt und in alle Ewigkeit. Amen.

Das Juwel der Welt

13.01.2006

Gott, du bist ein Diamant,
kostbar, edel und schön.
Für viele Menschen bist du wie ein Rohdiamant,
unscheinbar, unauffällig und nicht beachtet.

Doch eigentlich sollten wir dich erkennen,
denn wir sind ja ein Teil von dir.
Du hast uns nach deinem Ebenbild geschaffen
und hast in uns etwas Diamantenstaub gestreut.
Doch der liegt tief im Inneren, im Dunklen von uns.

Um auf dich aufmerksam zu machen,
versuchtest du verschiedene Möglichkeiten,
aber durch keine wurdest du dauerhaft und richtig erkannt.

Doch dann kam einer, durch den wurde es anders.
Er brachte das Licht
und in diesem Licht strahltest du auf.

Nun wurdest du beachtet.
Man betrachtete dich genauer
und erkannte deine Größe, deine Macht
und deine Herrlichkeit.

Du bist das Juwel der Welt,
keiner, der dich je erblickt hat,
wird sein Gesicht von dir abwenden.

Und oft fliegt Diamantenstaub durch die Luft
und berührt die Menschen.
Diese Menschen werden davon durchdrungen
und wenn sie das Licht annehmen,
das in die Finsternis kam,
leuchten auch sie auf
und strahlen in den schönsten Farben
und berühren damit ihr Umfeld.

Auch du kannst strahlen.
Wende dein Gesicht dem Lichte zu
und lass es ein in dein Inneres.
Dann wirst auch du leuchten
und es in der Welt ein bisschen heller werden lassen.

Kirchliche Hochzeit

30.04.2006

Eine wunderschöne kirchliche Hochzeit liegt hinter Simon und mir. Die Hochzeit war noch viel schöner, als wir sie uns erhofft hatten. Es war sehr kalt an diesem Tag, gerade mal sieben Grad über Null und es lag sogar noch etwas Schnee im Dorf, als der Fotograf die Hochzeitsfotos machte. Am Anfang war es mir sehr kalt, ich war ja nur mit dem Hochzeitskleid bekleidet, aber dann ging das Frieren wieder weg. Wahrscheinlich hat man besondere Hormone, wenn man heiratet, Warmhaltehormone.

Wir haben in der eigenen Gemeinde gefeiert, also dort, wo Simon Pfarrer ist. Getraut wurden wir von dem befreundeten evangelisch-reformierten Pfarrer, den ich bereits als Boten von Gott auf dem Weg zum Theologiestudium empfunden hatte. Der Gottesdienst war sehr bewegend und es wurde sogar gelacht und applaudiert. Und ein befreundeter Kapuzinerpater spielte wunderschön auf seiner Geige. Es war alles richtig toll. Der Tag war unvergesslich und die Feier mit der Gemeinde, mit der Familie und den Freunden ebenso. Es waren auch katholische Mitstudentinnen und Mitstudenten mit dabei. Das hat mich sehr gefreut.

28.05.2006

Die Arbeit wird nicht weniger und der Stress nimmt immer mehr zu. Zuerst waren es die Hochzeitsvorbereitungen, die mich total vereinnahmten und seitdem hält mich mein Studium wieder „auf Trab". Am Dienstag muss ich in einem Seminar einen doppelstündigen Vortrag halten, etwas, was neu für mich ist und mir eigentlich nicht behagt. Aber ich sehe es als weitere Chance, meine Hemmungen, vor anderen Menschen zu sprechen, weiter abbauen zu können.

Letzte Woche waren Simon und ich an einer theologischen Fortbildung und wir wurden gebeten, gemeinsam einen Morgenimpuls zu gestalten. Eigentlich wollte ich mich davor drücken, aber wir haben es dann doch gemeinsam gemacht und es klappte richtig gut trotz etwas zittriger Beine.

Gerne hätte ich mal wieder etwas Zeit für mich und Gott, aber ich weiß nicht, woher ich diese Zeit nehmen soll. Erst hatte ich keine Zeit wegen den Hochzeitsvorbereitungen und der Hochzeit, nun bin ich dabei den Vortrag auszuarbeiten, aber fast fertig damit, danach muss ich diesen noch zu einer schriftlichen Arbeit umarbeiten und dann muss ich endlich anfangen zu lernen. Ich weiß gar nicht, ob ich die Prüfungen überhaupt bestehen kann, denn die Zeit ist sehr knapp, um alles zu lernen. Und dann brauche ich ja auch noch den Notenschnitt von einer Fünf. Was ist, wenn ich das nicht schaffe? Ich möchte doch unbedingt weiter studieren dürfen, es gefällt mir doch so gut, auch wenn es sehr anstrengend ist wegen der vielen Fahrerei. Es bleibt mir nur eines, auf Gott zu vertrauen und zu wissen, dass er alles zum Guten führt. Er hat mich zum Studium geführt und wenn er es so möchte, dann werde ich die Prüfungen gut schaffen und kann weiterstudieren. Der Weg ist hart und anstrengend, aber Gott ist mir das wert. Mein Wunsch ist es weiterhin, mit und für Gott zu arbeiten. Aber nicht mein, sondern sein Wille geschehe.

Zusätzlich zum Lernen kommt nun der nächste Abgabetermin für den Kirchenboten am 15.06. und den neuen Gemeindebrief muss ich auch noch bis Ende Juni erstellen und zuvor noch diesbezüglich eine Sitzung einberufen. Ich freue mich schon richtig auf unsere Flitterwochen, die Ende Juli beginnen. Endlich mal Zeit haben, Zeit für die Partnerschaft, Zeit für Gott, Zeit für das Staunen über die Schönheit der Natur und natürlich auch für mich.

Schlaflos

31.05.2006

Ich konnte nicht schlafen, immer und immer wieder ging mir durch den Kopf, dass ich mir zu wenig Zeit zum Beten nehme. Trotz der vielen Arbeit fürs Studium und der Mithilfe im Pfarramt, sollte es doch möglich sein, dass ich mir mehr Zeit dafür nehme. Ich hatte ein schlechtes Gewissen und Angst, dass Gott denkt, dass er mir nicht mehr wichtig ist. Ich war total unglücklich und kurz vor dem Weinen.

Da ich nicht schlafen konnte, bin ich aufgestanden und ins Bad gegangen. *Als ich dort in den Spiegel sah, starrte mich eine „Fratze" an* oder wie soll ich es beschreiben. *Es war, als ob mich der Teufel durch mein Gesicht hindurch anstarrte und schrecklich lachte* (nur vom Gesichtsausdruck her, nicht hörbar), *so, als ob er mich besiegt hätte.* Ich bekam einen riesen Schreck. Als ich noch einmal hinschaute, war alles wieder normal. Ich bin zurück ins Bett gegangen, aber schlafen konnte ich weiterhin nicht.

Es ist komisch, dass ich gleich an den Teufel dachte, obwohl ich noch nie den Teufel gesehen habe. Das Gesicht hatte auch keine Hörner oder sonstigen Merkmale, die man dem Teufel zuschreibt.

Am nächsten Tag habe ich mir darüber weiter Gedanken gemacht. Mir ist aufgefallen, dass ich mir mehr Nähe zu Gott wünsche und ich auch weiß, wenn ich regelmäßig bete, ist Gott spürbar nahe. Obwohl ich also weiß, was ich tun kann, um meinen Wunsch erfüllt zu bekommen, mache ich nichts dafür. Diese Erkenntnis hat mir Kopfzerbrechen bereitet. Mir ist aufgefallen, dass mich immer irgendetwas davon abbringt, mir mehr Zeit für Gott zu nehmen. Dies und dazu noch das Gesicht in der Nacht, plus das Gefühl, irgendwie gelähmt zu sein, wenn es ums Beten geht, ließ mich darüber nachdenken, ob es tatsächlich mit dem Teufel zu tun hat. Mir ist auch wieder eingefallen, dass ich, als ich meinen heftigsten Angriff vom Teufel hatte, zwar wusste, dass Jesus hilft, wenn ich ihn um Hilfe bitte, ich aber so gelähmt war, dass ich nicht beten konnte, obwohl ich es wollte und auch versuchte. Ich habe nun gestern Morgen Gott darum gebeten, er solle mir bitte helfen gegen den Teufel anzugehen, ihn zu bekämpfen und diese Art Glasscheibe, so kam es mir vor, zu entfernen, damit ich wieder näher bei ihm sein kann.

Während ich dann in der Theologischen Hochschule im Dogmatik-Unterricht saß und ein Bild gezeigt wurde, auf dem Gott Vater und der Heilige Geist leiden, weil Jesus am Kreuz gestorben ist, *war auf einmal eine ganz intensive Bindung zu Jesus da. Es war eine Mischung aus Mitleid und einer ganz tiefen und intensiven Liebe.* So etwas habe ich schon lange nicht mehr gespürt. Ich war sehr berührt und freute mich riesig. *Ich spürte, wie sich etwas in mir veränderte und eine ganz tiefe innere Ruhe und ein tiefer innerer Frieden in mir einzog.* Halleluja! Ich könnte singen und springen vor Freude. Ich bin sehr glücklich und dankbar und versuche nun immer mit Gott im Gespräch zu bleiben. Mir ist nun bewusst geworden, dass ich achtsamer sein muss und dass die „andere Seite" wieder aktiv ist. Ich war scheinbar sehr blind dafür. Die Sache ist schon merkwürdig und hört sich ziemlich verrückt an, ich hoffe es zweifelt niemand an meinem Geisteszustand.

Abgesehen von der viel zu wenigen Zeit und der vielen Arbeit geht es mir gut. Ich habe mir auch viel Zeit für seelsorgerliche Gespräche mit einer Mitstudentin genommen. Gott weiß, wie ich die wenige Zeit einsetze und dass ich ihn nicht vergessen habe, auch wenn es mit dem Beten nicht so klappte, wie ich es mir wünschte. Ich spreche ja schon mit Gott, bezeichne dies aber eigentlich nicht als Gebet. Dabei ist Beten ja ein Gespräch mit Gott und ich unterhalte mich normalerweise täglich mit ihm, auch wenn es mir nicht gut geht, denn dann gibt er mir erst recht Kraft.

Schamanismus und Christentum, passt das?

15.08.2006

Simon und ich waren in den Flitterwochen, wir waren auf Jersey. Ach, war das toll. Ich war so überwältigt von der Schönheit der Insel, von der wunderschönen Natur. Es ist so super schön dort, so grün, so viele Blumen, das Meer und jede Bucht hat ihren eigenen Reiz. Die Strände sind sandig oder steinig, der Sand mal hellweiß, mal gelblicher. Überall gibt es Muscheln und kleine Schnecken in den verschiedensten Farben, Parkanlagen, Palmen, kristallklares Wasser und ganz viele Silbermöwen, an denen ich besondere Freude hatte. Es gibt dort so viele Stellen, an denen ich stundenlang einfach nur dasitzen könnte, um die Natur zu betrachten.

Diese Schöpfung ist so atemberaubend schön, dass ich nur noch gestaunt habe und immer wieder sagte: „Ist das schön." Meine Gefühle, die ich Gott auf diese Weise immer und immer wieder ausdrückte, waren meine überwiegenden Gebete in dieser Zeit.

Bevor Simon und ich in die Flitterwochen nach Jersey geflogen sind, habe ich mir ein Buch als Urlaubslektüre gekauft. Es war ein Tatsachenbericht einer Psychiaterin aus Sibirien, die mit dem Schamanismus in Kontakt kam. Sie berichtet darin über psychische Heilungen. Das Buch hat mich sehr gefesselt und so las ich auch das zweite Buch von ihr. Seitdem bin ich total begeistert von dieser Art zu heilen. Vieles kann ich gut verstehen und ist mir selbstverständlich, wie zum Beispiel die Tatsache, dass es mehr gibt zwischen Himmel und Erde, als man sieht. Ich selbst habe ja auch bereits einige ungewöhnliche Dinge erlebt, die ich weder kannte, noch gesucht habe. So habe ich bereits meinen Körper verlassen, das nennt sich Astralreise, habe Visionen gehabt, habe mich in Nichts aufgelöst und wurde dann eins mit dem Ganzen. Ich habe die Aura eines Menschen gesehen und schon öfter das Gefühl gehabt Tote neben mir zu sehen, nicht die Körper, wie wir sie normalerweise sehen, sondern als helle Umrisse, wie Nebel. Da mir dies damals aber Angst machte, bat ich darum, dass sie mich erst einmal nicht mehr besuchen und so war es dann auch. Dann gibt es noch Vorahnungen, die ich seit der Kindheit habe und Gedankenübertragung, die funktioniert. Ich habe auch das Gefühl, schon mehrmals gelebt zu haben, da ich nicht weiß, wie ich sonst viele Dinge, die ich erlebe, erklären könnte. Außerdem spüre ich sehr viel und nehme Gefühle und Kraftfelder wahr, da ich sehr sensibel und feinfühlig bin. Ich hoffe, ich habe nun nichts Wichtiges vergessen. Dazu kommt, dass ich, seit ich Kind bin, das Bedürfnis habe, andere Menschen heilen zu können. Ist Schamanismus eventuell eine Möglichkeit dazu?

Ich habe nun im Internet einiges darüber gelesen und mir auch verschiedene Buchtitel angesehen. Bei vielen dieser Bücher kam in mir ein komisches Gefühl hoch, so dass ich mich immer wieder fragte, ob ich mich mit dem Schamanismus beschäftigen „darf" und was Jesus darüber denkt. Ich habe gelesen, dass Schamanismus keine eigene Religion ist, aber passt das mit dem Christentum zusammen? Ich fühle mich hin und her gerissen, denn es gibt auch einige Dinge, die mir sehr befremdlich sind und ich nicht weiß, was ich davon halten soll. Ist es in Ordnung, mich damit zu beschäftigen oder entferne ich mich dadurch von Gott?

Mein Wunsch, Menschen ganzheitlich heilen zu können, ist sehr groß und ich hoffe immer noch darauf, es irgendwann einmal machen zu können. Natürlich sehe ich mich lediglich als Werkzeug Gottes, denn mir ist bewusst, dass ich allein nichts ausrichten kann, denn alles Heil kommt von Gott. Mein Wunsch ist es, die Menschen an Körper, Geist und Seele heilen zu können, körperlich durch Handauflegen und Naturheilkunde, Geist und Seele durch Seelsorgegespräche und durch den Glauben, den ich weitergeben möchte und durch meine Liebe zu Jesus, mit der ich die Menschen infizieren möchte.

Nun saß ich mit Simon zusammen und habe mich mit ihm übers Heilen durch Handauflegen und über den Schamanismus unterhalten und ihm darüber auch vorgelesen. Ich war so berührt und überwältigt von dem, was ich las und, *als ich* dann auch noch *von der Liebe von Jesus erfüllt wurde, liefen mir die Tränen.* Solche Gefühle hatte ich schon seit langem nicht mehr. Ich hatte in den letzten Tagen Jesus immer wieder gebeten, ihn wieder einmal spüren zu dürfen und *nun war ich so erfüllt von seiner Liebe und meiner Liebe zu ihm.* Ich war so glücklich und dankbar.

Ich frage mich, was es nun für mich bedeutet. Soll ich mich weiter mit dem Schamanismus beschäftigen oder ist es falsch? Ich möchte mich auf keinen Fall von Jesus entfernen. Was bedeuten diese intensiven Gefühle genau in diesem Moment, was heißt das? Ich schaute auf den Tisch und sah in einem der Texte, den ich gerade gelesen hatte, etwas hervorgehoben, Worte, die mich regelrecht ansprangen, sie

lauteten: „seelisch-geistiger Fortschritt". Ich schaute nochmals auf das Blatt, aber da musste ich diese Worte suchen,
denn sie waren wieder ganz normal im Text „verborgen".

*Ich bin immer noch total ergriffen und so überglücklich, dass
ich die Liebe von und zu Jesus wieder spüren darf.* Halleluja! Ich
könnte springen und tanzen, zugleich aber auch weinen vor
Begeisterung und weil es mich so berührt. Ist das schön, mir
fehlen einfach die Worte!

Nun bleibt aber immer noch die Ungewissheit, ob ich
mich mit Schamanismus beschäftigen darf. Es ist ja eine
ursprüngliche Heilmethode. Ich bin ziemlich hin- und hergerissen.

Gott sagte mir ja, ich solle die mystischen Erlebnisse als
Geschenk, als Gabe annehmen und anderen Menschen damit helfen. Aber wie ich das machen soll, das hat er mir
bisher noch nicht verraten. Ich sehe immer noch meinen
Weg im Bereich ganzheitliche Heilung und im Weitergeben
der Liebe Gottes und seiner Worte. Ich hoffe, Gott einmal
als Werkzeug dienen zu dürfen. Aber nicht mein, sondern
sein Wille geschehe.

Täuschungen vom Teufel und hilfreiche Warnung

17.08.2006

Ich habe Pater Clemens geschrieben, dass ich Bücher über
Schamanismus gelesen habe und ihm meine Gefühle und
meine Fragen diesbezüglich mitgeteilt und er antwortet mir
mit sehr deutlichen Worten. Pater Clemens berichtet mir
von zwei Menschen, die eine intensive Begegnung mit Jesus
hatten und die Jesus in seinen Dienst nehmen wollte. Doch
dann wurden sie vom Teufel auf schlimme Abwege geführt
und so gefangen genommen, dass sie diese Abwege bis
heute nicht bemerken. Wenn der Teufel merkt, dass Gott

mit einem Menschen Besonderes vor hat, dann wendet er sehr raffinierte Täuschungsmanöver an, schreibt mir Pater Clemens und warnt mich eindringlich davor, mich auf den Schamanismus einzulassen, da es mich ganz sicher von Jesus wegführt.

Er erklärt mir, dass der Teufel sehr raffiniert vorgehen würde, zum Beispiel indem er einem einredet, dass es ja nur darum geht, Menschen möglichst gut helfen zu können und dass der Teufel selbst durchaus auch gewisse Fähigkeiten verleihen kann. Ich solle auch vorsichtig sein bei intensiven Gefühlen, es kann sein, dass ich tatsächlich die Liebe Jesu wieder ganz tief spüren könne, aber ich solle sehr genau die Geister unterscheiden, da solche Gefühle auch der Versucher einsetzen kann.

Die Erfahrung mit den Worten „seelisch-geistiger Fortschritt" scheint Pater Clemens typisch für eine Versuchung des Bösen, er sieht es als Lockvogel, um Menschen vom Glauben wegzubringen und dies gilt auch für die Aussage, dass der Schamanismus keine eigene Religion sei.

Pater Clemens rät mir, die Hände von all diesen Dingen zu lassen und es ganz Gott zu überlassen, wann und wie er mich in den Dienst nehmen will. Das Wichtigste vor Gott sei die ganz tiefe und echte Demut. Denn Jesus allein ist der Weg, die Wahrheit und das Leben. Er wünscht mir, dass meine Liebe zu Jesus weiter in mir wächst und bleibt.

Dankbar über die deutlichen Worte

17.08.2006

Als ich eben das Antwortmail von Pater Clemens las, kam es mir im ersten Augenblick sehr komisch vor, so „harte" und direkte Worte von ihm zu lesen. Aber, als ich seine Worte ein zweites und drittes Mal gelesen hatte, fand ich es sogar sehr gut, dass er so deutlich geschrieben hatte, denn es lässt mich die Wichtigkeit sehr drastisch erkennen. Ich bin sehr dankbar dafür, dass er mir alles so klar vor Augen führt, was mir da gerade widerfährt.

Ich bin auch sehr froh darüber, dass mir meine Gefühle signalisierten, dass ich skeptisch sein sollte, ich also nicht sofort „Feuer und Flamme" für den Schamanismus war, sondern zwei verschiedene Gefühle in mir trug, auf einer Seite die totale Faszination und auf anderer Seite die Angst, mich dadurch von Jesus zu entfernen. Dieses Hin und Her war ja auch der Grund, warum ich sofort, als mir das passierte, Pater Clemens geschrieben hatte. Ich wollte unbedingt wissen, was es bedeutet. Dass mir die Liebe zu Gott wichtiger ist als alles andere, das weiß er ja. *Übrigens spüre ich Gottes Liebe immer noch in mir.*

Ich bin sehr froh darüber, dass mich immer etwas zweifeln lässt und es sich im Nachhinein zeigt, dass ich diesen Gefühlen trauen kann und ich eigentlich noch viel mehr darauf vertrauen sollte, als ich es bisher tue.

Die Beschreibung von zwei Menschen, die durch ähnliche Erfahrungen auf den falschen Weg geraten sind und es nicht merkten, hat mich sehr erschreckt. Mir ist es sehr, sehr wichtig Gottes Willen zu tun, daher war es gut, dass ich Pater Clemens um Rat gebeten habe. Ich bin sehr froh, dass es ihn gibt und er mir immer wieder zur Seite steht. Es ist etwas sehr kostbares, einen solchen Begleiter zu haben, der sich immer wieder Zeit für mich nimmt. Ich bin Gott sehr dankbar, dass er uns zusammengeführt hat.

Der Teufel ist wirklich sehr raffiniert. Ich spüre öfters seine Anwesenheit, die mir zeigt, dass es die „andere Seite" wirklich gibt und ich aufpassen muss. Und doch erkenne ich noch nicht all seine Fallen, wie ich wieder einmal erfahren musste. Ich muss noch achtsamer sein und noch mehr hinterfragen, ob es Gott ist, der da wirkt.

Für mich ist es sehr wichtig, demütig vor Gott zu sein und das meine ich nicht im negativen Sinn, denn für mich ist Demut nichts Negatives, sondern ein Bewusstsein, dass ich ohne Gott nichts bin, nichts kann und dass alle Ehre allein Gott gehört.

Mein Wunsch, andere Menschen heilen zu können, ist der Wunsch, Menschen dadurch zu Gott zu führen. Denn wenn Menschen erkennen, dass es Gott gibt und sie sogar seine Zeichen sehen, zum Beispiel durch Heilungen, dann sollten sie eigentlich nicht anders können, als Gott zu loben und zu preisen. Ich möchte doch so gerne, dass die Menschen Gott erkennen, seine Liebe wahrnehmen und sie verstehen, dass es nichts Größeres und Besseres gibt als die Liebe Gottes.

Würde die Welt nicht anders aussehen, wenn die Menschen durchzogen wären von dieser unendlichen Liebe? Wären die Menschen dann nicht auch durchzogen vom tiefen inneren Frieden und hätten sie dann nicht endlich das Bedürfnis im Frieden miteinander zu leben? Würde dann nicht jeder seinen Nächsten achten? Ach, wäre das so schön. Ich wünsche mir, dass immer mehr Menschen zum Glauben an Jesus Christus kommen und sagen können, dass er der Herr ist.

Gestern habe ich mich in eine Kirche gesetzt und mir Zeit genommen zum Beten. Es hat sehr gut getan und ich fühlte eine tiefe Ruhe in mir und den Wunsch, diese Liebe Gottes so gerne weitergeben zu wollen, damit alle Menschen wissen wie gut, wie toll, wie unbeschreiblich Gott ist.

Ich liebe Jesus und *er ist wieder spürbar nahe* und ich bin so glücklich, froh und dankbar. Heute Morgen nach dem Aufstehen schaute ich aus dem Fenster und sah einen Regenbogen. Für mich war das ein Zeichen Gottes, vielleicht aus Freude darüber, dass ich mir wieder mehr Zeit zum Beten genommen habe. Froh bin ich auch für den Hinweis von Pater Clemens wegen der Unterscheidung der Geister. Ich werde noch mehr darauf achten.

Übrigens hatte ich, nachdem ich das Email an Pater Clemens abgeschickt hatte, Gott gefragt, ob der Weg mit dem Schamanismus richtig ist und er mir doch bitte ein Zeichen geben soll. Ich habe dann die Bibel aufgeschlagen und es kam die Stelle, die mir Gott immer und immer wieder zeigt: „Geht hinaus in die ganze Welt, und verkündet das Evangelium allen Geschöpfen." (Mk 16,15) Diese Stelle schickt mir Gott immer wieder auf den verschiedensten Wegen, ob im Gottesdienst in einer Predigt, wo diese Worte besonders laut hervortreten oder in anderen Texten, immer wieder bekomme ich diese Bibelstelle gezeigt. Liegt meine Aufgabe also im Verkündigen? Vielleicht ist es ja so. Ich werde nun nicht mehr über meine Aufgabe nachdenken, sondern mein Studium weitermachen, meine geistlichen Impulse für den Kirchenboten, für den Gemeindebrief und fürs Pöschtli schreiben, für Menschen da sein und ein offenes Ohr für sie haben. Gott wird mir schon zeigen, was ich tun soll. Ich werde von nun an noch achtsamer darauf sein, was von Gott kommt und was nicht. Ich möchte, dass sein Wille geschehe und ich nicht etwas tue, was Gott nicht möchte. Mir ist dies sehr, sehr wichtig, daher werde ich mich nicht mehr mit dem Schamanismus beschäftigen und hoffe, auf diesem Wege dem Teufel eine Möglichkeit der Verführung genommen zu haben.

Studium und Seelsorge

18.08.2006

Seit 2004 studiere ich nun katholische Theologie. Nach den Semesterferien im Oktober komme ich bereits ins fünfte Semester und habe auch schon die Hürden der alten Sprachen hinter mich gebracht (Latein, Hebräisch, Griechisch). Das Studium macht mir weiterhin große Freude, aber es ist sehr anstrengend, denn es ist ein sehr weiter Weg, den ich jeden Tag zurückzulegen habe. Ich fahre zuerst mit dem Postauto (Bus) von Splügen nach Thusis und dann von dort weiter mit dem Zug nach Chur. Dann muss ich noch zur Theologischen Hochschule, mittlerweile ist sie eine private Uni, hochlaufen. Ich stehe jeden Morgen um 5.00 Uhr auf, gehe um 6.20 Uhr aus dem Haus und komme an der Uni um 8.10 Uhr an und das Ganze von Montag bis Freitag. Dabei lege ich jeweils einen Höhenunterschied von 900 Metern zurück, was mich sehr anstrengt. Am Abend bin ich immer total kaputt und könnte mich sofort ins Bett legen, aber es gibt ja auch noch den Haushalt, meine sonstigen Verpflichtungen wie das Schreiben und fürs Studium muss ich ja auch noch lernen. Ja, es ist sehr viel und manchmal auch zu viel, aber ich möchte für Gott arbeiten und für ihn nehme ich es auf mich, denn er hat mich zum Studium geführt.

Mein Wunsch ist es, nach dem Studium in der Spezialseelsorge zu arbeiten. Ich habe ja ein fünfwöchiges Praktikum in einer Psychiatrie gemacht und es hat mir sehr gut gefallen, allerdings ist es auch sehr anstrengend. Aber so etwas könnte ich mir gut vorstellen. Einen Klinikseelsorgekurs im Krankenhaus habe ich auch schon gemacht, aber es gefällt mir in der Psychiatrie viel besser. Es wäre schön, wenn Simon und ich irgendwann zusammen arbeiten könnten. Aber nun studiere ich erst einmal weiter, es ist ja noch ein langer Weg und außerdem wird mir Gott zeigen, was er mit mir vor hat, denn nicht mein, sondern sein Wille geschehe.

Offen für Neues

Ich fühle mich in Splügen wohl. Die Landschaft hier ist schön und mit den Menschen komme ich auch gut zurecht. Allerdings fehlt Simon und mir ein kulturelles Angebot. Alles, was uns interessiert, liegt weit von hier entfernt und durch die vielen Berge sind die Wege sehr weit. Das ist ein Grund, warum wir nicht bis zum Rentenalter hier bleiben wollen.

Ich liebe ja das Berner Oberland, besonders den Thunersee und Bern und Simon mag diese Region auch besonders gern, da er im Kanton Bern aufgewachsen ist. Also, mal sehen, was noch kommen wird. Ich merke einfach, dass ich bisher nirgends richtig verwurzelt bin und daher auch offen bin, woanders zu leben. Simon und ich könnten uns auch gut vorstellen auf Jersey zu leben, denn diese Insel hat es uns sehr angetan, das haben wir in den Flitterwochen festgestellt. Nun freue ich mich allerdings zuerst einmal darauf, endlich die „alte" Heimat wiederzusehen.

Verschiedenes

11.11.2006

Seit gestern besitze ich es nun „schwarz-auf-weiß", dass ich „richtig" immatrikuliert bin. Das heißt, dass ich meine erste Hürde genommen habe. Ich habe ja ohne Abitur über den dritten Bildungsweg mein Studium begonnen und musste zwei Jahre lang einen Notenschnitt von einer Fünf haben, das entspricht in Deutschland einer Zwei, einem „gut", damit ich immatrikuliert werden kann und nun habe ich es geschafft und bin ich endlich eine „ordentliche Studentin". Ich freue mich sehr darüber und heute Abend werde ich darauf anstoßen. Das Studieren macht mir auch weiterhin viel Freude, allerdings ist es im Augenblick sehr anstrengend, da unsere Theologische Hochschule auf das Bologna-System umgestellt wird und somit sehr viele Zusatzstunden anfallen. Ich habe zurzeit 16 Fächer, wovon 15 Pflichtfächer sind. Außer am Donnerstag komme ich nun jeden Abend erst zwischen 18.20 und 20.20 Uhr nach Hause. Manchmal kann ich mich vor lauter Müdigkeit kaum noch konzentrieren und wach halten. Durch die Umstellung auf das neue System habe ich nun viele Stunden dazubekommen, die bisher freies Angebot waren und nun Pflicht sind und Stunden, die man sonst erst im 4. oder 5. Studienjahr hatte. Es ist zurzeit sehr, sehr mühsam und ich weiß gar nicht, wann ich etwas im Haushalt machen kann, wann ich lernen soll und wann ich mal Zeit zum Erholen habe. Aber ich möchte es auch weiterhin schaffen. Es kommen auch wieder bessere Zeiten. Außer der dauerhaften Müdigkeit geht es mir gut und ich schaffe es auch, regelmäßiger zu beten, trotz der wenigen Zeit und ich merke, wie gut es mir tut.

Ich würde gerne wieder einmal zu Pater Clemens fahren, aber im Augenblick ist es mir einfach zu viel wegen der mangelnden Zeit. Schade, dass der Weg zu ihm so lang ist. Vielleicht klappt es ja noch kurz vor Weihnachten. Am 15. Dezember habe ich die letzten Vorlesungen für dieses Jahr.

Ich mache mir ernste Gedanken um eine Mitstudentin. Sie erzählt mir immer ihre Sorgen. Jetzt sagt sie mir, dass sie ohne Gott besser leben könnte, denn Gott wäre einengend und ohne Gott könnte sie viel mehr Spaß in ihrem Leben haben. Sie bringt ihre Argumente für ihren augenblicklichen

Lebensstil sehr laut und deutlich zum Ausdruck und überdeckt damit alles andere. Es macht mich sehr traurig, wenn
sie so redet. Sie merkt nicht oder will es gar nicht merken,
dass es nicht gut ist, so wie sie lebt und es nicht der rechte
Weg ist. Ich denke, sie weiß es schon, möchte es aber gar
nicht so sehen. Sie fragt sich auch, ob es überhaupt Sinn
macht moralisch zu leben. Was sie alles sagt, ist viel zu viel,
um es aufzuschreiben, aber allein die Tatsache, dass sie Gott
verdrängt beziehungsweise ablehnt, ist schlimm. Sie will
auch gar nicht einsehen, dass sie Gefahr läuft ganz von Gott
abzufallen und dem Teufel in die Arme zu laufen. Für sie
gibt es den Teufel überhaupt nicht. Ich finde es sehr gefährlich, die „andere Seite" zu negieren. Über den Hinweis auf
das ewige Leben bei Gott sagt sie, dass sie gar nicht weiß,
ob es eine Seele gibt und ob nicht mit dem Tod sowieso alles
aus und vorbei ist. Sie tut mir sehr leid, denn sie sucht so
sehr nach Nähe, Wärme und Geborgenheit und findet sie
nicht. Mir bleibt nichts anderes, als alles in meinen Gebeten
an Gott zu übergeben, auf seine Hilfe zu hoffen und weiterhin für die Mitstudentin da zu sein, ihr zuzuhören und ihr
so gut es geht zu helfen. Ich hoffe, Gott hilft ihr, wieder
zurück auf den rechten Weg zu finden.

Es gibt so viel Leid um uns herum. Eine Frau erzählte
mir von ihrem Kummer mit ihrem Mann, der Alkoholiker
ist und dass sie nicht von ihm weg kann, weil er sie sonst
umbringen würde. Wie viele Menschen sind unglücklich?
Früher war es die Armut, durch die es wenig zu essen gab,
heute ist es die seelische und geistliche Armut. Wenn die
Menschen versuchen, immer mehr Geld zu bekommen, um
sich ihr Glück und ihre Zufriedenheit zu kaufen, kann ja
nichts anderes als nur vorübergehende Freude dabei her-
auskommen. Ihr Fundament bricht schnell weg. Warum
erkennen sie nicht, dass Gott das Fundament ist, das trägt?

Warum können sie nicht erkennen, dass sie auf Dauer von sich aus nichts vermögen? Diese innere Leere macht sich immer mehr breit und immer mehr befriedigen sich die Menschen durch Alkohol, Drogen, Extremsport, Abenteuerreisen und so weiter und finden nicht den wahren Frieden durch Gott.

Wenn ich morgens in den Bus und dann später in den Zug einsteige, sehe ich viele Menschen, die sich mit ihren Kopfhörern und sehr lauter Musik von den anderen Menschen und ihrer Umwelt abkapseln. Sie sind nur noch ganz auf sich fixiert. Allerdings können sie nicht mit sich alleine in der Stille sein. Sie brauchen ständig irgendetwas, was sie davon abhält, sich mit sich selbst auseinander zu setzen. Ich selber musste mir auch schon manches Mal Ohrstöpsel in die Ohren stecken, um mich von dem Lärm, der aus den Kopfhörern der anderen dröhnt, zu schützen. Irgendwie scheint sich jeder selbst der Nächste zu sein. Traurig, traurig, wo führt das noch hin? Ich denke viel darüber nach und hoffe so sehr, dass die Menschen sich wieder von Gottes Liebe erfüllen lassen. Vielleicht kann ich ja ein bisschen dazu beitragen, den Acker aufzureißen, damit Gott seinen Samen streuen kann und es so zu einer guten Ernte kommt.

Letzter Abschied

Hier im Tal ist eine alte Frau gestorben, die ich nun über drei Jahre kannte. Ich wollte mich gerne von ihr verabschieden, hatte aber zugleich etwas Furcht davor, denn ich hatte noch nie einen toten Menschen gesehen. Hier ist es so üblich, dass man die Toten in ihrer Wohnung aufbahrt und man sich so in Ruhe von ihnen verabschieden kann. Ich finde, es ist ein schöner Brauch.

Ich bin mit Simon zusammen hingefahren und war innerlich sehr aufgeregt und nervös. Als ich dann in die Stube, also das Wohnzimmer des Hauses trat, stand dort ein heller Holzsarg und darin lag die Verstorbene. Sie war schön angezogen, hatte die Haare schön und lag da, als ob sie schliefe. Ganz friedlich lag sie da. Man hatte ihr die Hände gefaltet und ihr ein kleines Blumensträußchen in die Hände gegeben. Ich setzte mich neben sie und betrachtete sie, dann berührte ich vorsichtig ihre Hand und spürte, sie ist kalt. Ich erwartete, dass sie endlich atmet, aber sie tat es nicht. Das war für mich komisch, denn sie sah aus, als würde sie gleich ihre Augen öffnen.

Als sie dann ein paar Tage später zum Friedhof getragen wurde und man den Sarg in das Grab hinabsenkte, ging es mir nicht so gut, denn ich wusste ja, wie die Frau im Sarg aussah und das ging mir sehr nahe und es gefiel mir gar nicht, dass man nun so viel Erde über sie schaufeln würde.

Für mich war das Ganze sehr bewegend. Nun habe ich zum ersten Mal einen toten Menschen gesehen und fand es überhaupt nicht schlimm. Schlimm fand ich nur das Hinabsenken des Sarges in die Tiefen der Erde.

Gott, bitte tröste alle Trauernden und wische ihnen ab ihre Tränen.

Sie sollen dich erkennen

25.11.2006

Gott, warum sind die Menschen so blind,
warum erkennen sie dich nicht?

Gott, warum sind die Menschen so kalt,
wo ist ihre innere Wärme?

Ach Gott, ich bin so traurig.
Ich möchte doch so gerne
von der Liebe zu und von dir abgeben.
Ich möchte die Menschen glücklich sehen,
glücklich, weil sie erfüllt sind von deiner Liebe.
Glücklich, weil sie sich von dir getragen fühlen.

Was gibt es Größeres als dich, meinen geliebten Gott?

Ich möchte für dich da sein,
deinen Willen ausführen,
dein Werkzeug sein.

Meine Tränen sind salzig wie das Meerwasser,
mein Lachen ist verstummt,
denn ich weiß nicht, wie ich dir dienen kann.

Ich möchte für dich wirken,
deine Botschaft weitergeben,
die Menschen zu dir führen,
damit sie sich öffnen für dich, meinen Gott.

Ich möchte ihr Inneres anrühren,
ihren Acker aufreißen,
damit du, oh Herr, den Samen,
die Perlen des Lebens streuen kannst.

Ich möchte die Äcker betreuen, sie pflegen,
damit sie Frucht bringen
und es zu einer großen Ernte kommt.

Lass du mich in den Fußstapfen Jesu,
meines Geliebten, wandeln.
Ich möchte ihm nachfolgen.

Meine Liebe zerreißt mich,
denn ich möchte jetzt etwas tun für dich,
aber ich bin wie blockiert.

Ich möchte schreiben,
den Menschen die frohe Botschaft verkünden,
ihnen deine Liebe mitteilen,
sie zu dir führen.

Ich möchte den Menschen Licht sein im Dunkeln,
sie zum Licht des Lebens führen,
damit sie umhüllt werden
von deinem strahlenden „Du".

Sie sollen dich erkennen,
den, der Licht und Liebe ist,
der Vater und Geliebter ist,
der Beschützer und Führer ist,
so sanft und doch beharrlich.

Du willst nie etwas Böses für uns,
sondern nur unser Glück.

Du willst, dass es uns gut geht
und verzweifelst oft an uns,
wenn wir deinen Willen nicht erkennen
oder uns ihm nicht beugen.

So lässt du uns dann laufen,
obwohl es der falsche Weg ist.
Das führt uns zum Leid.
Doch ohne dieses Leid
lernen wir nicht, dich zu fragen,
was du mit uns vorhast.

Dein, nicht mein Wille geschehe.

Bitte nimm den Teufel von mir, der mich blockieren will,
damit ich für dich wirken kann. Amen.

So bist du, mein Gott

25.11.2006

Ich möchte über dich reden, Herr,
erzählen, wie du bist.

So stark,
so überwältigend,
so verwirrend,
das Leben zerrüttelnd.

Aber zugleich so toll,
so unbeschreiblich,
mit nichts zu vergleichen.

So erfüllend,
umhüllend,
so alles in allem,
nicht mit Worten auszudrücken.
Du bist alles.
Ohne dich ist nichts.

Du bist wie der Atem,
ohne den ich nicht leben kann.

Du bist wie das Herz,
das belebt.

Du bist wie ein Reiz,
der sich durch den gesamten Körper fortsetzt
und jede Zelle erreicht.

Du bist wie die Haut,
die mich umhüllt.

Du bist Windhauch
und zugleich Orkan.

Du bist ein Wassertropfen
und zugleich ein Meer.

Du bist mal Glut,
mal ein loderndes Feuer.

Du brennst,
verbrennst aber nicht.

Du bist wie meine Knochen,
stützend und Halt gebend.

Du bist mein Ohr,
meine Augen,
mein Mund.

Du bist ich
und ich bin du.

Einer geht nicht ohne den anderen.
Wir sind eins.

Liebe geben

25.11.2006

Deine Gefühle sind meine Gefühle. Ich habe gespürt, dass
du traurig bist, geliebter Gott. Ich habe deine Gefühle gespürt.

Die Menschen haben sich abgewandt von dir, nicht alle,
aber viele. Sie meinen, sie brauchen dich nicht, aber das ist
ein Irrtum. Sie sind voller Sehnsucht nach etwas, was sie
nicht benennen können. Und so laufen sie immer weiter,
unruhig, rastlos von hier nach da, von da nach dort. Sie
reisen in ferne Länder, suchen in Büchern, suchen in ver-

schiedenen Kursen, aber laufen an ihrem Ziel vorbei. Sie wissen nicht, dass das, was sie suchen, du bist, mein Gott. So werden sie immer unzufriedener, innerlich unruhiger, werden aggressiv, finden keine Ruhe mehr und haben keinen Halt. Sie greifen nach Alkohol und Drogen, um sich zu betäuben vom Enttäuschtsein von sich selbst und dem Leben und der Welt.

Erst wenn es nicht mehr weitergeht, sie keine Kraft mehr haben zu leben, fragen sie nach dir. Erst im Leid fällt ihnen ein, dass es da ja noch etwas gibt, dich nämlich, geliebter Gott. Und so spüren sie zum ersten Mal Geborgenheit und Liebe. Einfach so, wie sie sind. Egal ob mit Fehlern behaftet, egal ob sie erfolgreich sind oder „Verlierer". Du, Gott, liebst alle Menschen und hast nur einen Wunsch, zurückgeliebt zu werden.

Gott, es muss schrecklich sein, wenn man Liebe geben will und sie nicht geben kann, weil man sich vor ihr verschließt. Ach, was sage ich das, ich spüre es doch selbst, wie es ist. Es ist doch auch mein Wunsch, deine Liebe weiterzugeben und kann es nicht. Wie können wir die Herzen der Menschen wieder erreichen? Wo ist der Schlüssel zu ihren Herzen?

Nachfolge ist nicht leicht. Wenn ich spüre, dass Jesus etwas anders machen würde, als es heute gemacht wird, wenn etwas getan wird, was er nicht gutheißen würde, dann geht es mir nicht gut. Dann möchte ich wie Jesus im Tempel die Tische umwerfen, meine Wut und Enttäuschung aus dieser tiefen Liebe zu dir, mein Gott, raus lassen. Aber wer versteht mich dann?

Deine Liebe ist so kraftvoll, so energiegeladen. Ich möchte, dass alle Menschen sich nach dir richten, sich auf dich ausrichten. Aber „jeder" tut, was er selbst für richtig hält. „Jeder" denkt zuerst an sich, ist sich selbst der Nächste.

„Liebe den Nächsten wie dich selbst." Wenn man sich ja selbst der Nächste ist, dann muss man ja nur noch sich selbst lieben. Dann lebt man in seiner eigenen kleinen Welt, braucht nichts und niemanden mehr und vor allem keinen Gott, denn der ist man ja selbst. Wenn man nur noch an sich selbst hängt, dann passt der Satz: „Woran dein Herz hängt, da ist dein Gott." In welcher Zeit leben wir bloß?

Jetzt, wo ich endlich mal wieder etwas schreiben konnte, wo die Blockade, der Teufel, weg ist, fühle ich mich immer besser. *Der Frieden von dir, meinem geliebten Gott, zieht in mir ein. Langsam werde ich wieder ganz von dir erfüllt.* Danke, dass ich dich spüren darf. Danke, dass ich dich lieben darf. Danke, dass du mich liebst. Amen.

Sein Wille geschehe

27.11.2006

Ich bin dauermüde. Die tägliche Fahrerei von Splügen nach Chur und wieder zurück, die Zeitdauer, eindreiviertel Stunde je Strecke, der Höhenunterschied von knapp 900 Metern und der Temperaturunterschied, hier zuhause Minusgrade, dort Temperaturen fast wie im Sommer, machen mich kaputt. Ich zähle schon die Stunden bis zum Ferienbeginn.

Ich möchte nun versuchen jeden Tag zu schreiben, so wie es mir Pater Rummel empfohlen hat.

Ein Mitstudent erzählte, was er später arbeiten möchte. „Ich möchte dieses, ich möchte jenes, mir ist egal, ob ich gefüllt bin mit Milch oder Zucker, Hauptsache ich kann für den Herrn arbeiten." Mir ist dieses „ich" sehr aufgefallen und der stark betonte eigene Wille. Klar, auch ich möchte für Gott arbeiten. Ich sehe mich aber als Werkzeug für Gott, ich überlasse mich dem Willen Gottes. Er soll mich führen und mir zeigen, wie ich ihm dienen kann. Denn nicht mein, sondern sein Wille geschehe. Nicht ich bin wichtig, sondern Gott allein. Amen.

Gott ist es, der uns Freude gibt.

28.11.2006

Erst wenn wir Gott gefunden haben, werden wir erkennen, dass „Gott allein genügt."

Denn Gott gibt uns alles, was wir zum Leben brauchen: Freude, Friede und Liebe in all unserem Handeln und Tun.

Ohne Gott ist das Leben grau,
nur er bringt Farbe ins Leben.

Ohne Gott ist das Leben kalt,
er bringt uns die innere Wärme.

Gott bringt das Licht der Erkenntnis,
erst durch ihn sehen wir klar.

Frohe Botschaft, aber verkniffene Gesichter

29.11.2006

Sollten sich nicht alle gläubigen Christen freuen über Gott? Über ihr Angenommen- und Geliebtsein von unserem Schöpfer? Ich sage ja dazu, aber sie selbst scheinbar nicht, denn sonst müssten ihre Gesichtszüge viel entspannter sein und die Augen Zufriedenheit, Gelassenheit und Liebe ausstrahlen. Warum schauen denn viele Christen so verkniffen und mit zusammengebissenen Zähnen? Sich nur an die Zehn Gebote und alle „Vorschriften" zu halten, ist noch kein echt gelebter Glaube.

Singen, springen, loben, preisen und von Kopf bis Fuß auf Gott eingestellt sein, durchdrungen sein von seiner Liebe, so dass jede Zelle hüpft vor Freude und der ganze Körper diese Freude ausstrahlt, die die innere Liebe mit sich bringt. Sie lässt die Augen klar, freundlich, fröhlich und liebend aussehen. Würde jeder Christ, jeder gläubige Christ diese Liebe tatsächlich fühlen, sie kennen, müssten andere Menschen sich fragen, warum Christen so glücklich wirken und aussehen und würden daher Interesse am Christsein bekommen. Aber leider ist es nicht so. Ist die „Frohe Botschaft" nur bis zu ihrem Verstand, aber nicht bis zu ihrem Herzen vorgedrungen?

01.12.2006

Gestern habe ich nichts geschrieben, aber das hole ich heute Morgen nach. Ich gehe heute nicht zum Studium, sondern gönne mir einen ganztägigen Malkurs als Ausgleich zu Studium und Haushalt. Ich freue mich schon sehr darauf. Ich bin schon gespannt, ob es eine Maltechnik ist, durch die ich mich später mal ausdrücken kann. Ich möchte doch so gerne malen können, um das, was ich in mir trage, sichtbar machen zu können.

Jesaja

01.12.2006

Im Studium erhalte ich immer wieder neue Erkenntnisse. Das ist super toll. Wir haben die Berufungsgeschichte von Jesaja besprochen und dort sind mir Parallelen zu meinen Erlebnissen mit Gott aufgefallen.

Jesaja sah Gott, wurde durch das Auflegen von heißen Kohlen auf seine Lippen rein gemacht, gereinigt. Dann bekam er seinen Sendungsauftrag.

Ich sah Gott (Jesus), Gott (Jesus) sah mich zuerst sehr intensiv und durchdringend an und direkt danach zeigte er sich mir am Kreuz. Das Kreuz beziehungsweise der Kreuzestod, steht für die Vergebung der Sünden, das ist ein Reinmachen. Einige Wochen später und auch in der jetzigen Zeit bekomme ich immer wieder von Gott Vater zugesprochen: „Geh(t) hinaus in die ganze Welt und verkünde(t) das Evangelium allen Geschöpfen" (Mk 16,15). Das ist ein Sendungsauftrag. Es sind also tatsächlich Gemeinsamkeiten da. Erst das Sehen Gottes, dann die Reinigung, dann der Sendungsauftrag.

Zeichen seiner Liebe

01.12.2006

Der Tod Jesu steht auch für das Loskaufen, Freikaufen. Jesus hat auch mich losgekauft. Jesus befreite mich aus der „Sklaverei" des Buddhismus. Durch seinen Tod bin ich frei geworden.

Ich finde es schlimm, dass Jesus wegen mir gestorben ist. Natürlich ist er nicht nur wegen mir, sondern auch noch für und wegen anderer Menschen gestorben. Ich hätte es Jesus gerne erspart, wäre gerne für ihn gestorben, damit er nicht dieses Leid hätte er-tragen müssen. Aber Gott wollte es so als Zeichen seiner Liebe und Zeichen seines neuen Bundes mit uns.

Gerade fällt mir ein, dass ich den Tod Jesu ja schon auf mich genommen habe. Ich selbst habe ja die Kreuzigung durchlebt. Durchlebt im Körper Jesu. Ich und er waren eins. Verschmolzen miteinander. Ich habe alles Leid mit ihm gemeinsam durchlebt, alle Schmerzen und Qualen, alle Gefühle körperlicher und seelischer Art. Und somit habe ich zwar nicht den Tod Jesu verhindern können, aber den schwersten Tag, die schwersten Stunden bei ihm, mit ihm, inmitten von ihm sein können.

Meine Liebe zu dir, mein Liebster, mein Geliebter, hört nicht auf, auch nicht durch diese Leiderfahrung. Wir waren und sind eins.

Gott sehen und sterben

01.12.2006

Es heißt in der Bibel, man kann Gott nicht sehen, denn sonst würde man sterben. Aber es gab einige Menschen in der Bibel, die Gott sahen.

Auch ich sah Gott und ich lebe. Aber nicht mehr mein altes „Ich" lebt, nein nach dem Erblicken Gottes bin auch ich gestorben. Nach außen hin bin ich wie zuvor, aber innen wurde ein neues „Ich" geboren.

Niemand kann Gott sehen, ohne zu sterben, bedeutet also, niemand bleibt danach wie zuvor. Wer Gott gesehen hat, der kann nicht mehr bleiben, wie er war. Alles in ihm stirbt, alles wird erneuert, der alte Mensch stirbt, der neue Mensch ersteht.

Leer werden - sich leer machen

01.12.2006

Es gibt Menschen, für die ist die Natur und Gott identisch. Ich finde es komisch, dass diese Menschen den Unterschied nicht erkennen oder nicht erkennen wollen. Die Natur ist die Schöpfung Gottes, eines seiner wunderbaren Werke, aber die Schöpfung ist nicht Gott selbst.

Dann gibt es Menschen, die nicht verstehen, dass es im Buddhismus um ein Leerwerden geht, um zur Erleuchtung zu kommen und um damit selbst zu Buddha, dem Erleuchteten zu werden. Sie verstehen nicht, dass das Innere leer machen im Christentum etwas anderes meint, nämlich ein Leermachen, damit Gott uns füllen kann. Es geht um ein Gefülltwerden durch Gott. Dazu braucht es ein Gegenüber, ein Du. Es geht nicht um mich selbst, nicht ich muss etwas tun. Nein, ich muss alles lassen, damit Gott etwas tun kann. Er kann mich füllen, ausfüllen, er-füllen. Er kann mir seine unendliche Liebe schenken, die mir ein Leben in Fülle bringt. Nur Gott allein kann dies und möchte es auch.

Wir können Gott erfahren, wenn wir zulassen, dass er uns erreichen, berühren und verändern kann. Aber gerade die Angst vor Veränderung wird viele Menschen davon abhalten, sich Gott zu öffnen. Doch nur so erfahren wir, was leben wirklich heißt.

Öffnet euch, es gibt nichts Größeres und Besseres als Gott. Gott allein genügt. Amen.

02.12.2006

Ich bin traurig geworden, als ich einen Artikel in der Rubrik „Kirchenfenster" in der Zeitung las. Es war wieder nur Negatives: „Es ist alles schlecht in der Welt, wir können eh nichts ändern. Aber wir haben eine Verheißung." So in etwa lautete der Text. Haben wir wirklich keine Hoffnung mehr? Können wir wirklich nichts mehr ändern an der Lage der Welt? Können wir wirklich nichts zum Guten bewegen? Ich denke doch.

Wenn ich solche „Kirchenfenster" lese, dann frage ich mich wirklich, an was die Autoren, dieses Mal war es eine Pfarrerin, glauben. Ich habe immer mehr den Eindruck, dass sehr viele Pfarrerinnen und Pfarrer ein negatives Gottesbild haben. Warum denken sie so? Was bedeutet für sie das Wort „Glauben"? Ist es ein Festhalten an Glaubenssätzen? Ist es reine Verstandessache? Für mich ist Gott die Liebe. Die reine, pure Liebe. Die Liebe, aus der alle anderen Formen der Liebe entspringen.

Gott, ich möchte deine Liebe weitergeben, ich möchte von dir erzählen. Ich möchte dein Wort, ja, ich möchte dich weitergeben. Ich möchte nicht nur das pure Wort verkünden, sondern auch das erzählen, was du bist, was dich, oh Herr, ausmacht. Ich möchte über deine Liebe und deine Botschaft sprechen. Ich möchte es tun wie die Menschen der Bibel. Sie konnten auch nicht anders als dich verkünden. Sie sprachen über deine Werke, dein Handeln, dein Sprechen. All dies wurde niedergeschrieben. Aber heute wird über diese Dinge hinweg gepredigt, über Gottes Wirken heute wird geschwiegen. Es wird Zeit, über das Wirken Gottes in der heutigen Zeit zu sprechen, damit die Hörer erfahren, Gott ist nicht nur der Gott der Menschen von damals, nein, Gott wirkt auch heute noch. Er ist spürbar, er ist erfahrbar. Und er ist nicht der zornige Gott, sondern ein Gott, der es gut mit uns meint. Er hat seinen Plan mit uns, doch wir wissen es häufig besser und gehen einen anderen Weg. So erfahren wir Leid. Manchmal lässt Gott uns unseren Weg nicht so weitergehen, wie wir es wünschen. Wenn er etwas will, setzt er es auch durch, sanft, aber doch bestimmend. Er nutzt dann seine Helfer, um uns wieder auf den rechten Weg zu bringen.

Gott ist die Liebe. Und diesen Gott möchte ich verkünden, damit alle Menschen zum Heil finden, seine unendliche Liebe erfahren und so zum Glauben an ihn kommen. Amen.

23.12.2006

Ich suche. Ich suche nach dem, was Jesus beim letzten Abendmahl wirklich sagte beziehungsweise aussagen wollte. Hat Jesus mit den sogenannten Deuteworten (Mk 14,22-25) „einfach" auf seinen Tod hingewiesen? Oder kann man das Wort für „Kelch" anders deuten? Er spricht von „Kelch trinken". Im Garten Gethsemane bittet er Gott, den Kelch an ihm vorüberziehen zu lassen. Hat der Kelch beim letzten Abendmahl eine Bedeutung im übertragenen Sinne?

Er spricht davon, nicht mehr von der Frucht des Rebstocks zu trinken. Wer ist diese Frucht? Sind wir damit gemeint? „Ich bin der Weinstock, ihr die Reben." Oder ist die Frucht des Weinstocks der Glaube oder unser christliches Handeln (Frucht bringen)?

Ist mit dem Kelch der Heilige Geist gemeint? „den Heiligen Geist **ausgießen**"?

Meint „Leib" vielleicht das Wort Gottes? Meine Gedanken drehen sich immer wieder um diese Worte. Es ist, als ob „sieben Siegel" dieses Geheimnis verschließen. Was hat Jesus gemeint mit seinen Worten? Er sprach doch sonst auch in Gleichnissen oder ist es dieses Mal kein Gleichnis?

Jesus allein ist wichtig

23.12.2006

Jesus allein ist wichtig. Jesus ist das lebendige Wort, das zählt. Er ist gekommen, um uns frei zu machen, zu befreien aus der Versklavung. Er ist das Licht der Welt. Er hat unser Leben erhellt. Doch was ist daraus geworden? Wo ist die „gute Nachricht", wo ist die Freiheit, wo ist das Licht? Ist es verschwunden?

Was kann ich tun, mein Geliebter, mein Jesus, damit dein Licht wieder hell leuchten kann und es jeder erkennt? Bitte zeige es mir. Danke.

2007

Anstehende Veränderungen und mehr

18.09.2007

Ich habe lange nichts geschrieben, viel zu lange nichts. Dabei hätte es schon ein paar Dinge gegeben, die ich hätte aufschreiben können. Da ich aber immer so viel zu tun hatte, habe ich gar nicht mehr ans Schreiben gedacht. Ich werde nun mal berichten, was so passiert ist, was mich beschäftigt und was so in der nächsten Zeit geplant ist.

Wo fange ich an? Am besten mit dem Februar, denn da waren Simon und ich krank. Wir hatten eine Virusgrippe. Ja, eine echte Virusgrippe, eine Influenza und keine Erkältung. Wir lagen mit hohem Fieber und Husten und Schnupfen im Bett und fühlten uns elend und waren furchtbar schlapp und konnten kaum laufen. Sogar der kurze Weg bis zur Toilette war extrem anstrengend, so kaputt fühlten wir uns. Zum Glück hatten wir genug Lebensmittel im Haus, denn es fragte niemand, ob wir irgendetwas benötigten, obwohl Simon natürlich Bescheid gegeben hatte, dass wir beide krank im Bett lagen. Da ist der Pfarrer und seine Frau krank und niemand im Dorf interessiert es. Es dauerte lange, bis wir wirklich wieder richtig fit waren. Auch Wochen später fühlten wir uns immer noch schlapp und kaputt. Aber wir haben es überstanden, ganz ohne Arzt. Gott sei Dank.

Im Mai hatten wir Urlaub und waren in Ravenna. Ravenna ist eine super interessante Stadt. Überall gibt es etwas zu sehen, alte Kirchen mit tollen Fußböden, mit wundervollen Mosaiken und schönen Motiven in tollen Farben. Überall gibt es etwas, worüber man nur noch staunen kann, es hat mich sehr beeindruckt. Besonders gut gefallen hat mir die Basilika „Sant'Apollinare in Classe". Bei dem Anblick der Mosaike kann einem schon mal die Luft wegbleiben vor Begeisterung. Anschließend fuhren wir nach Rimini und haben uns den Ort und den Strand angeschaut. Es waren kaum Menschen dort unterwegs und ich konnte mir gar nicht vorstellen, dass es dort im Sommer rappelvoll ist. Es ist schön dort, es hat mir gefallen. Anschließend sind wir noch nach San Marino gefahren und haben uns das kleine Städtchen auf dem Berg angesehen. Es war eine schöne Reise und es hat gut getan, mal etwas anderes zu sehen und weg zu sein vom normalen Alltag.

Im Juli waren Simon und ich mal wieder in Deutschland und haben Familie und Freunde besucht. Das ist immer sehr emotional. Die Vorfreude, die Freude des Wiedersehens und dann wieder das Abschiednehmen. Ein Auf und Ab der Gefühle.

Und dann gibt es noch eine größere, anstehende Veränderung, denn Simon und ich haben beschlossen, Splügen und die Berge zu verlassen, um wieder an einem Ort zu leben, an dem wir nicht mehr so weit entfernt sind von der „Zivilisation". Simon hatte schon längere Zeit keine richtige Freude mehr an seiner Arbeit, denn er musste ja auch in der Schule Religionsunterricht geben. Da Simon ein sehr lieber und freundlicher Mensch ist, sind ihm die Kinder und Jugendlichen „auf dem Kopf herumgesprungen" und er empfand es extrem anstrengend, immer wieder versuchen zu müssen, sie zu bändigen. Außerdem widerstrebt es ihm, dass er Noten für das Fach Religion geben muss, denn wie soll man denn den Glauben bewerten? Da Simon das nicht gefällt, hat er seine Stelle gekündigt.

Mein Theologiestudium mache ich natürlich immer noch und bisher lief alles sehr gut und es bereitet mir immer noch viel Freude, dass ich so viel Neues lernen darf.

Vor noch nicht allzu langer Zeit wurde das Studiensystem ja auf das Bologna-Modell umgestellt, was den Vorteil hat, dass der Abschluss nun auch an anderen Unis anerkannt wird. Das ist toll. Durch die Umstellung hatte sich aber die Anzahl der zu belegenden Fächer sehr erhöht und damit auch die Anzahl der Prüfungen. Ich musste elf Prüfungen innerhalb von zwei Wochen absolvieren, das waren viel zu viele Prüfungen innerhalb dieser Zeit. Von diesen elf Prüfungen, habe ich „nur" neun bestanden. Am letzten Tag konnte ich überhaupt nicht mehr denken, ich wusste noch nicht einmal, welches Datum wir hatten, so kaputt war ich. Ich hatte in der Nacht nur etwa drei Stunden im Bett verbracht und gelernt bis zur Prüfung. In der Nacht davor war ich etwa vier Stunden im Bett. Ich bin aber nicht die Einzige, die nicht alle Prüfungen geschafft hatte, es gab noch einige Mitstudierende, denen es ebenfalls so wie mir erging. Es war einfach zu viel innerhalb der kurzen Zeit. Nun muss ich im Oktober die beiden Prüfungen wiederholen und bestehen, sonst bekomme ich den Bachelor-Abschluss nicht, aber den brauche ich, um weiterstudieren zu können. Im Augenblick habe ich aber überhaupt keine Motivation mehr zum Lernen. So eine Art der Blockierung hatte ich bisher noch nie.

Das Herbstsemester werde ich mit dem Studium aussetzen, da noch so vieles zu erledigen ist wegen des geplanten Umzugs im Januar. Simon und ich werden in die Nähe von Bern ziehen, allerdings haben wir bisher noch keine Wohnung. Simon wird dann erst einmal wieder in seinem ersten Beruf als Informatiker arbeiten, um dann irgendwann seinen Traum von der Kombination aus Seelsorge und Informatik umzusetzen und ich werde im Frühling an der Uni Bern weiterstudieren, dann aber evangelische Theologie. Ich hoffe, ich kann vor dem Umzug Pater Clemens noch einmal sehen.

Am Samstag waren Simon und ich in Zürich auf einer Seelsorge-Tagung und ich war dort unter anderem auch bei einem Vortrag zum Thema Gefängnisseelsorge, das war sehr, sehr interessant. Simon hörte sich einen Vortrag über Internet-Seelsorge an und war total begeistert von dieser Art der Seelsorge und informierte sich noch genauer darüber. Es klingt total toll, mich fasziniert es ebenfalls. Da bald wieder ein Einführungskurs für zukünftige ehrenamtliche Mitarbeiter (Pfarrerinnen, Pfarrer, Psychologinnen, Psychologen) beginnt, hat Simon Unterlagen darüber angefordert, vielleicht kann ich da ebenfalls mitarbeiten.

Am kommenden Samstag, dem 22.09. ist die Einsegnung des sanierten San Bernardino-Tunnels. Simon ist als evangelischer Pfarrer aktiv mit dabei, denn der Tunnel beginnt in dem Tal, in dem wir leben und Simon als Pfarrer arbeitet. Auch ein katholischer Pfarrer ist bei dieser Veranstaltung dabei, er arbeitet auf der anderen Seite vom Tunnel, im italienischsprachigen Gebiet. Es wird eine große Feier, mit Trachtengruppe, Essen und Trinken und der Möglichkeit der Begehung des Rettungsstollens und der Besichtigung der Polizeistation mit der Verkehrsüberwachung des Tunnels. Ich freue mich schon darauf.

Am Sonntag, 23.09. haben wir frei und am Montag habe ich Geburtstag und dann werden wir mit dem Bernina-Express von Chur nach Tirano und natürlich auch wieder zurück fahren. Das wird bestimmt ein schöner Tag.

Am 30.09. ist meine „Konfirmation", das heißt, ich werde während des Gottesdienstes offiziell in die evangelisch-reformierte Kirche aufgenommen und bekomme folgenden Bibelspruch, den ich mir selbst ausgewählt habe, zugesprochen: „Durch Gottes Gnade bin ich, was ich bin und sein gnädiges Handeln an mir ist nicht ohne Wirkung geblieben." (1 Kor 15,10) Dass ich konvertiert und bereits seit dem 01. August Mitglied der evangelischen Landeskirche bin, wissen noch nicht allzu viele Menschen.

Und dann ist auch schon unser zweiter standesamtlicher Hochzeitstag. Es ist also immer etwas los und lernen muss ich auch noch. Und dann kommen wieder die Termine für den Kirchenboten und fürs Pöschtli.

Was mich traurig macht, ist, dass mir die Nähe zu Gott fehlt. Seit ich studiere, merke ich, dass ich nicht mehr so viel Zeit für Gott habe, was ich gar nicht gut finde, denn mir bedeutet Gott auch weiterhin sehr, sehr viel. Wir werden uns am neuen Wohnort eine Kirchgemeinde suchen, wo wir mit anderen gläubigen Menschen in Kontakt kommen können und es verschiedene spirituelle Angebote gibt, die wir dann wahrnehmen können. Es fehlt mir hier oben in den Bergen diesbezüglich einiges.

Es beschäftigen mich momentan viele Dinge. Vielleicht liegt es einfach daran, dass bald ein neuer Lebensabschnitt beginnt. Ein Umzug, ein neues Zuhause, neue Umgebung, fremde Menschen, alles wird anders, alles ist noch unbekannt und ungewiss. Alles beginnt ganz neu, das Alte wird zurückgelassen, ein Kapitel im Lebensbuch geschlossen. Vielleicht denkt man dann automatisch über vieles nach.

Nach über vier Jahren in den Bergen freuen wir uns schon sehr auf vier Jahreszeiten, Apfelbäume, gelbe Kornfelder, Kultur und auf die Möglichkeit, vielen neuen Menschen zu begegnen und ihnen auf ihrem Weg mit oder zu Gott weiterzuhelfen.

Loslassen

27.11.2007

Am Freitag habe ich nun endlich die letzte Prüfung hinter mich gebracht und im Laufe dieser Woche werde ich meinen Bachelor in Chur abholen können. Nun bin ich erleichtert. Ich habe es wirklich geschafft! Jetzt kann ich hier auch abschließen und im Bernbiet neu anfangen. Am 03. Januar 2008 ziehen Simon und ich nach Thun.

Mittlerweile arbeiten Simon und ich, nachdem wir den Einführungskurs besucht haben, ehrenamtlich in der Internet-Seelsorge (Seelsorge per Email) mit. Toll, endlich kann ich anderen Menschen seelsorgerlich helfen. Ich freue mich sehr darüber.

An der Uni Bern bin ich mittlerweile eingeschrieben, ich werde dort ab Frühling 2008 evangelische Theologie studieren.

Für den Umzug gibt es noch einiges zu erledigen, aber einen Großteil habe ich schon geschafft. Meinen letzten Kirchenbotenartikel habe ich auch schon geschrieben, das macht mich sehr traurig, denn wer weiß, ob ich so eine Gelegenheit zum Schreiben wieder bekommen werde. So langsam heißt es Abschied nehmen. Da kommen verschiedenste Gefühle in mir auf. Auf einer Seite eine große Erleichterung, denn ich freue mich riesig auf ein kulturelles Leben, auf Museen, Theater, Kino, Märkte und auf die Möglichkeit, Ausflüge und Fortbildungen machen zu können, ohne immer übernachten zu müssen und und und. Ich fühle mich, als kommen wir dem Paradies ein Stückchen näher, ich weiß, das klingt irgendwie komisch. Die anderen Gefühle sind natürlich die der Traurigkeit, denn in der Schweiz ist mein Zuhause in Splügen. Ich habe ja noch nie woanders in der Schweiz gelebt. Außerdem habe ich hier sehr viel erlebt. Es war eine sehr intensive, sehr wichtige und prägende Zeit, mit all ihren Höhen und Tiefen. Eine Zeit, über die ich sehr froh und dankbar bin. In Splügen konnte ich zum ersten Mal mit Simon zusammenziehen, ich konnte studieren und das ohne Abitur und hier habe ich geheiratet. Splügen ist also ein sehr wichtiger Teil meines Lebens gewesen und ist es auch jetzt noch. Und trotzdem heißt es nun loslassen und weiterziehen, neue Orte kennenlernen, Neues dazulernen und Begegnungen mit anderen Menschen haben. Ich bin schon ganz gespannt auf das Leben im Bernbiet.

Mittlerweile haben wir eine Wohnung gefunden und am Sonntagabend holen wir den Schlüssel für die neue Wohnung ab. Wir müssen die Wohnung schon ab 01.12. mieten und zwei Monate lang doppelte Miete bezahlen, denn Simons Arbeits- und Mietvertrag geht noch bis Ende Januar. Wir können aber schon früher umziehen, weil Simon noch Urlaub und viele Überstunden hat.

Nun heißt es für mich Abschied nehmen und daher möchte ich auch Pater Clemens noch einmal treffen. Ich hoffe, wir werden auch nach unserem Umzug in Kontakt bleiben. So, nun muss ich mich weiter um die Umzugsvorbereitung kümmern.

Bachelor geschafft

30.11.2007

Nun habe ich ihn, juchhu. Ich habe heute meinen Bachelor-Abschluss in Theologie erhalten. Meine Gesamtnote ist „cum laude", also eine Fünf, das entspricht in Deutschland einer Zwei, einem „gut". Ich bin glücklich.

Die Bachelor-Urkunde wurde mir von der Sekretärin über den Tresen gereicht. Es war überhaupt nicht feierlich, sondern einfach das Überreichen eines Papierstücks. Wenn ich daran denke, wie lange und wie hart ich auf diesen Abschluss hingearbeitet habe, ist das nun etwas traurig. Die Mitstudenten, die all ihre Prüfungen auf Anhieb geschafft hatten, bekamen ihre Abschlüsse in einer Feier überreicht. Ich war mit dabei, obwohl ich eigentlich nicht daran teilnehmen wollte, weil ich sehr traurig war, dass ich nicht zu den Absolventen gehörte, doch ein paar der Mitstudentinnen und Mitstudenten baten mich mitzufeiern. Also habe ich mich überwunden und war mit dabei und habe mich mit ihnen gefreut. Doch ich selbst war traurig und enttäuscht über mich, dass ich es nicht auf Anhieb geschafft habe. Aber jetzt habe ich auch den Abschluss, doch leider nimmt niemand davon Notiz. Ich bin etwas traurig darüber und meine Freude über den Bachelor hält sich damit in Grenzen.

Abschied

Ende Dezember 2007

Die Kisten sind gepackt, die letzten Gottesdienste liegen hinter uns, der Abschied steht bevor. Freude und Traurigkeit vermischen sich. Wir wissen, was wir zurücklassen werden und sind dankbar für die Zeit hier im Rheinwald, dem Tal, in dem wir lebten und in dessen fünf Dörfern Simon als Pfarrer arbeitete. Dankbar für die vielen Menschen, die wir kennenlernen durften, für die Erfahrungen, die wir mit dem Leben in den Bergen machen durften, für all die Begegnungen und einfach für die Zeit, die wir hier im Pfarrhaus hatten. Danke Gott, dass du uns hierher geführt hattest. Trotz diesen traurigen und wehmütigen Gefühlen

schauen wir voller Vorfreude nach vorne und sind gespannt, was das neue Jahr uns bringen wird. Wir freuen uns
auf Thun, den See, die Berge, die neue Umgebung, einfach
auf einen neuen Lebensabschnitt.

2008

Neubeginn

Januar 2008

Nun liegt der Umzug hinter uns. Es war nicht ganz leicht
am 02.01. ins Auto zu steigen und loszufahren. Ein letztes
Mal diese Straße lang zu fahren, ein letztes Mal „unsere"
Kirche zu sehen und ein letztes Mal die Berge, die wir so
liebgewonnen haben. Dann kam der erste Tunnel und „unser" Tal war verschwunden. Und so fuhren wir Stunde um
Stunde und kamen unserem neuen Wohnort näher und die
Trauer wich der Freude. Als wir angekommen waren,
brachten wir die wenigen Dinge, die wir im Auto hatten, in
unsere leere Wohnung. Einen kleinen Klapptisch, zwei
Klappstühle, eine Lampe, ein Luftbett, Bettdecke und Kissen.

Dann fuhren wir zu einer Pizzeria, denn ich hatte per Internet Kontakt zu einem gleichaltrigen, deutschen Ehepaar
aufgenommen, mit dem wir uns verabredet hatten. So hatten wir bereits am ersten Abend gute Unterhaltung und
mussten nicht mit dem Essen improvisieren, denn unser
Hab und Gut war ja noch nicht da.

Am nächsten Morgen kam dann der Umzugswagen und
während des Einräumens der Möbel und der ganzen Kar-
tons bekamen wir zu hören, dass es nicht klar wäre, ob unser gesamtes Umzugsgut in die Wohnung passen würde.

Da waren wir erst einmal total erschrocken. Ja, es ist schon eine Umstellung, wenn man von einem Haus in eine Wohnung zieht und vor allem, wenn man Bücher liebt. Aber es hat dann doch alles seinen Platz gefunden.

27.01.2008

Wir haben etwas ganz Tolles unternommen. Simon und ich waren auf dem Schilthorn, das ist ein Berg im Berner Oberland. Er ist fast 3.000 Meter hoch. Wir sind zuerst mit dem Auto nach Stechelberg gefahren und von dort mit der Luftseilbahn über Mürren hinauf auf den Berg. Wow, war das eine Aussicht, wunderbar. So einen tollen Ausblick hatte ich noch nie gehabt. Man konnte bis nach Deutschland schauen, so gutes Wetter hatten wir. Es war echt traumhaft. Leider hatten wir keine Zeit mehr, um uns die Ausstellung über James Bond anzusehen, denn es war schon so spät, dass die letzte Fahrt mit der Luftseilbahn an diesem Tag bevorstand. Mit uns fuhren dann auch noch die leeren Getränkekisten vom Restaurant mit, witzig. Es war ein echt toller Tag und diese atemberaubende Aussicht werde ich wohl nie vergessen.

Uni Bern

22.04.2008

Mir gefällt es sehr gut an der Uni Bern und ich schätze die Größe der Fakultät. Es sind dort zwar einige Studenten mehr als in Chur, es ist aber trotzdem nicht unpersönlich und ich habe schon einige Kontakte knüpfen können. Ich spüre deutlich, dass ich mich in Bern viel freier fühle und mich richtig entfalten kann.

Heute habe ich einen ganz großen Schritt vorwärts gemacht. Ich hatte ja immer Angst, vor „vielen" Menschen zu sprechen, also Referate zu halten und Ähnliches. Um diese Angst abzubauen, hatte ich einen ganztägigen Workshop besucht, der richtig gut war. Nun musste ich ein Referat halten zusammen mit einem Mitstudenten. Ich habe zwar alles, was ich geschrieben habe, abgelesen, bemerkte aber, dass meine Angst gar nicht mehr da war. Als es darum ging, Fragen zum Referat zu beantworten, hatte zuerst der Professor geantwortet, obwohl ich die Frage auch hätte beantworten können. Da habe ich mir vorgenommen immer schneller als der Professor mit der Antwort zu sein, schließlich ging es ja um das Referat vom Mitstudenten und mir und um dessen Benotung. Also habe ich blitzschnell geantwortet, bevor der Professor überhaupt etwas sagen konnte. Im Nachhinein fiel mir dann auf, dass ich diese Antworten ganz flüssig und wie selbstverständlich gegeben hatte. Das erstaunte mich, da ich immer Angst hatte, vor Aufregung keine ganzen Sätze sprechen zu können. Das war für mich der Punkt, wo ich anfing über meine Angst weiter nachzudenken. Ich habe mir vorgenommen, das letzte Referat, welches ich in diesem Semester halten muss, frei zu sprechen und nur Stichpunkte auf Kärtchen zu schreiben. Aber nun kam es anders, denn bereits heute habe ich genau das gemacht. Ich habe eine Doppelstunde in Medizinethik gehalten über das Thema „Seltene Erkrankungen" und in diesem Zusammenhang auch über das Thema Verteilungsproblematik. Ich habe ganz locker und frei gesprochen, habe auf alle Fragen geantwortet und meine eigene Meinung vertreten, die nicht immer deckungsgleich war mit der des Seminarleiters. Ich war überhaupt nicht nervös, hatte keine Angst und bekam positives Feedback. Es hat sogar richtig Spaß gemacht. Ich bin überglücklich, ich habe eine ganz große Hürde genommen.

Die nächste Hürde, die ich nehmen möchte, ist, meine Prüfungsangst zu besiegen. Dazu habe ich mich für einen eintägigen Workshop angemeldet und vermute, auch diese Hürde werde ich schaffen.

Ich beteilige mich auch im Unterricht, was ich in Chur nicht ganz so oft gemacht habe. In Bern ist auf einmal alles anders. Ich fühle mich echt gut.

In den letzten Wochen fällt mir auf, wie sehr mich die Medizinethik fasziniert. Für Medizin interessiere ich mich ja schon seit meiner Kindheit, ich wäre ja gerne Ärztin geworden, habe aber leider kein Abitur. Eine Ausbildung als Heilpraktikerin, in der Schweiz heißt es Naturärztin, habe ich aber gemacht. Medizinkenntnisse sind also vorhanden. Seit ich im Seminar Medizinethik bin, fesselt mich dies. Nächsten Dienstag werde ich mich mit dem Seminarleiter treffen, um mehr über die Tätigkeit eines Ethikers zu erfahren. Ich möchte einfach wissen, ob dies etwas wäre, was ich beruflich ins Auge fassen könnte. Seelsorge möchte ich natürlich weiterhin machen, aber in der Psychiatrie einen 100%-Job anzunehmen, ist zu anstrengend, daher wäre Medizinethik vielleicht eine gute Ergänzung.

Ansonsten habe ich an der Uni viel zu viel zu tun. Die Studienberatung hat mir leider nicht gesagt, dass es zu viel ist, fünf Übungen oder Seminare plus eine Vorlesung und den Griechisch-Unterricht gleichzeitig zu belegen. Griechisch und Hebräisch muss ich noch einmal machen, da mir die Sprachprüfungen von der Theologischen Hochschule Chur nicht angerechnet werden. Und ein weiteres Fach muss ich auch noch zusätzlich belegen. Das waren die Auflagen, um mit meinem katholischen Bachelor in den evangelischen Masterstudiengang einsteigen zu können. Bei Griechisch hänge ich schon zehn Kapitel hinter her, das heißt, es könnte sein, dass ich die Prüfung erst einmal nicht schaffen werde und nach den Ferien einen zweiten Anlauf machen muss. Aber vielleicht schaffe ich es ja doch noch, es nachzulernen. Allerdings stehen noch zwei Referate an und und und. Selbst an den Wochenenden bleibt kaum Zeit, da wir im Rahmen von Konfessionskunde gemeinsam Gottesdienste besuchen (Vineyard, Katholische Kirche, Evangelisch-Reformierte Kirche, Methodistische Kirche, Pfingstkirche). Das ist sehr interessant.

Letzte Woche war ich im Rahmen von interfac (Studierendentreffen verschiedener theologischer Fakultäten) in Chur an der Theologischen Hochschule. Es war schön, eine Art Heimkommen. Ich wurde sehr herzlich begrüßt, aber mir ist aufgefallen, dass es mir in Bern besser gefällt, da alles freier und grösser ist. In Chur habe ich mich am Ende ziemlich eingeengt gefühlt und ich denke, die großen Entwicklungsschritte, die ich gerade in Bern durchmache, hätte ich in Chur nicht geschafft. Soviel zum Uni Alltag.

In Thun gefällt es mir sehr gut. Die Landschaft ist traumhaft, alles blüht hier und wir sind bereits auf dem Thunersee Schiff gefahren. Am 09. Mai findet bereits der fünfte Stammtisch für Deutsche in Thun statt, den ich hier ins Leben gerufen habe, nachdem ich einen solchen Stammtisch viereinhalb Jahre lang in Chur hatte. Meine ehrenamtliche Tätigkeit in der Internet-Seelsorge läuft auch gut, manchmal ist es allerdings sehr viel Arbeit. Aber es macht mir große Freude.

September 2008

So, nun sind wir zurück aus dem Urlaub. Wir waren auf Mallorca. Ich war noch nie da und war ganz gespannt, wie diese beliebte Insel so ist. Ich fand es ganz schön dort, aber viel zu heiß. Wir hatten ein schönes Hotel mit einem tollen Schwimmbad und immer freien Sonnenliegen und zum Strand musste man auch nicht lange laufen. Es war schön. Besonders gefallen hat es mir auf einem Berg, dort steht Jesus und es gibt ein kleines Kloster. Auch wenn es ein schöner Urlaub war, so freute ich mich doch darauf, wieder nach Hause zurück zu können, ganz im Gegensatz zu unserem Urlaub auf Jersey, wo ich eher traurig war, wieder zurück zu müssen.

02.11.2008

Neben meinem Studium liebe ich es immer noch zu fotografieren. Simon und ich sind in Thun Mitglieder im Fotoclub und nun haben wir vom Club aus zum ersten Mal ein gemeinsames Fotografieren gehabt. Wir sind zusammen zu einem neu gebauten Einkaufszentrum in der Nähe von Bern gefahren. Es hat einen ganz besonderen Baustil mit vielen Ecken und Kanten. Und wir haben dort innen und außen fotografiert und haben viele interessante Motive entdeckt. Das hat Spaß gemacht. Es war ein richtig toller Tag und ein guter Ausgleich zu meinem Studium. Das könnten wir ruhig öfter machen.

2009

Viel zu tun

22.06.2009

Die Zeit vergeht wie im Fluge, nun leben Simon und ich bereits eineinhalb Jahre im Kanton Bern und in den letzten Tagen ist bei mir zum ersten Mal eine leichte Sehnsucht nach dem Bündnerland aufgetaucht. Im Fernsehen habe ich eine Sendung über Graubünden gesehen und wieder einmal über die Schönheit der Natur gestaunt. Auch hier im Bernbiet ist die Landschaft wunderschön und sehr vielfältig, die hohen, immer schneebedeckten Berge, der See und die vielen schönen, grünen, sanften Hügel. Ja, es gefällt mir im Bernbiet und ich schätze die Nähe zu Bern und die damit verbundenen kulturellen Möglichkeiten.

Die Tatsache, dass ich, seit wir hier leben, nicht mehr viel geschrieben habe, liegt daran, dass ich zu viel zu tun habe. Simon und ich sind sehr aktiv, manchmal sind unsere Termine aber auch zu viel. Wir sind Mitglied in einem Chor und haben neben Chorproben und Konzertabenden auch noch unsere aktive Mitgliedschaft im Fotoclub und unsere ehrenamtliche Tätigkeit in der Internet-Seelsorge.

Anfang Februar haben Simon und ich einen Fotokurs in Bern belegt. Wir sind mit den Kursteilnehmern einen ganzen Tag gemeinsam durch Bern gelaufen, haben viele Motive entdeckt, viel fotografiert und anschließend über die Fotos gesprochen. Es war richtig toll. Fotografieren ist ja auch etwas Tolles.

Am 16.03., an Simons Geburtstag, waren wir in Montreux und haben einen schönen Tag am Genfersee verbracht. Ich habe dort die Statue von Freddie Mercury gesehen, das hat mir sehr gefallen, denn ich mag Freddie sehr und liebe seine einmalig tolle Stimme. Schade, dass er nicht mehr lebt, er ist viel zu früh gestorben. Es war ein schöner Tag. Mir gefällt es, immer wieder etwas Neues zu entdecken.

Ich habe auch noch eine zusätzliche Seelsorgeausbildung angefangen und den Grundkurs und zwei Aufbaukurse bereits hinter mir. Es ist mir wichtig, dass der Glaube nicht zu kurz kommt und die Beratung und Begleitung von Menschen nicht auf reine Psychotherapie reduziert wird.

Mein Theologiestudium an der Uni mache ich natürlich auch noch. Leider dauert das Studium viel länger, als ich es mir eigentlich wünschte. Ich muss ja die alten Sprachen nachholen, denn an der Theologischen Hochschule Chur sind die Sprachen nicht sehr ausführlich gelehrt worden und das reicht der Uni Bern nicht und ich muss ein weiteres Fach zusätzlich zum „normalen" Programm belegen. Ich studiere ja mittlerweile evangelisch-reformierte Theologie. Im letzten Herbst bin ich ja konvertiert, da es zu viele Dinge in der katholischen Kirche gibt, hinter denen ich nicht stehen kann beziehungsweise die für mich nicht mit der Bibel übereinstimmend sind.

Hier an der Uni Bern wird sehr viel verlangt. Es liegt mir leider nicht so sehr mit den Sprachen, es fällt mir sehr schwer, die Grammatik mit den vielen Ausnahmen auswendig zu lernen. Nun habe ich zum Glück einen kleinen Teilerfolg. Die erste der drei Prüfungen in Altgriechisch habe ich geschafft, dafür habe ich Hebräisch und die anderen Fächer nun erst einmal „auf Eis gelegt". Das wirft mich zeitlich sehr zurück. Es war mir bisher sehr peinlich, so schlecht in den alten Sprachen zu sein. Ich habe mich immer mit den anderen Studenten in Bern verglichen und das hat mich dann richtig unglücklich gemacht. Aber ich mache ja zusätzlich auch noch andere Dinge und wohne natürlich nicht mehr bei meinen Eltern, die den Haushalt für mich machen könnten und ich bin auch nicht mehr zwanzig Jahre jung, als das Auswendiglernen noch gut klappte. Und seit ich angefangen habe das zu akzeptieren, wird es besser. Alles in allem wird mein Studium wohl doch noch einige Semester dauern. Mein Weg ist halt nicht der gleiche Weg wie der der Anderen.

Simon und ich haben nun einen Hauskreisleiterkurs absolviert, da wir vielleicht einen solchen gründen möchten.

Hier vor Ort ist es leider gar nicht gut, was die Kirchgemeinden anbetrifft. Kürzlich sagte mir ein evangelisch-reformierter Pfarrer, dass alle Wege zu Gott führen, egal ob über Esoterik oder Buddhismus oder sonst eine Religion. Glaubt er das als Christ wirklich? Ist er überhaupt gläubig, glaubt er an Jesus Christus? Ich sagte ihm, dass es mir im Gottesdienst wichtig ist, dass Worte der Bibel vorkommen und ausgelegt werden, ich dies bei ihm aber vermissen würde. Darauf sagte er mir, er würde über die Liebe erzählen, die wäre auch von Gott und dazu brauche es keine Bibel. Dann erzählte er stolz, dass er wieder einen Mann gefunden hätte, der mit Handauflegen heilen könne und er dies dann in der Kirchgemeinde tun würde. Ob er Christ sei, das wisse er allerdings nicht, aber das wäre ja auch egal, Hauptsache er heilt. Was aber ist, wenn er mit negativen Mächten zusammenarbeitet? Ich bin sehr vorsichtig geworden und frage mich, ob dem Pfarrer eigentlich bewusst ist, dass es auch falsche Heiler gibt, solche, die nicht durch Gott „heilen". Ich werde mir sicherlich nicht die Hände auflegen lassen, denn wer weiß, was dann in mich einfährt und welchen Mächten ich mich damit ausliefere.

Das Ganze macht mich sehr traurig. Ich frage mich, wie es mit dem Christentum weitergehen soll. Die Bibel ist das Wort Gottes und wenn ich das noch nicht einmal im christlichen Gottesdienst hören kann, wo findet dann ein suchender Mensch den Weg zu Gott? Was ist, wenn ein Suchender an diesen Pfarrer gerät und er diesem Menschen erzählt, dass er sich ruhig mit Esoterik oder Sonstigem beschäftigen kann und er dann trotzdem zu Gott kommt? Ich sagte dem Pfarrer, dass der einzige Weg der Weg über Jesus Christus ist, aber irgendwie will oder kann er mich nicht verstehen. Er scheint aber kein Einzelfall zu sein, denn wenn ich lese, dass es Pfarrerinnen gibt, die schamanisches Trommeln oder sonstiges Schamanisches anbieten, dann „rollen sich mir die Fußnägel auf."

Am Anfang war ich noch wütend und hatte starke Emotionen, ich hätte meine Enttäuschung am liebsten herausgeschrien, aber diesen Gefühlen ist die Resignation und Traurigkeit gefolgt. Ich glaube, es wird Zeit, dass sich in der Kirche etwas ändert, dass es endlich wieder ein Bekenntnis gibt, dass in der Kirche aufgeräumt wird und alles Nichtchristliche weichen muss, es aber auch wieder Platz hat für all unsere Sinne und es Kerzen, Bilder und Ähnliches geben darf. Wie oft habe ich schon darüber nachgedacht, ob es möglich ist die Kirche zu reformieren. Aber habe ich die Kraft und den Mut dazu und möchte Gott so etwas? Tausende Fragen gehen mir durch den Kopf. Wo führt das hin, dass Alles und Nichts Platz hat in der Kirche? Wo ist der wahre Glaube geblieben, was ist mit der Wahrheit des Evangeliums, wo bleibt das Umsetzen der Frohen Botschaft? Ach, ich könnte jetzt noch einiges darüber schreiben.

Simon und ich waren schon in verschiedenen Kirchgemeinden, aber wir haben bisher keine gefunden, wo wir uns wohlfühlen. Überall scheint der tiefe Glaube zu fehlen. Allein dort, wo wir den Hauskreisleiterkurs gemacht haben, war es super. Aber das ist zu weit entfernt von unserem Wohnort, um dort öfters hinzugehen. Wir haben sogar schon einmal überlegt dort hinzuziehen, da wir uns dort aufgehoben und angenommen gefühlt haben und ihnen das Wort Gottes wichtig ist. Wir würden uns beide so gerne aktiv in einer Kirchgemeinde einbringen. Aber ist es der richtige Weg, dem jetzigen Wohnort den Rücken zu kehren, um sich an einem Ort einzubringen, in dem es eine funktionierende Kirchgemeinde gibt oder sollte man nicht besser für eine Veränderung vor Ort sorgen? Doch wie? Der Pfarrer ist nicht bereit etwas zu ändern. Traurig, traurig.

Abgesehen von diesen Dingen mit der Kirchgemeinde und dem länger dauernden Studium geht es mir sehr gut. Ich freue mich jeden Tag an der Schönheit der Natur, die ich liebend gerne fotografiere und damit zeigen kann, was und wie ich die Welt sehe und an den verschiedenen Fortbildungsmöglichkeiten, Ausstellungen und der Tatsache, dass die Fahrtwege nicht mehr so lang sind.

Wo in den Kirchen ist noch Platz für Gott?

07.07.2009

Ich möchte schreiben, doch ich weiß nicht wie, ich möchte erzählen, doch ich weiß nicht wie beginnen, ich möchte mein Inneres raus lassen, aber ich finde die Worte nicht.

Meine Wut, mein Aufbäumen ist der Resignation gewichen. Es ist so schrecklich mitzuerleben, wie sich das Christentum verändert. Wer geht noch in die Kirche? Auch ich gehe immer seltener, nicht weil ich kein Interesse an Gemeinschaft habe, sondern weil das, was ich im Gottesdienst erlebe, nur noch frustrierend ist. Es zerreißt mir das Herz und innerlich schreie ich zum Herrn aus lauter Verzweiflung. Wie konnte es so weit kommen, dass das Wort Gottes nicht mehr verlesen wird, dass es keinen Platz mehr hat in der Kirche? Statt dessen halten Esoterik und Elemente aus dem Buddhismus Einzug, sogar ganze Kinderbücher werden verlesen in einem „normalen" Gottesdienst, aber wo bleibt Gott selbst?

Pfarrer, die sich der Magie widmen, Pfarrerinnen, die schamanisches Trommeln anbieten, heidnische Bräuche, die wieder aufleben und Menschen, die im Auftrag der Kirche heilen, ohne dass es interessiert, an was sie glauben beziehungsweise mit welchen Mächten sie zusammenwirken. Es herrscht ein schlechter Wind. Wo ist der Heilige Geist geblieben? Hat er es aufgegeben in diesen Personen zu wirken?

„Bloß kein Bekenntnis" höre ich reformierte Pfarrerinnen und Pfarrer rufen, denn sich „nur" zu Jesus Christus zu bekennen, ist zu einengend, man muss auch offen sein für anderes. Aber was ist mit der Aussage Jesu: „Ich bin der Weg, die Wahrheit und das Leben"?

Wo führt das noch hin? Ich müsste meine Verzweiflung rausschreien, doch ich fühle mich gelähmt, gelähmt von so viel Götzendienst.

Dazwischen

22.07.2009

Ich fühle mich „dazwischen". Zwischen Deutschland und der Schweiz, zwischen Graubünden und Bern, zwischen Bern und Thun – dazwischen.

Inter, das Wort für „zwischen", inter, epi, prae, peri. Worte schießen mir durch den Kopf. Worte, die mir zum Teil fremd, zum Teil auch schon bekannt waren. Worte einer Sprache, die ich lernen muss, um Gottes Wort verstehen zu können. Aber ich habe Gott ganz klar und deutlich auf Hochdeutsch zu mir reden gehört, kein Griechisch oder Hebräisch, sondern akzentfreies Hochdeutsch. Doch dieses Argument zählt nicht. Das Lernen der alten Sprachen bleibt mir nicht erspart. Mein Argument „darf" ich auch gar nicht erst erwähnen. Zu erzählen, dass Gott zu mir gesprochen hat, ist ein leidvolles Unterfangen.

Über alles wird heutzutage geredet, aber wenn es um Gott und um den eigenen Glauben geht, dann schweigen die Menschen, werden stumm wie die Fische im Wasser. Oder sind Fische gar nicht stumm? Wenn ich mir die Fische im Wasser so vorstelle, wie sie im Nass ihre Bahnen ziehen, ihre Umgebung mit ihren großen Augen betrachten, ihre Mäuler lautlos öffnen, um winzige Nahrungsbestandteile des Meeres zu schlucken, dann denke ich an eine friedliche Situation.

Friedlich sind Situationen, in denen es um Fische geht, allerdings nicht immer. Es gab Zeiten, in denen Fische den Tod bedeuten konnten. Fische, die als Symbol dienten für Christen, die sich so zu erkennen gaben. Der Fisch, das Zeichen für Jesus, den Sohn Gottes. Damals redete man über den Glauben, erzählte untereinander, was man mit Gott erlebt hatte und es wurde nicht daran gezweifelt, dass Gott zu den Menschen redet, dass er sich offenbart. Damals erkannte man, dass es wichtig ist, aufmerksam zu sein für Gottes Wort. Lang, lang ist es her.

Wenn sich das Christentum so weiterentwickelt, wie in den letzten Jahren, dann werden sich irgendwann nur noch kleine Gruppen treffen, um auf Gottes Wort zu hören und zu erfahren, dass Gott auch heute noch zu uns spricht. Solange es aber Neider gibt oder Menschen, die einen für verrückt halten, wenn man über persönliche Erlebnisse mit Gott berichten möchte, wird der Glaube an den lebendigen Gott weiter verfallen. Verfallen und zerfallen, wie Menschen, die nichts mehr mit ihrem Leben anzufangen wissen. Die entweder Action suchen oder Menschen brutal überfallen oder sogar töten, um an „ihren" Kick zu kommen. Menschen, die wie eine lebendige Hülle sind, wie Wesen, die fern- ja fremdgesteuert erscheinen. Menschen, die nach ihrer Tat gar nicht wissen, warum und wieso sie etwas taten. Menschen, die vergessen haben, dass es in der Welt auch noch den Teufel gibt. Aber die bösen Mächte mit Teufel und Dämonen glaubt man als Erfindung von Filmemachern oder Schriftstellern. Und somit hat der „Widersacher" leichtes Spiel. Er findet genug Opfer, denen er sich bemächtigen kann. Wo ist die Welt bloß hingeraten? Kann man das Ganze noch umkehren oder ist es bereits zu spät? Wie weit ist die Uhr bereits abgelaufen? Wie viel Zeit bleibt uns noch? Weltuntergang. Inter!

Alte Welt – Neue Welt
Jesus – Teufel
Glaube – Unglaube
Anfang – Ende
Leben – Tod

Inter – wo bin ich?

Ich suche Gott

04.08.2009

Ich suche Gott
und öffne das Fenster.
Doch niemand steht vor dem Haus.

Ich öffne die Türe,
aber auch dort ist niemand zu erblicken.

Doch dann fällt mir ein,
es gibt noch etwas, was ich öffnen kann:
mein Herz.

Mystik

04.08.2009

Mystik, ein Wort mit großer Bedeutung. Mystik, ein Wort, das mehr ist als nur etwas Geheimnisvolles. Im Wort Mystik schwingt schon das Besondere, das Erhabene, das Hohe und Unbegreifliche mit.

Den achtvollen Umgang mit diesem wertvollen, kostbaren Begriff sollten wir unbedingt wieder lernen, wieder erkennen, was er auszudrücken versucht, wieder zurechtrücken an den Platz, wo er hingehört, nämlich zu Gott.

Mystik und Gott können nicht voneinander getrennt werden, obwohl natürlich Gott auch ohne den Begriff „Mystik" existiert.

Mystik gipfelt in Gott, Mystik geht nicht ohne Gott. Mystik ist wie eine kostbare Perle. Sie ist etwas Wunderbares, etwas Besonderes, aber trotz aller Schönheit gehört auch das Leid dazu.

Leider ist der Begriff „Mystik" im ursprünglichen Bedeutungssinne eher selten anzutreffen. Heutzutage spricht man von „mystisch glitzernden Steinen", „mystischen Seen" und sogar von „mystischem Adventsschmuck". Alles und Nichts scheint mystisch zu sein. Kein Wunder, wenn man nicht mehr erkennt, was wirklich mit Mystik, mit mystischen Erlebnissen gemeint ist.

In christlichen Kreisen meint heute fast jeder, mystische Erlebnisse zu haben. Bei genauem Nachfragen zeigt sich aber, dass jede Gotteserfahrung mit Mystik gleichgesetzt wird. Mir ist es wichtig, mystische Erlebnisse von anderen Erlebnissen zu unterscheiden. Warum? Weil mystische Erlebnisse ganz besonders tiefe und intensive Erfahrungen sind, die in dieser Intensität scheinbar nicht sehr häufig sind. Wenn ich von mystischen Erlebnissen spreche, dann meine ich Erlebnisse, wie sie Teresa von Avila und Johannes vom Kreuz beschreiben. Sie sind von extremen Gefühlen der Liebe, aber auch vom schmerzhaften Leid der Verlassenheit und der „Zerstörung", dem Absterben des alten Menschen durchdrungen.

Blockiert durch die alten Sprachen

14.08.2009

Ich fühle mich leider immer noch im Sumpf der alten Sprachen gefangen und habe den Eindruck da überhaupt nicht mehr raus zu kommen. Ich habe kein wirkliches Interesse am Erlernen dieser Sprachen, sondern möchte endlich arbeiten, Gott dienen und den Menschen Gutes tun, die Welt verbessern, Gottes Wort und seine unendliche Liebe weitergeben. Aber stattdessen sitze ich hier alleine zuhause und habe diese scheinbar unendliche und unlösbare Aufgabe des Erlernens der Sprachen vor mir. Und in der Welt gibt es so viel zu tun, um Menschen zu helfen, denen es nicht gut geht. Ich bin frustriert, denn was kann ich schon in der Welt und für Gott bewirken, wenn ich hier zuhause „rumsitze"? Schon manches Mal habe ich darüber nachgedacht, das Studium abzubrechen, aber dann ist wieder etwas in mir, was doch weitermachen möchte. Diese Sprachen scheinen eine extrem hohe Klippe zu sein. Nun müssen wir auch noch neun Kapitel Altgriechisch selbst nachlernen, die aufgrund verschiedener Umstände im Unterricht nicht vertieft erarbeitet wurden. Davon habe ich nun gerade mal dreieinhalb Kapitel bearbeitet. Dazu kommt, dass ich direkt müde werde, wenn ich lerne oder es mir auf den Magen schlägt. Ich weiß einfach nicht, wie ich das in den Griff bekomme.

Hebräisch muss ich auch noch einmal alles alleine erarbeiten, denn ich habe zwar zwei Semester lang den Unterricht besucht, aber es nicht wirklich verstanden. Der Dozent ist der Meinung, wir müssten uns alles alleine erarbeiten und er stehe nur für Fragen zur Verfügung. Egal wen man fragt, „alle" Studenten sind mit diesem Unterricht unzufrieden. Aber das nützt mir auch nichts, denn ich weiß nicht, wie ich das alles alleine erarbeiten soll und dann auch noch die nötige Anzahl an Creditpoints zu schaffen und diese in genau vorgegebenen Fächern. Ich komme jetzt ins 10. Semester und brauche danach mindestens noch drei Semester, da ich noch lange nicht die nötigen Punkte zusammen habe und ich für die Sprachen keine erhalte. Es ist zum Verzweifeln.

Aber nun haben Simon und ich erst einmal Urlaub. Am Montag fahren wir nach Genf und schauen uns diese Stadt an, da ich sie noch nicht richtig kenne. Und am Dienstag fliegen wir ab Genf nach London Gatwick und von dort weiter nach Jersey. Diese Insel ist sooooo super schön. Simon und ich haben dort unsere Flitterwochen verbracht. Ich freue mich schon, obwohl ich gar nicht gerne fliege und immer etwas Angst davor habe.

Simon und ich haben immer noch keine Kirchgemeinde gefunden, wo wirklich das Wort Gottes verkündet wird und spürbar der Glaube gelebt wird. Wir gehen nicht mehr so oft in den Gottesdienst, weil wir jedes Mal frustriert sind und ich sogar schon einige Tränen vergossen habe aus tiefster Enttäuschung über das, was wir im Gottesdienst hören und erleben beziehungsweise über das, was wir leider nicht hören. Ich bin traurig darüber, dass wir noch keinen Anschluss an eine christliche Gemeinschaft gefunden haben.

Außerdem ist es in unserem Wohnort sehr, sehr schwierig Kontakt zu anderen Menschen aufzubauen. Wir haben schon mehrfach gehört, dass viele Menschen aus genau diesem Grund wieder von hier fortgezogen sind. Wir haben das nun auch beschlossen und halten Ausschau nach einer Wohnung in der Nähe von Bern, denn dann sind wir näher bei der tollen Kirchgemeinde, die wir während unseres Hauskreisleiterkurses kennengelernt haben. Vielleicht können wir uns auch am nächsten Wohnort in der Kirchgemeinde einbringen. Simon kennt eine der Pfarrerinnen dort und sie freut sich schon darauf, dass wir dorthin ziehen wollen. Auch ein netter Mann, den wir im Hauskreisleiterkurs kennengelernt haben, zeigte sich sehr erfreut über unsere Umzugspläne. Das gibt Auftrieb und ich fühle mich akzeptiert, was ich hier als Deutsche oft nicht habe. Leider bekomme ich im Bernbiet immer wieder zu spüren, dass ich Deutsche bin. Es sind nicht immer schlimme Reaktionen, aber auch kleine Regungen reichen schon aus, um zu spüren, dass ich keine Schweizerin bin und man Deutsche nicht mag außer als Touristen. Leider schaffe ich es nicht Bärndütsch zu reden, da nicht nur die Wörter, sondern auch die Satzstellung ganz anders ist als im Deutschen. Mit dem Verstehen habe ich aber keine Probleme. Ich merke mittlerweile, dass ich nicht mehr so bin, wie ich in Deutschland war. Ich halte mich sehr zurück, spreche möglichst nicht, damit man nicht merkt, dass ich hochdeutsch rede. Also alles in allem bin ich im Augenblick etwas frustriert. Im Bündnerland hatte ich diese Probleme nicht.

Aber nun heißt es vorwärts blicken, eine schöne Wohnung finden am gewünschten Ort, eine gute Kirchgemeinde finden und mitarbeiten und so Kontakte knüpfen. Dadurch werden dann auch Kontakte zu Mitstudenten eher möglich, da wir ja dann direkt im Nachbarort von Bern sind. Dann könnten wir auch unseren Kontakt zu Simons Arbeitskollegen und dessen Freundin vertiefen. Und vor allem ist es wichtig, Anschluss an eine christliche Gemeinschaft zu bekommen, ich vermisse so etwas sehr.

Ich möchte auch so gerne wieder christliche Texte schreiben und veröffentlichen, so wie ich es im Bündnerland getan habe, aber wo?

Jetzt freue ich mich erst einmal auf unseren Urlaub. Da kann ich meinem großen Hobby, dem Fotografieren nachgehen. Ich denke, die andere Umgebung wird mir wieder Energie geben, denn die habe ich sehr nötig.

Ich würde meine Fotos gerne mit Bibelsprüchen versehen und daraus zum Beispiel Poster oder Postkarten machen, aber ich weiß nicht, wie man da vorgehen muss. Wenn ich fotografiere, dann sehe ich oft Texte der Bibel vor mir, ich sehe also ein Fotomotiv und mir fällt direkt ein Text dazu ein. Diese Texte würde ich gerne dazu schreiben. Vielleicht auch ein Buch mit Texten und einem Foto darunter. Ich habe so viele Ideen, aber immer wieder hält mich das schlechte Gewissen wegen des erst noch zu lernenden Griechischs davon ab, etwas der anderen Dinge zu tun.

Außerdem wollte ich doch mein Buch, also dieses Buch hier über meine mystischen Erlebnisse weiterschreiben. Ich habe mich schon gefragt, ob ich vielleicht mal ein Semester Pause machen sollte, um mich einmal mit den anderen Dingen zu beschäftigen, die ich so gerne machen möchte.

Wie komme ich bloß aus diesem altsprachlichen Sumpf heraus? Ich vertraue auf Gott, er wird mir helfen und mir den Weg zeigen, den er für mich vorgesehen hat.

05.10.2009

Wir sind wieder aus dem Urlaub aus Jersey zurück. Die Flüge waren überhaupt nicht gut und nun mag ich gar nicht mehr fliegen, aber die Insel war wieder ein Traum. Es war so schön. Diese unglaublich schöne Landschaft, diese wunderschönen Farben, so etwas Schönes kann kein Mensch erschaffen, sowas kann nur Gott allein. Die Schönheit der Natur lässt mich immer wieder Tränen vor Begeisterung vergießen, mir bleiben die Worte weg, die Welt ist so unendlich schön, wer das nicht bemerkt, muss verschlossene Augen und Herzen haben.

Nun hat mich der Alltag wieder und alles geht seinen üblichen Gang. Das Studieren, das Sprachenlernen und und und.

Eine schöne Unterbrechung des Üblichen gab es Anfang September. Wir sind mit unserem Fotoclub in Freiburg im Breisgau gewesen, also in Deutschland. Wir sind gemeinsam mit dem Zug gefahren und dann ging es auf Fotomotivsuche. Das hat mir natürlich wieder riesig Spaß gemacht. Freiburg ist eine tolle Stadt, ich kannte sie noch nicht. Es gab viel zu entdecken und zu fotografieren. Das Wetter war gut, das Essen ebenfalls und die Stimmung war super. Ein richtig toller Tag. So was tut echt gut.

Zurzeit habe ich ein großes Bedürfnis über Gott zu sprechen und über meine mystischen Erlebnisse, aber Pater Clemens ist leider zu weit entfernt von hier und sonst kenne ich niemanden außer Simon, mit dem ich über meine Liebe zu Gott sprechen kann. Natürlich kann ich Pater Clemens schreiben, aber da er auf mein letztes Email nicht geantwortet hat, habe ich Angst, dass er mich als aufdringlich empfinden könnte, wenn ich jetzt schon wieder schreibe. Ich möchte nicht stören und ihm seine kostbare Zeit rauben. Aber ich merke, dass mir ein Austausch fehlt, dass ich gerne wieder einmal mit ihm reden würde, doch das lässt sich zurzeit nicht ermöglichen, da wir viel zu weit entfernt voneinander leben. Seine Worte tun mir immer sehr gut und ich merke, dass er mich versteht. Ich bin Gott sehr dankbar dafür, dass er ihn in mein Leben geschickt hat und ich in ihm einen sehr guten geistlichen Begleiter gefunden habe. Ich hoffe, es wird auch weiterhin so bleiben.

14.10.2009

Ich bin Schweizerin! Heute kam der Brief, der mich 765,-
Franken gekostet hat, mit der Mitteilung, dass ich eingebür-
gert bin.

Nun dauert es noch zirka acht Wochen, bis ich den end-
gültigen Beleg bekomme, mit dem ich dann meine Identi-
tätskarte und den Pass ausstellen lassen und meinen Hei-
matschein bestellen kann. Es hat zwölf Monate gedauert,
seit ich den Antrag auf erleichterte Einbürgerung gestellt
hatte.

Ich freue mich sehr, kann es aber noch gar nicht so recht
realisieren, dass ich nun Deutsche und Schweizerin, also
Doppelbürgerin bin. Ich denke, dazu brauche ich noch ein
paar Stunden oder Tage, bis ich es richtig begreife. Auf die
Einbürgerung stoße ich nun mit einem Glas Sekt an. Prost!

Das ganze Leben ist ein Gebet

16.10.2009

Pater Clemens hat mir geschrieben und mir zur Einbürgerung gratuliert. Ich freue mich darüber.

Mittlerweile hat sich bei mir einiges getan. Seit einiger
Zeit kommt es mir vor, als ob sich mir so langsam die bisher
verschlossenen Sprachen öffnen. Beim Griechisch habe ich
auf einmal das Gefühl, dass ich nun in die Geheimnisse
dieser Sprache eintauche. Auch wenn ich immer noch einige
Kapitel hinterher hänge, so bemerke ich aber, dass ich,
wenn ich nun am Bibeltext arbeite, Freude daran bekomme.
So nach und nach öffnen sich die „Schlösser", die die alte
Sprache von mir trennten. Ein klein bisschen kann ich nun
in den Originaltext eintauchen und es macht mir Freude.
Zwar ist es immer noch sehr mühsam, die Grammatik noch

nicht richtig zu beherrschen und daher immer wieder in Büchern nachschlagen zu müssen, aber ich merke, dass dieser Weg, der Weg des Arbeitens am Urtext, mein Interesse an der alten Sprache weckt. Bisher bedeutete für mich Griechisch lernen immer nur das Auswendiglernen von irgendwelchen Grammatik-Endungen und ich merkte, dass ich so etwas überhaupt nicht gut kann.

Lernen durch Verstehen, das ist der Weg, der mir am meisten liegt. Lernen durch Nachdenken, mir selbst eine Meinung bilden, das ist mein Weg. Ich denke gerne und viel, aber wenn es nur darum geht, etwas ungefragt auswendig zu lernen, dann klappt das nicht gut. Scheinbar ist es tatsächlich so, dass Kindern das Auswendiglernen viel leichter fällt als erwachsenen Menschen. Auf jeden Fall hoffe ich nun, die Grammatik, statt nur durchs Auswendiglernen auch durchs Arbeiten am Text zu erlernen, denn so gefällt es mir.

Hebräisch belege ich nun noch einmal. Ich kann zwar in diesem Semester nur einmal in der Woche statt zweimal am Unterricht teilnehmen, aber ich habe ja bereits zwei Semester Hebräisch gemacht und merke, dass ich bereits einige Sätze verstehe und meinen Sitznachbarn beim Übersetzen helfen kann und das macht mir Freude. Ich belege nun extra weniger Fächer und möglichst solche, die mir Freude machen, obwohl das Bologna-System diese Art von Studieren eigentlich nicht zulässt. Seit ich mir vor ein paar Tagen gesagt habe, dass ich mich nicht mehr diesem Zeitdruck aussetzen werde, nämlich bis zum Tag x fertig sein zu müssen, geht es mir wieder besser. Allerdings muss ich nun eine Studienverlängerung beantragen, denn es sind durch das Bologna-System für das gesamte Studium zehn Semester vorgesehen und die habe ich nun Ende des Jahres rum. Aber da ich die Sprachen nachmachen muss und auch sonstige Verpflichtungen neben dem Studium habe, darf ich verlängern, allerdings kann man das immer nur für zwei Semester und ich werde allerdings drei oder vier Semester mehr benötigen, bis ich den Masterabschluss haben werde. Also, alles in allem geht es mir wieder gut in Bezug aufs Studium. Ich merke einfach, dass es mir jetzt, wo ich loslasse und mich nicht mehr selbst unter Druck setze, besser geht.

Pater Clemens hat mir geschrieben, dass ich von Gott mit all meinen Schwächen geliebt bin. Ja, das weiß ich und das ist mir auch bewusst, aber ich merke immer wieder, dass ich Gott möglichst gut dienen möchte. Da kommt der bisher nicht erkannte Perfektionismus durch. Ich leide daran, dass ich zum Beispiel denke, dass ich doch viel mehr beten muss, damit ich Gott zeigen kann, wie dankbar ich für das große Geschenk seiner unendlichen Liebe bin und dafür, dass er mir die mystischen Erlebnisse schenkte beziehungsweise schenkt. Und dafür, dass er zu mir redete und ich Jesus sehen und mit ihm eins sein durfte und ich den Heiligen Geist spüren darf und so weiter, für all das muss ich doch auch besonders gut sein, besondere Leistungen erbringen, da doch Gott auch Besonderes an mir getan hat, ja, so denke ich. Und dann leide ich darunter, dass ich so unvollkommen bin, so voller Fehler, so wenig makellos und zugleich weiß ich, dass ich nicht perfekt sein kann, denn nur Gott ist perfekt, ohne Fehler und ohne Makel und ich bin ein Mensch und nicht Gott und das ist gut so, denn ich möchte niemals Gott sein.

Bei mir dreht sich immer alles um die Frage, wie viel muss ich beten, damit ich Gott gerecht werde. Ich nehme mir eigentlich zu wenig Zeit, um mich hinzusetzen, die Hände zu falten und wirklich intensiv zu beten und dadurch habe ich dann ein schlechtes Gewissen. Allerdings ist für mich das ganze Leben ein einziges Gebet, so, wie ich durch den Alltag gehe, wie ich mit meinem Umfeld im Einklang lebe, so, wie ich die Natur achte und ich jeden Tag dankbar bin, dass ich am Morgen erwache und damit einen neuen Tag geschenkt bekomme. So, wie ich immer und immer wieder begeistert bin von der unendlichen Schönheit der Natur, so, wie ich jeden Tag wie ein Kind staunen kann, so, wie ich versuche, den Menschen hilfreich zur Seite zu stehen und ein offenes Ohr für sie zu haben, so, wie ich aber gleichzeitig auch traurig und wütend werde, wenn ich Ungerechtigkeiten sehe und ich so gerne aktiv dagegen angehen und die Welt verbessern möchte. So, wie ich den Menschen von Gottes Liebe erzählen möchte, den Glauben weitergeben und die Kirche reformieren möchte, damit wirklich wieder der Diamant des Glaubens, die Liebe Gottes aufleuchten kann unter all dem Staub der unwichtigen und falschen Dinge, wie zum Beispiel der Esoterik, des Schamanismus und so weiter, die ja leider in den Kirchen Einzug halten. All das ist für mich ein einziges dauerhaftes Gebet, ein Beten durch das, was ich lebe. Aber auch dort scheitere ich immer wieder, denn es gibt Situationen, in denen ich nicht perfekt gehandelt habe und es hinterher merke, Situationen, in denen ich nichts getan habe, wo ich hätte handeln sollen, Situationen, in denen ich merke, was für ein kleiner, fehlerhafter Mensch ich doch bin, wenn ich vielleicht einmal zu sehr auf meine eigenen Bedürfnisse geblickt habe, statt mich ganz für andere Menschen „aufzuopfern". Sobald mir das bewusst wird, merke ich, wie klein und schwach ich doch bin und frage mich, ob ich überhaupt diese unendliche Liebe Gottes verdient habe. Denn was kann ich Gott schon bieten, wer bin ich denn, dass Gott mich so reich beschenkt? Wenn dann noch so eine Phase kommt, wo ich mich von Gott verlassen fühle, ich Gott nicht mehr wahrnehme, dann sage ich mir, dass Gott wohl von mir enttäuscht ist, dass ich nicht gut genug bin, dass Gott vielleicht denkt, er habe sich die falsche Person ausgesucht, die falsche Person mit seiner Liebe beschenkt. Vielleicht ist er auch enttäuscht, da ich seine beiden Aufträge noch nicht ausgeführt habe, den Auftrag: „Gehe hinaus in die Welt und verkünde mein Evangelium allen Geschöpfen" und den Auftrag, dass ich durch meine mystischen Erlebnisse anderen Menschen helfen soll. Aber ich weiß nicht, wie und wo ich es umsetzen kann und soll.

Es ist mir klar, dass Gott mich nicht verlässt, wenn ich an ihn glaube und das tue ich ja von ganzem Herzen. Aber wenn man so intensive mystische Erlebnisse hatte, wie ich sie erlebte, dann ist jegliches Gefühl der Gottesferne eine Art Sterben. Denn ohne Gott möchte beziehungsweise kann ich nicht mehr leben. Ein Leben ohne Gott ist wie eine Welt ohne Farben. Ich merke, dass ich das Gefühl der Gottesferne als etwas wirklich Schreckliches erlebe, etwas, woran ich sehr leide, etwas, was kaum auszuhalten ist. Mir scheint, dass die mystischen Erlebnisse meine gesamten Sinne und Gefühle intensiviert haben. Die Wahrnehmung der Natur, dieser Vielfältigkeit, der wunderbaren Farben, der Formen, der verschiedenen Landschaften lässt mich Tränen der Begeisterung weinen. Manchmal bleibt mir die Luft weg und mir fehlen die Worte, so bewegend ist für mich der Anblick. Zugleich sind da auch die anderen Gefühle, die dann auftreten, wenn ich sehe, wie Menschen die Umwelt zerstören, ihren Müll auf die Straße schmeißen, Zigarettenkippen, sogar noch brennende, einfach da, wo sie stehen, hinwerfen, den Motor ihres Autos im Stand lange laufen lassen und und und. Aber wenn man etwas sagt, dann muss man schon Angst haben, dass man verprügelt wird. Ich habe schon öfters was gesagt und musste mir schon einiges Heftiges anhören. Ich bin etwas vorsichtiger geworden, aber weggucken und schweigen hilft nicht weiter.

Was kann man tun, damit die Menschen behutsamer mit dem Geschenk Gottes, mit der wunderbaren Schöpfung und mit ihren Mitmenschen umgehen? Wie kann man die Menschen sensibilisieren für die Schönheit der Natur, wie dafür gewinnen, miteinander zu leben statt gegeneinander?

Was kann man tun, damit die Menschen nicht nur an sich denken, sich nicht in sich zurückziehen, zum Beispiel mit ihren Kopfhörern in und auf den Ohren und sie deshalb nicht für andere erreichbar sind und auch nicht mitbekommen, was um sie herum geschieht? Ich empfinde die Zeit, in der wir leben, als eine sehr schwere Zeit und frage mich, ob das Ende der Welt kurz bevor steht. Wird Jesus bald wieder kommen?

Ja, ich leide an der Welt mit ihren Ungerechtigkeiten. Wieso bekommen manche Menschen so viel Geld, Millionen pro Jahr, während andere Menschen verhungern? Warum sind die Menschen so gierig, warum wollen Menschen Macht haben? Warum sind Menschen neidisch und gönnen niemandem etwas, was sie nicht auch selber haben? Nein, ich bin nicht depressiv, sondern ein sehr fröhlicher, lustiger Mensch, ich lache gerne und viel, aber ich bemerke und fühle auch sehr viel. Und ich liebe! Ich liebe Gott, ich liebe seine Schöpfung und seine Geschöpfe, ich liebe Harmonie und Frieden, ich liebe es, wenn es den Menschen gut geht und ich würde die Liebe Gottes, die in mir wirkt, durch die ich handle, gerne in der ganzen Welt verbreiten, sie teilen und damit vermehren und ich liebe natürlich Simon von ganzem Herzen.

Ich wünsche mir, dass den Menschen die Augen aufgehen, sie Gott erkennen und erkennen, wer der Herr ist, dass sie erkennen, dass sie geliebt sind, so wie sie sind, mit all ihren Schwächen, mit all ihren Fehlern, dass sie erkennen, was Jesus für uns getan hat. Ich möchte so viel tun und stattdessen sitze ich hinter Büchern in der Uni oder zuhause und kann daher die Menschen nicht erreichen. Und das macht mich wieder traurig. Wie kann ich für Gott wirken, wie seine beiden Aufträge erfüllen?

Ich möchte so gerne schreiben, doch wo kann ich meine Texte veröffentlichen? Aber oft sitze ich vor einem leeren Blatt und es fällt mir nichts ein. Dass ich jetzt so viel schreibe, grenzt an ein Wunder, denn ich habe schon so lange nichts mehr geschrieben. Ich habe so viele Gedanken in meinem Kopf, möchte so vieles schreiben, ausdrücken, mitteilen, aber dann schaffe ich es nicht, es herauszulassen. Manchmal denke ich, wen interessiert das schon, was ich fühle? Manchmal ist es wohl auch Faulheit. Jetzt, wo ich schreibe, merke ich, wie gut es tut, mal wieder alles rauszulassen. Ich merke mal wieder, wie wichtig es wäre, täglich zu schreiben. Ich verstehe auch, dass der geistliche Begleiter von Teresa von Avila sie dazu drängte zu schreiben, ihr das mehr oder weniger befahl. Mir fehlt so etwas, auch ich bräuchte den Druck von außen, also einen Auftrag, zum Beispiel von Pater Clemens, alles, was ich empfinde aufzuschreiben.

Mein inneres Gefäß leert sich nun langsam und das tut gut und ich werde daher wieder frei für Neues und frei für Gott. Ich schreibe nun noch auf, was ich im Urlaub mit Jesus erlebte.

Vor dem Urlaub hatte ich lange Zeit das Gefühl von Gott verlassen zu sein. Doch im Urlaub ging es mir ganz anders. Simon und ich wanderten auf dem Klippenpfad im Norden unserer Urlaubsinsel. Es war ein Tag, an dem es kräftig stürmte. Ich konnte kaum fotografieren, da ich meine Arme kaum still halten konnte. Wir wanderten auf diesem anstrengenden Weg, als mir auf einmal auf dem Boden verschiedene Fußspuren auffielen, eine davon hatte die Form eines Fisches. Im ersten Augenblick „erschrak" ich, doch dann *hatte ich das Gefühl, Jesus ist da. Ich wurde durchzogen von Liebe und war so unendlich glücklich,* dass mir vor Begeisterung die Tränen in die Augen schossen. Für mich war das ein Zeichen von Gott. Für mich war die Zeit der Gottesferne vorbei, denn *ich spürte Gott ganz deutlich und fühlte, dass Jesus mit uns auf dem Weg ist.* Ich konnte nicht anders, als zu singen, denn es ging mir direkt ein Lobpreis-Lied durch den Kopf.

Hier kommt der Text des Liedes:

„Wo ich auch stehe, du warst schon da.
Wenn ich auch fliehe, du bist mir nah.
Was ich auch denke, du weißt es schon.
Was ich auch fühle, du wirst verstehn.

Und ich danke dir,
dass du mich kennst und trotzdem liebst.
Und dass du mich beim Namen nennst und mir vergibst.
Herr, du richtest mich wieder auf,
und du hebst mich zu dir hinauf.
Ja, ich danke dir, dass du mich kennst und trotzdem liebst.

Du kennst mein Herz, die Sehnsucht in mir.
Als wahrer Gott und Mensch warst du hier.
In allem uns gleich und doch ohne Schuld.
Du bist barmherzig, voller Geduld.

Und ich danke dir,
dass du mich kennst und trotzdem liebst.
Und dass du mich beim Namen nennst und mir vergibst.
Herr, du richtest mich wieder auf,

und du hebst mich zu dir hinauf.
Ja, ich danke dir, dass du mich kennst und trotzdem liebst."
(Songtext: Albert Frey)

Es war für mich unendlich schön und *ich fühlte mich durch und durch von Gottes Liebe durchzogen.* Die Fußspuren waren auch weiterhin für uns sichtbar, sie waren immer vor uns.

Dann kam ich an einen Punkt, wo ich vom Laufen sehr erschöpft war, denn diese Klippenwege gehen immer bergauf und bergab und es strengt sehr an, dort zu wandern. Simon und ich setzten uns auf eine Bank und ich dachte schon, wir kommen nie an unserem Ziel an. Während wir dort saßen, fiel mir auf, dass die Spuren nicht mehr sichtbar waren und ich fragte mich, wo Jesus nun ist. Nach einigen Minuten Pause setzten wir unsere Wanderung fort und schafften es zu unserem Ziel, einer wunderschönen Bucht. Als wir dann am Strand entlang gingen, lag vor mir am Boden ein Kreuz aus Steinen. In diesem Kreuz fehlte ein Stein und *etwas in mir sagte: „Der fehlende Stein, das bist du. Um das Kreuz zu vollenden, zu vervollständigen fehlst du, du bist der fehlende Stein."* Ich war geschockt und fragte mich, was das zu bedeuten hatte. Was habe ich für Gott zu erleiden, was hat Gott mit mir vor? Ich weiß wie schmerzhaft, brutal und qualvoll die Kreuzigung war, da ich sie ja durchlebt habe und ich fragte mich, was mich noch erwarten wird. Trotz dieses Schocks habe ich „ja" gesagt zum Kreuz und zu dem, was vielleicht noch kommen wird. Ich habe es angenommen, denn ich liebe Jesus und vertraue auf Gott. Als wir dann weitergingen, sah ich auf einmal einen Stein in Herzform und wusste, ich bin von Gott geliebt.

Es war ein sehr bedeutender Moment für mich. Dieses Erlebnis zeigte mir wieder einmal, dass Gott mir immer nahe ist, auch wenn ich das Gefühl der Gottesferne habe.

Egal, wo ich stehe, er ist bei mir. *Diese tiefe Liebe habe ich auch noch einige Zeit nach dem Urlaub in mir gespürt,* doch dann kam der Alltag mit all seinen Aufgaben und überdeckte diese unsagbar schönen und innigen Gefühle.

In diesem Urlaub habe ich noch etwas erlebt. Ich hatte mich scheinbar bei einer der vielen Wanderungen unterkühlt und hatte Halsschmerzen. Ich wollte aber nicht krank werden, daher habe ich Jesus gebeten, dass er mich bitte heilen soll, damit ich diese wundervolle Insel weiter genießen kann. *Ich hatte die Augen geschlossen und da sah ich Jesus, er stand vor mir und sah mich an. Ich kniete mich vor ihm nieder und er legte mir die Hände auf. Es war ein wunderschönes und intensives Gefühl,* so vor Jesus knien zu dürfen, mich demutsvoll ihm hinzugeben, klein zu sein vor seiner unendlichen Größe, es war einfach unbeschreiblich schön. Am nächsten Morgen waren meine Halsschmerzen weg und ich war gesund. Es ist wunderbar Jesus so erleben zu dürfen, ich bin so glücklich und dankbar dafür.

Das Denken hört auf

07.11.2009

In der Vereinigung mit Gott hört jedes Denken auf. Es ist ein Sein in und mit ihm.

Das Denken kommt erst nach der mystischen Vereinigung, denn dann wird versucht, das, was geschah, zu erklären.

Die Worte, die dann dafür gebraucht werden, sind nur ein Stammeln, ein Annährungsversuch, der das Ganze nie, auch nicht einmal annähernd, zu erfassen vermag.

Husten, Studium und Begegnung mit dem Teufel

01.12.2009

Letzte Nacht konnte ich nicht gut schlafen. Immer wieder musste ich husten. Ich bin bereits seit zehn Wochen erkältet und es will einfach nicht besser werden. Ich huste mir manchmal fast die Organe aus dem Körper raus, zumindest habe ich dieses Gefühl. Ich huste also schon lange Zeit und es schlägt mir mehr oder weniger stark auf die Stimmbänder, so dass meine Stimme angeschlagen ist oder ich sogar heiser bin. Ich habe langsam den Eindruck, dass ich gar nicht mehr gesund werde. Ich habe bereits alles Mögliche ausprobiert, Phytotherapie, Homöopathie, Spagyrik und so weiter und natürlich beten, aber nichts hat wirklich zu einer Heilung geführt. Der Arzt, bei dem ich mittlerweile aus Verzweiflung war, sagte mir, dass es ein Virusinfekt sei und der von alleine heilen muss, weil es gegen Viren keine Medikamente gibt. Na das wusste ich ja auch schon vor dem Arztbesuch. Ich weiß schon, warum ich normalerweise nicht zum Arzt gehe.

Ein Virusinfekt, der sich seit zehn Wochen hält oder sind es verschiedene Viren, die mich nach und nach schwächen? Werde ich wieder gesund werden oder wird der Virus siegen und ich daran sterben? Ich möchte doch noch die Welt verändern, den Glauben und die unendliche Liebe Gottes weitergeben, Gott dienen, die Kirche reformieren, den Menschen helfen. Sollte das schon vorbei sein, bevor ich richtig beginnen konnte?

Mehrfach schon hatte ich den Verdacht, dass der Teufel dahintersteckt. Denn ich merke, wie er mich immer wieder dazu bringen möchte, dass ich mein Theologiestudium an den Nagel hänge. *Ständig höre ich, wie er sagt, dass ich für das Erlernen der alten Sprachen zu doof bin, dass ich es nicht schaffen kann und ich sowieso kein Anrecht darauf habe, studieren zu können, da ich ja kein Abitur habe.* Das sind Anfechtungen, denen ich meistens standhalte, aber manchmal übernehme ich diese Gedanken, die mir eingeflüstert werden und merke es nicht einmal. Mein Studium hätte ich wirklich beinahe aufgegeben, weil ich den Eindruck hatte, ich werde das Sprachenlernen nie schaffen. Aber nachdem ich mich entschieden habe, doch durchzuhalten, spüre ich, dass der Teufel nahe ist, aber ich gebe ihm keinen Raum. Gott habe ich um Mithilfe gegen das Böse gebeten.

Mein Griechisch Lehrer hat mir angeboten, die zweite Leistungskontrolle zu verschieben und im Januar zuerst die große Prüfung zu machen und dann im Februar die Leistungskontrolle nachzuholen, weil ich mehrmals wegen meiner Infektion ausgefallen bin und schon einige Lektionen hinterher hänge. Das finde ich absolut toll. Auch ein anderer Professor, der weiß, dass ich mystische Erlebnisse habe ohne Details zu kennen, motivierte mich durchzuhalten und weiter zu studieren. Im Gespräch mit ihm nach einer mit gut bewerteten Leistung, sagte er mir, dass ich eine eigene Theologie schreiben könnte. Das hat mir sehr imponiert, denn über das Schreiben eines Katechismus hatte ich schon einmal nachgedacht. Ich habe zurzeit das Gefühl, dass es positiv um mich steht, seit ich „ja" gesagt habe zum Weiterstudieren.

Ansonsten ist mir noch folgendes passiert: *In der letzten Nacht*, in der ich nicht gut schlafen konnte, wegen meinen Hustenanfällen, *kam es zum Kampf mit dem Teufel. Ich befand mich während eines Traums oder eines ähnlichen Zustands, auf einer Geburtstagsparty, als ein katholischer Priester auf mich zukam. Er sah mich an und sagte dann zu mir, dass ich das Böse sei. Ich war total geschockt und sprachlos. Gleich darauf sprach der Priester einige Sprüche gegen das Böse und damit gegen mich aus, wohl zum Austreiben oder Vertreiben des Bösen. Ich spürte eine heftige Kraftwelle gegen mich drücken, ich schwankte, blieb aber stehen. Ich spürte die Macht und Kraft, die in solchen Sprüchen steckt. Auf jeden Fall habe ich das überstanden.*

Daraufhin sagte ich zum Priester, dass **er** *das Böse sei und betete laut zu Gott, dass er mir helfen soll gegen den Teufel. Ich sagte auch, dass der Teufel im Namen Jesu verschwinden soll. Da lachte mein Gegenüber, öffnete das Oberteil seines Gewandes und zeigte mir eine Rüstung aus dünnem, grauem, stabilem Plastik, die er trug und sagte mir, dass er dadurch geschützt sei und ihm niemand etwas antun könne. Kurz darauf drehte er sich um und ging davon.* Ich fühlte mich danach elend.

01.12.2009

Ich habe Pater Clemens geschrieben, was ich in der Nacht erlebt habe. Er antwortet mir, dass er sich dazu nicht äußern möchte und könne, dass er aber für mich bete und „dass Anfechtungen in Form von Entmutigung und Entwertung stets von der ‚anderen Seite' kommen."

04.12.2009

Ich bin sehr traurig, dass Pater Clemens nicht auf meinen Text eingehen kann oder möchte. Das Erlebnis belastet mich sehr und ich möchte von meinem geistlichen Begleiter auch gar nichts über katholisch oder evangelisch hören, es geht mir nicht um irgendeine Wertung. Ich wünsche mir einfach ein paar Worte von ihm, die mir helfen, mit der Sache besser umzugehen oder darüber, wie ich mich schützen kann und wie ich das einzuordnen habe in meine augenblickliche Situation.

Versteht Pater Clemens nicht, dass es mir wichtig ist, mich ihm anvertrauen zu können mit dem, was ich erlebe, egal ob mit guten oder schlechten Erlebnissen? Wem sollte ich sonst davon erzählen, mit wem kann ich mich sonst darüber austauschen und Erklärungen dazu finden, wenn nicht mit ihm? So offen wie ich ihm alles mitteile, mache ich es mit niemand anderem. Er weiß mehr von dem, was ich mit Gott und der anderen Seite erlebte und erlebe, als alle anderen Menschen. Sogar Simon weiß davon nur einen Bruchteil. Das mit dem Teufel habe ich allerdings auch Simon erzählt, weil es mich sehr belastet.

Es tut mir leid, dass der Teufel diese Art der Tarnung gewählt hat, aber ich kann nichts dafür. Kann Pater Clemens sich in meine Situation hineinversetzen und spüren wie unangenehm für mich diese Sache ist und kann er sich vorstellen, dass ich Angst hatte, ihm zu schreiben, was ich erlebte, wegen der Art der Tarnung des Teufels? Nun antwortet er mir nicht. Ich kann ja verstehen, dass er vielleicht geschockt ist, aber wie schon erwähnt, es geht mir nicht ums Katholische oder um Priester.

Versucht der Teufel auf diesem Weg den Kontakt zwischen Pater Clemens und mir kaputt zu machen? Zumindest lässt die kurze Antwort fast schon darauf schließen, dass er damit etwas erreicht. Ich möchte nicht, dass irgendetwas unseren Kontakt zerstört, denn es ist mir wichtig, mich weiterhin mit Pater Clemens austauschen zu können.

Ich bin am Boden zerstört und meine Augen sind schon ganz rot von den vielen Tränen, die ich bereits vergossen habe. Ich möchte nicht, dass der Teufel einen Keil zwischen Pater Clemens und mich treibt. Was kann ich tun, damit das nicht passiert? Ich möchte nicht, dass unser Kontakt leidet.

Gerade jetzt bräuchte ich dringend Zuspruch und Hilfe, da ich so angeschlagen bin, da mich die Erkältung nicht mehr loslässt und ich nicht weiß, ob ich jemals wieder gesund werde und wegen der Sorgen bezüglich der alten

Sprachen und wegen der Angst, dass der Teufel den Kontakt zu Pater Clemens kaputt machen könnte. Das alles kostet sehr viel Kraft, hoffentlich schickt Gott mir diese.

Ich habe Pater Clemens noch einmal angeschrieben in der Hoffnung, dass er doch noch auf mein Email eingeht, aber die Antwort war anders als erhofft. Pater Clemens schreibt, dass ich seine gut bedachte Entscheidung respektieren soll und er für mich beten wird. Er wünscht mir Gottes Segen und empfiehlt mir, meine ganze Zuflucht bei Jesus Christus zu suchen.

2010

Wieder einen Schritt weiter beim Studium

02.05.2010

Nun ist das neue Jahr schon vier Monate alt und ich habe schon wieder mein Schreiben vernachlässigt, aber der Stress an der Uni ist einfach heftig. Meine letzten freien Tage, um wirklich einmal zur Ruhe zu kommen, hatte ich im letzten Sommer und nun haben wir Mai. In den Weihnachtsferien habe ich fürs Studium durchgearbeitet und auch in den Osterferien hatte ich keinerlei freie Zeit. Simon hatte Urlaub, aber ich musste ein Referat erarbeiten. Die dazu nötige Literatur war eine Habilitationsschrift und entsprechend schwer zu lesen. So konnten wir nichts gemeinsam unternehmen und es war auch nichts mit besinnlicher Zeit. Manchmal denke ich, unter der Last des Studiums zusammenzubrechen, denn es ist zurzeit extrem viel, aber dann gibt es Zeiten, wo ich erstaunt bin, wie viel Stress und Belastung man als Mensch doch ertragen kann.

Aber es geht bei meinem Studium nun endlich spürbar weiter, das Ende des Tunnels ist sichtbar geworden, denn ich habe einen großen Brocken geschafft, konkret heißt dies, dass ich Griechisch geschafft, also das Graecum bestanden habe. Das war ein harter Kampf, aber ich habe es durchgestanden und gesiegt, obwohl ich es manchmal nicht mehr glaubte. Nun hänge ich dadurch allerdings in Hebräisch sehr weit hinter her. Ich muss nun in drei Wochen 13 Kapitel aufholen, das ist kaum möglich, aber ich versuche es trotzdem. Ende Mai ist der zweite Hebräisch-Test. Den ersten Test, bei dem ich durchgefallen war, habe ich endlich bestanden. Nun kommt der zweite Test und dann Mitte Juni das Hebraicum.

Nächstes Semester, das dann hoffentlich das vorletzte Semester ist, schreibe ich meine Masterarbeit, sie ist bereits angemeldet. Ich werde sie im Bereich Seelsorge schreiben zum Thema Email-Seelsorge. Das ist nicht so einfach, weil es darüber kaum Literatur gibt. Aber da ich diese Tätigkeit ja ehrenamtlich mache, werde ich es wohl hinbekommen.

Dieses Semester habe ich auf jeden Fall noch viel Stress, bevor ich mit Simon am letzten Semestertag zu einer Mystik-Tagung nach Deutschland fahre. Dort werde ich mich mit Meister Eckhart beschäftigen, über den ich nicht sehr viel weiß und den ich bisher nicht für einen „richtigen" Mystiker halte beziehungsweise ihn als „Verstandesmystiker" bezeichne.

In der prüfungsfreien Woche muss ich dann Hebräisch lernen und ich habe noch einen halben Blocktag Unterricht. Mitte August beginne ich dann mit meiner Masterarbeit, aber davor muss ich noch drei Essays schreiben und möglichst noch die Seminararbeit, die ich auch noch zu absolvieren habe. Stress, Stress, Stress. Ich muss echt aufpassen, nicht in ein Burnout zu geraten, denn es bleibt mir kaum

Zeit zum Luftholen oder zum Entspannen. Ich habe dieses Jahr auch noch keine Zeit gefunden zum Fotografieren, meinem Hobby. Und auch die Zeiten für ein Gebet sind irgendwie kaum da. In meinem Herzen bin ich mit Gott verbunden, aber manchmal erschreckt es mich, wenn ich merke, dass ich einige Tage überhaupt nicht an Gott gedacht habe.

In der letzten Zeit denke ich oft über den Weltuntergang beziehungsweise über die Wiederkunft Jesu nach, denn die vielen Naturkatastrophen häufen sich. Manchmal weiß ich nicht, ob ich Angst davor haben oder ob ich mir die Wiederkunft Jesu wünschen soll. Ich habe seit einiger Zeit große Sehnsucht nach seiner Liebe und es tröstet mich, dass ich irgendwann einmal ganz in seiner unendlichen, unbeschreiblichen und alles überwältigenden Liebe sein werde. Soll ich mich daher fürchten wegen dem, was kommen wird oder freuen?

Nächste Woche habe ich wieder einen Kurstag bei meiner zusätzlichen Seelsorgeausbildung, das ist immer sehr interessant. In der Internet-Seelsorge arbeite ich nach einer viermonatigen Pause auch wieder mit, da ist es aber zum Glück zurzeit sehr ruhig.

Ich bin froh, wenn ich hoffentlich im Sommer 2011 endlich den Masterabschluss erhalten werde. Zum Glück wusste ich nicht, dass mein Studium durch den Uni-Wechsel und das Lernen der alten Sprachen so lange gehen würde, denn dann hätte ich es wohl nicht gewagt. Aber bisher läuft es gut und das ohne Abitur zu haben und mein Notenschnitt liegt immer noch bei 5,15, das ist doch gar nicht schlecht, also etwas besser als ein „gut" in Deutschland.

Das Wort

„Am Anfang war das Wort"
Das Wort, ein Wort?
Nein, das Wort, genau dieses Wort.

„und das Wort war bei Gott"
Bei Gott, bei unserem Schöpfer, bei unserem Herrn.

„und das Wort war Gott."
Gott ist ganz Wort oder ist das Wort
ganz durchdrungen von Gott?

„Alles ist durch das Wort geworden"
Ja, ohne die Worte Gottes wäre nichts,
denn Gott sprach: „Es werde" und es wurde.

Gott schuf das Wort.
Was wären wir also ohne Worte, ohne Sprache?

Kinder, mit denen man nicht spricht, sterben,
diese Erkenntnis machte die Wissenschaft.
Worte waren nicht nur bei Gott Grundlage,
sondern sind es auch heute noch.

Worte können sein wie Waffen,
Worte sind keinesfalls Schall und Rauch.

Worte verletzen, schmeicheln und schöpfen,
lassen entstehen, entwickeln.
„und ohne das Wort wurde nichts, was geworden ist."

Namen, sie sind so wichtig,
um darüber sprechen zu können, was wir denken,
um etwas zu bezeichnen,
um eine gemeinsame Grundlage zu haben,
um uns zu verständigen.

Namen, die uns benennen.
Sind wir Name oder bezeichnet uns ein Name?
Wie stelle ich mich vor?
Bin ich Ilona oder heiße ich Ilona?
Oder werde ich Ilona genannt?

„Am Anfang war das Wort" und auch heute ist es das.

Worte, eine Zusammensetzung aus Buchstaben
und doch so kostbar und wichtig. Damals wie heute.

Jesus

25.06.2010

Nicht Jesus Christus, der Ferne,
sondern Jesus, der Nahe.

Nicht Jesus Christus, der über allen Stehende,
sondern Jesus, der vor mir Stehende.

Nicht Jesus Christus, der Ehrfurcht und Angst Einflößende,
sondern Jesus, der Liebe Ausströmende.

Nicht Jesus Christus, der Retter der Menschheit,
sondern Jesus, mein Retter.

Vom „Sie" zum „Du".

Gefunden von dir.

Aufgerüttelt durch dich.

Erlebt mit dir.

Geliebt von dir.

Zusammen mit dir gekreuzigt,
mit dir gelitten,

mit dir ums Leben gerungen,
unseres Vaters Stimme gehört.

Gestorben, der alte Mensch.
Geboren, der neue.

Auf der Suche nach Antworten zum Leben
hast du mich gefunden und nie mehr losgelassen.

Vom Alleinsein zum Gemeinsam.

Vom unbekannten, fernen Gott zum innig Geliebten.

Vom „Du zu Du" zum „Wir",
zum Eins-sein mit dir,
dir, meinem geliebten Jesus.

Trinität

Ich, du, wir

Der Heilige Geist in mir,
in meinem Ich.

Jesus als Du,
als Gegenüber.

Gemeinsam mit Gott Vater,
ein Wir.

Ein weiterer Schritt geschafft – ein Wunder

02.11.2010

Es gibt endlich wieder etwas Positives zu berichten. Nachdem ich vor den Sommerferien beim Hebraicum durchgefallen war, habe ich es nun endlich geschafft. Obwohl ich
mir sicher war, es wieder nicht bestanden zu haben, was
dazu geführt hätte, dass ich mein Studium hätte beenden

müssen, da ich diese Prüfung nicht nochmal hätte wiederholen dürfen. Doch nun hat es geklappt. Allerdings glaube ich nicht, dass es an mir lag. Ich empfinde es als ein Wunder Gottes. Ihm allein gehört alle Ehre und Dank!

Schon Tage vor der Prüfung hatte ich Gott gebeten, mir zu helfen. Er sollte mir innere Ruhe geben und den Heiligen Geist senden, damit ich in den zwei Stunden, in denen ich die Übersetzung eines Textes aus dem Alten Testament machen muss, Weisheit habe, alles zu verstehen. Aber es kam anders. Obwohl ich im Vorfeld sehr viel geübt hatte, kam ausgerechnet ein Text dran, den ich beim Lernen nicht übersetzt hatte. Außerdem war ich extrem nervös und auf einmal bekam ich Sehstörungen und konnte im Wörterbuch nicht mehr richtig nachschlagen. Dann bin ich beim Übersetzen in der Zeile verrutscht, so dass ich noch einmal ein paar Zeilen von vorne übersetzen musste. Der Mitstudent, der die Prüfung ebenfalls noch einmal wiederholen musste, war schon am Ende des Textes angekommen, als ich gerade erst in der Mitte angelangt war. Das machte mich noch nervöser. Als ich dann nach zwei Stunden abgeben musste, war ich ziemlich am Ende und sicher, dass ich versagt habe. Es hat mich viele Tränen gekostet.

Dann blieb ich mit meiner Halskette an meinem Schal hängen und die Kette ging auf und der Kreuz-Anhänger wäre fast runtergefallen und *eine innere Stimme sagte mir: „Gott hat dir nicht geholfen, er hat dich hängen gelassen, er will nichts mehr mit dir zu tun haben, denn du bist schlecht. Gott ist enttäuscht von dir. Du kannst die Kette gleich ablassen. Gott will dich nicht mehr."* Im ersten Augenblick habe ich doch tatsächlich gedacht, dass das wahr ist, doch dann erkannte ich, woher diese Stimme kommt und habe sofort die Kette mit dem Kreuz wieder um meinen Hals gelegt. Ich habe an mehreren Tagen und Nächten Tränen vergossen und Gott geklagt, dass ich die Prüfung nicht geschafft habe und dass nur noch er ein Wunder tun kann. Ich war so enttäuscht von mir selbst und hatte Angst, dass Gott mich nicht mehr liebt. Ich hoffte auf ein Wunder und trotzdem sagte ich zu Gott, dass sein Wille und nicht meiner geschehen soll. Dann kam das Ergebnis: Bestanden. Ich konnte es ein paar Tage lang nicht wirklich glauben. Erst, als ich es schwarz auf weiß hatte, war ich richtig glücklich. Ein riesiger Ballast ist von mir gefallen. Gott ist so groß und gut. Auch wenn ich auf dieses Wunder hoffte, habe ich mich immer gefragt, warum er gerade für mich so etwas tun sollte, da ich doch von mir selbst so enttäuscht war und immer dachte, wie schlecht ich doch wäre und dass ich ja noch mehr hätte lernen können. Aber nun ist alles gut und ich habe Gottes Wunder gerne angenommen.

Nun schreibe ich an meiner Masterarbeit und belege gleichzeitig noch vier Fächer, muss noch Essays schreiben und ein Referat halten. Eigentlich sollte man neben der Masterarbeit nichts anderes machen müssen, aber ich will endlich fertig werden und dazu muss ich ja diese Creditpoints sammeln. Ich hoffe, im Sommer endlich den Masterabschluss zu haben. Dann muss ich noch ein individuelles Praktikum machen, welches vier bis sechs Monate in Vollzeit dauert, um dann im Herbst 2012 mein Lernvikariat beginnen zu können, welches ein Jahr dauert. Ein langer und sehr anstrengender Weg, ein Weg, der durch das schmale Tor führt. Obwohl ich zwei Mal kurz davor war aufzugeben, habe ich es bisher geschafft. Nun hoffe ich, dass mich der Teufel endlich in Ruhe lässt, leider ist das nicht immer der Fall. Aber dank Jesu Hilfe schaffe ich auch diesen Kampf.

2011

Wenig geschrieben

Nun haben wir bereits 2011 und ich habe wieder lange Zeit nichts geschrieben. Das liegt daran, dass mich mein Studium weiterhin auf Trab hält und es eigentlich nichts Neues zu berichten gibt. Auch wenn ich überwiegend am Schreibtisch und in der Uni sitze, so gönnte ich mir doch auch einmal eine ganz kurze Unterbrechung. Am 30.04. waren Simon und ich in Morges am Genfersee auf dem Tulpenfest, um die Sonne zu genießen und um zu fotografieren. Morges ist eine schöne Stadt und das Seeufer hat mir sehr gefallen und natürlich die tollen Tulpen. Ich wusste gar nicht, dass es so viele verschiedene Tulpensorten gibt. Und dann die vielen Farben, einfach toll. Und der See und die Atmosphäre dort, fast, als wäre man im Urlaub. Endlich hatte ich keine Gedanken mehr, die mit dem Studium zu tun hatten. So eine Abwechslung tut echt gut.

Ende Juni bis Anfang Juli waren wir dann richtig im Urlaub, wieder einmal auf unserer Trauminsel Jersey. Sie hat uns auch dieses Mal wieder super gefallen. Doch fällt uns auf, dass es leider immer touristischer wird. Vieles, was wir in unseren Flitterwochen 2006 dort gesehen haben, gibt es nicht mehr, viele Angebote sind verschwunden, es kommen immer mehr Touristen dort hin und die Lokale sind teurer geworden und ganz bestimmte Meeresfrüchtegerichte, die wir so gerne hatten, sind gar nicht mehr auf den Speisekarten zu finden. Es hat sich vieles verändert, außer der Natur, die immer noch traumhaft ist. Wir sind wieder viel gewandert, haben viel fotografiert, leckere frische Meeresfrüchte gegessen und vieles entdeckt. Wir sind glücklich.

Billy Graham

10.08.2011 – Mittwoch

Am Samstag ist mir etwas widerfahren, ist etwas in mir passiert. Ich hatte den Fernseher an und, als die Sendung, die ich schaute, fertig war, schaltete ich um. Es war bereits 22.00 Uhr und ich wollte nicht mehr allzu lange vor der „Kiste" sitzen. Ich schaltete durch die Kanäle, als ich auf einmal eine Sendung entdeckte, die sich mit Billy Graham beschäftigte. Ich hatte den Namen schon einmal gehört, wusste aber nicht, wer sich dahinter verbirgt. Die Sendung sollte bis um 0.00 Uhr gehen. Viel zu lang, dachte ich, aber ich schaute trotzdem mal rein. Schwarz-weiß-Bilder erschienen und ich dachte schon darüber nach umzuschalten, doch dann wurde ich in den Bann gezogen von der Geschichte eines Mannes, der zu einem großen Evangelisten wurde. Graham sprach vor einem großen Publikum und es kamen immer mehr Menschen. In Korea waren es über eine Million Menschen, vor denen er predigte und er brachte sehr viele Menschen dazu ihr Leben Gott zu übergeben.

Es durchzuckte mich, eine Faszination überkam mich, ich sah mich selbst vor einer riesigen Menschenmenge predigen und zugleich fühlte ich ein Feuer der Begeisterung in mir brennen. *Doch dann sagte eine Stimme in mir, ich solle nicht so arrogante Gedanken haben. Ich traue mich doch nicht einmal innerhalb einer kleinen Gruppe zu reden, sehe mich aber vor tausenden Menschen predigen. Auch in meinen Träumen habe ich mich bereits mehrmals vor einer sehr großen Menschenmenge predigen gesehen und das ohne Angst.* Interessant, dabei habe ich bisher immer Furcht gehabt, vor mehreren Menschen reden zu müssen.

Im Film fiel die Bemerkung, dass Gott die Menschen zu unterschiedlichen Dingen beruft. Zu was bin ich berufen?

Gott hat mir doch gesagt, dass ich hinaus in die Welt gehen soll, um das Evangelium zu verkünden. Und bei der Auswertung eines Persönlichkeitstests kam heraus, dass ich eine Evangelistin bin. Ist das alles Zufall?

Immer noch war ich durchzogen von Gefühlen wie Faszination, Begeisterung, Liebe und dem Wunsch es genauso machen zu können wie es Billy Graham machte und Menschen von der Liebe Gottes zu erzählen, sie mit dieser Liebe anzustecken und sie zu Gott zu führen. *Die Gefühle waren extrem stark.* Dann schossen mir die Gedanken durch den Kopf, dass ich ja nur die deutsche Sprache richtig beherrsche und ich daher gar nicht im Ausland predigen kann. Doch dann zeigten sie Billy Graham, wie er in Russland, Korea und anderen Ländern predigte mit einem Dolmetscher. Es geht also doch. Wird mein Weg der Weg einer Evangelistin sein?

Mir sind Tränen gelaufen. Nicht aus Angst, nicht aus Trauer, sondern vor lauter Begeisterung über diese Mengen von Menschen, die von Gott erfahren wollten, über diesen Mann, der die Menschen begeisterte mit der frohen Botschaft und über das Gefühl in mir, es ebenso machen zu wollen, zu dürfen oder zu können. Aber kann ich dies überhaupt?

Aber ist dieser Gedanke nicht arrogant? Verliere ich damit nicht meine Demut vor Gott? Ich selbst sehe mich nur als Werkzeug Gottes, denn nicht mir, sondern ihm gehört alle Ehre. Für Gott arbeiten zu dürfen, durch ihn etwas bewirken zu können, Menschen zu Gott zu führen, das ist etwas, was ein Feuer in mir entfacht.

Ich habe Gott gebeten mir zu zeigen, was für einen Weg er mit mir vor hat, wie ich für ihn wirken kann und darf. Ich bat ihn, es mir so zu zeigen, dass ich es auch erkenne und nun kommt dies. Als ich sah, wie Billy Graham vor so vielen Menschen predigte, entfachte ein riesiges Feuer in mir und etwas in mir zeigte mir, dass ich genau so etwas machen soll. Momentan habe ich noch Angst davor, bald während des Praktikums und des Vikariats auf der Kanzel stehen zu müssen, denn ich stehe nicht gerne im Mittelpunkt und dann soll ich vor so vielen Menschen predigen? „Geh hinaus in die Welt und verkünde das Evangelium allen Geschöpfen", das hat mir Gott mehrmals gesagt und, dass ich aufgrund meiner mystischen Erfahrungen anderen Menschen helfen soll.

Ja, Herr, wenn du es so möchtest, bin ich bereit. Nicht mein, sondern dein Wille geschehe. Ich weiß, durch dich ist alles möglich. Ich vertraue auf dich. Führe mich weiter auf deinem Weg, zeige mir, was ich für dich tun darf, lass mich deine Liebe spüren und hilf mir mit den Schwachheiten in meinem Leben besser umzugehen. Hilf mir im Kampf gegen das Böse, den Teufel, der mir immer wieder etwas Negatives einflüstert und mir zeigen will, dass ich alles Mögliche nicht schaffen kann. Hilf mir, mein Studium in den nächsten Wochen mit dem Masterabschluss beenden zu können und gib mir Kraft, Hoffnung und Zuversicht alles hinzubekommen. Bitte, Herr, bleibe bei mir und lasse mich deine unendliche Liebe und deine Nähe spüren. Ich danke dir für alles, was du mir bisher geschenkt hast und für all das, was du noch für mich bereithältst. Amen.

15.08.2011

Je näher es dem Studienende zugeht, desto stärker werden die Angriffe des Teufels. Zuerst hat er mir immer wieder eingeflüstert, dass ich es nicht schaffe, das Studium abzuschließen und manches Mal habe ich es geglaubt und bittere Tränen vergossen, doch ich habe weitergemacht. Dann schickte er mir Müdigkeit und ich konnte mich nicht mehr konzentrieren, ich musste mich immer wieder hinlegen und kam mit dem Schreiben der Arbeiten nicht weiter. Nun warte ich fast etwas ungeduldig auf die Info, ob ich das Doppel-Essay endlich bestanden habe. Ich habe es überarbeitet, weil ich eine ungenügende Note bekommen hatte. Für den Studienabschluss dürfen nur zwei Noten ungenügend sein, das Doppel-Essay zählt bereits zwei Noten. Da ich aber noch eine Seminararbeit schreibe, die ich wohl nicht bestehen werde, da der „Prof" (Dr.) immer wieder etwas sagt, was an meiner Seminararbeit nicht richtig ist, würde dies zu einer dritten ungenügenden Note führen. Also habe ich das Doppel-Essay überarbeitet und hoffe nun, dass alles gut wird.

Meine Seminararbeit habe ich nun halb fertig und der Teufel schlägt erneut zu: Müdigkeit, Übelkeit, Rückenweh. Ich fühle mich elend. Mein rechter Arm, meine rechte Hand, meine rechte Schulter, alles tut weh. Der Teufel quält mich.

Herr, hilf mir. Obwohl ich durchschaut habe, was hier läuft und ich den Teufel im Namen Jesu vertrieben habe, kommt er immer wieder. Herr, sei bei mir, hilf mir im Kampf, in dem es um mehr geht als um körperliche Dinge. Hilf mir den geistigen Kampf zu gewinnen. Bitte gib mir Kraft, um an meiner Arbeit weiterzuschreiben. Bitte heile mich und lasse meine Zuversicht wachsen, dass ich das Studium nun endlich abschließen kann. Ich weiß, dass du mich nicht alleine lässt. Du hast mich zum Studium geführt, hast mich durchgetragen in schweren Zeiten, wo ich alles hinschmeißen wollte. Nun kann ich schon über und durch den Zaun sehen, der mich noch trennt von dem „Danach", der Zeit nach dem Studium. Herr, bitte bleib bei mir, hilf mir im Kampf gegen die bösen Mächte. Heiliger Geist, erfülle mich bitte mit Weisheit, zeige mir, was ich schreiben soll, damit ich meine Seminararbeit zu einem guten Ende bringe.

Geliebter Jesus, dich vermisse ich sehr. Bitte lass mich deine unendliche Liebe wieder spüren. Entfache das Feuer der Liebe wieder in mir. Ich weiß, dass diese Flamme noch klein bleiben muss, denn sobald das Feuer riesig in mir lodert, will ich nichts anderes mehr als bei und mit dir sein. Nichts anderes ist wichtig, wenn ich das Feuer in mir brennen habe. Nichts ist größer, besser und schöner als deine Liebe. Nichts Irdisches ist so wie du. Du bist unbegreiflich gut. Doch noch muss ich mich verzehren nach dir, muss Geduld haben, muss durchhalten und mich auf mein Studium konzentrieren. Ich hoffe, bald wird es besser, bald bin ich fertig und wieder näher bei dir.

Gott, bitte hilf mir. Ich habe mich lange nicht getraut dich um Hilfe zu bitten, weil ich Angst hatte, du könntest dann die Bitten von anderen Menschen, die um Wichtigeres bitten als ich, nicht erfüllen. Aber ich weiß, dass du hilfst, wenn wir bitten. Und doch habe ich versucht es alleine zu schaffen. Aber nun merke ich, es geht nicht ohne deine Hilfe. Herr, bitte hilf mir und hilf auch allen anderen Menschen. Du bist so groß, dass du an vielen Orten helfen kannst. Hilf mir, damit ich bald schon dein Werkzeug sein kann. Ich bitte dich voller Liebe zu Jesus, nimm dich meiner Hilferufe an und zeige mir auch weiterhin den Weg, den du mit mir vorhast. Danke. Amen.

2012

Es ist vollbracht - Masterabschluss

12.03.2012

Eigentlich wollte ich schon seit langem meinen Masterabschluss in Händen halten, aber es gab noch eine sehr schwere Zeit. Die Seminararbeit, die ich noch zu schreiben hatte, stellte sich als eine scheinbar nicht zu überwindende Hürde da. Die Ansprüche, die der Professor an mich stellte, waren kaum zu erfüllen. Dabei ging es ja nicht um eine Doktorarbeit. Beim ersten Versuch bin ich durchgefallen. Es war meine allerletzte Arbeit, alle anderen Arbeiten hatte ich bestanden, nur noch diese eine Arbeit trennte mich von meinem Abschluss und ausgerechnet diese Seminararbeit musste man bestehen, obwohl man, außer der Masterarbeit, zwei ungenügende Noten hätte haben dürfen. Es war ein sehr langer, harter Kampf. So schlimm war es bisher nur bei den alten Sprachen. Es ist von Anfang an nicht gut gelaufen. Diese Seminararbeit hat mich nun zehn Monate Arbeit gekostet, weil sie angeblich nie gut genug war. Aber ich möchte gar nicht mehr daran denken, wie alles gelaufen ist und ob alles rechtens war. Wer weiß, welche Mächte da wieder am Werk waren. Es war auf jeden Fall eine harte Prüfung für mich.

Aber nun die gute Nachricht: Es ist vollbracht! Vor zweieinhalb Wochen habe ich endlich meinen Masterabschluss in Theologie (MTh) erhalten. Dazu auch noch mit der Gesamtnote: magna cum laude. Dies entspricht in der Schweiz der Note Fünf und in Deutschland einer Zwei. Damit könnte ich nun sogar doktorieren. Aber momentan habe ich genug von der Theorie und der reinen Wissenschaft.

Leider habe ich bisher noch nicht gefeiert, aber mit Simon im Bordrestaurant eines ICEs mit Sekt darauf angestoßen.

Momentan bin ich noch bis Ende April im Kirchgemeindepraktikum, damit ich das noch lernen kann, womit ich noch keine Erfahrung habe, nämlich zu unterrichten und Gottesdienst zu halten. Einen dreieinhalbstündigen Unterricht am Stück und einen Wahlfachkurs mit 8. Klässlern habe ich bereits hinter mir und es hat geklappt und im Gottesdienst habe ich schon Verschiedenes gelesen, mit der Gemeinde im Wechsel einen Psalm gebetet, Mitteilungen gemacht und bereits einmal im Gottesdienst gepredigt. Und ich bekam sehr viel Feedback, sehr gutes. Ich hoffe, ich darf das schreiben, ohne dass es arrogant wirkt. Und ich habe etwas ganz Besonderes erlebt.

Während meiner Predigt im Gottesdienst *gab es einen Moment, da war es mir, als ob die Zeit still stand. Ich predigte weiter, aber es war, als ob die Zeit eingefroren war. Alle Gottesdienstbesucher schauten mich an, ich stand auf der Kanzel und es war totenstille. Kein Geräusch war zu hören, es war irgendwie ein heiliger Moment, ich weiß gar nicht, wie ich das beschreiben kann. Vielleicht war es der Einbruch der göttlichen Zeit in unsere weltliche Zeit oder es war der Heilige Geist, der sich breit machte.* Ich weiß nicht, was es war, aber es berührte mich sehr. Ich habe so etwas noch nie erlebt. Simon hat das nicht mitbekommen, obwohl er auch anwesend war. Ich weiß aber, dass meine Predigt wohl bis tief in die Herzen der einzelnen Gottesdienstbesucher eingedrungen ist, denn das wurde mir gesagt. Und dass meine beziehungsweise Gottes Worte sie sehr bewegten. Mein Praktikumspfarrer und Simon waren ebenfalls sehr ergriffen.

Was war das, was während meiner Predigt passierte? Wie ist diese noch nie erlebte Stille, die mir fast wie ein Stillstand der Zeit erschien, zu deuten?

Ansonsten habe ich während meines Praktikums bereits Seelsorgegespräche im Altenheim geführt, war an einem Seniorennachmittag und habe bei einem Seniorenessen einen Impuls gehalten und vieles mehr.

Nun steht ein kompletter Gottesdienst an. Eigentlich ist so etwas nicht im Praktikum vorgesehen, zumindest hieß es immer, dass man nur einzelne Teile im Gottesdienst übernehmen soll, aber mein Praktikumspfarrer traut es mir zu und möchte, dass ich das mache. Dann kommt noch eine Predigt im Altenheim und eine Kinderwoche. Und ich muss noch einen oder auch zwei Artikel für die Kirchenzeitung schreiben.

Ich bin erstaunt darüber, was ich alles schon gelernt habe. Ich hatte doch bisher riesige Angst davor, vor vielen Menschen zu sprechen. Aber ich habe mich in jede dieser Situationen hineinbegeben im vollsten Vertrauen, dass Gott mich hält und mir alle nötige Kraft gibt. Und es hat geklappt, ich habe alle meine Hürden überwunden, dank Gottes Hilfe. Es ist so wunderbar, Gott so spüren zu können. Ich bin so froh und dankbar darüber. Mir kommen immer Tränen vor Glück, wenn ich spüre wie Gott wirkt. Ich bin richtig ergriffen davon und von seiner unendlichen Liebe, die er mir immer wieder schenkt. Er hat mich durch so viele dunkle Zeiten geführt und obwohl ich manchmal kurz vor dem Aufgeben war, habe ich immer wieder an Gott festgehalten und er hat mich weitergeführt. Gott ist so unendlich gut und groß, so überwältigend toll, ach, was soll ich schreiben, da fehlen mir einfach die richtigen Worte.

Nun hoffe ich sehr, am 25. März, an dem Tag, an dem ich zum ersten Mal einen kompletten Gottesdienst halten werde, die Herzen der Menschen mit Gottes Wort erreichen zu können, damit sie sich öffnen und Gott sie mit seiner Liebe füllen kann. Denn ich kann nur den Boden beackern, die Saat selbst kann nur Gott sähen. Ich hoffe, ich bin ein hilfreiches Werkzeug in seinen Händen.

Im August gehe ich ins einjährige Lernvikariat und hoffe, dass ich anschließend zur Pfarrerin ordiniert werde. Dank sei dir, mein Gott.

Nachwort

Nun ist mein Buch endlich fertig. Seit der ersten Aufzeichnung und dem heutigen Datum liegen mehr als zwölf lange Jahre. Jahre, die mein Leben sehr geprägt haben. Seit Gott in mein Leben getreten ist, ist nichts mehr wie zuvor, meine Lebensziele veränderten sich, genauso wie die Wichtigkeiten des Lebens. Auch vor dem Tod hatte ich auf einmal keine Angst mehr. Ich bin Gott sehr dankbar dafür.

Wenn ich nun meine Worte in diesem Buch lese, dann fällt mir auf, wie schwer es für mich am Anfang war, mit diesen mystischen Erlebnissen klar zu kommen.

Da ich meine Aufzeichnungen immer am gleichen Tag, an dem ich etwas erlebte oder zumindest zeitnah, also nach wenigen Tagen machte (mit wenigen Ausnahmen), sind meine Gefühlsituationen und die Veränderungen gut erkennbar.

Hätte ich erst im Nachhinein den Auftrag bekommen, alles niederzuschreiben, was ich mit Gott erlebt habe, hätte ich nichts über die vielen Tränen und den mühsamen Umgang mit den mystischen Erlebnissen geschrieben, denn diese Situationen waren mir gar nicht mehr so bewusst. Ich wusste nur, dass es sehr schwer war, einen geistlichen Begleiter zu finden und diese Suche mir sehr viel Kummer bereitete. Auch dass ich mich lange dagegen gesträubt hatte, mir einen solchen zu suchen, hatte ich noch in Erinnerung. Mein Bild vom Ganzen im Rückblick wäre wohl überwiegend von den positiven Gefühlen geprägt, wenn ich einmal von dem sehr schmerzvollen Leiden der Kreuzigung und der „Dunklen Nacht" absehe. Ich habe zum Beispiel nicht gewusst, dass ich ein Jahr lang ständig am Weinen war aufgrund von Gefühlen, die ich nicht erklären konnte. Als ich meine Aufzeichnungen durchlas, dachte ich zuerst, ich kann das doch nicht in diesem Buch stehen lassen, das ist ja schrecklich. Wer will so etwas schon lesen? Doch dann erfuhr ich in einer Vorlesung über Mystik, dass Johannes vom Kreuz genau dieses Weinen in seinem Buch „Die Dunkle Nacht" im zweiten Buch, Kapitel 10, beschrieben hat. Er erklärt dort den Läuterungsprozess des Menschen anhand des Bildes eines Holzscheites, das alle Feuchtigkeit heraus weinen muss. Zu wissen, dass dieses Weinen auf dem Weg der Veränderung, der Reinigung dazu gehört, war für mich sehr aufschlussreich.

Für die „Dunkle Nacht", die ich durchlitt, hätte ich keine Zeitdauer nennen können, hätte ich nicht meine Aufzeichnungen. Ich bin froh, dass ich damals alles aufgeschrieben habe und dies, obwohl ich zuvor niemals Tagebuch oder Ähnliches geschrieben habe und bis heute nicht weiß, warum ich es in dieser Zeit getan habe. Aber das sollte wohl so sein, denn sonst gäbe es jetzt nicht dieses Buch. Gott sei Dank!

Etwas, was mich sehr beschäftigt, möchte ich jetzt hier im Nachwort noch erwähnen, nämlich die Tatsache, dass immer mehr Menschen versuchen, von sich aus mystische Erlebnisse zu erlangen. Dazu möchte ich sagen, dass diese Gnadengaben von Gott sind und nicht von uns Menschen aus machbar sind. Es ist wie mit einer Tür, die nur auf einer Seite eine Türklinke hat. Man kann sich nur bis zur Tür hin bewegen, die Türe selbst kann nur Gott öffnen.

Vielleicht kann man in diesem Buch erkennen, dass es nicht einfach ist, mit diesen Erlebnissen, die ich nicht suchte, klar zu kommen. In einem alten Buch von G. B. Scaramelli, welches ich einmal in einer Klosterbibliothek entdeckte, habe ich gelesen, dass Gott wohl Menschen über Jahre hinweg prüft, ob sie Leid ertragen können, bevor er ihnen mystische Erlebnisse schenkt. Ob es tatsächlich immer so ist, kann ich nicht sagen, aber zu meinem Leben passt es. Und ich kann verstehen, wenn es tatsächlich so ist, denn ich habe lange gebraucht, um mit diesen Erlebnissen richtig klar zu kommen. Mystische Erlebnisse zu haben bedeutet nicht, dass man die Welt durch eine rosarote Brille sieht und alles nur noch toll und schön ist. Auch bedeutet es nicht, ständig von tollen Gefühlen durchflutet zu sein. Nein, es gehört auch das Leid dazu. Mystische Erlebnisse bereichern das Leben und für mich sind sie das Größte überhaupt in meinem Leben und ich bin Gott zutiefst dankbar dafür. Zugleich sind sie aber auch etwas, was nicht leicht zu er-tragen ist. Den Umgang damit muss man erst lernen, wie vielleicht aus diesem Buch ersichtlich wird. Daher bin ich froh, dass mystische Erlebnisse nicht von uns Menschen aus machbar sind.

Was mich weiterhin sehr beschäftigt, ist, wie mit dem Begriff „Mystik" umgegangen wird. Mittlerweile ist „alles" mystisch. Sei es Weihnachtsschmuck, Edelsteine, Bergseen oder Sonnenuntergänge. Auch in religiösen Kreisen wird nicht mehr unterschieden zwischen „normalen" Gotteserfahrungen und mystischen Erlebnissen. Und je mehr alles zusammengemischt wird und es keine klare Abgrenzung mehr gibt, desto schwieriger wird es darüber zu reden.

Versuchte ich über meine mystischen Erlebnisse zu reden, kam sehr schnell die Bemerkung: „So etwas haben bei uns in der charismatischen Bewegung alle Teilnehmer im Gottesdienst" oder: „Jeder Mensch ist ein Mystiker" oder: „Ich kenne sehr viele Menschen, die mystische Erlebnisse haben." Beim genaueren Hinterfragen kommen dabei aber „normale" Gotteserfahrungen heraus, die diese Menschen haben. Nein, ich möchte mich hiermit nicht als etwas Besseres hinstellen. Nein, denn ich bin nichts Besseres, aber ich möchte den Begriff „Mystik" schützen, damit man über Mystik reden und auch ich über meine Erlebnisse wenigstens ansatzweise sprechen kann. Wenn ich schon nicht genau ausdrücken kann, was ich erlebte, so möchte ich doch wenigstens erklären können, welcher Art meine Erlebnisse mit Gott sind. Mich macht es sehr traurig, dass ich mich nicht mehr mitteilen kann, da alle Erfahrungen und Erlebnisse mit Gott in einen Pott geschmissen werden und dort keine Unterscheidungen mehr gemacht werden. Wenn wir nicht alle die gleiche Bedeutung eines Begriffs kennen, dann nützt uns unsere Sprache nichts mehr, denn dann können wir nicht mehr miteinander kommunizieren, dann reden wir aneinander vorbei. Deshalb plädiere ich für eine sorgsame Unterscheidung zwischen „normalen" Gotteserfahrungen und mystischen Erlebnissen, die von einer ganz anderen Intensität sind.

Und nun bin ich am Ende meines Buches angelangt und hoffe, ich konnte damit ein Stück weit den Auftrag, den ich von Gott erhalten habe, erfüllen, nämlich anderen Menschen durch meine mystischen Erlebnisse zu helfen. Ich hoffe, dies ist zumindest im Ansatz geglückt.

Ich wünsche mir, dass sich alle Menschen öffnen für Gott und er dadurch seine unendliche Liebe in jeden Menschen einfließen lassen kann.

Auch hier möchte ich noch einmal darauf hinweisen: Alle Ehre gehört Gott und nur ihm. Ich selbst bin nur ein Werkzeug in seinen Händen, denn „nur": „Durch Gottes Gnade bin ich, was ich bin und sein gnädiges Handeln an mir ist nicht ohne Wirkung geblieben." (1 Kor 15,10)

Ilona Anderegg

Hinweise

Von der Autorin sind bisher folgende Bücher erschienen:

Wegbegleiter 2
Texte zum Nachdenken
ISBN: 978-3746780344

Innehalten, zur Ruhe kommen, nachdenken und erkennen, was ist.

Lesen, weiterdenken, anders betrachten.

Den neuen Blickwinkel beibehalten und erkennen, es ist nicht immer so, wie man es zuerst gesehen hat.

Diese kurzen, leicht lesbaren christlichen Texte nehmen Gott mit in unseren Alltag hinein, denn durch ihn werden wir Ruhe, Gelassenheit, Freude und inneren Frieden finden. Denn nur Gott ist es, der uns dies auf Dauer gibt.

„Nur du kannst unsere Sehnsucht stillen.
Geistliche Texte"
ISBN: 978-3746707723

Kennen auch Sie das Gefühl, dass Sie sich etwas Schönes kaufen und Ihnen das Glücksgefühl bald schon wieder abhandenkommt? Dass Sie sich einen tollen Urlaub leisten, aber die Freude schnell wieder nachlässt?

Bestimmt haben Sie sich auch schon gefragt, ob es nicht etwas gibt, was die tiefe innere Sehnsucht in uns wirklich und dauerhaft stillt und somit unsere Suche ein Ende hat.

Die geistlichen Texte in diesem Buch wollen Sie mit hinein nehmen in ein persönliches Gespräch mit Gott. Sie wollen die Liebe zu und von Gott spürbar werden lassen und Sie näher zu IHM führen, damit auch Ihre Suche ein Ende hat und Ihre innere Sehnsucht dauerhaft gestillt wird.

„Höher sehen.
Weisheiten und Betrachtungen"
ISBN: 978-3745051773

Höher sehen, über den Horizont des Alltäglichen hinaus, aufblicken zu Gott. Und dabei nicht am Himmelsrand stehen bleiben, sondern weitergehen.

Dieses Buch mit christlichen Weisheiten und Betrachtungen möchte neue Einsichten ermöglichen und die Leserinnen und Leser näher zu Gott bringen.

Lassen Sie sich ein auf den Inhalt der Worte, nehmen sie wahr, lassen Sie sich berühren und fühlen Sie mit.

Nicht nur Lesen, sondern Betrachten. Betrachten mit Herz und Verstand.

„Wegbegleiter.
Texte zum Nachdenken"
ISBN: 978-3741895746

Kurz, wie ein Essen beim Schnellimbiss,
aber länger nährend.

Leicht, wie eine Sahnehaube,
aber dauerhafter.

Inspirierend, wie Worte für den Geist,
aber tiefer gehend.

Dieser Wegbegleiter will mit kurzen, gut lesbaren, christlichen Texten zum Nachdenken, Überdenken und Weiterdenken anregen, ohne dass dafür eine längere Auszeit benötigt wird. So wird jede Pause zu einer sinnerfüllten Zeit.

Weiterführende Informationen

Weitere Informationen über die Autorin, über ihre Bücher, sowie Leseproben erhalten Sie auf folgender Homepage:

www.ilonaanderegg.de